浙江省民族乡（镇）志

第十六卷

安溪畲族乡志

《浙江省民族乡（镇）志》编纂委员会　编

莫幸福　主编　　施　强　执行主编

方志出版社
Publishing House of Local Records

图书在版编目（CIP）数据

安溪畲族乡志 / 《浙江省民族乡(镇)志》编纂委员会编 ; 莫幸福主编 ; 施强执行主编. —北京 : 方志出版社, 2023.10

（浙江省民族乡（镇）志 ; 第十六卷）

ISBN 978-7-5144-5785-8

Ⅰ. ①安… Ⅱ. ①浙… ②莫… ③施… Ⅲ. ①乡镇－地方志－云和县 Ⅳ. ①K295.55

中国国家版本馆 CIP 数据核字(2023)第 210595 号

责任编辑：刘方圆
责任校对：张玉霞
责任印制：梅中英
出 版 者：方志出版社
地　　址：北京市朝阳区潘家园东里 9 号（国家方志馆 4 层）
邮　　编：100021
网　　址：http://www.zgfzcb.cn
发　　行：方志出版社图书营销中心（010-67110500）
印　　刷：丽水市旺盛印刷有限公司
开　　本：889 毫米×1194 毫米　1/16
印　　张：31
字　　数：546 千字
版　　次：2023 年 10 月第 1 版
印　　次：2023 年 10 月第 1 次印刷
定　　价：368.00 元

《浙江省民族乡（镇）志》编纂委员会

《浙江省民族乡（镇）志第十六卷·安溪畲族乡志》
编纂委员会

主　　任：江佳杰（2015.1—2018.7）

何子儋（2018.7—2021.1）

邢决功（2021.1—2022.3）

张　悦（2022.3—）

副 主 任：雷汉雄（2015.1—2019.1）

钟鼎春（2019.1—2021.8）

蓝　涛（2021.8—）

委　　员：叶晓波　夏俊燕　林　煊　张全敬　安　蔚

温伟斌　蓝阳丰　赵雪华　梅　浩

顾　　问：洪为平　蓝义荣

主　　编：陈水根

编　　委：叶利军　蓝彦雅浠　王　依

图版16-01-1 云和县安溪畲族乡区划图（《浙江省民族乡（镇）志》编辑部 提供）

图版 16-02-1 **安溪盆地图**（龚启富 2014年摄）

图版 16-02-2 **云和县安溪畲族乡人民政府办公楼**（安溪畲族乡政府办公室提供，2015年11月摄）

图版16-03-1 云和县安溪畲族乡黄家地村留存1948年10月制作的云和区委的党旗（龚启富 2014年摄）

图版16-03-2 浙西南人民解放军第三支队云和独立中队在严山村活动时的党旗（式样）（龚启富 2014年摄）

图版16-04-1 1996年9月21日，省委书记李泽民（左2）一行在安溪畲族乡考察扶贫工作，丽水地委书记陈仲芳（左1）云和县委书记刘秀兰（左3）陪同
（雷宗堂 1996年摄）

图版16-04-2 2013年5月10日，省政协副主席陈加元（右）在黄处调研，畲民敬献大碗茶（龚启富 2008年摄）

图版16-05-1　2008年11月12日，副省长钟山(后排右7)在黄处村调研时与畲民合影（龚启富　2008年摄）

图版16-05-2　2013年5月16日，中共浙江省委常委、常务副省长龚正（左前5）等率省政府干部在黄处村调研时与畲民合影（龚启富　2013年摄）

图版16-06-1 安溪畲族乡黄家地村（龚启富提供 2014年摄）

图版16-06-2 安溪畲族乡东岱村（徐景舟 2014年摄）

图版16-06-3 2014年村庄改造后的安溪畲族乡下武村（徐景舟 2014年摄）

图版16-06-4 安溪畲族乡下武村山寮自然村（徐景舟 2014年摄）

图版16-06-5 安溪畲族乡黄处村畲汉广场（龚启富 2014年摄）

图版16-06-6 安溪畲族乡上村行政村一角（龚启富 2014年摄）

图版16-07-1　2014年7月，安溪畲族乡在下武村举办云和雪梨节（龚启富　2014年摄）

图版16-07-2　2014年7月，安溪畲族乡在下武村举办雪梨节祭典仪式
（龚启富　2014年摄）

图版 16-07-3　2014年7月，安溪畲族乡雪梨节场景
（龚启富　2014年摄）

图版16-08-1 2015年，安溪畲乡稻谷飘香（龚启富 2015年摄）

图版16-08-2 2014年，安溪畲族乡标准化生产基地的香菇（龚启富 2014年摄）

图版16-08-3 2014年，位于下村的安溪畲族乡黑木耳产业标准化基地（徐景舟 2014年摄）

图版16-08-4 2013年，安溪畲族乡长豇豆喜获丰收，打捆外运（刘海波 2013年摄）

图版16-08-5 2015年，位于安溪畲族乡下武村的生态养鸡场（刘海波 2014年摄）

图版16-09-1 治理后的安溪畲族乡上村村—下武村段（徐景舟 2016年摄）

图版16-09-2 2013年兴建的茶山水电站机组（安溪畲族乡政府办公室提供，2020年摄）

图版16-09-3 1971年兴建、1995年扩容的城南水电站发电机组（安溪畲族乡政府办公室提供，2022年摄）

图版16-10-1 安溪畲族乡境内的笔架峰顶
（徐景舟 2016年摄）

图版16-10-2 安溪畲族乡木樨花村大峡谷
（徐景舟 2017年摄）

图版16-10-3 安溪畲族乡木樨亭
（徐景舟 2017年摄）

图版16-10-4 安溪畲族乡黄处村佛儿岩景区石柱景点
（徐景舟 2014年摄）

图版16-10-5 安溪畲族乡黄处村叮当岩
（龚启富 2015年摄）

图版16-10-6 安溪畲族乡黄处村石蛙景点
（徐景舟 2017年摄）

图版16-11-1 安溪畲族乡黄处村通天岩景点
（徐景舟 2014年摄）

图版16-11-2 安溪畲族乡下村景观石
（徐景舟 2016年摄）

图版16-11-3 安溪畲族乡佛儿岩景观
（龚启富 2014年摄）

图版16-11-4 安溪畲族乡黄处村一线天景点
（龚启富 2014年摄）

图版16-12-2　畲族姑娘
（龚启富　2014年摄）

图版16-12-1　梨花盛开畲姑笑
（龚启富　2014年摄）

图版16-12-3　下武村畲族姑娘表演舞蹈“舞动畲乡”（龚启富　2015年摄）

图版16-13-1 畲民做年糕
（龚启富　2015年摄）

图版16-13-2 安溪畲族婚嫁（龚启富　2014年摄）

图版16-13-3 畲乡狮舞呈祥（龚启富　2014年摄）

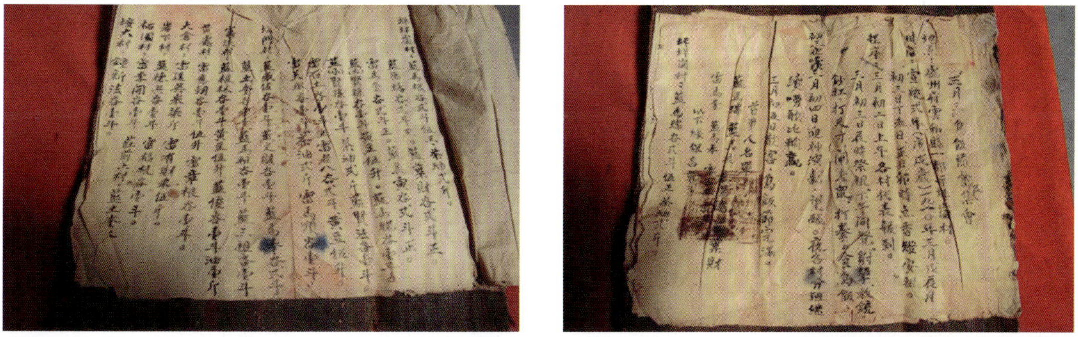

图版 16-13-4 清宣统二年(1910年)，记载黄处与坪垟岗等村畲民联合举办“三月三”集会活动捐谷物的清单（施强 供图）

图版16-13-5
畲族妇女织彩带
（龚启福　2014年摄）

图版16-13-6
安溪畲族乡畲族妇女服装
（陈水根 2021年摄）

图版16-14-1 1999年兴建的安溪畲族乡民族小学教学楼（1）（华罗京 2021年摄）

图版16-14-2 1999年兴建的安溪畲族乡民族小学教学楼（2）（华罗京 2021年摄）

图版16-14-3 2000年兴建的安溪畲族乡卫生院（华罗京 2021年摄）

图版16-14-4 安溪畲族乡下武村党员先锋林（华罗京 2021年摄）

图版16-14-5 安溪畲族乡新农村建设（华罗京 2021年摄）

图版16-15-1 安溪畲族乡黄处行政村（龚启富 2014年摄）

图版16-15-2 安溪畲族乡下村22号古民居
（洪广平 2021年摄）

图版16-15-3 安溪畲族乡上村四面屋古民居
（洪广平 2021年摄）

图版16-15-4 安溪畲族乡黄家地行政村
（蓝义荣 2021年摄）

图版16-15-5 安溪畲族乡严山行政村
（蓝义荣 2021年摄）

图版16-16-1 安溪畲族乡上村村箓竹木碑
（徐景舟　2016年摄）

图版16-16-2 安溪畲族乡黄家地村柳氏祖图
（徐景舟　2014年摄）

图版16-16-3 安溪畲族乡上村夫人行宫
（洪广平　2021年摄）

图版16-16-4 安溪畲族乡重修泗洲岭殿宇亭
（黄育盛　2021年摄）

序 一

中国是一个统一的多民族国家。在中华民族历史演进过程中，各民族在分布上交错杂居、文化上兼收并蓄、经济上相互依存、情感上相互亲近，形成了多元一体格局。生活在浙江大地的56个民族，就是这种多元一体格局的具体体现。

2015年3月，省民宗委决定编纂《浙江省民族乡（镇）志》，目的是通过编纂"一方之史"的18个民族乡（镇）的志书，客观记述一乡一镇区域范围内自然和社会诸方面的历史和现状，达到"资政、存史、育人"之功效，发挥其繁荣乡镇经济、促进社会和谐发展的作用。历届民宗委领导高度重视，各民族乡（镇）党委政府尽心尽责。《浙江省民族乡（镇）志》是少数民族地方经济、政治、社会、文化、生活的全方位、多角度呈现，更是民族团结的重要成果，也是全体编纂人员无私奉献与辛勤耕耘的结晶。

浙江属少数民族散杂居省份。世居少数民族有畲族、回族和满族，其他少数民族大多是中华人民共和国成立后，特别是改革开放以来因工作、经商或婚嫁而落户浙江的。2010年，浙江省56个民族成分齐全，少数民族人口总数1214697人，其中畲族人口为166276人。

1956年12月，经平阳县委、县府批准建立的凤阳畲族乡，是浙江省最早成立的畲族乡。几经撤建，至1992年5月，全省有18个民族乡（镇），其中14个是革命老区。2015年，18个民族乡（镇）行政区划面积为1068.30平方千米，耕地面积9138.67公顷，人口19.61万人，其中少数民族人口4.41万人，辖245个行政村,其中80个民族村。18个民族乡（镇）分布在杭州、温州、金华、衢州和丽水的13个县（市、区），已经全部实现通公路、通自来水、通电与通邮。

进入21世纪，省民宗委根据省委、省政府对民族工作的部署，牢牢把握铸牢中华民族共同体意识及各民族"共同团结奋斗，共同繁荣发展"的主题，深入实施"八八战略"。通过目标引领，强化区域特色，推进全省民族地区经济社会的发展;通过深化民族事务的依法治理工作,推进民族地区治理体系现代化;通过强化帮扶机制,提升浙江民族地区小康社会建设的"加速度"。

中国特色社会主义文化,源自中华民族五千多年文明历史所孕育的中华优秀传统文化,熔铸于党领导人民在革命、建设、改革中创造的革命文化和社会主义先进文化,植根于中国特色社会主义伟大实践。《浙江省民族乡(镇)志》的编纂出版,体现了民族文化的传承与创新,是推动浙江畲族文化研究工作向广度拓展、向深度推进的重要实践。通过民族文化的创新性发展,将浙江畲族源远流长的灿烂文化转化为现实经济优势,对提高浙江畲族文化软实力,增强浙江畲族文化的竞争力,扩大浙江畲族文化的影响力,加快地方经济社会发展和促进社会和谐,推动民族地区政治文明、精神文明、物质文明、社会文明和生态文明的协调发展,都具有重大的现实和深远的历史意义。

《浙江省民族乡(镇)志》在篇章布局上既体现乡(镇)志编纂要求,又体现畲族文化特色。这样,有裨于贯彻党和政府的民族政策,进一步推动民族平等、民族团结、各民族共同繁荣;有裨于民族间的学习交流与文化互动;有裨于畲族民众更加了解自己民族的发展历史,提高民族凝聚力;有裨于畲族教育文化工作者更加深入全面了解浙江畲族文化内涵和现代畲族文化现象;有裨于广大民众了解民族地区社会、经济与文化发展情况,具有丰富的资料性与较高的学术价值。

"修史之难,无出于志。"值此本志出版之际,谨对承担项目的丽水学院与参加编写的全体编纂人员,以及对志书编纂工作提供帮助和付出艰辛劳动的社会各界人士、专家学者及相关人员,致以衷心感谢与崇高的敬意!

浙江省民族宗教事务委员会主任 施秀英

2020 年 11 月

序　二

安溪畲族乡地处浙江西南部，于 1958 年 4 月成立，乡境内人文荟萃，山川秀美，物产丰富，气候温和。植被葱茏，森林覆盖率达 86%，野生动植物资源丰富。四季瓜果飘香，151 公顷雪梨每到春季，满树芳华；金秋时节，硕果累累。2015 年，安溪畲族乡被丽水市政府评为丽水市“十佳风情畲寨”。全乡投入 1100 万元，启动 AAA 级乡村景区化旅游示范村建设，开发佛儿岩 AAAA 级景区。

安溪是畲汉人民共同的家园。明景泰三年（1452 年）水竹垟村周氏支族春盛入迁东岱村。明正德年间（1506—1521 年）福建福安县髻蓝村蓝氏支族蓝相益长子蓝敬华入迁安溪境内。明嘉靖二十四年（1545 年）福建罗源县西南乡蓝氏支族蓝谨传入迁下武村。明万历十六年（1588 年）洪氏支族始祖良远公由栝苍芝田阅历关山入迁后塘。从此，畲汉两族人民在这里和谐相处、繁衍生息、薪火相传。

安溪是红色的土地。1935 年 2 月，中国工农红军挺进师百余人经过温溪、东岱、严山，向景宁方向进发，开展革命活动。1939 年春，中国共产党在严山、下武、坑头、黄处、黄家地建立农村党支部。1941—1942 年，严山、黄家地等村已成为浙南特委武工队活动中心。解放战争时期，中国共产党在木樨花、东坑头、上村、下村、东岱等 5 个村建立 6 个党支部。1988 年 5 月，浙江省人民政府批准云和县为革命老区县，安溪畲族乡为革命老区乡，严山、黄家地、下武、东岱、上村、下村、黄处、木樨花 8 个行政村为革命老区村。革命先辈不怕牺牲，艰苦奋斗，为迎接中华人民共和国的成立，在这片土地上洒下鲜红的热血。

560 多年沧海桑田。中华人民共和国成立后，畲汉两族同胞彻底摆脱受歧视、受压迫的命运，政治上翻了身，确立国家主人翁的地位。1978 年党的十一届三中全会后，随着家庭联产承包责任制在农村的确立，安溪畲族乡经济社会走上健康平稳发展的轨道。在国家民族工作方针政策的指引下，中共云和县委、县人民政府制定和实施一系列的少数民族优惠政策，大力支持民族乡村地区发展，畲汉两族人民的生活水平日益提高。历届乡党委和政府带领全乡人民不断进取，共同绘就畲汉两族人民团结奋进的史诗画卷。

为完整记录安溪的发展历程，根据浙江省民族事务委员会关于编纂《浙江省民族乡（镇）志》的要求，乡政府于 2016 年 4 月组建编纂委员会，着手编纂《安溪畲族乡志》。全体编纂人员不辜负乡党委和政府重托，兢兢业业，废寝忘食，广征博采，辛勤笔耕；县机关各相关部门与全乡干部群众倾情协助、积极配合。六年多来几易其稿，终于编成安溪畲族乡首部志书。这是一项功在当代、利在千秋、惠及后世的壮举。在此，谨对全体编纂人员的辛勤付出，表示衷心的感谢！

《安溪畲族乡志》是一部地方志，较为全面、翔实地记载安溪的地理环境、历史变迁、人口迁徙、口传文化、民俗传承、经济社会发展等现状，具有鲜明的时代性和地方特色。志稿付梓，是安溪畲族乡文化建设的一件大事，将为推动乡村政治文明、物质文明、精神文明、生态文明建设起到积极作用。

阅读乡志，可以明古详今；以史为鉴，方能鉴往昭来；温故知新，方得始终，更好地为当代经济社会建设服务。乡志出版，既为后代留下一部宝贵的地方文献，也有利于进一步提高全乡干部群众热爱中国共产党、热爱中华人民共和国、热爱社会主义的政治思想觉悟。因此，《安溪畲族乡志》更是一部向全乡人民进行社会主义核心价值观和爱国主义教育的乡土教材，希望它能激励后人更好地继承革命传统，在新时期里再创辉煌。

解读安溪，始于志书。我们要认真研究乡情，汲取前人的经验教训，发挥志书的“存史、资政、教化”作用，坚持修用结合，不断改革创新，为把安溪畲族乡全面建成小康社会，畲汉人民共同过上富裕生活而努力奋斗！

中共云和县安溪畲族乡党委书记 张悦

2022 年 9 月 2 日

凡　例

一、指导思想

本志以马克思列宁主义、毛泽东思想、邓小平理论、“三个代表”重要思想、科学发展观、习近平新时代中国特色社会主义思想为指导，坚持辩证唯物主义和历史唯物主义的立场、观点和方法，全面、客观、系统记述浙江省民族乡（镇）自然、政治、经济、文化和社会的历史。服务当代，垂鉴后世。

二、起讫时间

上溯事物发端，下限为 2015 年 12 月 31 日，必要时以注释等形式作适当下延。

三、地域范围

以下限时浙江省民族地区的行政区域为界，原则上越境不书。

四、体裁

采用述、记、志、传、图、表、录等体裁，以志体为主，图照辅之，表随文设置。全志首列序言、凡例、概述、大事记。

五、结构

以卷章结构为主。设章、节、目、子目 4 个层次，横排门类，纵述史实，力求充分体现地方特色和时代特点。

六、文体

使用规范的现代语体文。直接引用资料使用原文文体。

七、文字

以经中华人民共和国国务院批准、1986 年 10 月 10 日国家语言文字工作委员会重新发布的《简化字总表》，1955 年 12 月 22 日中华人民共和国文化部、中国文字改革委员会发布的《第一批异体字整理表》，以及 2013 年 6 月 5 日中华人民共和国国务院公布的《通用规范汉字表》为准；异形词以 2001 年 12 月 19 日中华人民共和国教育部、国家语言文字工作委员会发布的《第一批异形词整理表》为准。

人名、地名、书名、文章篇名及引录的原著文句，凡可能引起歧义、误解者，仍用原繁体字或异体字。

八、标点符号用法

采用 2011 年 12 月 30 日中华人民共和国国家质量监督检验检疫总局、中国国家标准化管理委员会发布的《标点符号用法》(GB/T 15834—2011)。

九、称谓

中华人民共和国成立前的国家、民族、地名、组织、机构、职官等名称，除明显带有歧视、污蔑含义者加以适当处理外，原则上仍用文献记载的原名称。

志书下限时的地名使用各级政府审定的标准地名，必要时括注俗称地名。地名古今不同者，各章首次出现时在其后括注志书下限时的标准地名；隶属地域变化者，注明志书下限时所属地域。

外国的国名、地名、人名、民族名，以及政府机构、党派团体、报刊等名称，主要依照《辞海(第六版)》译名及新华通讯社译名室常用译名。

生物名称使用学名，记述自然资源涉及有关生物名称的，各章首次出现时采用二名法，必要时加注当地俗名。

十、简称

各种较复杂的名称重复出现时，各章首次出现时使用全称并括注简称，其后出现直接使用简称；简称均以《有关机构、单位全称与规范化简称对照表》为准；有关机构单位 2015 年前的简称及其他简称采用社会上通行、不产生歧义者，且全卷保持一致。

十一、纪年

干支纪年、年号纪年及其他非公历纪年等，以汉字书写，括注公历纪年；非公历纪年后有月日的，同时括注经换算后公历纪年的月日。

民国纪年以阿拉伯数字书写，括注公历纪年。

同一自然段中同一纪年多次出现时，只在首次括注公历纪年，其后不再括注。

括注公历纪年于年份后加“年”字；括注某一时间段，则只在后一个公历纪年后加“年”字。

括注公元前年份，年份前冠“前”字；括注公元元年后年份直接书写年份，不冠“公元”。

自 1949 年 10 月 1 日起，采用公历纪年。

公历纪年及公历的世纪、年代、月、日和时分，均以阿拉伯数字书写。

十二、数字用法

采用2011年7月29日中华人民共和国国家质量监督检验检疫总局、中国国家标准化管理委员会发布的《出版物上数字用法》(GB/T 15835—2011)，凡一个数字与“以上”“以下”“以内”等连用的，均含该数字。

十三、数据

中华人民共和国成立前的数据按文献记载入志。

中华人民共和国成立后的数据以统计部门公布数据为准。统计部门缺失者，则采用相关部门经过核实的数据，并以注释形式说明资料来源。同一内容数据有不同者，也以注释形式加以说明。重要地理信息数据采用测绘部门公布的法定数据。

十四、计量单位

采用国家技术监督局1993年12月发布的《量和单位》系列国家标准规定。

中华人民共和国成立前的计量单位根据需要沿用旧制。

十五、货币

中华人民共和国成立前的货币币值均按文献记载入志。

中华人民共和国成立后，货币币值均指人民币币值。1953年3月1日前后人民币各按当时币值记载，不作换算。

外国货币按文献记载入志，币值不作换算。

十六、地图

执行2015年11月26日中华人民共和国国务院公布的《地图管理条例》和浙江省人民政府2014年11月11日公布、2015年12月28日修正的《浙江省地图管理办法》规定，采用经浙江省测绘行政主管部门审核的地图。

十七、注释

直接引用(引文)、地图、图片、表格及有关重要内容，均注明资料来源，其他需要说明者亦酌情加以注释。

引用清代及清代以前编纂的志书，注明朝代、纪年、志书名称及卷次(或卷次与篇名)；引用民国时期编纂的志书，注明“民国”两字和志书名称、卷次(或卷次与篇名)；引用1949年10月1日(含)以后编纂、出版的志书，注明志书名称、出版单位、出版时间及页码。志书名称与篇名均用书名号。引用私修志书除上述各项内容外，于志书名称前注明作者姓名。

十八、资料

取于档案、书籍、报刊、网络及社会调查等,均经考订、核实。凡记载不一者,正文采用其中一说,其余说法以注释形式记述。

十九、人物

以“生不立传”为原则,专设“人物传略”“人物名录”予以记载;所涉人物按“以事系人”“人随事出”加以记述。

目 录

概 述

云和县安溪畲族乡地处云和县城南部，乡政府驻地后塘村，距云和县城7.50千米。地域位于北纬28°00′32″—28°05′26″，东经119°33′09″—119°37′53″。东与元和街道毗邻，东、东南、南与景宁畲族自治县红星街道接壤，西与雾溪畲族乡相连，北靠白龙山街道。2015年，安溪畲族乡辖上村、下村、下武、木樨花、黄处、黄家地、严山、东岱等8个行政村，28个自然村。乡以安溪流经境内，少数民族以畲族为主而取名。安溪畲族乡是革命老区乡，是雪梨之乡。

一

安溪畲族乡地势自东南向西北倾斜，地形以中低山为主，属洞宫山脉地区。地形为凹形河谷盆地，辖区东西最大距离7.58千米，南北最大距离9.06千米，总面积33.50平方千米，其中陆地面积为33.29平方千米，水域面积约0.21平方千米。2015年，全乡有耕地面积465.61公顷，其中水田139.40公顷。全乡有山林2458.20公顷，生态公益林776.80公顷，森林覆盖率达86%。动植物资源丰富，有野生动物兽类40余种、鸟类210余种、爬行类29种、两栖类17种。国家重点保护野生动物有28种，其中国家一级重点保护野生动物有黄腹角雉、黑麂、穿山甲等7种，国家二级重点保护野生动物有猕猴、白鹇、鬣羚、领鸺鹠等21种。1987年，县中药资源普查，植物有189科590属1061种。

安溪畲族乡境内属中亚热带季风气候，四季分明，温暖湿润，雨量充沛，日照充足。2011—2015年，5年平均温度为16.3℃，年平均最低温度15.6℃，年最多降水量达1948.9毫米，年最少降水量为1200.6毫米，年平均降水量为1698.9毫米。因山多平地少，海拔高差悬殊，气候垂直变化显著，高山较冷，温差10℃左右。

明代以前,安溪畲族乡境内人类生存无考。明景泰三年(1452年)水竹垟村周氏支族春盛入迁东岱村。自明正德年间(1506—1521年)始至民国时期400多年历史中,蓝、雷、钟3个畲族支系和栝苍芝田汉族洪氏等支族,先后从福建及青田等地入迁安溪。500多年来,畲族和汉族两族人民在这里和谐相处,繁衍生息、薪火相传。

清同治年间(1862—1874年),全县分二坊、九都,温溪称庄,属一都。民国初置乡,称温溪乡。民国17年(1928年),实行乡、里制时称安溪联合村(隶属云和协和区)。民国20年(1931年),废乡、里制,设区、镇、乡,改称安溪乡。民国24年7月,推行保、甲自治组织时,设区、镇、乡,撤新合、安溪两乡建新溪乡,安溪隶属新溪乡。民国28年(1939年),撤新溪、廉溪、狮山3个乡建"南溪乡",安溪隶属南溪乡。

中华人民共和国成立后,1950年置温溪乡。1958年4月,建立温溪畲族乡。7月,云和县并入丽水县,10月并入小徐大队,隶属云和人民公社。1959年1月,置管理区时,从小徐管理区分设温溪管理区。1961年10月,人民公社化时,改称为温溪人民公社。1962年4月,恢复云和县,温溪人民公社隶属云和县云和区委。1981年9月,温溪改称安溪,称为安溪人民公社。1984年3月,恢复畲族乡时,仍沿用安溪之名。1992年5月,撤区、扩镇、并乡时,安溪畲族乡保持原区域不变,安溪之名沿用,即安溪畲族乡人民政府。

根据第一次全国人口普查数据,1952年,全乡485户1678人。1982年,全乡总人口2738人,其中汉族1999人,畲族739人。1984年,安溪恢复畲族乡时全乡总人口594户2756人。至2015年,全乡共有867户,总人口2709人,其中非农业人口25人,农业人口2684人,农业人口占全乡总人口的99%;少数民族730人,占全乡总人口数的26.95%。下辖8个行政村,28个自然村。其中,下武村、黄处村、严山村为畲族村。

安溪畲族乡境内自然人文环境优美,旅游资源丰富。有叮当岩、佛儿岩、百丈岩等奇峰异石,有一线天、蛙石、天水窟、冷泉等自然景观;有东岱村拦街殿等清代古建筑13座,有年代待考的古道古遗址1处,有县级不可移动文物14处;有畲民特有世代传承的畲族文化,有历史遗迹泗洲岭古道。还有严山、黄家地革命遗址遗存,古枫红军讲坛旧址,中华人民共和国成立前老党旗,红军战壕遗址,红军宿营地旧址,火烧门遗存等红色旅游资源。

二

安溪畲族乡历史上实行单一的农业经济，农民收入微薄，温饱问题没有彻底解决。1978 年改革开放后，各级党委和政府出台优惠政策，鼓励少数民族地区发展多种经营，通过扶持食用菌、茶叶、雪梨等经济效益高农业，农民收入稳步提高。2010 年，全乡工农业总产值 2029 万元，是 1985 年的 23 倍；农民人均纯收入 6065 元，比 1985 年增长 32 倍。2010 年，全乡农林牧业生产总值 1626 万元，其中农业产值 1223 万元，林业 109 万元，牧业 271 万元，渔业 23 万元，分别占生产总值的 75.22%、6.70%、16.67%、1.41%； 财政收入 556.94 万元。2015 年，全乡实现工农业总产值 4038 万元，比 2000 年的 939 万元增长 330%。其中工业生产总值 1106 万元， 是 2000 年 105 万元的 10.5 倍。农民人均纯收入 11998 元，是 2000 年的 5.77 倍，是 1984 年恢复畲族乡时的 65.92 倍。

安溪畲族乡是农业乡，粮食生产以水稻、甘薯为主。明嘉靖二十四年（1545 年），畲族迁入境内后，开始在山区聚族而居，从事较原始的农业生产，直到二十世纪三四十年代，仍有“烧坐山火”习惯，即在二三月时，砍伐山上灌木杂草，晒干后放火燃烧；过两三日，把种子与泥土、草木灰一起翻入土中。刀耕火种的耕作方式和栽培技术的落后， 再加上畲民耕种的田地大多在山坡上， 土地贫瘠，易旱易涝，致使粮食收成极低。

中华人民共和国成立后，中国共产党和人民政府重视农业生产，领导人民进行农田基本建设，兴修水利。安溪畲族乡完成省重点水利工程项目建设，农田水利设施条件进一步改善。2015 年，全乡共计改造农田水利灌区 30 处，浇筑渠道 12.99 千米。

1949 年， 粮食亩产为 150 千克左右。实行家庭联产承包责任制后，1980 年，全乡粮食总产量 1071.20 吨，比 1961 年总产 530 吨增长 102.11%。1984 年，成立民族乡时水稻总产量 1267.45 吨，亩产 629.63 千克，比 1980 年增长 18.32%，农民人均纯收入增加到 182 元。改革开放推动生产力的发展，安溪畲族乡境内农业发展进入新阶段。1988 年，国家免征安溪畲族乡农业税。乡民利用山区独特的自然环境和丰富的资源，因地制宜，发展种植业、养殖业。1990 年，农民人均纯收入 647 元。2000 年，黄处等村充分利用和依托优越的地理位置和丰富的山林资源， 大力发展云和雪梨生产， 雪梨产业成为农业的主导产业。是年，农民人均纯收入 1442 元。自 2005 年始，全乡发展生态养殖业，是年，农民人均纯收入2515元。

随着农村改革开放的深入，脱贫致富步伐的加快，安溪畲族乡面貌发生根本的变化。随着产业的调整，带来家庭经济的多渠道收入，畲汉两族人民生活水平得到提高，物质条件不断改善。2010年，全乡农业产值1626万元，同比增长8.18%。农民人均纯收入6065元，同比增长14.39%。

2015年，安溪畲族乡全乡开展食用菌生产，并进行茭白、小辣椒、长豇豆等高山蔬菜种植，以及中药材等种植。引进木樨花村龙头坑休闲观光农业综合开发项目，投资3200万元建成66.67公顷水果观光采摘基地。是年，全乡有雪梨基地面积151公顷，新增袋料香菇130万袋，黑木耳10万袋。为推进黑木耳产业的提升，在下村村"马蹄畈"建设13.33公顷项目标准化生产基地(搭建钢架棚和采用电动喷灌)，在黄处村建立10公顷梨树附生铁皮石斛生产基地，在东岱村建立10公顷中药材黄精生产基地。是年，全乡农业产值2932万元，同比增长6.50%。居民人均纯收入11998元，同比增长12.18%。

林业生产坚持"封、管、造、护"[①]并举方针，1985年封山育林174.67公顷，超过历年来封育面积的总和。1981—2006年，安溪畲族乡全乡先后完成林业生产的"三定"[②]"完善"[③]两个阶段工作，农民的合法权益受到法律保护。为进一步保护森林资源，建立了省级生态公益林766.47公顷。生态自然保护区2个，面积386.67公顷。1994年，累计封山育林面积1835.20公顷，造林面积451.13公顷。

2008年，中共浙江省委宣传部、浙江省农业和农村工作办公室、浙江省林业厅授予安溪畲族乡"兴林富民示范乡镇"称号。在发展林木生产的同时，注重对笋竹两用林的生产和管理。东岱村、黄处村对原有的笋竹两用林进行高产改造后，每年春笋(笋干)和冬笋每亩产值可增加近千元。2014年，全乡林业产值268万元。2015年，为培育和发展油茶生产，在县林业部门的扶持下，以新品种油茶苗木新增油茶林12.67公顷，全乡共有油茶面积301.60公顷。油茶产量66吨，全乡雪梨种植面积151公顷，总产量达到1082吨。

历史上，安溪畲族乡境内居民特别是畲族家庭素有零星养猪、养羊、养牛、养兔、养鸡的生产习俗，收入用以贴补家用。自2005年始，全乡生态养殖专业

---

① 封，封山育林；管，管理；造，造林；护，护林。

② "三定"：中共中央、国务院在1981年3月8日发布的《关于保护森林发展林业若干问题的决定》中确定的稳定山权林权、划定自留山、确定林业生产责任制的林业发展方针。

③ "完善"：进一步完善林业承包责任制。

户崛起。上村村民何少勇自筹资金购进奶牛创办安源牧歌农庄。奶牛采取科学饲养，科学管理，日产鲜奶100多千克，在市场走俏。2010年，在招商引资中，刘帮友租赁下村、下武两村在大垄口（土名）的2.76公顷土地，投资500多万元，创办乐福久生态养殖场，饲养优质无公害生猪，年产值可达1000余万元。是年，全乡生猪年饲养量1280头，其中肥猪出栏数713头，年末存栏数567头。2015年，全乡养牛195头，养猪8157头，出栏肉鸡7万羽，出栏肉鸭7801只，牧业总产值910万元。

20世纪70年代，创办温溪公社造纸厂、木制品厂、上村村藤竹家具厂。20世纪70年代人民公社化时期，为增加集体经济收入，社队两级分别创办简易造纸厂、木制品厂、竹制品厂、小水电站，为社队增加经济收入，在一定程度上壮大集体经济，促进农村经济的发展。1957年8月，建成上村简易小型水电站，可供200户照明使用。自20世纪70年代以来水电发展较快，至1987年，全乡村村通电。20世纪90年代，安溪畲族乡境内装机容量增至300千瓦。1995年，对水口电站进行改建扩容。1998年，电站增容扩建后更名为城南电站。2010年，年发电量148.80万千瓦时，总产值61.71万元。2013年，投资937万元，兴建茶山股份制水电站，次年5月完成电站建设，装机容量640千瓦。2015年，全乡年发电量339.29万千瓦时，总产值165.39万元。

1995年，全乡工业从业人员48人，工业总产值274万元。2005年，全乡工业产值225万元。2010年，全乡实现工业产值403万元，5年时间全乡工业产值增加近一倍。2015年，全乡实现工业总产值1106万元，比上年增长12.4%。

民国时期，温溪上、下村有洪臣生等人开设的杂货店铺3家。各店铺多从云和县城进货，主要经营酱油、食盐、火柴、肥皂、布匹等杂货。1900—1950年，温溪前后共有杂货店4家。1950年温溪乡供销合作社创办后，4家私营店铺歇业。1951年，创办温溪乡供销合作社（体制“国营”）。供销合作社采取社员入股、年终分红的方式办社。1998年，国营商业全面改制，经营近半个世纪的温（安）溪（畲族）乡供销合作社消失。供销合作社改制后，原入股社员股金按数退还于村民，商业由国有、集体转变为私有。

三

中华人民共和国成立前，由于经济不发达，安溪畲族乡的社会事业十分落后，直到中华人民共和国成立后才有起色。1978年改革开放后，各级党委和政府十分关心安溪的社会事业，不断加大投入，使各项社会事业有了长足发展。

安溪畲族乡中心学校创建于清宣统元年(1909年)。当时称“云和县公立温溪初等小学堂”。民国8年(1919年)云和县公立温溪初等小学堂更名为“云和县温溪初等国民学校”。1951年9月，利用洪氏祠堂为学校用房重建温溪小学。1954年，由于学生增多，经县人民教育科批准，建立“温溪完全小学”。1958年，人民公社化后，在“教育也要大跃进”的口号下，实行并校、住校模式。1980年，乡中心小学在校学生151人。1994年8月，通过社会各界捐资和多渠道筹措教育经费，兴建教学楼“恩美楼”和“民族团结楼”，以及附属用房。学校占地面积2434平方米，建筑面积1561平方米。

2000年开始，安溪畲族乡小学教师实行聘任制。校长由县教委和乡政府聘任，教师由校长聘任。2003年，安溪畲族乡小学获得全县小学终端考试第三名。终端常识考试平均成绩列全县第一名。是年，在全国高考中，安溪乡籍学生被各高校录取共计11人。2005年，安溪畲族乡小学完成高级农村标准化学校的创建工作。是年12月，通过省级教育强乡验收。2006年，学校被浙江省教育厅(以下称省教育厅)评为“浙江省农村中小学现代远程教育工作先进单位”“平安校园”。是年，乡中心小学完成高级农村标准化学校创建工作。2006年，学校被省教育厅评为“浙江省农村中小学现代远程教育工作先进单位”“平安校园”。2007年，在县教育局和乡政府的支持下，学校启动“营养餐工程”。为提高教育教学质量，县江滨教育集团相继向安溪畲族乡中心小学分派支教老师。2008年始，学生营养餐从原来每周5餐提高到15餐，率先成为全县“免费餐”学校。2010年，乡中心小学被教育部艺术教育委员会评为“全国学校艺术教育先进单位”。2015年，乡中心小学有5个教学班，教职员工14人，学生100人。其中安溪畲族乡籍学生16人，外乡籍学生2人；景宁及江西、湖南、四川、贵州籍学生82人，占学生总数的82%，皆为走读生。均系父母在云和县城务工者子女，上学、放学均乘安溪至云和往返的公共汽车。

畲族作为一个有着悠久历史和独特文化的民族，有自己的语言口口相传，但没有自己的文字。畲族在本民族统一讲畲话，也通晓当地方言。随着时代的发展和文化水平的提高，畲民大多数人能流畅地讲普通话。畲族语言是一种超地域的民族语言，不论居住何处，只要是畲族，使用的语言都是相通的。但由于地域的影响在音调上稍有差异。例如，其他地方畲语“姑娘”语音为“布妮崽”，而安溪畲族乡境内畲语语音为“布妮尊”。安溪畲族乡境内畲民日常使用3种语言:云和方言、畲话、普通话。

安溪畲族乡境内畲族一向"男耕女馌,恪守法纪,其风俗近古"(《雷氏宗谱序》)。安溪畲族有其婚嫁习俗、民间舞蹈、传统体育十字拉环、畲族彩带制作技艺等非物质文化遗产。畲族是能歌善舞的民族,无时不歌,无处不歌,有"村村有歌声,人人是歌手"的美誉,节日和婚庆盘歌、对歌是最具特色的一项传统民间艺术,题材广泛,内容丰富,形式自由活泼,既有口头传承,也有随编随唱,主要有历史传说歌、情歌、生活歌、劳动歌、时政歌、仪式歌等等。安溪畲族乡境内往昔传统畲族舞蹈主要表现在殡葬和祭祀活动中,由民间职业"功德师"登法坛吹灵角、洒净水、唱灵歌、踏八封、舞水袖。随着社会的进步,这种古老的舞蹈已经失传,取而代之的是新民族舞蹈。直至2015年,安溪畲族的生活习俗、生产习俗、岁时习俗,以及民间信俗仍有自己的特色,尤其是"三月三"等民族民俗活动与其他民族不同。

1985年,安溪畲族乡文化站建立,配置专职文化员1名。文化站设有图书室、阅览室、乒乓球室、舞蹈排练室等活动场所。2006年,安溪畲族乡举办首届"乡乡一台戏"活动,150人次参加活动。2013年,安溪畲族乡畲汉广场和仿古戏台建成,为开展全民健身活动提供场所;举办"乡乡一台戏"活动和"畲乡村晚",丰富了农村群众的业余文化生活,推进了畲族文化的传承与发展。乡每年举办一次农民自办自演的"乡乡一台戏"活动改称"乡村春晚",乡民简称"村晚"。

中华人民共和国成立前,安溪畲族乡境内多数百姓贫病交加,缺医少药,卫生条件极差,村民有病主要靠祖传的畲医畲药和中草药治疗。由于天花、霍乱、麻疹、白喉、流行性脑脊髓膜炎、乙型脑炎、结核病等10多种传染病在安溪畲族乡境内不时流行,尤其是天花、霍乱、麻疹等烈性传染病流行面广,死亡率高,这些传染病一旦大流行,往往死者众多。加上土法接生,人口死亡率很高,畲民平均寿命不到40岁。中华人民共和国成立后,政府对畲族医药费实行减免政策,凡群众到卫生院、医院看病,经村(大队)乡(公社)证实身份后,给予减免20%—60%的医疗费,特殊困难户还给予减免70%以上。自20世纪80年代开始,畲族医疗补助费按人口比例分配包干到乡,由乡政府掌握使用。

1958年,安溪畲族乡卫生院建立。1998年,在实施"乡镇卫生院危房改造项目"中,县相关部门对该卫生院房屋进行拆建,新卫生院建筑面积285平方米。2010年,为加强农村医疗卫生事业,卫生院配备医师6人。卫生院设全科门诊、外科门诊、抢救室、药房4个科室，治疗药品以西药为主。2015年，乡卫生院有人员编制共5人，有卫技人员5人，年底在岗3人，其中领导职数院长1人。全年门诊共4321人次，医院日常管理，有专人负责。

畲民有自己民族特色的体育活动，如稳凳、抄杠、腹顶棍、蹴石磉、赛海马、顶牛等。2008年6月10日，安溪畲族乡举办首届农民趣味运动会暨农民技能大比拼活动。是年12月，浙江省老年体育协会授予安溪畲族乡“浙江省小康型老年体育街道、乡镇”称号。2010年9月9日，组织上村、下村、东岱3个村老人健身走活动。2014年，安溪畲族乡完成省级体育强乡创建工作。2015年，组队参加由云和县人民政府主办，紧水滩镇、雾溪畲族乡、朱村乡、安溪畲族乡人民政府协办，云和县体育局承办的云和县首届全民运动会“创强杯”乒乓球比赛。

1993年5月4日，云(和)安(溪)公路竣工通车。2006年，完成东岱最后一个村的路面硬化工程。2009年，全乡各村康庄公路相继开通，实现村村通公路。2015年，全乡8个行政村全部通康庄路。1964年，对电话线路进行单线改双线。之后，逐步改为通信铝线、改为水泥杆。1990年乡政府安装农村电话交换机。1999年，下武、下村、上村3个行政村通电话，上村安装电话18部。1994年，成立邮政储蓄安溪分所属云和县邮政局管辖。1998年，邮政、电信分营后，邮政储蓄安溪分所专门从事邮政业务，是一家服务“三农”的企业分支机构。地址设在安溪畲族乡政府大院附属楼，有专门人员负责。2001年，东岱村在全乡率先开通程控电话，同年全乡还有4个行政村也通了程控电话。2001年，黄处村通光缆、通电话，东岱村率先实现全村通程控电话。自2009年开始，安溪畲族乡全乡8个行政村全部通电话。有电信企业2家，服务网点3个。2011年，全乡有固定电话用户558户，移动电话用户3387户，宽带接入用户440户。全年电信业务收入390.40万元。2015年，安溪畲族乡全乡8个行政村全部通宽带，移动电话网络全覆盖。

20世纪50年代初，建造可供200户照明的上村简易小型水电站。20世纪70年代初，建成水口电站。1987年，安溪畲族乡境内10千伏电网建成，全乡用电由县电网供给，全乡村村通电。1995年，水口电站投资近百万元进行改建扩容，1998年结束，容量从原来的100千瓦，增加到300千瓦。2013年，项目总投资937万元，其中省财政扶持资金300万元，县财政综合配套资金274万元，8个行政村自筹金363万元，兴建茶山股份制电站。2014年5月竣工，装机容量2×320千瓦，年发电量达159万千瓦时。当年就产生效益60万元。2015年，全乡年发电量339.29万千瓦时，总产值165.39万元。

1977年10月1日，安溪人民公社广播(转播)站建成。转播站配置转播员1人(女)，线路维护1人(男)。信号由县广播站输送至公社(广播)转播站放大后输送至各村各户。信号线采用12号铁丝输送，线杆采用方形水泥柱。是年，全乡村村户户通了广播。2006年6月，广播与电视实现共缆传输，乡镇转播站停止转播节目。1988年底，建成电视差转台，浙江节目差转台址为下武东坑屋后山岗，中央台节目差转台址为下武长脚垄对面山岗。2009年开始，全乡除木榉花行政村外全部通光缆，广播电视实现光缆传输。2015年，全乡安装有线电视420户。

2010年，安溪畲族乡全乡列入最低生活保障52户106人。参加城乡居民养老保险783人，参保率87%。参加新型农村合作医疗保险2430人，参合率96%。全乡有60周岁以上老人564人，90岁以上老人11人，其中472人已经享受养老待遇。同时，利用茶山电站年5%的收益设立了“残疾人关爱资金”，通过各种途径，进一步地完善社会保障体系。2015年，安溪畲族乡全乡参加居民养老保险1411人，发放社保卡2020张。完成被征地农民转保65人。60岁以上农民养老保险参保461人。是年，全乡参加新型农村合作医疗保险2598人，参合率99.80%，其中参合的畲族乡民700人，占全乡总人数的30%。

四

安溪是红色的土地。1935年9月至1938年3月，中国工农红军挺进师先后6次到严山、黄家地，向群众宣传红军政策，开展革命活动。抗日战争全面爆发后，1939年春，中国共产党在严山、下武、坑头、黄处、黄家地建立农村党支部。1941—1942年，严山、黄家地等村已成为浙南特委武工队活动中心。解放战争时期，中国共产党在木榉花、东坑头、上村、下村、东岱等5个村建立6个党支部。1988年5月，浙江省人民政府(以下简称省政府)批准云和县为革命老区县，安溪畲族乡为革命老区乡，严山、黄家地、下武、东岱、上村、下村、黄处、木榉花8个行政村为革命老区村。革命先辈不怕牺牲，艰苦奋斗，为迎接新中国的诞生，在这片土地上洒下鲜红的热血。

中华人民共和国成立后，在中国共产党的领导下，畲族同胞彻底摆脱受歧视、受压迫的地位，政治上翻了身，确立国家主人翁的地位。云和县人民代表大会和云和县政治协商会议，都有一定比例的畲族代表和委员与会。1959年9

月，中共温溪乡上村村高级农业生产合作社支部书记雷根聪，应邀赴北京参加国庆节观礼。1978年，党的十一届三中全会后，随着家庭联产承包制责任在农村的确立，安溪畲族乡地区经济社会走上快速恢复发展的轨道。在国家民族工作方针政策的指引下，中共云和县委、县政府实施一系列的民族发展优惠政策，大力支持民族乡村地区发展。1999年9月，蓝世根被评为全国民族团结进步模范，出席全国“民族团结进步”先进表彰会。2009年，安溪畲族乡党委副书记、乡长蓝金玉被国务院评为全国民族团结进步模范个人。历届乡人民政府乡长都由畲族公民担任。

2005年，县政府投资21万元，在黄处村、严山村、黄家地村、木樨花村、东岱村建造5座公厕。2010年，将安溪盆地的上村村、下村村、下武村3个村，作为中心村培育。进行村庄整治和旧村改造，拆除露天栏厕23座，在上村村、下村村、下武村3个村新建设公厕3座。之后，全乡各村都新建公厕。2015年，农户新建造的砖混结构住房，都有卫生设施。原有旧房大都进行卫生设施改造。是年，完成投资200多万元的上村等3个村农村生活污水治理项目，加大养殖污水治理力度，拆除规模养殖场所3处、1269平方米。是年，完成上村、下村、下武3个行政村近1000米的农村生活污水管网工程。投入资金182万元，完成东岱村和木樨花村饮用水管道工程。各河长、河段长、河道警长发挥作用，完成安溪流域上村至下村河道治理，全年清理垃圾10余吨，关停养殖场2户，拆除废旧沼气池2座，植树125株，雨污分流达97%。全年建设渠道21688米、防洪堤2393米、亲水平台1136米，新建堰坝17座，修复堰坝3座。一年完成“五水共治”[①]安溪流域整治项目三年目标，成为县“五水共治”办等多个部门相关工作考察点。

2008年，乡政府投资4万多元，完成农村危旧房改造和安居工程。投资700多万元，进行村容村貌改造，使安溪畲族乡境内生产生活条件得到改善。2009年，全乡危旧房改造任务185户，其中修缮81户。批建新房104户，其中上村41户、下村39户、黄处23户、下武1户。连片拆除危旧房29户，拆除面积3453.70平方米。2010年，全乡顺利完成农村危旧房改造101户，批建新房40户，修缮危旧房61户。农村低保标准150%以下困难户改造26户。2015年，黄处村完成历史文化村落保护利用，被丽水市评为“十佳风情畲寨”。下村村完成省级美丽宜居示范村建设，投资350多万元改善道路。投入245万元实施上

① 指治污水、防洪水、排涝水、保供水、抓节水。

村村庄整治提升工程，改造农户危旧房 42 幢。

2015 年，县政府投资 350 万元，完成下村村省级"美丽宜居示范村"沿溪景观改造、道路拓宽等工程。投资 140 万元，完成长脚垄、东坑自然村"畲族风情文化村"的改造工程。是年，黄处村被评为丽水市"十佳风情畲寨"。投入 1100 万元，启动黄处村 AAA 级乡村景区化旅游示范村建设。

进入 21 世纪后，安溪畲族乡人民在中共云和县委（以下简称县委）、云和县人民政府（以下简称县政府）和中共安溪畲族乡委员会（以下简称乡党委）、乡政府的领导下，团结一心，奋力开拓，正在为把安溪畲族乡建成环境优美、经济繁荣、社会和谐、乡民幸福的美丽乡村而努力奋斗。

大事记

一、清代及清代以前

明

景泰三年(1452年)

云邑水竹垟村周氏支族春盛入迁东岱村。

正德年间(1506—1521年)

福建福安县髻蓝村蓝相益长子蓝敬华入迁安溪境内。

嘉靖二十四年(1545年)

四月初八日,福建罗源县西南乡蓝氏支族蓝谨传入迁安溪青石岩(今下武行政村山寮自然村)。

万历十六年(1588年)

上村、下村洪氏支族始祖良远公由栝苍芝田阅历关山(青田县沿溪)入迁。

万历十七年(1589年)

福建雷氏支族(始祖名讳不详)入迁上、下黄处。

万历三十六年(1608年)

福建古田县十八都小茶岭蓝氏支族蓝凤进入迁安溪。

万历四十四年(1616年)

福建麻寮蓝氏支族蓝念一郎入迁梅树下(今下武村)。

天启六年(1626年)

二月初九,蓝氏支族蓝法增、蓝秀微、蓝法章、蓝石养、蓝阿十由福建连江县三都醮洋半山入迁云和三都谷垟头。

崇祯十二年(1639年)

福建罗源县南峰蓝氏支族蓝统成入迁谷垟头。

清

顺治年间（1644—1661年）

蓝氏从景宁金丘入迁长脚垄。

康熙年间（1662—1722年）

蓝氏从景宁金丘入迁下武东坑。

福建罗源县永远村蓝氏支族雷法顺入迁安溪林斜（畲）。

黄家地村柳氏支族始祖继远公，由景邑沙湾入迁。

八秤自然村毛氏支族始祖（姓名不详），由景邑白岸入迁。

黄寮后自然村柳氏支族始祖（姓名不详），由景邑沙湾入迁。

瓦坪头自然村柳氏支族（姓名不详），由景邑沙湾入迁。

东岱（上村）彭氏支族始祖（姓名不详），由景邑大漈入迁。

雍正年间（1723—1735年）

石塘规溪亭王氏支族（姓名不详）入迁湖里自然村。

乾隆五年（1740年）

地方当局发文命畲民“编图隶籍”，畲民被编入保甲地籍。

乾隆年间（1736—1795年）

云邑睦田王氏支族（姓名不详）入迁坑头自然村。

云邑坑儿（今福新村附近）赖氏支族入迁木樨花村。

嘉庆八年（1803年）

浙江巡抚阮元会同学使文宁，咨准畲民一体科举考试。

嘉庆二十四年（1819年）

十月十日，蓝谨传次子振养分迁雾溪坪阳岗。

嘉庆年间（1796—1820年）

景邑外舍、田寮罗氏支族（姓名不详）入迁东岱外村。

木樨花村赖氏支族（姓名不详）分迁至柘园、对门山自然村。

道光十年（1830年）

官府明令规定准予畲民参加科举考试。

道光年间（1821—1850年）

永康圩子头俞氏支族（姓名不详）入迁大犇自然村。

宣统元年（1909年）

温溪创办云和县公立初等小学堂。

宣统二年(1910年)

农历三月初三，黄处村与坪垟岗等村由畲民在坪垟岗村联合举办“三月三”乌饭节集会活动。

二、中华民国

民国元年(1912年)

安溪上村村的官堰(俗称“水坝头”)被水毁,后于民国8年(1919年)修复。

民国8年(1919年)

乡民洪有芳、黄庆澜等人奉县知事董之命为事董,主持筹钱实施泗洲岭路面改造工程。路面改造工程于农历三月二十五日动工,当年农历九月十八日竣工。

温溪云和县公立初等小学堂更名为“云和县温溪初等国民学校”。

民国18年(1929年)

云和县县长周康昌决定取缔畲妇服饰,违者罚款。

民国20年(1931年)

开始称安溪乡,隶属一区新西镇。

民国22年(1933年)

12月6日,云和县政府布告:畲妇不得穿着异饰与戴头冠,畲民不得说畲语,若依然固守旧习,政府就要强制执行。民国26年(1937年),又重申此令。

民国24年(1935年)

2月4日,温溪村发生轻微地震。

9月3日,中国工农红军挺进师一支小分队,从景宁进入安溪乡经泗洲岭到下武村山寮自然村,前往严山、黄家地。

民国25年(1936年)

1月23日(1935年除夕),留在浙西南斗争的第二纵队到达严山、黄家地,发动群众,宣传革命。

1月,县政府为推行义务教育计划,在黄处村设立县立短期小学。

4月15日,粟裕、张友昆(张德华)率领红军挺进师主力部队100余人,至黄家地村。

4月25日,粟裕部队再次折回到严山、黄家地,第二天上午红军领导人召集全村人开会,讲红军的队伍为穷苦人打土豪分田地。

民国26年(1937年)

3月至7月,中国工农红军挺进师一纵队支队长范连辉率部到达严山村,进村后即向广大穷苦百姓开展宣传革命的主张,并发动畲民开展"抗租、抗捐、抗抽丁"等斗争。从此,严山、黄家地两村成为革命游击根据地。

是年,黄处小学改称"云和县第一区区立黄处短期小学"。

民国27年(1938年)

3月21日,改编为国民革命军闽浙边抗日游击总队的红军到黄家地村。

民国28年(1939年)

3月,云和县温溪初等国民学校更名为"云和县第一区立小学"。

是年,中共下武村、严山村、坑头村、黄处村、黄家地村支部建立。

民国31年(1942年)

(南溪)乡政府特约乡内农户栽种蔬菜100亩。

民国32年(1943年)

国民政府在南溪乡试行户籍法。

民国34年(1945年)

温溪小学更名为"南溪乡第六、七保联立国民学校"。

民国36年(1947年)

中共东坑头村、木樨花村支部建立。

民国37年(1948年)

8月,中共上村村支部建立。

11月,中共东岱村第一支部建立。

是年,中共下村村支部建立。

是年,国民政府进行旨在消灭共产党领导的解放力量的"戡乱",严山等村畲族民兵配合浙南人民解放军支队,开展反"戡乱"的斗争。

民国38年(1949年4月30日)

2月,中共东岱村第二支部建立。

4月9日,残余的国民党云(和)景(宁)自卫团140多人对严山、黄家地两村进行"清乡",被中国人民解放军和民兵击溃后逃往景宁县城。

4月10日,敌人对黄家地村进行"清乡",中共黄家地村支部组织委员柳良芝不幸被捕,面对敌人的残暴视死如归,当天被敌人杀害于云和大操场。

4月12日凌晨,国民党云(和)景(宁)两县的自卫队纠集300多人,在国民党云和县自卫总队长刘建极的带领下，再次到严山、黄家地两村，进行疯狂的“清剿”报复。敌人烧毁村党员蓝陈根、蓝汤德、蓝雷燕、蓝雷金、蓝水翠及蓝明进7户的房屋。全村共计被烧毁房屋30多间，烧死蓝汤德家耕牛一头，村里群众的财物也被抢夺一空。

1949年

5月11日，云和县城解放。

5月14日，云和县人民民主政府成立。

是年，原逃避国民党反动派追杀，在外避难的严山村畲民纷纷回村。

三、中华人民共和国成立之后

1950年

5月，中共温溪乡支部(总支部)建立；温溪乡人民政府(人民委员会)建立。

是年，土地改革运动开始。

1951年

1月23日，县公安机关在东岱村、温溪上村、温溪下村3个村民兵80余人的配合下，冒着大风雪对流窜在东岱一带的残匪开展大搜山，在东岱的深山中活捉匪“第十一支队第九大队”匪首廖京、廖高。

9月，温溪小学重新创办。

是年，全乡各村完成土地改革。

1952年

几户人家一起组成互帮、互助、工换工、人工换牛工，临时或常年性的农业生产“互助组”。

1953年

8月，中央民委一行4人及由施联朱带领的中央民族学院师生到云和温溪、柘园，景宁东弄等地畲族地区进行20多天的民族识别调查。

是年，黄处小学设立，派公办教师任教，成为全县最早设立的畲族小学之一。

1954年

“温溪乡完全小学”建立。

1955年

实施农业合作化，山林实行折价入社或按比例分成，由合作社统一经营，属集体所有制。

1956 年

12 月，国务院批准确认畲族为单一民族。

1957 年

6 月 22—24 日，云和县第二次少数民族代表会议在云和召开。温溪乡出席会议代表共计 6 名。

8 月22 日，云和县第一座农村水电站——温溪乡温溪上村水电站建成发电。自制木质轴流定桨式水轮机，配 5 千瓦发电机，供 200 余户村民照明用电。

11 月 19 日，温溪乡代表共计 19 人参加云和县革命老根据地“鸣放意见”会议。

1958 年

4 月，温溪畲族乡建立，雷公顺任乡长。温溪畲族乡以原温溪乡管辖区域为温溪畲族乡行政区域。

5 月 29 日，经国务院批准撤销云和县，并入丽水县。

8 月底，在“教育也要大跃进”的口号下，全乡小学实行并校 ，各村校并入温溪乡校。

10 月，温溪畲族乡并入小徐大队，隶属云和人民公社。

是年，掀起人民公社化运动。

1959 年

2 月，温溪畲族乡从小徐生产大队析出，分置温溪管理区。

是年，西山自然村畲族雷根聪应邀赴北京参加国庆观礼。

1961 年

9 月，温溪管理区改称为温溪人民公社。

1962 年

4 月 12 日，国务院批准恢复云和县建制，温溪公社隶属云和县云和区委。

1969 年

3 月，温溪公社革命委员会建立。

1971 年

12 月，中共温溪公社委员会建立。

是年，安溪水口水电站动工兴建。

1974 年

温溪公社供销合作社用房建成，停止租用私人房屋营业。

1975 年

温溪人民公社造纸厂兴建。

1976 年

9 月,安溪水口乡办自发自供水电站建成。

1977 年

10 月 1 日,温溪人民公社广播转播站建成。是年,全乡家家户户通广播。

1978 年

8 月,兴建于 1975 年的温溪人民公社造纸厂投产。

1979 年

安溪上村村民洪娟娟(女)、吕小莲(女)两人自筹资金购置 16 毫米电影放映机 1 台,自负盈亏办农村电影放映队。

1980 年

12 月,公社革委会改为公社管委会。

1981 年

9 月,因与青田县温溪镇重名,遂恢复旧名安溪。12 月 1 日起,温溪人民公社改名安溪人民公社。自此,温溪改称安溪。

1982 年

民政部追认柳良芝为革命烈士,并向其遗属颁发革命烈士证书。

1983 年

王家乾之孙王一平传承家风, 率先开出安溪畲族乡第一家私人经营的小商店。

1984 年

3 月,经省政府批准,安溪人民公社恢复为畲族乡,改称安溪畲族乡人民政府。

7 月,安溪畲族乡人民代表大会选举蓝新田任安溪畲族乡乡长。

是年,实行政社分设,建立乡人民政府,以原安溪人民公社管辖区域为安溪畲族乡行政区域。大队改为村民委员会,生产队改为村民小组。

1985 年

云和县政府开始对安溪畲族乡实行农业税全部返回乡政府用于扶持生产。

1986 年

7 月 8 日,丽水地区民政局批准安溪畲族乡为革命老区乡。

1987 年

是年，安溪乡连接 10 千伏电网，全乡用电由县电网供给。

是年，全乡所辖 8 个行政村先后被县政府公布为革命老区村。

1988 年

5 月，省政府批准云和县为革命老区县，安溪畲族乡为革命老区乡，严山、黄家地、下武、东岱、上村、下村、黄处、木樨花 8 个行政村为革命老区村。

是年，安溪水口水电站并入县电网运行。

1989 年

1 月，东岱村通电，全村有电灯照明。

1991 年

7 月 13 日至次日凌晨，降暴雨，降水量 162 毫米，全县安溪、雾溪、小徐 3 个乡 22 个行政村 9500 多人遭洪灾。

是年，云和县人民政府（以下简称县政府）颁布《关于进一步做好我县少数民族工作有关问题的通知》。

1993 年

5 月 4 日，云（和）安（溪）公路竣工通车，全长 7.90 千米（黄安线，黄水碓至安溪）。

1994 年

5 月，木樨花村康庄路（陈家村—木樨花段）工程动工。康庄路工程建设资金投入采取以山（林）（置）换路的办法，即造路者修建好木樨花村机耕路后，木樨花村部分权属的山林归造路者管理和经营。山林置换面积共计 166.67 公顷，经营权年限 25 年。

8 月 21 日，受台风影响，强降雨引起山洪暴发，安溪畲族乡遭受百年不遇特大洪灾。山洪冲毁乡政府办公楼、学校、邮电所、信用社、造纸厂和下村村 2 幢民房。东岱外村 2 幢民房被山体塌方压毁，幸无人员伤亡。

9 月，省委副书记卢展工、副省长龙安定到安溪畲族乡视察灾后生产生活恢复情况。

是年，被冲毁的学校通过社会各界捐资和多渠道筹措教育经费，兴建教学楼“恩美楼”和“民族团结楼”，以及附属用房。其中，香港大业织造有限公司董事长沈炳麟捐资 9 万元。

1995 年

9 月 21 日，中共云和县委印发《关于支持和发展少数民族经济和社会事业的决定》。

1996 年

9 月 21 日，省委书记李泽民在地委书记陈仲芳、县委书记刘秀兰等地、县领导的陪同下，视察安溪畲族乡。

冬，黄家地全村村民在村支部书记柳伟明的带领下，用人力挖掘以岗头岙为起点衔接景宁岚头公路全长 2.50 千米长的机耕路工程。

是年，在全省山区开发暨扶贫工作会议上，安溪畲族乡被省委、省政府确定为帮扶 100 个乡镇之一。

是年，木樨花村康庄路(陈家村—木樨花段)工程竣工，全长 6.50 千米。因缺少机械开挖设备，工程全部采用人工完成。

1997 年

是年，在省政协的扶持下，被 1994 年“8•21”特大山洪冲毁的乡中心学校防洪堤重建工程于 8 月 6 日竣工。

是年，云(和)安(溪)公路 3.70 千米长的砂子路面改为柏油路面。

1998 年

5 月，东岱村至安溪上村机耕路建成，勒“东岱路”石碑纪念。县委书记刘秀兰(女)为东岱路题词:“苦干开出致富路，勤劳培育幸福花。”

秋，黄家地村衔接景宁公路机耕路竣工，并举行隆重的通车典礼。

是年，实施“乡镇卫生院危房改造项目”，对原乡卫生院旧房进行拆建和改造。

是年，云和县民族宗教事务局成立，与中共云和县委统战部合署办公。

1999 年

11 月，中共云和县委、县政府印发《关于进一步加强少数民族工作的若干意见》。

是年，在全省民族工作会议暨第三次全省民族团结进步表彰大会上，安溪畲族乡获民族团结进步模范集体称号。

是年，上村、下村洪氏支族续修《洪氏宗谱》，木樨花、坑头自然村王氏支族续修《王氏宗谱》。

2000 年

是年，东岱村投资 2 万多元，兴建防洪堤 165 米。

是年，投资 7.80 万多元，修建上村、下村、下武 3 个村的“三面光”水渠 1360 米。

是年，下武、上村、下村 3 个村接通县有线电视网络，下村安装自来水。

是年，在原乡政府大楼旧址上兴建的乡人民政府办公综合大楼工程动工；新建乡卫生院大楼竣工，总投资 37 万元。

是年，农村信用社实行体制改革后，原安溪信用分社改为安溪“信用代办点”。

2001 年

是年，在县水利局的扶持下，投资 16.80 万元修建后塘对面长 125 米的防洪堤，修复上村相公殿灌溉渠道 1360 米。

是年，实施上下村，黄处的湖西弄、坑头、柘园自然村自来水工程。

是年，东岱村集资 4 万多元，安装有线电视，可收看央视等 6 个频道节目。

是年，东岱村在全乡率先开通程控电话。

是年，投资 45 万多元的乡小学教学综合大楼破土动工。

是年，乡人民政府办公综合大楼竣工，投入使用。

2002 年

是年，全乡完成农村电网改造工程。

是年，下武、黄处两村安装自来水。

是年，全乡 36 户农民住进云和农民新村。

2003 年

是年，完成省、市级教育强乡创建工作。

是年，经县科技局的牵线搭桥，木樨花村争取到德国驻上海总领事馆马驰先生的支持，引德资 15 万元，为木樨花村修建 1.20 千米长的防洪堤，使木樨花村 100 多亩农田排灌全面地得到改善。

是年，全乡有 31 户农民在县城农民新村建起新房。进城购买旧房的有 10 户。

是年，修建安溪流域防洪堤 280 米。修建下武村东坑堰坝 1 座，渠道 120 米。修建黄家地村八庆堰坝 1 座，渠道长 80 米。在实施“下山脱贫工程”中，东坑头自然村 12 户入迁下武长脚垄等地新居。

是年，安溪畲族乡种植的“云和雪梨”第一年投产，总产量达1万多千克。

2004年

县政府投资103.16万元，完成黄处村康庄路2.91千米长的路基拓宽工程；投资41.40万元，完成黄家地村康庄路2.70千米长的路基拓宽工程；投资11.30万元，修建下村村防洪堤280米。

2005年

12月，安溪畲族乡被评为浙江省教育强乡；安溪畲族乡人民政府被浙江省人民政府评为省民族团结进步先进集体。

是年，县财政拨给安溪畲族乡中心小学经费63.50万元，用于学校教学用房和教学设备改善。乡中心小学完成高级农村标准化学校创建工作。

是年，黄处、严山、东岱、东坑头、木樨花、黄家地、东城村小学被撤销，并入乡中心小学。

2006年

8月，中共云和县委、县政府印发《关于加强少数民族工作加快少数民族经济社会发展的实施意见》。

是年，安溪畲族乡中心小学被省教育厅评为“浙江省农村中小学现代远程教育工作先进单位”“平安校园”。

是年，全乡完成山林延包工作。核发中华人民共和国林权证1119本。

是年，举办安溪畲族乡首届“乡乡一台戏”活动。参加活动150人次。

2007年

11月，安溪畲族乡“畲族祭祖”习俗节目参加云和县第三届木制玩具节开幕式活动。

12月，举办2007年安溪畲族乡“乡乡一台戏”活动。

是年，东岱村机耕路修建为康庄路。东岱全村用上自来水，完成沼气项目建设。

2008年

6月10日，举办安溪畲族乡首届农民趣味运动会暨农民技能大比拼活动。

11月13日，全省少数民族经济工作经验交流会在云和召开。会前(12日)副省长钟山对安溪畲族乡黄处进行专题调研，黄处村接待“全省少数民族经济经验交流会”与会人员参观。

是年，黄处村成为副省长钟山实践科学发展观的联系点。

是年，开通全乡最后一条8.60千米长的木樨花村康庄公路路基。完成东岱村康庄路路面硬化工程。实施严山、下武、黄处3个民族村路灯亮化工程。

是年，浙江省环境保护局（以下简称省环保局）命名安溪畲族乡为第五批省级生态乡镇。

2009年

是年，投资30万元实施严山、木樨花两村饮水工程。是年，完成东坑头自然村搬迁。投资4万元，实施农村危房改造和残疾人安居工程。

是年，实现生产、生活垃圾进行“户集、村集、乡运、县处理”模式。全面实现城乡垃圾处理一体化的构建目标。

2010年

9月9日，黄处村举办第三届重阳节民间艺术月活动，组织上村、下村、东岱3个村老人健身走活动。

是年，投入110万元，在下武村建立全乡“生态养殖示范村”。

2011年

是年，落实安溪至坪阳岗通景（区）公路建设政策处理等工作。

是年，建成面积3.67公顷的安溪畲族乡禽果生态示范园。

2012年

10月8日，下武村旧村改造工程全面启动（拆建）。

12月24日，环境保护部授予安溪畲族乡2010—2011年度国家级生态乡镇称号。

是年，云和人投资的“乐福久”生态生猪养殖场在下武村建成。

2013年

5月9日至10日，省政协副主席陈加元率省政协调查组到云和调研民族乡经济社会发展情况。调查组一行实地考察黄处村畲族特色村项目和雪梨基地。丽水市委副书记、市长黄志平，市委常委、统战部部长廖思红，丽水市政协副主席叶朝丐，云和县相关领导陪同调研。

5月16日，浙江省委常委、常务副省长龚正率省政府副秘书长夏海伟，省委统战部副部长、省民宗主任冯志礼，省财政厅副厅长罗石林，省农办副主任邵峰，省民宗委副主任陈智慧一行到云和县，市、县相关领导陪同调研民族乡经济社会发展情况。

8月，成功举办“走进安溪”艺术采风、摄影、雪梨采摘和云和县“12+1”山地车协会首届车友爬坡赛。

是年，完成安溪流域河道整治、堤防加固工程。新建宽1.50米、长2000米的亲水景观走廊带。

是年，木樨花村《王氏宗谱》续修工程完成。

2014年

6月6日，茶山股份制水电站正式并网发电。

12月，下武村完成新建小区一期工程，全村275户畲民搬入新居。

是年，乡政府与云和县梨园春生态农场有限公司等3家公司企业签订招商引资协议。

是年，建成安溪畲汉同心广场。

2015年

12月，在下村村“马蹄畈”建设13.33公顷黑木耳项目标准化生产基地。下村村被评为省级“美丽宜居示范村”。

是年，在黄处村建成10公顷梨树附生铁皮石斛基地；被评为丽水市“十佳风景畲寨”。

是年，启动黄处村AAA级乡村景区化旅游示范村建设工程，项目总投资1100万元。

是年，木樨花—林斜自然村全长3.60千米面路面硬化工程动工，当年竣工。引进木樨花龙头坑休闲观光农业综合开发项目，一期工程投资开发资金1200万元，总投资3200万元。

是年，实施下武村安置区基础设施配套工程，完成长脚垄、东坑畲族风情村改造工程，项目总投资140万元。

是年，严山村至龙角湾、东岱各自然村支线道路硬化工程竣工。总长8.95千米，投资430万元。

是年，东岱村完成《周氏宗谱》续修。

是年，安溪畲族乡被评为丽水市民族团结进步模范集体。

第一章　环境与建置沿革

安溪畲族乡位于云和县南部，属亚热带季风气候区，四季分明，动植物种类资源繁多，森林覆盖率高达86%。明景泰三年（1452年），云邑水竹垟村周氏支族春盛入迁东岱村。自明正德年间（1506—1521年）始至民国时期400多年历史中，蓝、雷、钟三个畲族支系和栝苍芝田汉族洪氏等支族，先后从福建及浙江青田等地入迁安溪。

安溪畲族乡民国初属协和区，称“安溪联合村”，民国20年（1931年）开始称安溪乡，属一区新西镇，后曾几次易名。1984年3月恢复安溪畲族乡，沿用“安溪”之名，隶属云和县管辖。至2015年，境内有8个行政村，28个自然村，其中在海拔500米以下自然村13个，500—600米自然村5个，610—830米自然村10个。

第一节　自然环境

安溪畲族乡地势自东南向西北倾斜，地形为凹形河谷盆地。丘陵地貌，四季分明，雨量充沛，属中亚热带季风气候。境内山林资源、动植物资源较为丰富。有海拔700米以上的山峰7座，与雾溪畲族乡交界的薄刀岗海拔1178.70米。安溪水源源于东岱大毛湾薄刀岗和西坪岗背，穿越安溪盆地，在元和街道古坊注入浮云溪，主流长12.60千米。

一、地　质

安溪畲族乡境内中西部岩石主要是燕山晚期花岗岩大面积出露，北东部和南部为侏罗系上统高坞组凝岩出露。

（一）土　壤

浙江省第七地质大队资料显示：安溪畲族乡境内土壤主要有红壤、黄壤、水稻土、潮土等4个土类。海拔700米以上区域为黄壤，主要分布在与景宁交界的南部高山区。海拔700米以下区域为红壤，主要分布在中北部。水稻土分布在农田区域。潮土主要分布在安溪河流两侧区域。河谷区域零星分布有第四系全新统残坡积物。

（二）岩　石

安溪畲族乡境内地层是下白垩统高坞组，主体岩石为杂色块状流纹质晶屑、晶玻屑熔结凝灰岩，局部夹流纹质玻屑凝灰岩。岩性为溶结凝灰岩，主要分布在北东部及南部区域。中西部出露燕山晚期钾长花岗岩。

（三）矿　产

石英矿　木樨花村有石英矿，储藏量约14万吨。1992年，一家每年平均用工17人的村办企业进场开采，年产值13.50万元。因储藏量小，规模不大，后停止开采。

二、地　貌

安溪畲族乡的地貌以丘陵中低山为主，山地面积大于丘陵，安溪小盆地被山地丘陵环绕。全乡山林面积2799.33公顷，其中省级生态公益林776.80公顷，竹林面积619.67公顷。森林覆盖率86%。

（一）地　形

安溪畲族乡属洞宫山脉地区，地形为凹形河谷盆地。有与邻县交界的主要山口2个：一是泗洲岭名安溪岭，位于乡政府所在地东南面。据清同治三年《云和县志》卷三记载："安溪岭在县南十五里，一名泗洲岭。《名胜志》载，路通景宁，两山丛峡，足以控御，上有午阴亭。"二是枫树坳，位于乡政府所在地西南面，与景宁畲族自治县大均乡交界，系东岱通往景宁坑头的山口。

（二）山　脉

安溪畲族乡境内以丘陵低矮群山为主，有海拔700米以上的主要山峰7座，均属洞宫山脉。

树林岗背　位于乡政府东北，北坡为木樨花村，海拔739米。

水竹垟尖　位于乡政府南部，与水竹湖岗背东西隔水对峙，海拔908米。

林斜尖　位于乡政府所在地北部，林斜村附近，海拔811米。

笔架峰　别名岭头尖，位于乡政府东南面泗洲岭头。据清同治三年(1864年)

《云和县志》卷三记载:"在安溪岭之巅,三峰参立,尖如卓笔,萦青撩碧。为文庙对山,乾隆间知县窦絟品为箬溪八景之一。"因山峰形似笔架而得名,海拔 924 米。知县吴炳、窦絟等名人墨客有笔架峰诗留存史册。

薄刀岗　位于乡政府之南,与雾溪畲族乡交界,海拔 1178.70 米。

西坪岗背　位于乡政府所在地南部,与景宁畲族自治县交界,海拔 1085 米。

佛儿岩　位于乡境内与雾溪畲族乡交界,山上有石,卓然乔耸,佛髻宛然,海拔 785 米。

三、气　候

安溪畲族乡属中亚热带海洋性季风气候。2011—2015 年,5 年年平均温度为 16.3°C,年平均降水量 1698.9 毫米,年日照时数平均为 1602 小时,无霜期为 277 天。境内灾害主要有台风、干旱、暴风、低温冰冻,以及由此衍生的洪灾、泥石流、滑坡、雪灾等自然灾害。

(一)气候特征

安溪畲族乡位于县城南面,距县城 7.50 千米,属中亚热带海洋性季风气候。气候总体特征表现为温暖湿润,四季分明,春季回暖早,温度日较差大;夏季雨、热同步,光、热、雨组合良好;秋季秋高气爽,冬季光温互补。在地势上,多中山丘陵地貌,海拔跨度较大,亦具有较显著的立体山地气候特征。常年入梅时间 6 月 10 日,出梅时间 7 月 8 日,台汛期每年 6 月 10 日至 10 月 15 日。中亚热带海洋性季风气候与丘陵山地立体气候在此叠加, 相较于同处中亚热带的其他地区,区域性气候特征非常明显。

(二)气　温

安溪畲族乡年平均气温 17.10℃,四季气温差异明显。因地形复杂,山多平地少,海拔高差悬殊,气候垂直,变化显著。冬春两季平均温度相差 9.60℃,春夏两季温差 9.80℃,夏秋两季温差 8.20℃,秋冬两季温差 11.20℃。入春时间一般始于 3 月中旬(入春常年平均为 3 月 17 日),夏季始于 5 月中下旬,秋季始于 9 月下旬至 10 月初,冬季始于 11 月底至 12 月上旬初期(入冬常年平均为 11 月 27 日)。冬夏两季相对较长,而春秋两季相对较短。2011—2015 年,5 年年平均温度为 16.30℃,年平均最低温度为 15.60℃,年平均最高温度为 17.20℃。年日照时数平均为 1602 小时。最高气温在 7 月,平均气温27.20℃;最低气温在 1 月,平均气温 5.80℃。极端最高气温 40.70℃,时间为 2003 年

7月24日，极端最低气温-7.80℃，无霜期一般自3月22日至11月10日，平均235天。

2011—2015年安溪畲族乡日照时数一览表

表16-1-1-1　　单位：小时

月份	日照时数			
	合　计	上　旬	中　旬	下　旬
1	92.30	35.30	27.90	29.10
2	71.10	21.50	27.90	21.70
3	95.90	38.60	25.20	32.10
4	119.80	35.70	40.10	44.00
5	141.00	47.90	44.80	48.30
6	129.90	48.30	35.80	45.80
7	219.00	64.20	74.80	80.00
8	198.90	70.10	65.80	63.00
9	147.30	52.40	48.10	46.80
10	141.90	46.80	47.30	47.80
11	117.70	47.30	35.60	34.80
12	127.30	44.20	38.80	44.30
年平均日照时数		1602		

（三）降　水

云和安溪畲族乡气象观测站建于2006年，安溪境内年平均降水量1625.60毫米。2014年，年降水量最多，降水量达1948.90毫米，2008年，年降水量最少，降水量为1200.60毫米。2011—2015年，5年年均降水量1698.90毫米。

清乾隆三十九年(1774年)六月，大雨两昼夜不止，山洪暴发，民房漂没无数(包括二、五都等地)。

民国元年(1912年)8月28日至29日，台风过境，山洪冲毁安溪堰。

1991年7月13日20时30分至次日凌晨30分，降暴雨，降水量162毫米，安溪(包括小徐、雾溪)3个乡22个行政村9500余人受灾。

1994年8月21日，受台风影响，强降雨引起山洪暴发，安溪畲族乡遭受百年不遇特大洪灾。

2007—2015年安溪畲族乡年累计降水量与年平均气温一览表

表16-1-1-2

年度	年累计降水量(毫米)	年平均温度(℃)
2007	1548.50	18.40
2008	1200.60	17.10
2009	1534.10	17.10
2010	1791.20	16.70
2011	1791.20	16.00
2012	1546.60	15.60
2013	1569.30	16.80
2014	1948.90	15.60
2015	1764.00	17.20

四、水　系

(一)溪　流

安　溪　原名温溪。小流域位于云和县城镇西南面,为云和浮云溪最重要支流之一。流域发源于安溪乡东岱大毛湾、薄刀岗和西坪岗背,主峰海拔1178.70米。流经安溪畲族乡东岱、上村、后塘、下村、下武,纳泗洲岭头、山寮、白箬湾、东坑头水。北经东坑至小徐砻吼、滁口,纳仙坑、大田坪、芝畈水。折向西北流至箬寮、梅山根,纳黄处、东城、程宅。经瓦窑、黄水碓、古竹、小徐,在古坊注入浮云溪。主流长12.60千米,流域面积33.28平方千米。另有黄家地流域面积3.25平方千米之水流入景宁畲族自治县双坑。流域区内山高坡陡,河道源短流急,水位暴涨暴落,小流域洪灾频发。

龙潭坑　上游有3支小涧,主流发源于树林岗背,主峰海拔739米。第一支由林斜、木樨花折西北进入小徐陈家村、底湾,纳岗头庵水至福兴、大处、白垟墩、吴家;第二支发源于白龙山,主峰海拔627米。经白鹤仙殿、山脚至东塘,纳大坪水至吴家;第三支由洽溪、交杯山至吴家。3支小涧在狮山脚下合流注入浮云溪。主流长6.70千米,流域面积22.50平方千米。

(二)水　坝

安溪佛仁殿拱坝　位于云和县安溪乡东岱村境内,海拔500米,距云和县城约11千米,其中简易公路4千米,交通车可直达,交通较为方便。2005年10月25日开工,该工程主要是为了解决安溪畲族乡上村、下村、下武等村,近

2000人口生活用水及113.33公顷水田和266.67公顷园地灌溉用水。坝址以上集雨面积5.90平方千米，主流长2.60千米。本流域多年平均降水量1760毫米，多年平均径流量0.18立方米每秒，多年平均径流总量572.30万立方米。佛仁殿拱坝按20年一遇洪水标准设计，设计洪峰流量106.44立方米每秒；校核标准为100年一遇，洪峰流量140.57立方米每秒。佛仁殿拱坝工程等别为V等，工程规模为小(2)型，主要建筑物为拱坝。坝址位于安溪上游1.50千米处，坝型为抛物线形双曲拱坝，材料为C15埋石砼。泄水建筑物采用坝顶自由过水，溢流段长23米，溢流堰为自由跌落式曲线型实用堰，堰顶高程535米。2006年12月21日完工，总投资272.40万元。

五、野生生物

(一)野生动物

安溪畲族乡境内森林面积广阔，气候暖湿，为多种动物栖息繁衍提供了良好环境。境内有野生动物40余种、鸟类140余种、爬行类29种、两栖类17种。国家重点保护野生动物有28种，其中国家一级重点保护野生动物有黄腹角雉、黑麂、穿山甲、大灵猫、小灵猫、白鹳、白鹤7种，国家二级重点保护野生动物有猕猴、鬣羚、雕鸮、黑鸢、领鸺鹠等21种。

哺乳纲　主要有蝙蝠、猕猴、穿山甲、黄麂、黑麂、松鼠、小家鼠、褐家鼠、豪猪、野猪、大灵猫、小灵猫、果子狸、猪獾、水獭、黄鼬、鬣羚等。

爬行纲　主要有鳖、蜥蜴、脆蛇蜥、龟、鼋、壁虎、蕲蛇、竹叶青、菜花蛇、银环蛇、眼镜蛇、乌梢蛇、滑鼠蛇等。

两栖纲　主要有大鲵(娃娃鱼)、蟾蜍、黑斑蛙、棘胸蛙等蛙类。

鸟　纲　主要有白鹳、黄腹角雉、草鸮、麻雀、喜鹊、八哥、乌鸦、家燕、猫头鹰、啄木鸟、白鹭、白鹤、黑鹤、鹰雕、林雕、领角鸮、勺鸡、苍鹰、松雀鹰等。

鱼　纲　主要有鲫鱼、鲤鱼、草鱼、鲢鱼、圆吻鲴、石斑鱼、泥鳅、黄鳝、鲇鱼、乌鳢等。

黄腹角雉　别名角鸡、吐绶鸡、寿鸡，云和本地人称山鸡，雄鸟上体栗褐色，满布淡黄色圆斑，头顶黑色，具黑色与栗红色羽冠，飞羽黑褐色带棕黄斑，下体几乎棕黄，因腹部羽毛呈皮黄，故名“黄腹角雉”，主要栖息在海拔800—1400米的亚热带山地常绿阔叶林和针叶阔叶混交林中。属国家一级重点保护野生动物。

黑　麂　别称乌金麂、蓬头麂、红头麂、麂子、青麂，云和本地称乌精。主要栖息于海拔为1000米左右的山地常绿阔叶林及常绿、落叶阔叶混交林和灌木丛中，比其他麂类栖息的位置要高。主要生长在木樨花村等村。属国家一级重点保护野生动物。

猕　猴　是猴科猕猴属动物总称。尾短，具颊囊；躯体粗壮，平均体长50厘米，有些种尾比躯体略长，有些则无尾；它们的前肢与后肢大约等长，拇指能与其他四指相对，抓握东西灵活，前额低，有一突起的棱。猕猴是群居性动物，成十余只乃至数百只大群。以树叶、嫩枝、野菜等为食，也捕食其他小动物。相互之间联系时会发出各种声音或做手势，互相之间梳毛也是一项重要的社交活动。猕猴大多白天在地面活动，夜晚退到树上去睡觉。主要用四肢一起行走，但也能用后腿走路或奔跑，尤其是当手中拿着东西或食物时。猕猴分布非常广阔，在各种类型地方都有，栖息广泛，草原、沼泽，各类森林，如落叶树林、常青树林都有分布。它们适应的气候条件也很多，从热带到温带，自海岸边地带至高山处都有猕猴活动。东岱村有面积176公顷的猕猴自然保护区。属国家二级重点保护野生动物。

鬣　羚　也称明鬃羊，别称苏门羚、山驴子、岩驴、四不像，本地称山羊。鬣羚栖息于海拔1000—4400米针阔混交林、针叶林或多岩石的杂灌林，偶尔也到草原活动。因其最早是在印尼的苏门答腊被发现的，因此又叫苏门羚。而浙江省个别地区称之为牧羊。主要栖息地在木樨花等地。属国家二级重点保护野生动物。

雕　鸮　别称鹫兔、怪鸱、角鸱、雕枭，云和本地称鹖、雕鸮，栖息于山地森林、平原、荒野、林缘灌丛、疏林，以及裸露的高山和峭壁等各类环境中。主要栖息地在东岱、安溪等地。属国家二级重点保护野生动物。

黑　鸢　别称鸢，云和本地称老鹰，栖息于开阔平原、草地、荒原和低山丘地带，常在城郊、村屯、田野、港湾、湖泊上空活动，偶尔也出现在海拔2000米以上的高山森林和林缘地带，主要栖息地在安溪、东岱。属国家二级重点保护野生动物。

领鸺鹠　领鸺鹠是猫头鹰家族中最小的种。体长14—16厘米，体重50—80克，没有耳羽簇。上体为灰褐色而具浅橙黄色的横斑，后颈有显著的浅黄色领斑，两侧各有一个黑斑，特征较为明显，可以同其他鸺鹠类相区别。下体为白色，喉部有一个栗色的斑，两胁还有宽阔的棕褐色纵纹和横斑。栖息于山地森林和林缘灌丛地带，除繁殖期外都是单独活动。主要在白天活动，中午也能在阳光下自由地飞翔和觅食。晚上还喜欢鸣叫,几乎整夜不停,鸣声较为单调,反复鸣叫。休息时多栖息于高大的乔木上,并常常左右摆动着尾羽。主要以昆虫和鼠类为食,也吃小鸟和其他小型动物。主要栖息地是东岱。属国家二级重点保护野生动物。

昆虫类　境内有昆虫类 14 目 104 科 526 种，其中列入国家特有物种、国家二级重点保护的有拉步甲、硕步甲、戴叉犀金龟 3 种。主要天敌有蜻蜓、螳螂、瓢虫、虎甲、黑蜂、啮小蜂等。

(二)野生植物

安溪畲族乡境内植被类型属亚热带常绿阔叶林带,阔叶林以槠类、栎类和山茶科的木荷为主。在海拔 800 米以下属常绿阔叶林带,海拔 800—1000 米山地,为针叶阔叶混交林,海拔 1000 米以上的山峰为灌木丛和低山草甸,因受人类活动影响,原生植被已基本消亡,代之以次生林和人工植被为主。植被种类,以华东植被为代表,并混以华中、华南、华北植被,在各林地亦有东亚和北美区系的共有种。

据 1987 年县中药资源普查,境内植物有 189 科 500 多属近千种。按植物利用主要经济性能划分,可分为以下 10 类。

用材类　主要有杉木、马尾松、柳杉、黄山松、水杉、池杉、檫树、香樟、木荷、苦槠、黄檀、泡桐、苦楝、长叶榧、三尖杉、枫杨、枫香、香果树、南酸枣等。

油脂类　主要有油茶、红花油茶、油桐、乌桕、香樟、山苍子、山胡椒、乌药、黄连木、野茉莉、马尾松、扁柏、八角茴香等。

淀粉类　主要有板栗、苦槠、锥栗、茅栗、甜槠、青冈、金樱子、葛藤、菝葜、蕨等。

纤维类　主要有竹、山棉皮、水菖花、棕榈、青钱柳、龙须草等。

药用类　主要有凹叶厚朴、杜仲、浙黄连、三尖杉、夏枯草、金银花、七叶一枝花、半边莲、龙胆草、无花果、何首乌、芍药、野百合、藿香、筋骨草、车前、千里光、天麻等。

干、水果类　主要有梨、柑橘、李、桃、枇杷、柚、柿、杨梅、葡萄、猕猴桃、石榴、枣、梅、杏等。

观赏类　主要有茶花、桂花、兰花、玫瑰、杜鹃、广玉兰、龙柏、扁柏、罗汉松、雪松、女贞、冬青、雀舌黄杨、夹竹桃、法国梧桐、白杨、杜英、深山含笑等。

饲料类　主要有野古草、五节芒、大蓟、小蓟、金茅、野青茅、鸭跖草、铁苋菜、胡枝子、葛藤、水浮莲、燕麦等。

真菌类　主要有香菇、黑木耳、银耳、金针菇、凤尾菇、珊瑚菌、猴头菇、鸡腿菇、杏鲍菇、长裙竹荪、茯苓、灵芝、紫芝、牛肝菌、脱皮马勃、硬皮地星、山岭石蕊等。

苔藓类　主要有苔纲地钱科的蛇苔、地钱；藓纲泥炭藓科的泥炭藓，真藓科的暖地大叶藓，金发藓科的大金发藓等。

安溪畲族乡境内国家一级保护植物仅有南方红豆杉。

南方红豆杉　东岱村有国家一级保护植物南方红豆杉，别名海罗杉，云和本地人称为红豆杉。自然生长在海拔 1000—1500 米的山谷、溪边、缓坡腐殖质酸性土壤中。

安溪、黄处、东岱还有国家二级保护植物八角莲和七叶一枝花。

八角莲　别称山荷叶、金魁莲、旱八角，云和本地称八角莲。八角莲喜阴凉湿润，忌强光、干旱，适宜选择富含腐殖质、肥沃的砂质壤栽种，云和主要分布在安溪、黄处。

七叶一枝花　别名蚤休、蚩休、重台根、螯休、草河车、重台草、白甘遂、金线重楼、九道箍、鸳鸯虫、枝花头、螺丝七、海螺七、灯台七、白河车、螺陀三七、土三七，又名七叶莲。七叶一枝花生于山坡林下及灌丛阴湿处。生于海拔 800—3000 米的森林丛中。喜温、喜湿、喜荫蔽，但也抗寒、耐旱，惧怕霜冻和阳光。年均气温 13℃—18℃，有机质、腐殖质含量较高的砂土和壤土种植，尤以河边、箐边和背阴山种植为宜。

木樨花村有面积 150.30 公顷的天然次生林自然保护区。

第二节　人文环境

安溪畲族乡境内有古代建筑 15 处，有待开发的佛儿岩 AAAA 级旅游资源，有严山、黄家地革命遗址，古枫红军讲坛旧址、红军战壕遗址、红军宿营地旧址、火烧门遗存等红色旅游基地及革命遗物老党旗。

一、人文遗迹

（一）古道　凉亭

泗洲岭古驿道　位于安溪畲族乡下武村山寮自然村村头的泗洲岭古驿道，从山寮自然村通往景宁畲族自治县，为驿站古道遗址。古道宽约 1.50 米，总长约 13 千米。古道上泗洲岭凉亭（驿站）尚存，清代建筑，南北走向，亭为三开间，南北面各施一石库门。凉亭西面建一泗洲岭殿，1982 年重修，三开间。殿内现存古碑两通。古道南端现存路碑一通。

木樨花村凉亭　位于木樨花村由木樨花通往芝畈的古道上，为亭台楼阙类清代古建筑。凉亭占地面积 33 平方米，东西走向，通面阔 6.60 米，进深 5 米，横向两开间，二柱架五檩，抬梁式梁架，南北两边柱与柱之间架一排栏板凳，四面夯土墙，东西各开一门，东面通往芝畈自然村，西面通往木樨花村。

(二)古建筑

泗洲岭殿　又名"苏州大仙殿"，位于笔架峰左峰旁的泗洲岭头(坳门)，坐西朝东，占地面积 191.18 平方米。通面阔约 8.40 米，通进深 22.76 米，一进为天井。二进面阔三间，悬山顶、小青瓦屋面。进深约 5 米，面宽约 8.40 米，抬梁结构。整个建筑四围与一同坐落在坳门上左侧并排的"午阴亭"块石砌筑的墙体连成一体。西面中间辟大门。殿宇因年久失修，天井右边墙体早已坍塌。放在左侧殿墙脚下的一块注明"2004 年六月初一日立"的"泗洲岭殿碑"上刻有简单的碑文："第一次修建大清丙子年六月；第二次修建 1980 年；第三次修建 2001 年 8 月。"在杂草丛生的天井左侧，遗存着一大一小 2 块并排竖立的花岗岩石碑，碑名依稀可辨。一块是"缘租碑"，另一块是"□缘碑"，而碑文皆被风化得十分严重，难以辨认。唯有"□缘碑"上"大清光绪丙子(1876 年)六月三□"款的字样还可细辨。从碑石制造，碑石用材，以及天井面积及其遗迹规模等推考："苏州大仙殿"初建时，殿虽小但不失其殿堂的宏伟和庄严，以及四时香火的旺盛。"苏州大仙殿"经过前后三次的重修，现遗存的殿宇木构件并非初建时所遗存之物。

东岱村拦街殿　位于东岱村隔溪自然村水口，为坛庙祠堂类清代古建筑。一进脊梁题记清光绪二十五年(1899 年)修建，坐北朝南，占地面积 170 平方米。二进三开间，通面阔 7.70 米，通进深 17.30 米。一进面阔 7.70 米，进深五檩 4.76 米，二进面阔 7.70 米，进深七檩 4.58 米，一、二进之间有一面阔 3.40 米，深 5.40 米的天井。左右各有一条阔 1.40 米的通道。殿四围夯土墙，中间辟大门。殿内的梁坊、牛腿等木构件雕刻简洁，有一定的艺术价值。

上村夫人行宫　位于上村自然村中心，为坛庙祠堂类清代古建筑。清道光十年(1830 年)修建，坐北朝南，占地面积 436 平方米。二进五开间，通面阔 16.18 米，通进深 22.76 米。一进进深 6.24 米，明间建成一戏台，上施藻井。二进进深 6.60 米，一、二进之间有一阔 8.90 米，深 8.56 米的天井。天井两侧各设厢房三间。整个建筑四围夯土墙，南面中间辟大门，西面开一小门，大门门额上楷书篆刻“夫人行宫”四字。

“夫人行宫”为乡里洪文霖、洪文江、洪文元、洪正然、洪正楷、洪正荣、魏水长等7人为事董率乡众捐资建造。宫内现存清道光十年(1830年)款楷书阴刻《行宫缘碑》1块，从左至右直书，记载修建行宫时捐银等事。行宫，即驿站之意。每遇干旱年成，乡众把信奉的外地神女(马氏、陈氏夫人)请(抬)到乡里时，暂时供奉在村里的行宫中，供百姓祭祀和膜拜，祈求神女恳求上苍赐甘霖于境内，以拯救万民。此俗约于20世纪50年代初消失。行宫因年久失修，瓦椽、梁柱、墙体等多处破损极其严重，不及时进行维修保护，将趋于倒塌。2002年春，村民洪岩福、项为贵、洪东明等人发起了进行民间捐资把夫人行宫维修成村老人活动中心的倡议，此举乡众一致响应，纷纷解囊，共计捐款4万多元。2015年，夫人行宫重新进行修缮，建成为多功能的村文化礼堂。

上村村26号民居 位于上村村26号，为宅第民居类清代古建筑。房屋坐东南朝西北，占地面积987平方米；一进门房为九开间，明间开大门；二进正厅为九开间，二进前过道两侧均开一门。一、二进之间施一天井。两边厢房均为三开间，整体建筑均为双层。

下村村37号民居 位于下村村37号，为宅第民居类清代古建筑，房屋占地面积704平方米，坐西朝东，前后分二进。一进门房为四开间，中间开大门，二进为九开间带二弄。一、二进之间施一天井，天井用条石铺檐口，鹅卵石铺面，两边厢房均为两开间，整体建筑均为双层。

下村村22号民居 位于下村村22号，为宅第民居类清代古建筑。洪氏七世洪文沾太公建造。洪文沾生于清嘉庆四年(1799年)十一月初六，卒于清同治十年(1871年)九月二十七日。因房屋牛腿、窗门等木工雕刻精制，安溪人称为“花屋”。大门基座和门框用青石建造，青石门楣上书“东山聚秀”。房屋占地面积约878平方米，坐西朝东，均为双层，一进门房现存南面三开间，二进正厅为七开间带二弄，二进前过道两侧均开一门。一、二进之间施一天井，天井用条石铺檐口，天井两边设厢房，北厢房为三开间，南厢房为二开间。

下村村拦街殿 位于下村村中心，为坛庙祠堂类清代古建筑。房梁题记建造于清道光十九年(1839年)，坐北朝南，占地面积18平方米，单体建筑，通面阔3.96米，通进深4.69米，单开间，三柱五檩，抬梁式梁架，内施神龛，硬山顶、小青瓦屋面,三面夯土墙,正面施栏栅门。

下村村尚书庙 位于下村村口背靠山,为坛庙祠堂类清代古建筑。清代建筑,均用条石及石块铺成,硬山顶、小青瓦阴阳合铺。庙高 1.97 米,内宽 1.28 米,进深 1.43 米,庙前横铺一条石。

坑头村禹王殿 位于木樨花村坑头自然村康庄路南侧山坡,为坛庙祠堂类清代古建筑。脊梁题记建于清咸丰元年(1851 年)中秋,坐东朝西,占地面积 32 平方米。单体建筑,悬山顶,小青瓦屋面。面阔 4.03 米,进深五檩三柱 4.6 米,三面夯土墙,西面为栏栅门,南北两边柱与柱间架一排栏板凳。殿内的梁枋、牛腿等木构件雕刻简洁,有一定的艺术价值。2012 年 3 月,王雷兴、王圣达、王庆根、王根林为主持人,率乡众捐资对禹王殿进行了重修,并勒“功德碑”一块。

林斜村夫人殿 位于木樨花村林斜自然村水口,为坛庙祠堂类清代古建筑。建于清道光三十年(1850 年)十二月,坐东朝西,占地面积 22 平方米。单体建筑,硬山顶、小青瓦屋面,面阔 3.80 米,进深五檩三柱 4.52 米,抬梁式,三面夯土墙,西面为栏栅门,南北两边柱与柱之间架一排栏板凳。殿内的梁枋、牛腿等木构件雕刻简洁,有一定的艺术价值。

黄处村马氏夫人殿 位于黄处村下村自然村村口,为坛庙祠堂类清代古建筑。建造于清道光十九年(1839 年)。坐北朝南,占地面积 18.52 平方米。单体建筑,面阔 2.83 米,进深 3.32 米,五架梁,前后五檩用三柱,穿斗式。屋面为悬山顶,小青瓦屋。三面夯土墙,南面设栏栅门。殿内的梁枋、牛腿等木构件雕刻简洁,有一定的艺术价值。

严山村禹王殿 位于严山村水口,为坛庙祠堂类清代古建筑。建造于清同治十二年(1873 年),坐南朝北,占地面积 26 平方米。单体建筑,硬山顶、小青瓦屋面,面阔 4.81 米,进深 5.47 米,三柱五檩,抬梁、穿斗混合式,四周夯土墙,北面正中开大门。

黄家地村禹王殿 位于黄家地村西侧,为坛庙祠堂类清代古建筑。脊梁题记清光绪十四年(1888 年)重建。坐东朝西,占地面积 77 平方米,一进三开间,硬山顶、小青瓦屋面,面阔 7.30 米,进深八檩 6.55 米,明间八檩用五柱,次间八檩用六柱。殿四周夯土墙,中间辟大门,门内有一阔 7.70 米,深 2.50 米的天井。殿内的梁枋、牛腿等木构件雕刻简洁,有一定的艺术价值。

木樨花村禹王殿 位于木樨花村康庄路旁,坐西朝东,占地面积约 32 平方米，单体建筑，悬山顶，琉璃瓦屋面。面阔4.03米，进深五檩三柱4.60米，三面夯墙，西面设栏栅门，东西柱与柱间架一排栏板凳。禹王殿早年建在别处，坍塌后，民国38年（1949年9月30日止）2月择新址重建（今址）。后因年久失修，2011年2月，赖金友、王庆忠、赖庆树、刘远山、赖日云、赖庆章为主持人，率乡众捐资对禹王殿进行了重修，并勒“功德碑”一块。

周九相公殿　位于上村安溪水旁，约于民国年间建造，占地面积百余平方米。1966年“文化大革命”破“四旧”时庙宇被毁，1984年曾经进行过一次修复。2008年春，乡民洪方信、洪尚元、王建平、潘正富、洪桂仙、李乾友、吴陈汉等人为事董率乡众捐资进行重修。

2015年安溪畲族乡不可移动文物一览表

表16-1-2-1

序号	登记编号	名称	年代	类型	地址	坐标	
						北纬	东经
1	331125-0389	东岱村拦街殿	清	古建筑	云和县安溪乡东岱村隔溪自然村水口	28°01′37.0″	119°34′04.0″
2	331125-0390	上村夫人行宫	清	古建筑	云和县安溪乡上村村上村自然村中心	28°03′01.0″	119°34′53.0″
3	331125-0391	上村村26号民居	清	古建筑	云和县安溪乡上村村26号	28°03′03.0″	119°34′54.0″
4	331125-0392	下村村37号民居	清	古建筑	云和县安溪乡下村村37号	28°03′25.0″	119°34′55.0″
5	331125-0393	下村村22号民居	清	古建筑	云和县安溪乡下村村22号	28°03′27.0″	119°34′57.0″
6	331125-0394	下村村拦街殿	清	古建筑	云和县安溪乡下村村中心	28°03′27.0″	119°34′58.0″
7	331125-0395	下村村尚书庙	清	古建筑	云和县安溪乡下村村口	28°03′28.0″	119°35′01.0″
8	331125-0396	坑头村禹王殿	清	古建筑	云和县安溪乡木樨花村坑头自然村康庄路南侧	28°04′03.0″	119°36′52.0″
9	331125-0397	林斜村夫人殿	清	古建筑	云和县安溪乡木樨花村林斜自然村水口	28°04′21.0″	119°36′24.0″

续表 16-1-2-1

序号	登记编号	名称	年代	类型	地址	坐标	
						北纬	东经
10	331125-0398	木樨花村凉亭	清	古建筑	云和县安溪乡木樨花村由木樨花通往芝畈的古道	28°04′21.0″	119°35′13.0″
11	331125-0399	黄处村马氏夫人殿	清	古建筑	云和县安溪乡黄处村下村自然村村口	28°03′54.0″	119°34′02.0″
12	331125-0400	严山村禹王殿	清	古建筑	云和县安溪乡严山村水口	28°03′13.0″	119°36′58.0″
13	331125-0401	黄家地村禹王殿	清	古建筑	云和县安溪乡黄家地村西侧	28°03′36.0″	119°37′15.0″
14	331125-0402	泗洲岭古驿道	待定	古遗址	云和县安溪乡下武村山寮自然村村头至景宁县	28°02′36.0″	119°35′43.0″

二、人文景观

安溪畲族乡境内的佛儿岩 AAAA 级旅游资源有待开发。据云和县旅游局编制的《佛儿岩 AAAA 级景区总体规划介绍》,安溪畲族乡境内佛儿岩景区,畲乡文化主题突出,具有较高的辨识度。该区域东坡为翠绿的毛竹林,西坡为针阔混交林,竹林、树丛间掩藏着许多岩石群。

(一)佛儿岩景区

佛儿岩景区距县城 10 千米,距乡政府所在地约 3 千米。景区面积 5 平方千米,东西长 2.50 千米,南北宽 2 千米。景区核心资源体现“奇石、畲乡、雪梨”为主题,拥有畲乡文化、古道文化、红色文化等多元文化元素,与山上的奇石景观融为一体。佛儿岩景区的东坡为翠绿的毛竹林,西坡为针阔混交林,竹林、树丛间掩藏着许多岩石群。岩石群景点单体分布于佛儿岩山山脊和两侧山坡,最高海拔 785 米,相对高度 550 米。景区岩石群分布在佛儿岩山山脊和山坡两侧,群体相拥相抱,个体突兀竖立,有独峰、叠石、堆石、裂缝等,形态各异。

叮当岩　系上下两块各自独立的巨石相叠，三点支撑，轻撬其中一个支点,会发出咚隆咚隆声响,故谓之叮当岩。

佛儿岩　位于山脊线上,石林矗立,高低相间,神工鬼斧,错落有致,酷似群神欢聚,仙佛相会,潇洒飘逸。县志载:“佛儿岩在县西二十里,上有石,卓然乔耸,佛髻宛然。”

天窗洞　为堆石洞，位于山脊尾部山巅处，由数石堆积而成，其中三石堆砌成一高 2 米、宽 1.50 米、深 2 米的天然六角窗洞，形如悬空天镜，可与缙云仙都“仙女照镜”相媲美。

百丈岩　体量大，岩面 1270 平方米，垂直 90 度，立面如切。

一线天　为岩体不规则开裂之裂缝，裂缝宽约 80 厘米，顶部合拢仅见一丝光线，故名一线天。

（二）革命遗址

有严山、黄家地革命遗址遗存，有古枫红军讲坛旧址、红军战壕遗址、红军宿营地旧址、火烧门遗存。

民国 24 年（1935 年）9 月 3 日，刘英、粟裕领导的工农红军挺进师到达严山，之后 6 次到达这里宣传革命、建立基点村。民国 27 年（1938 年）10 月，雷元昌等在严山村、黄家地村建立中共地下党支部，之后基层党组织向云景交界一带延伸，并组建了云景联合党总支和云景区委。解放战争时期，严山、黄家地成为县委临时办公点和云和独立中队的活动中心。在中国共产党的领导下，“三抗”（抗粮、抗税、抗丁）斗争、游击战斗、反“清乡”战斗在这里此起彼伏。云和县委在这里开展了“白皮红心”夺权试点工作，先后发生南部战斗、黄家地战斗等战役，涌现出柳良芝、毛祥发等革命烈士和蓝余明、蓝田生等革命英雄人物。民国 38 年（1949 年）4 月 12 日，国民党云和当局对严山实施“烧寮灭村”行动，烧毁党员户、堡垒户房子 6 户，烧死耕牛 1 头，抢走耕牛 4 头。

第三节　建置沿革

安溪明清时属云和一都。民国 24 年（1935 年）属新溪乡。民国 28 年（1939 年）属南溪乡。1949 年改为温溪乡。1958 年 4 月设立安溪畲族乡，10 月并入小徐大队，属云和人民公社。1959 年 1 月从小徐管理区分设安溪管理区。1961 年 10 月改为温溪人民公社。1981 年 9 月因与青田县温溪镇重名，遂恢复旧名安溪，称安溪人民公社。1984 年 3 月恢复安溪畲族乡。

一、政区沿革

（一）地名由来

民国 27 年（1938 年）温溪洪氏重修宗谱中的《安溪地舆记》记载：安溪本丽水属地，明景泰三年（1452 年）析县，因隶其籍于云和，其地依山循野，而山麓复有溪焉，溪道正直，安流成幅员，遂取名曰“安溪”。

明万历十六年(1588年)，洪姓祖先从栝苍芝田阅历关山(青田沿溪)迁居安溪西岸开基，分上、下村，当地居民称其为“温溪”人，久而久之，居住者以洪姓为多数，村名改称“温溪”。1981年9月，县地名委员会以乡名与青田县温溪镇重名，恢复旧名“安溪”。

(二)行政区划

清同治年间(1862—1874年)，云和县分二坊、九都，温溪称庄，属一都。民国17年(1928年)，实行区、村、里制时称“安溪联合村”(隶属云和协和区)。民国20年(1931年)，废村、里制，设区、镇、乡，改称“安溪乡”。民国24年(1935年)7月，推行保、甲自治组织时，设区、镇、乡，撤新合、安溪两乡建“新溪乡”，安溪隶属新溪乡。民国28年(1939年)，撤新溪、廉溪、狮山三乡建“南溪乡”，安溪隶属南溪乡。

中华人民共和国成立后，1950年置温溪乡(人民委员会)。1958年4月，建立温溪畲族乡，10月并入小徐大队。1959年，置管理区时，改称温溪管理区。1961年10月，人民公社化时，改称为温溪人民公社。1981年9月，温溪改称“安溪”，称为安溪人民公社。1984年3月，恢复畲族乡时，仍沿用“安溪”之名。1992年5月，撤区、扩镇、并乡时，安溪畲族乡保持原区域不变，“安溪”之名沿用，即安溪畲族乡人民政府。

二、辖区村落

安溪畲族乡政府下辖下村、上村、下武、黄处、黄家地、东岱、严山、木樨花8个行政村，28个自然村，40个村民小组。至2015年，全乡867户，总人口2709人。

(一)下村行政村

下村行政村是革命老区村，系安溪畲族乡政府驻地，村委会驻下村自然村，并以驻地自然村得名。位于县域南部，安溪溪北岸，东邻木樨花村，东、东南与严山村相连，南与景宁畲族自治县红星街道接壤，西倚上村村，西北与黄处村毗邻，北靠下武村，总面积5.51平方千米。中华人民共和国成立后建立下村行政村，1950年，土改后与下武同一村，属温溪乡；1958年10月，人民公社化时期从下武村分出，称生产队，温溪乡并入小徐生产大队，属小徐生产大队；1959年1月，温溪管理区从小徐管理区分出，属温溪管理区；1961年，体制下放建立下村大队，属温溪公社；因与青田县温溪镇重名，1981年9月，温溪恢复旧名安溪，属安溪公社；1984年，全县政社分设，设立下村村委会，属安溪畲族乡。

至2015年，辖下村、后塘2个自然村，设8个村民小组，总人口139户431人。有耕地15.20公顷，山林344.47公顷。该村群山环抱，绿树成荫，生态环境良好，村民经济收入以种植食用菌、蔬菜和雪梨等水果为主，兼以外出务工、经商等。境内有著名的南山佛儿岩生态旅游景点，景点群山环抱，奇峰异石，风景迷人，与仙宫湖、狮山景点、畲族风情文化村等构成云和县北水南山的丰富旅游资源。

下　村　系下村村委会驻地。位于县域南部，安溪溪西岸，乡政府北面0.5千米处，海拔345米。聚落沿东山麓呈块状分布，村北靠下武村，安溪水自南流经村东向北至县城后注入浮云溪。据《洪氏宗谱》记载，明万历十六年(1588年)，洪姓祖先从栝苍芝田阅历关山(青田县沿溪)迁安溪西岸开基，村民以洪姓为主。分上、下两村，下村在安溪水下游，故名。

后　塘　属下村村委会，系安溪畲族乡政府驻地村。位于县域南部，安溪溪西岸，佛儿岩山东北麓，距县城7.50千米，海拔340米。聚落沿安溪水西侧呈点状分布，安溪水自南向北流经村东，村东南与上村村相毗邻，村北靠下村自然村。清嘉庆年间(1796—1820年)，洪姓从下村分此建居。相传，此地早年有口染布的靛青塘，村建于塘后，故取村名为后塘。

(二)上村行政村

上村行政村是革命老区村，村委会驻上村自然村，并以驻地自然村取名。位于县域南部，安溪溪沿岸，乡政府南面，东邻下村村，东南与景宁畲族自治县红星街道接壤，南接东岱村，西与雾溪畲族乡水竹垟村交界，西北与雾溪畲族乡坪垟岗村相连，北靠黄处村、下村村，总面积5.89平方千米。清同治年间(1862—1874年)属浮云乡一都；民国28年(1939年)9月属新溪乡，10月属南溪乡；中华人民共和国成立后建立行政村，属温溪乡；1958年10月，公社化时称上村生产队，同月，温溪乡并入小徐生产大队，属小徐生产大队；1959年1月温溪管理区从小徐管理区分出，属温溪管理区；1961年，体制下放改为上村大队，属温溪公社；因与青田县温溪镇重名，1981年9月，温溪恢复旧名安溪，属安溪公社；1984年全县政社分设，设立上村村委会，属安溪畲族乡。

至2015年，辖上村、西山2个自然村，设9个村民小组，总人口176户593人。有耕地27.80公顷，山林439.13公顷。村民经济收入以种植食用菌和雪梨等水果为主，兼以牲畜养殖和外出务工、经商等。村内设有乡小学、乡卫生院各1所。

上　村　系上村村委会驻地。位于县域南部，安溪溪北岸，乡政府南面0.50千米处，海拔350米。聚落沿山麓呈块状分布，安溪水自南流经村西向北流。村后皆山，村前田畈，村后萧山岗油茶、毛竹林成片。通村康庄路北通下武至云和，南达东岱村。明万历十六年(1588年)，洪姓祖先从栝苍芝田阅历关山(青田县沿溪)迁此沿安溪水开辟上、下两个村，该村在溪水上游，故称上村。

西　山　属上村村委会。畲族自然村，位于县域南部，安溪溪西侧，乡政府西南面1.60千米处，海拔470米。聚落沿山麓呈点状分布，村后梯田，水口有成片桉、杉、松、樟古树，村口下有40余米高瀑布。清嘉庆年间(1796—1820年)，雷姓从下武山寮迁此建村。据清同治三年(1864年)《云和县志》卷十四载：王宸正西山赋曰："西山庵者，浮云之小兰若也。以其面巽而背乾，因曰西山庵。"村以庵得名。

(三)下武村行政村

下武行政村是革命老区村、少数民族村。村委会驻下武自然村，并以驻地自然村取名。位于县域南部，安溪溪沿岸，乡政府以北偏东面，东、南、西与下村村相连，西倚黄处村，西北、北、东北与白龙山街道程宅村接壤，总面积2.29平方千米。清同治年间(1862—1874年)属浮云乡一都；民国28年(1939年)9月前属新溪乡；1939年后属南溪乡管辖；中华人民共和国成立后建立行政村，属温溪乡；1950年土改时与下村合并，属温溪乡；1958年公社化时从下村分出成立下武生产队，温溪乡并入小徐生产大队，属小徐生产大队；1959年1月温溪管理区从小徐管理区分出，属温溪管理区；1961年体制下放改称下武大队，属温溪公社；因与青田县温溪镇重名，1981年9月温溪恢复旧名安溪，属安溪公社；1984年全县政社分设，改设村委会，属安溪畲族乡。

至2015年，辖下武、东坑、长脚垄、山寮4个自然村，设3个村民小组，总人口58户192人。其中，畲族人口占162人，系畲族聚居村。有耕地10.87公顷，山林228.06公顷。该村畲族文化底蕴深厚，其中畲族行礼、婚礼、葬礼、图腾文化、服饰和畲族歌舞等传统文化传承于畲民的生产生活中。村民经济收入以种植食用菌、瓜菜和生态养殖五黑"孕妇鸡"为主，兼外出务工、经商。

下　武　系下武村村委会驻地。畲族自然村，位于县域南部，安溪溪沿岸，乡政府以北0.70千米处，海拔330米。聚落沿东山麓呈点状散列，村后小山，安溪水自南流经村东向北流。Y306黄安线沿安溪坑北通云和县城，南至上村。明弘治年间(1488—1505年)蓝姓祖先在此开基，因距下村很近不到半华里(古称半步为武)，故名。

东　坑　属下武村委会。畲族自然村，位于县域南部，安溪溪东岸，乡政府以北偏东面 0.80 千米处，海拔 330 米。聚落沿南山麓呈点状分布，安溪水自南流经村西，东坑水自东向西流经村南注入安溪。村后山岗毛竹林，南与长脚垄隔坑相望。清康熙年间（1662—1722 年），蓝姓从景宁金丘迁此建村。村建安溪支流东坑北岸，以坑得名。

长脚垄　属下武村委会。畲族自然村，位于县域南部，安溪东岸，乡政府以北偏东面 0.80 千米处，海拔 340 米。聚落沿山麓呈点状分布，安溪水自南向北流经村西，东坑水自东向西过村北注入安溪。村前田畈，村后山岗毛竹、油茶成林，西与下武自然村隔安溪相望，北隔东坑溪与东坑自然村毗邻。清顺治年间（1644—1661 年），蓝姓从景宁金丘迁此建村。村西有田垄形似人的长脚，故名长脚垄。

山　寮　属下武村委会。位于县域南部，安溪溪以东，乡政府东面 0.80 千米处，海拔 400 米。聚落沿西山麓呈带状分布，村后皆山，小坑水自南流经村西，向北注入安溪。村东南有石级山岭直达泗洲岭头，为昔日云和通景宁要道。清康熙年间（1662—1722 年），蓝姓从下武村迁此搭寮种山建村，故名。

（四）黄处行政村

黄处行政村是革命老区村、少数民族村，村委会驻下黄处自然村，以驻地黄处取名。位于县域南部，乡政府西北部，东邻下武村、下村村，东南与下村村、上村村相连，南接上村村，南、西南、西与雾溪畲族乡坪垟岗村接壤，西倚雾溪畲族乡雾溪村，西北至白龙山街道长田村，北、东北与白龙山街道程宅村毗邻，总面积 2.92 平方千米。清同治年间（1862—1874 年）属浮云乡一都；民国 28 年（1939 年）9 月前属新溪乡，10 月属南溪乡；中华人民共和国成立后建立黄处行政村，属温溪乡；1958 年 10 月公社化时称生产队，同月，温溪乡并入小徐生产大队，属小徐生产大队；1959 年 1 月温溪管理区从小徐管理区分出，属温溪管理区；1961 年体制下放建立黄处大队，属温溪公社；1981 年 9 月温溪恢复旧名安溪，属安溪公社；1984 年全县政社分设，设立黄处村委会，属安溪畲族乡。

至 2015 年，辖下黄处、上黄处、湖西弄、三门、东城 5 个自然村，设 4 个村民小组，总人口 128 户 423 人，其中畲族人口达 327 人，系畲族聚居村。有耕地 36.87 公顷，山林 167.80 公顷。村民经济收入以种植食用菌、竹笋林、云和雪梨和生态养殖为主，兼以外出务工、经商。

下黄处　系黄处村村委会驻地。畲族自然村，位于县域南部，乡政府西北 1.70 千米处，海拔 330 米。聚落沿小坑东侧临田畈呈点状分布，小坑水自南流经村西向北流。据《黄氏宗谱》记载,明万历十七年(1589年),黄姓祖先在佛儿岩北坡开基建村,以姓取名,分上、下两村,村处下首,故称下黄处。至清雍正年间,雷姓从福建罗元迁此居住,原开基祖先黄姓衰退,村名仍沿用原名。

上黄处 属黄处村委会。畲族自然村,位于县域南部,乡政府西北1.50千米处,海拔350米。村处佛儿岩山以北,聚落沿山麓呈点状分布。村前梯田山垄,村后油茶林。有茶叶、雪梨等农特产品。明万历十七年(1589年),黄姓祖先在佛儿岩北坡开基建村,以姓取名,村处下黄处上村,故称上黄处。

湖西弄 属黄处村委会。畲族自然村,位于县域南部,乡政府西北2.50千米处,海拔185米。聚落沿山麓呈点状分布,村周围山垄梯田,康庄路至黄安线。有雪梨、茶叶等农特产品。清嘉庆年间(1796—1820年),钟姓从松阳兴会迁此建村。村东山湾有一丘烂糊田,村建畈西垄坞谷底;方言“糊”与“湖”、“垄”与“弄”谐音,故取村名湖西弄。

三 门 属黄处村委会。畲族自然村,位于县域南部,乡政府西北2.1千米处,海拔300米。聚落沿山麓呈带状分布,村前梯田重叠。清光绪年间(1875—1908年),雷姓从下黄处分居于此建村。村处两小山之间,远望两小山恰似两扇大门,故取村名为山门,后演变为三门。

东 城 属黄处村委会。位于县域南部,乡政府西北2.90千米处,海拔180米。聚落沿山麓呈点状分布,有小坑水自南向北流经村东,沿坑梯田重叠。清道光年间(1821—1850年),严姓从雾溪水竹垟迁此建村。曾名东塍,“塍”与“城”谐音,遂演变为东城。

(五)黄家地行政村

黄家地行政村是革命老区村,村委会驻黄家地自然村,并以驻地自然村取名。位于县域南部,乡政府东面,东、东南、南与景宁畲族自治县红星街道岗头村接壤,西倚严山村、下村村,西北、北靠木樨花村,北、东北与元和街道沈庄村相毗邻,总面积2.91平方千米。清同治年间(1862—1874年)属浮云乡六都。民国28年(1939年)10月之后属南溪乡。中华人民共和国成立后建立黄家地行政村,属温溪乡;1958年10月公社化时称生产队,温溪乡并入小徐生产大队,属小徐生产大队;1959年1月温溪管理区从小徐管理区分出,属温溪管理区;1961年体制下放建立黄家地大队,属温溪公社;1981年9月温溪恢复旧名安溪,属安溪公社;1984年全县政社分设,设立黄家地村委会,属安溪畲族乡。

至2015年,辖黄家地、八秤、黄寮后、瓦坪头4个自然村,设4个村民小组,总人口99户276人。有耕地10.13公顷,山林191.20公顷。该村地处高山,

2008年通康庄公路。村民经济收入以种植食用菌、高山蔬菜、瓜果为主，兼以外出务工、经商。

黄家地 系黄家地村村委会驻地。位于县域南部，乡政府东面4.10千米处，海拔610米。聚落沿山麓呈点状分布，小坑水自北流经村西，向南流至景宁。康庄公路可通云和至景宁老路。早年黄姓开基，故名黄家地；至清康熙年间（1662—1722年），黄姓衰退，柳姓从景宁沙湾迁此居住建村，村名沿用。

八 秤 属黄家地村委会。位于县域南部，乡政府东面4.20千米处，海拔610米。聚落沿山麓呈点状分布，小坑水自北流经村西，向南流至景宁。康庄公路可通云和至景宁老路。清康熙年间（1662—1722年），毛姓从景宁白岸迁此建村。村民毛姓为主。因村四周皆为田畈，田畈土名八秤，故取为村名。

黄寮后 属黄家地村委会。位于县域南部，乡政府东面4.20千米处，海拔610米。聚落沿山麓呈点状分布。清康熙年间（1662—1722年），柳姓从景宁沙湾迁此建村。因村建黄家地自然村山寮后，故名。

瓦坪头 属黄家地村委会。位于县域南部，安溪畲族乡政府东面4.30千米处，海拔610米。聚落沿山麓呈点状分布。清康熙年间（1662—1722年），柳姓从景宁沙湾迁此建村。因此处原为烧瓦窑的坪地，村建坪地头，故名。

（六）东岱行政村

东岱行政村是革命老区村，村委会驻上村自然村，以原东岱片村（包括大犇、西坑下、上村）取名。位于县域南部，乡政府西南，东、南与景宁畲族自治县红星街道坑山后村、大均乡伏叶村接壤，西倚雾溪畲族乡水竹垟村，北靠上村村，总面积4.94平方千米。清同治年间（1862—1874年）属浮云乡一都。民国28年（1939年）10月之后属南溪乡。中华人民共和国成立后建立东岱行政村，属温溪乡；1958年10月公社化时称生产队，同月，温溪乡并入小徐生产大队，属小徐生产大队；1959年1月温溪管理区从小徐管理区分出，属温溪管理区；1961年体制下放建立东岱大队，属温溪公社；1981年9月温溪恢复旧名安溪，属安溪公社；1984年全县政社分设，设立东岱村委会，属安溪畲族乡。

2015年，辖彭周、大犇、西坑下、外村、湖里5个自然村，设5个村民小组，总人口97户312人。有耕地9.40公顷，山林497公顷。村民经济收入以种植食用菌、高山蔬菜、瓜果和竹笋两用林为主，兼以外出务工、经商。

彭 周 系东岱村村委会驻地。位于县域南部，乡政府西南3.30千米处，海拔690米。聚落沿山麓呈点状分布，小坑水自南流经村西向北注入安溪。村后皆山，周围山垄梯田。清康熙年间（1662—1722年），彭姓从景宁大漈迁此建村。村民以彭姓为主,另有周姓。村建西坑下自然村上首,故名上村。因与本乡上村村上村自然村同名,2015 年 10 月根据云和县第二次全国地名普查要求,以彭、周姓氏更名为彭周。

大　垟　属东岱村委会。位于县域南部,乡政府西南 3.70 千米处,海拔 660 米。聚落沿小坑东侧临田畈呈点状分布,小坑水自南流经村西向北流。清道光年间(1821—1850 年),俞姓从永康圩子头迁此建居。因村前有一片田畈,"垟"云和方言田畈的意思,故取村名大垟。

西坑下　属东岱村委会。位于县域南部,乡政府西南 3.50 千米处,海拔 650 米。村处水竹垟山峰东南,聚落沿山麓呈点状分布,小坑水自南流经村东向北流。清雍正年间(1723—1735 年),周姓从水竹垟迁此建村。因村建小坑水西边下首,故名西坑下。

外　村　属东岱村委会。位于县域南部,乡政府南面 3 千米处,海拔 750 米。聚落沿山麓呈带状分布,小坑水自南流经村西北流注入安溪,村前梯田重叠。清嘉庆年间(1796—1820 年),罗姓从田寮、景宁外舍迁此建村。村建湖里自然村外首,故名外村。

湖　里　属东岱村委会。位于县域南部,乡政府南面 3.30 千米处,海拔 830 米。聚落沿山麓呈点状分布,村前烂糊田,村后山岗。清雍正年间(1723—1735 年),王姓从规溪亭迁此建村。村建烂糊田里首,故名湖里。

(七)严山行政村

严山行政村是革命老区村、少数民族村,村委会驻严山自然村,并以驻地自然村取名。位于县域南部,乡政府东面,东、南邻景宁畲族自治县红星街道岚头村,西、西北倚下村村,北靠木樨花村、黄家地村,东北至黄家地村,总面积 2.89 平方千米。

严山村　村委会驻地。位于县域南部,乡政府东面 3.20 千米处,海拔 720 米。聚落沿山麓呈半圆状分布,村前田垄梯田。明末(约 1616 年),雷姓从云坛沈岸迁严山看守主坟建村。该村方位属"壬",畲语"壬山"与"严山"谐音,故演变为今名。清同治年间(1862—1874 年)属浮云乡六都。民国 28 年(1939 年)10 月后属南溪乡。中华人民共和国成立后建立严山行政村,属温溪乡。1958 年 10 月公社化时称生产队,同月,温溪乡并入小徐生产大队,属小徐生产大队;1959 年 1 月温溪管理区从小徐管理区分出,属温溪管理区;1961 年体制下放建立严山大队,属温溪公社;1981 年 9 月温溪恢复旧名安溪,属安溪公社;1984 年全县政社分设,设立严山村委会,属安溪畲族乡。严山村地处高山,2008 年通康庄公路。村民经济收入以种植食用菌、高山蔬菜、瓜果为主，兼以外出务工、经商。

至 2015 年，辖严山 1 个自然村，设 2 个村民小组，总人口 39 户 124 人，其中畲族人口 111 人，系畲族聚居村。有耕地 5.32 公顷，山林 109.60 公顷。

（八）木樨花行政村

木樨花行政村是革命老区村，村委会驻木樨花自然村，并以驻地自然村取名。位于县域南部，乡政府东北部，东邻元和街道沈庄村，东南、南与黄家地村、严山村接壤，南、西南与下村村相连，西倚白龙山街道程宅村，西北、北靠元和街道山脚村，东北至元和街道苏坑村，总面积 6.31 平方千米。清同治年间（1862—1874 年），属浮云乡六都，民国 28 年（1939 年）10 月后属南溪乡。中华人民共和国成立后建立木樨花行政村，属温溪乡。1958 年 10 月公社化时称木樨花生产队，同月，温溪乡并入小徐生产大队，属小徐生产大队；1959 年 1 月温溪管理区从小徐管理区分出，属温溪管理区；1961 年体制下放建立木樨花大队，属温溪公社；1981 年 9 月温溪恢复旧名安溪，属安溪公社；1984 年全县政社分设，设立木樨花村委会，属安溪畲族乡。2015 年，辖木樨花、柘园、坑头、对门山、林斜 5 个自然村，设 5 个村民小组，总人口 131 户 358 人。有耕地 7.8 公顷，山林 558.40 公顷。村民经济收入以种植食用菌、茶叶、高山蔬菜、瓜果和竹笋两用林为主，兼以外出务工、经商。

木樨花　系木樨花村村委会驻地。位于县域南部，乡政府东北部 4.20 千米处，海拔 525 米。村处山岗，村后皆山，聚落沿山麓呈块状分布，小坑水自东流经村西向北流。明末清初，王姓在此开基，后赖姓从福建迁此建村。因村后多木樨花（即桂花）而得名。

柘　园　属木樨花村委会。位于县域南部，乡政府东北部 4.30 千米处，海拔 550 米。聚落沿山麓呈块状分布，小坑水自南流经村西向北流，西北与木樨花村为邻。清嘉庆年间（1796—1820 年），赖姓从木樨花村分居于此建村。因在甘蔗地上建屋，取名蔗园。古时“蔗”同“柘”，遂演变为今名。

坑　头　属木樨花村委会。位于县域南部，乡政府以东偏北部 3.60 千米处，海拔 600 米。聚落沿山麓呈点状分布，龙头坑水发源于村东侧山坳，村后毛竹成片。清乾隆年间（1736—1795 年），王姓从睦田迁此建村。村建林斜尖东坡龙头坑水源头，故名坑头。

对门山　属木樨花村委会。位于县域南部，乡政府东北部 3.90 千米处，海拔 550 米。村处山湾，村后皆山，聚落沿山麓呈点状分布。清嘉庆年间（1796—

1820 年),赖姓从木樨花村分居于此建村。村建木樨花村隔坑相望的山上,故名对门山。

林　斜　属木樨花村委会。位于县域南部,乡政府东北部 3 千米处,海拔 550 米。村处林斜尖山峰东北坳,聚落沿山麓呈点状分布,村四周山岗杂木成林。有小坑水发源于村东南山坳,坑水经村东向北注入龙头坑。山间小道,交通不便。清乾隆年间(1736—1795 年),王姓从云和街迁此建村。村以山得名。

2015 年安溪畲族乡行政村一览表

表 16-1-3-1

行政村	村民小组(个)	自然村	人口		海拔(米)
			户数(户)	人数(人)	
下村村	8	下村	139	431	345
		后塘			340
上村村	9	上村	176	593	350
		西山			470
下武村	3	下武	58	192	330
		东坑			330
		长脚垄			340
		山寮			400
黄处村	4	下黄处	128	423	330
		上黄处			350
		湖西弄			185
		三门			300
		东城			180
黄家地村	4	黄家地	99	276	610
		八秤			610
		黄寮后			610
		瓦坪头			610
东岱村	5	彭周	97	312	690
		大犇			660
		西坑下			650
		外村			750
		湖里			830

续表 16-1-3-1

行政村	村民小组（个）	自然村	人口		海拔（米）
			户数（户）	人数（人）	
严山村	2	严山	39	124	720
木樨花村	5	木樨花	131	358	525
		柘园			550
		坑头			600
		对门山			550
		林斜			550
共计	40	28	867	2709	—

（九）历史村庄

2009—2012 年，安溪畲族乡境内有 8 个自然村整村搬迁。

底　湾　原属安溪畲族乡下村行政村。位于县域南部，乡政府驻地后塘东 2.70 千米处，海拔 690 米，2 户 10 人。清光绪年间（1875—1908 年），张姓从梅源迁此建居，村民张姓为主。村建东坑头底山湾，聚落沿南山呈点状分布，故名底湾。2009 年，底湾自然村搬迁到下村村居住。

白箬湾　原属安溪畲族乡下村行政村。位于县域南部，乡政府驻地后塘东 2 千米处，海拔 670 米，5 户 15 人。村处山湾，聚落沿南山麓呈点状分布。清光绪年间（1875—1908 年），柳姓从大湾乡叶山头迁此建村。昔日山湾白箬丛生，故名。2009 年，白箬湾自然村，整村搬迁到下村村居住。

东坑头　原属安溪畲族乡下村行政村。位于县域南部，乡政府驻地后塘东北 2 千米处，海拔 620 米，9 户 23 人。村处林斜尖南坡，聚落沿山麓呈点状分布，东坑水自东流经村南向西注入安溪。清嘉庆年间（1796—1820 年），朱姓从松阳迁此开基。村建东坑水源头北坡垄地，故名东坑头。村民朱姓为主，尚有部分张、吴诸姓。2008 年，完成整体搬迁，迁往乡政府所在地下村居住。

外东坑头　原属安溪畲族乡下村行政村。位于县域南部，乡政府驻地后塘东北 3 千米处，海拔 700 米，14 户 51 人。村处山湾，村后皆山，聚落沿山麓呈点状分布。清乾隆年间（1736—1795 年），吴姓从梅源迁此建村，村民吴姓为主。村建东坑头外首，故名。2010 年，外东坑头自然村，整村搬迁到下村村居住。

佛儿岩　原属安溪畲族乡上村行政村。位于县域南部，乡政府驻地后塘西南 1.20 千米处，海拔 615 米，3 户 14 人。村处佛儿岩山峰东南，聚落沿东南山呈点状分布。清光绪年间（1875—1908 年），赖姓从木樨花迁此搭寮，开山种地，后建于此。村以山峰得名，山间小道，交通不便，2011 年，已迁到上村居住。

后　斜　原属安溪畲族乡黄家地行政村。位于县域南部，乡政府驻地后塘东，海拔 610 米，4 户 14 人。村处山岗，聚落沿山麓呈点状分布，小坑水自北流经村西向南流至景宁。清康熙年间(1662—1722 年)，柳姓从景宁沙湾迁此建村。村后山岗形斜，故名后斜。2010 年，后斜自然村搬迁至黄家地中心村居住。

马蹄岗　原属安溪畲族乡东岱行政村。位于县域南部，安溪畲族乡政府西南 4.40 千米处，海拔 750 米，8 户 33 人。村处薄刀岗山峰东侧，聚落沿山呈点状分布，小坑水自南流经村西向北流。清咸丰年间(1851—1861 年)，吴姓从朱宇坝、景宁大均迁此建村。村建山岗上，山岗形似马蹄，故名马蹄岗。2011 年，马蹄岗自然村整村搬迁至东岱村居住。

谷垟头　原属安溪畲族乡上村行政村。位于县域南部，安溪溪西侧，乡政府西南 7 千米处，海拔 470 米，8 户 32 人。村处佛儿岩东山麓，聚落沿山麓呈点状分布，安溪水自西南向东北流经村东，村前田垟，村后山岗油茶杂木成林。明弘治年间(1488—1505 年)，蓝姓从龙游迁此建村。村建佛儿岩东麓谷间垟地，故名。2012 年，谷垟头自然村整村搬迁到上村村居住。

第二章　人　口

自明代以来，畲族和汉族两族人民就在安溪繁衍生息。明景泰三年（1452年）汉族周氏支族春盛从云邑水竹垟村入迁东岱村。明万历十六年（1588年），洪姓始祖良远公由栝苍芝田阅历关山（青田县沿溪）入迁，沿溪开辟建村。至清道光年间（1821—1850年）共有10支汉族支族入迁安溪畲族乡境内。明正德年间（1506—1521年），畲族蓝敬华从福建福安迁徙到安溪；明嘉靖二十四年（1545年）四月初八日，福建罗源县西南乡蓝氏支族蓝谨传入迁安溪青石岩（今下武行政村山寮自然村），至民国28年（1939年）共有13支畲族入迁安溪畲族乡。

2000年第五次全国人口普查时，安溪畲族乡境内有姓氏74个，户籍人口2796人，其中畲族姓氏3个，畲族人口756人。至2015年，全乡867户2709人，少数民族730人，其中，因婚姻关系入迁侗族1人、越南籍1人，少数民族占全乡总人口数的26.95%。

第一节　迁　徙

安溪，是福建畲民蓝氏支族最早入迁云和的地方之一。安溪是云和畲族主要的聚居地，是云和畲族发展的发祥地。安溪境内畲民主要分布在下武村、黄处村和严山村3个畲族村。明景泰三年（1452年）始至清道光年间（1821—1850年），先后入迁安溪畲族乡境内的汉族共10个支族。

清同治三年（1864年）《云和县志》载："畲民不知其种类，或云出粤东海岛间。自国朝康熙初迁处郡，依山结庐，务耕作。无寒暑，俱衣麻。畲妇戴布冠，缀石珠，负戴与男偶。"原聚居于福建地区的畲民支族蓝敬华、蓝谨传等人，自明正德年间（1506—1521年）始，便陆续地向毗邻的浙江等州邑作长途的迁徙，一路寻觅。入浙后，顺龙泉溪而下，进入云邑境内后，又折回向南而来，后沿安溪溯流而上。安溪秀美的自然山水和旖旎的风光，深深地吸引了他们。于是，便在安溪的中游一带驻足，依山傍水结庐，开疆拓土而居。

明景泰三年(1452年)始至清道光年间(1821—1850年)，先后入迁安溪境内的有周、洪、柳、毛、彭、余、罗、王、赖、严等10个姓氏的汉族。

一、入 迁

明景泰三年(1452年)云邑水竹垟村周姓支族春盛入迁东岱村，从此，安溪就成了畲、汉两族人民赖以生存的热土。清同治三年(1864年)《云和县志》载"云邑荒田多赖畲民开垦"。畲民入迁后，依山结庐，从事农业，辅以狩猎，为开发安溪山区作出巨大贡献。

(一)畲族迁徙

《云和县畲族志》云：根据畲族各姓宗谱记述：畲族始祖因帮助高辛帝平息番乱，敕封"忠勇王"，与三公主结为夫妻，后迁广东凤凰山，育三男一女，长子盘自能，受封"南阳郡"；次子蓝光辉，受封"汝南郡"；三子雷巨祐，受封"冯翊郡"；女名淑玉招婿钟志琛，受封颍川郡"同勇侯"。现在黄处、长脚垄(自然村)两村新、老屋中堂所贴的"神榜"上，依然书写着延续上百年的"汝南郡"或"汝南郡、冯翊郡"两郡同书的宗亲之神位。境内畲民是"忠勇王"次子蓝光辉和三子雷巨祐之支族的后裔。

1. 蓝 姓

从明正德年间(1506—1521年)蓝敬华、蓝谨传入迁安溪开始，据不完全统计，分支在云邑的安溪、雾溪、原云坛、云和镇4个乡镇和其他部分村庄繁衍子孙。1990年，安溪畲族乡境内有蓝姓人口356人；2000年，有蓝姓人口315人；2015年，有蓝姓人口315人。

明正德年间(1506—1521年)，福建福安县髻蓝村蓝相益长子蓝敬华入迁安溪(在安溪的居住地不详)。明嘉靖二十四年(1545年)四月初八日，福建罗源县西南乡蓝氏支族蓝谨传入迁安溪青石岩(安溪畲族乡下武行政村山寮自然村)。明万历三十六年(1608年)福建古田县十八都小茶岭蓝氏支族蓝凤进父子入迁安溪(在安溪的居住地不详)。明万历四十四年(1616年)，蓝念一郎由福建福州麻寮入迁浙江处州府云和县一都梅树下(安溪畲族乡下武行政村)。明天启六年(1626年)二月初九，蓝氏支族蓝法增、蓝秀微、蓝法章、蓝石养、蓝阿十由福建连江县三都醮洋半山入迁云和三都谷垟头。崇祯十二年(1639 年),福建罗源县南峰蓝氏支族蓝统成入迁安溪谷垟头。

清顺治年间(1644—1661 年),蓝氏从景宁金丘入迁长脚垄。清康熙年间(1662—1722 年),蓝氏从景宁金丘入迁下武东坑。

民国 28 年(1939 年),蓝氏一世孙国法携弟自宣平(今武义县)至丽水十四都惠民寺,客游此地,见"夫山明水秀,地厚土肥,遂卜筑而居十余世,后分南溪"(分南溪支族何人不详,何处不详)。原云坛乡沈岸蓝氏支族迁居谷垟头(始祖名不详,入迁时间不详)。原云坛乡沈村对门山蓝氏支族迁居严山(始祖名不详,入迁时间不详)。

据青石岩蓝氏裔孙周元讲述:始祖从福建迁徙安溪初时,结庐居住在安溪畔(中游地段),后来为了便于开垦山场、狩猎,再移居至笔架山下的青石岩(安溪中游右向山塆,青石岩后改称为"山寮",今属下武行政村)开疆拓土定居。又据下武村蓝氏之媳美兰所述:听祖辈讲,始祖是从福建古田迁徙而来。初到安溪时,结庐于溪对岸的灰寮岗(土名,安溪中游地段,东坑自然村境内的山岗)。居住不久,即搬迁至横山下(土名,即现下武村村名)拓土定居。因此,按下武村蓝氏支族祖辈口口相传推考,其支族与史载明万历三十六年(1608 年)福建古田县十八都小茶岭的蓝凤进迁居安溪之支(族)比较吻合。

安溪乡畲族蓝姓入迁情况一览表

表 16-2-1-1

行政村	自然村		支族名称	迁徙祖姓名	入迁时间	迁出地址	迁入地址
	现名	原名					
下武	下武	安溪	蓝相益	蓝敬华	正德年间	福建福安	安溪
	山寮	青石岩	蓝谨传	蓝谨传	嘉靖二十四年	福建罗源	青石岩
	下武	梅树下	蓝念一郎	蓝念一郎	万历四十四年	福州麻寮	梅树下
	下武	安溪庄	蓝凤进	蓝凤进	万历三十六年	福建古田	安溪庄
	下武	下武	蓝氏	蓝姓祖先	清顺治年间	景宁金丘	长脚垄
	下武	下武	蓝氏	蓝姓祖先	清康熙年间	景宁金丘	东坑
上村	谷垟头	谷垟头	蓝法东	蓝法东	天启六年	福建连江	谷垟头
	谷垟头	谷垟头	蓝法增	蓝法增	天启六年	福建连江	谷垟头
	谷垟头	谷垟头	蓝统成	蓝统成	崇祯十二年	福建罗源	谷垟头

2. 雷 姓

明万历十七年(1589 年),福建雷氏支族入迁上、下黄处村(始祖名讳不详)。明代(约 1616 年)雷姓从云坛沈岸入迁严山村。清康熙年间(1662—1722 年),雷法顺由福建罗源县永远村迁居云和县林斜(安溪畲族乡木樨花行政村下辖的一个自然村)。景宁县宝凤村雷氏支族入迁西山(始祖名不详,入迁时间不详)和严山(始祖名不详,入迁时间不详)。1990 年,安溪畲族乡境内有雷姓人口 331 人;2000 年,有雷姓人口 335 人;2015 年,有雷姓人口 328 人。

安溪乡畲族雷姓入迁情况一览表

表 16-2-1-2

行政村	自然村		支族名称	迁徙祖姓名	入迁时间	迁出地址	迁入地址
	现名	原名					
黄处	黄处		雷姓先祖		万历十七年	福建	黄处
严山	严山	严山	雷姓先祖	雷姓	明末(约 1616 年)	云坛沈岸	严山
木樨花	林斜	林斜	雷法顺	雷法顺	康熙年间	福建罗源	林斜

3. 钟 姓

清康熙六十年(1721 年),福建宁德县十八都钟氏石洪支族,始祖钟世宾入迁黄处湖西弄。清嘉庆年间(1796—1820 年),从松阳入迁湖西弄。1990 年,安溪畲族乡境内有钟姓人口 69 人;2000 年,有钟姓人口 91 人;2015 年,有钟姓人口 85 人。

蓝、雷、钟三姓畲民入迁定居后,人口不断地繁衍,同族(外村)通婚有条不紊,并聚居于一地,自成一体。年复一年,开疆拓土即发展成一个畲族村子。村里男女皆同姓,或同族(蓝、雷、钟姓)。

入迁云邑境内的诸多畲民支族中,唯青石岩蓝谨传支族枝繁叶茂,瓜瓞绵延。繁衍后,人口不断增长。至第四代世贵、世禄等 13 人又分别地向云邑的一都、五都、六都、七都等地分迁。

据《云和县畲族志》载:云和青石岩蓝谨传支族繁衍的子孙遍布(分迁)县内外 94 个村,其中,云和 43 个村,外县 51 个村。

清康熙年间(1662—1722 年),福建罗源县永远村雷氏支族雷法顺支族入迁林斜。而林斜村现有的22 户 70 人中,畲族仅 1 人。其他少数民族 2

人（侗族1 人、越南籍 1 人），均为外地嫁入妇女。其余皆为汉族，并无雷氏后裔。

（二）汉族入迁

自明景泰三年（1452 年）始至清道光年间（1821—1850 年），先后入迁安溪境内的汉族 10 个姓氏。

周　姓　明景泰三年（1452 年），云邑水竹垟村周姓支族春盛入迁东岱村。

洪　姓　明万历十六年（1588 年），始祖良远公由栝苍芝田阅历关山（青田县沿溪）入迁安溪，沿溪开辟建村。

柳　姓　清康熙年间（1662—1722 年），始祖继远公由景邑沙湾入迁。黄家地村早年为黄氏开基，黄氏衰退，柳氏入迁后仍沿用其村名。

毛　姓　清康熙年间（1662—1722 年），始祖由景邑白岸入迁。

彭　姓　清康熙年间（1662—1722 年），始祖由景邑大潦入迁。

俞　姓　清道光年间（1821—1850 年），始祖由永康圩子头入迁。

罗　姓　清嘉庆年间（1796—1820 年），始祖由田寮、景邑外舍入迁。

王　姓　清雍正年间（1723—1735 年），始祖由规溪亭入迁。清乾隆年间（1736—1795 年）从睦田入迁坑头。清乾隆年间，从云和街入迁林斜。

赖　姓　始祖由云邑坑儿（今福新村附近）入迁。清嘉庆年间（1796—1820 年），从木樨花分迁柘园和对门山。

严　姓　清道光年间（1821—1850 年），从雾溪水竹垟迁入东城村。

二、分　迁

2001 年，云和县委、县政府提出“小县大城”的发展战略后，实施“异地搬迁工程”（即“下山脱贫”，在搬迁中还可享受政府扶持资金）。随着农村改革开放的步步深入，富裕起来的农民开始不断地去追求和改善自己生活的质量，21 世纪开始，当地畲族和汉族两族出现人们赖以生存的自然环境恶化而引起的人口迁移。

改革开放后，政府号召下山脱贫，偏远小山村向中心村迁移，户籍管理方面比较宽松，务工经商等类型的人口迁移有很大发展。原定居点因自然条件差，不利于生活和生产，以及交通不便等诸多因素，制约当地经济的发展；部分自然村在县政府实施“万名农民下山转移工程”中，有序地进行整村搬迁或单独到县城农民新村购房居住(可享受政府优惠政策的资金扶持);富裕起来的广大农民,觉得原居地的地理、环境等已不再适宜自己新的发展,以及子女去县城读书方便等原因,自筹资金到异地购房居住。因此,广大农民离开世代居住的故土。居住在异地的农民,其户籍关系仍然在原地。以2000年人口普查与1990年人口普查作对比,可以看出近年来境内人口迁移规模有较大幅度的增长,而这一现象在户籍登记机关的统计中反映得不够明显。

2000年,谷垟头自然村蓝氏支族举家迁徙至安溪上村购买旧房居住2户。2000—2015年,严山村全村蓝雷氏两支族自筹资金到异地购房居住共计10户(下武村蓝氏1户、云和后山村1户、云和上城门1户、大垟1户、芝畈1户、元和街道独山村1户、云和同心小区1户、云和白垟墩1户、云和物流城附近2户)。2012年,谷垟头自然村8户32人。2015年,西山自然村雷氏支族迁徙至安溪上村居住1户4人。

2005年,全乡总人口2753人,其中畲族人口733人(男374人、女359人),占全乡总人口数的26.63%。2015年,全乡867户,总人口2709人,其中少数民族730人,占全乡总人口数的26.95%。全乡畲族各姓氏人口728人,其中蓝氏人口315人,雷氏人口328人,钟氏人口85人。

(一)畲族分迁

安溪畲族外迁,基本上是一家一户或几家几户,时间先后不一。据《云和县畲族志》记载:原居福建罗源西南乡,明嘉靖二十四年(1545年)四月迁入安溪青石岩始祖蓝谨传的蓝姓支族,至清光绪三年(1877年)先后分迁本县:六都沈岸、严山、岗头庵,一都横山下,五都长汀横坑、安溪东坑、芝畈、坛门、苏坑、西山、武垟、梅家源、梅垄、长垄、张源头、麻车岗、祭上、官山、东城、黄庄、大牛、西弄、笨斗山、大坪、老鸦尖、下旺、木路、李垟畈、黄洋、黄坪、石铺高山下、三都东坑、茅山、八都章旺、石板垄、高定、马蹄洋、坪垟岗、高畲、毛竹坪、石塘坑、灯盏窟、黄弄、下坪、雾溪、笔架山。

蓝谨传,是入迁云邑境内畲民中,人丁兴旺的一个支族。长子振祥、次子振养两个支族相继分迁至云和县的高畲、芝畈、雾溪、坪垟岗等地。第四世蓝世贵、蓝世禄等十三人分别迁至本县六都岗头庵、严山,七都沈岸,五都长汀横坑,一都横山下、雾溪、东坑、芝畈、坛门等9处。《云和县畲族志》载:至清光绪三年（1877 年），在 232 年中，支分各县各处，男丁繁衍至 378 人，遍布 86 个村，其中云邑 51 个，外县 35 个。分布在云和县安溪、雾溪、云坛、云和城镇和其他部分村庄，共有 2536 人。此外，这支蓝姓后代在清光绪三年（1877 年）以前，就分迁景宁县石圩、菖蒲湾、叶府前等 9 个村；龙泉县老鼠岭、章村、高塘；丽水县凉塘、北空；松阳县垄背、霞马湾、小茶、石坑、石板砻；遂昌县五都西山；宣平县黄居、大岗后；青田县十一都平畲；建德县和尚岩、上岗背、双坳、大祭、毛井头以及龙游县、兰溪县等地。

安溪畲族主要支族外迁情况一览表

表 16-2-1-3

支族名称	外迁姓名	迁出地址	迁往何处
撑石岩蓝谨传支族	蓝金新	横山下（安溪下武）	丽水县凉塘
	蓝金福		兰溪县游安四时
	蓝新成		景宁县石圩
	蓝李宝		景宁县菖蒲湾
	蓝赵发		青田县十一都平畲
	蓝土发		建德县双坳
	蓝土生	东坑（安溪下武）	景宁县百岁门
	蓝张福		松阳县小蹉
	蓝可妹		景宁县叶府前
	蓝雷进		景宁县吴宅岗
	蓝阿满		丽水县北空
	蓝龙宝	严山	松阳县石坑
	蓝阿青		景宁县石灰炉
	蓝马妹		景宁县官山
	蓝先有		景宁县北岸坑
	蓝子满		龙泉县老鼠岭
	蓝雷有		松阳县小蹉
	蓝土发		松阳县小蹉
	蓝法凤	青石岩（安溪山寮）	景宁县杨畲

续表 16-2-1-3

支族名称	外迁姓名	迁出地址	迁往何处
撑石岩蓝谨传支族	蓝官满	青石岩(安溪山寮)	景宁县三枝树驮岗山
	蓝水清		龙泉县高塘
	蓝新柱		景宁县石圩

安溪畲族乡畲族主要支族发展与分迁一览表

表 16-2-1-4

支族	始祖姓名	原居	迁入时间	分迁	
				云和县	外县
安溪青石岩蓝姓之族	蓝谨传	福建罗源县西南乡	明嘉靖二十四年(1545年)	沈岸、严山、岗头庵、芝畈、长汀横坑、横山下、坛门、安溪东坑、苏坑、西山、武垟、梅家源、梅垄、长垄、张源头、大牛、麻车岗、祭上、东城、黄庄、西弄、笨斗山、大坪、李垟畈、黄坪、石铺高下山、三都东坑、茅山、八都章旺、石板垄、石塘坑、高定,马蹄湾、坪垟岗、高畲、毛竹坪、黄弄、灯盏窟、下坪、雾溪、笔架山、梅垄	丽水县:双坳、凉塘、北空、大济、圳古、薛坟岗、乌坛口、普庵基、岭根、大坳、章旺、茅山和尚岩、红硃山、黄石夹弄、大吴、龙潭背、上岗背、鹁鸪尖、茅井头 景宁县:石圩、葛蒲湾、百岁门、汇下、天宅岗、官山、叶府前、石灰炉、炭窑基、北岸坑、犁头岗、东背 松阳县:霞马湾、小茶、石坑、和尚坑、黄庵、坑头源、毛弄石板垄、牛岗、蔡宅、大湖垓、南坑源 龙泉县:武溪岗、木杓寮、张垄源夏方、高塘、老鼠岭、章村 遂昌县:五都西山 青田县:十一都平畲 宣平县:黄居、三村、大岗后 兰溪县:游安四村 建德县:和尚岩、上岗背、毛井头、双坳、大祭 福建省:建瓯

续表 16-2-1-4

支族	始祖姓名	原居	迁入时间	分迁	
				云和县	外县
安溪谷垟头蓝姓支族	蓝统成(万历四十六年生)	福建罗源县南峰	明崇祯十二年(1639年)	安溪西山	丽水县:十三都白岩、吴源庵、仙草坪、周畈、郎奇、火烧本、高桥头 宣平县:长岗背、大坟前、上塘、郑坑大村畈、横栏(现均属丽水市)
黄处雷姓支族	蓝统成(万历四十六年生)	福建	明万历十七年(1589年)	黄处上村 黄处下村 八都坪地	丽水县:落山虎、大坪圩、山回、鲤鱼头、仓坑、小高畲、大茅窟、坳门下、吴山头 宣平县:上井、郑草垄(现属丽水市) 青田县:四姑坛 兰溪县:青塘山

(二)汉族分迁

木樨花村赖氏支族　清嘉庆年间(1796—1820年),分迁至对门山自然村、柘园自然村。

张　姓　2009年,底湾自然村2户10人,迁往下村中心村。

柳　姓　2009年,白箬湾自然村5户15人,迁往下村中心村。

朱、张、吴姓　2010年,东坑头自然村9户23人,迁往下村中心村。

吴　姓　2010年,外东坑头自然村14户51人,迁往下村中心村。

赖　姓　2011年,佛儿岩自然村3户14人,迁往上村中心村。

柳　姓　2010年,后斜自然村4户14人,迁往黄家地中心村。

吴　姓　2011年,马蹄岗自然村8户33人,迁往东岱中心村。

第二节　繁　衍

畲族入迁安溪后,主要聚居在严山、下武、黄处3个行政村。上村、下村、东岱、黄家地、木樨花5个行政村是汉族人口的主要聚居地。至2015年,全乡867户,总人口2709人,其中畲族人口728人,占全乡总人口的26.87%。

一、人口分布

安溪畲族乡汉族人口,除最早从相邻的水竹垟入迁东岱的周姓外,大都居住在上村、下村、木樨花、黄家地等自然条件相对较好的山谷、山坳。畲族人口分布在严山、黄处、下武的丘陵和山区,自然条件相对较差。由于社会的发展,时代的进步,各个行政村逐步均有不同人数的畲族人口杂居。严山、下武、黄处3个行政村仍是畲族主要的聚居地。上村、下村、东岱、黄家地、木樨花5个行政村是以汉族为主的聚居地。

(一)人口数量

1952年,全乡人口485户1678人。1982年第三次全国人口普查时,截至1982年7月1日,全乡总人口2738人,其中汉族1999人,畲族739人。1984年,安溪恢复畲族乡时全乡594户2756人。2005年,全乡总人口2753人,其中汉族人口2020人,畲族人口733人。畲族人口在辖区内8个行政村中人口分布情况,上村村:畲族人口93人,其中男性46人,女性47人。下村村:畲族人口10人,其中男性2人,女性8人。东岱村:畲族人口1人,为女性。木樨花:畲族人口7人,其中男性2人,女性5人。畲族居住村严山村:畲族人口111人,其中男性59人,女性52人。下武村:畲族人口176人,其中男性106人,女性70人。黄处村:畲族人口335人,其中男性171人,女性164人。黄家地村居住的都为汉族人口。

1952—2015年安溪畲族乡户籍人口一览表

表16-2-2-1

年度	总户数(户)	总人口(人)			在总人口中非农业人口(人)	男女性别比(以女性为100)
		合计	男	女		
1952	485	1678	942	736	—	127.99
1956	488	1730	915	815	—	112.27
1961	528	1889	985	904	25	108.96
1965	502	2115	1138	977	23	116.48
1970	536	2372	1283	1089	37	117.81
1971	518	2388	1279	1109	22	115.33

续表 16-2-2-1

年度	总户数（户）	总人口（人）			在总人口中非农业人口（人）	男女性别比（以女性为100）
		合计	男	女		
1972	523	2444	1299	1145	56	113.45
1973	521	2481	1328	1153	43	115.18
1974	516	2529	1347	1182	34	113.96
1975	522	2552	1368	1184	32	115.54
1976	540	2613	1402	1211	32	115.77
1977	548	2655	1429	1226	32	116.56
1978	567	2705	1439	1266	37	113.67
1979	567	2734	1457	1277	41	114.10
1980	576	2748	1461	1287	44	113.52
1981	585	2739	1460	1279	42	114.15
1982	579	2751	1467	1284	42	114.25
1983	593	2752	1466	1286	44	114.00
1984	594	2756	1469	1287	57	114.14
1985	615	2745	1467	1278	59	114.79
1986	614	2762	1473	1289	46	114.27
1987	620	2775	1481	1294	47	114.45
1988	641	2789	1488	1301	38	114.37
1989	650	2810	1498	1312	35	114.18
1990	661	2805	1490	1315	33	113.31
1991	661	2784	1477	1307	32	113.01
1992	677	2794	1471	1323	32	111.18
1993	678	2774	1475	1299	28	113.54
1994	683	2781	1478	1303	27	113.43
1995	686	2791	1486	1305	31	113.87
1996	686	2808	1490	1318	33	113.05
1997	696	2808	1503	1305	34	115.17
1998	696	2802	1476	1326	38	111.31
1999	680	2811	1479	1332	40	111.04
2000	747	2771	1468	1303	28	112.66
2001	749	2777	1470	1307	41	112.47

续表 16-2-2-1

年度	总户数(户)	总人口(人)			在总人口中非农业人口(人)	男女性别比(以女性为100)
		合计	男	女		
2002	741	2770	1475	1295	36	113.90
2003	739	2746	1449	1297	30	111.71
2004	735	2709	1426	1283	25	111.15
2005	739	2753	1453	1300	23	111.04
2006	741	2741	1450	1291	21	112.31
2007	741	2702	1427	1275	22	111.92
2008	738	2701	1424	1277	21	111.51
2009	762	2696	1414	1282	20	110.30
2010	772	2706	1418	1288	21	110.01
2011	786	2730	1430	1300	20	111.00
2012	802	2721	1419	1302	20	108.99
2013	828	2733	1424	1309	22	108.78
2014	868	2740	1425	1315	25	108.37
2015	867	2709	1400	1309	25	106.95

(二)人口密度

据统计,民国年间,南溪乡面积62.50平方千米。民国25年(1936年)、民国34年、民国37年,每平方千米人口密度分别为100人、110人、95人。

中华人民共和国成立后,人口普查资料显示:安溪畲族乡乡域总面积33.50平方千米。1953年第一次全国人口普查,每平方千米人口密度49人;1964年,第二次全国人口普查,每平方千米人口密度61人;1982年第三次全国人口普查,每平方千米人口密度82.12人;1990年,第四次全国人口普查,安溪畲族乡境内常住人口2687人,每平方千米人口密度80.21人;2000年,第五次全国人口普查,安溪畲族乡境内常住人口2245人,每平方千米人口密度67.02人;2005年,安溪畲族乡境内户籍人口2753人,每平方千米人口密度82.15人;2010年,第六次全国人口普查,截至2010年11月,安溪畲族乡境内户籍人口2715人,每平方千米人口密度81.05人。

2015年,安溪经畲族乡境内户籍人口2709人,每平方千米人口密度80.87人。畲族人口密度每平方千米27.73人,汉族人口密度每平方千米59.14人。

（三）姓氏分布

安溪畲族乡境内主要有畲族的蓝、雷、钟；汉族的洪、叶、毛、王、李、徐、彭、周、吴、廖、柳、许、赖、江、罗、刘、俞、张、黄等姓氏。

根据 1990 年第四次全国人口普查资料《云和三百姓》记载，安溪畲族乡境内有姓氏 72 个，共计常住人口 2687 人，汉族 1931 人，占总人口的 71.86%。其中，畲族蓝姓 356 人，雷姓 331 人，钟姓 69 人。其中，汉族洪姓 492 人，柳姓 236 人，王姓 178 人，赖性 136 人，张姓 83 人，俞姓 75 人，1 个人口的姓氏 22 个。畲族 756 人，占总人口的 28.14%。

1990 年安溪畲族乡人口姓氏一览表

表 16-2-2-2　　单位：人

姓氏	于	马	王	尤	毛	厉	卢	石	占	田
人数	1	1	178	1	64	1	2	2	1	1
姓氏	叶	冯	孙	吕	朱	刘	许	江	严	杨
人数	60	2	1	2	12	39	5	4	24	4
姓氏	杜	李	陈	张	吴	余	邱	邵	应	宋
人数	8	22	14	83	72	2	4	1	1	4
姓氏	林	罗	季	金	周	郑	官	胡	柳	项
人数	20	32	3	2	86	6	1	12	236	6
姓氏	赵	俞	钟	姚	洪	夏	衷	倪	徐	高
人数	6	75	69	1	492	2	1	1	28	1
姓氏	郭	梅	黄	龚	章	蒋	彭	董	傅	程
人数	2	14	3	1	1	2	58	1	2	4
姓氏	蓝	雷	赖	阙	蔡	廖	潘	穆	戴	魏
人数	356	331	136	17	1	19	12	1	1	27
姓氏	诸葛	翁	—	—	—	—	—	—	—	—
人数	1	1	—	—	—	—	—	—	—	—

据云和县第五次全国人口普查资料《世纪之交云和人口姓氏》统计，2000 年，安溪畲族乡境内参与调查的姓氏 74 个 2796 人。其中，汉族洪姓 541 人，柳姓 237 人，王姓 194 人，赖姓 141 人，张姓 93 人，1 个人的姓氏 19 个，汉族 2049 人占 73.28%，畲族 741 人，占 26.50%。其中，雷姓 335 人，蓝姓 315 人，钟姓 91 人。

2000年安溪畲族乡人口姓氏一览表

表 16-2-2-3　　　　单位：人

姓氏	于	马	王	毛	占	厉	卢	石	龙	叶	田	汤	刑	孙	吕	朱	刘	许	江	严
人数	1	4	194	67	2	1	1	3	3	57	1	2	1	3	2	16	35	4	4	28
姓氏	杨	杜	李	陈	张	吴	余	邱	宋	林	易	罗	季	金	周	练	郑	官	胡	柳
人数	1	3	24	17	93	79	5	3	4	18	1	36	1	3	87	5	3	5	14	237
姓氏	项	赵	俞	钟	洪	夏	陶	衷	翁	倪	栾	徐	郭	梅	黄	萧	章	蒋	彭	董
人数	3	4	73	91	541	4	1	1	1	1	1	31	2	10	5	1	1	2	63	2
姓氏	傅	程	谢	蓝	雷	赖	阙	廖	蔡	樊	诸葛	潘	戴	魏	—	—	—	—	—	—
人数	1	5	3	315	335	141	18	20	3	1	1	10	1	30	—	—	—	—	—	—

至2015年，蓝姓主要分布在下武、长脚垄、严山、西山、黄处等自然村。雷姓主要分布在严山、西山、黄处等自然村。钟姓主要分布在黄处、三门等自然村。洪、王、叶、李姓主要分布在上村、下村自然村，洪为村里大姓。周、彭、廖、吴姓主要分布在东岱村，周为村里大姓。柳、毛姓主要分布在黄家地村，柳为村里大姓。赖、王姓主要分布在木榉花村，赖为村里大姓。

二、人口构成

（一）自然构成

1．性别构成

1982年，第三次全国人口普查资料显示，截至1982年7月1日，安溪畲族乡全乡总人口2738人，其中男性1460人，女性1278人，男女性别比为114.24。1990年，第四次全国人口普查时，截至1990年11月，全乡户籍人口2687人，其中男性1450人，女性1237人，男女性别比为117.22。2000年，第五次全国人口普查资料显示：截至2000年11月，全乡户籍人口2756人，其中男性1463人，女性1293人，男女性别比为113.15。2010年，第六次全国人口普查时，截至2010年11月，安溪畲族乡户籍人口2715人，其中男性1422人，女性1293人，性别比为109.98。安溪畲族乡境内常住人口1642人，其中男性859人，女性783人，男女性别比109.71。各行政村情况：下村全村308人，男性160人，女性148人，男女性别比108.11。上村全村476人，男性253人，女性223人，男女性别比113.45。下武全村126人，男性68人，女性58人，男女性别比 117.24。黄处全村 363 人，男性 182 人，女性 181 人，男女性别比为 100.55。东岱村全村 159 人，男性 83 人，女性 76 人，男女性别比为 109.21。严山全村 66 人，男性 34 人，女性 32 人，男女性别比为 106.25。黄家地全村 86 人，男性 48 人，女性 38 人，男女性别比为 126.32。木樨花全村 58 人，男性 31 人，女性 27 人，男女性别比为 114.81。至 2015 年，安溪畲族乡全乡常住人口 2709 人，其中男性 1400 人，女性 1309 人，性别比为 106.95。

1952—2015 年部分年份安溪畲族乡人口性别比一览表

表 16-2-2-4

年度	人口合计（人）	男性（人）	女性（人）	男女性别比（以女性为 100）
1952	1678	942	736	127.99
1956	1730	915	815	112.27
1961	1889	985	904	108.96
1965	2115	1138	977	116.48
1970	2372	1283	1089	117.81
1971	2388	1279	1109	115.33
1972	2444	1299	1145	113.45
1973	2481	1328	1153	115.18
1974	2529	1347	1182	113.96
1975	2552	1368	1184	115.54
1976	2613	1402	1211	115.77
1977	2655	1429	1226	116.56
1978	2705	1439	1266	113.67
1979	2734	1457	1277	114.10
1980	2748	1461	1287	113.52
1981	2739	1460	1279	114.15
1982	2751	1467	1284	114.25
1983	2752	1466	1286	114.00
1984	2756	1469	1287	114.14
1985	2745	1467	1278	114.79
1986	2762	1473	1289	114.27
1987	2775	1481	1294	114.45
1988	2789	1488	1301	114.37
1989	2810	1498	1312	114.18

续表 16-2-2-4

年度	人口合计(人)	男性(人)	女性(人)	男女性别比(以女性为 100)
1990	2805	1490	1315	113.31
1991	2784	1477	1307	113.01
1992	2794	1471	1323	111.18
1993	2774	1475	1299	113.54
1994	2781	1478	1303	113.43
1995	2791	1486	1305	113.87
1996	2808	1490	1318	113.05
1997	2808	1503	1305	115.17
1998	2802	1476	1326	111.31
1999	2811	1479	1332	111.04
2000	2771	1468	1303	112.66
2001	2777	1470	1307	112.47
2002	2770	1475	1295	113.90
2003	2746	1449	1297	111.71
2004	2709	1426	1283	111.15
2005	2753	1453	1300	111.04
2006	2741	1450	1291	112.31
2007	2702	1427	1275	111.92
2008	2701	1424	1277	111.51
2009	2696	1414	1282	110.30
2010	2706	1418	1288	110.01
2011	2730	1430	1300	111.00
2012	2721	1419	1302	108.99
2013	2733	1424	1309	108.78
2014	2740	1425	1315	108.37
2015	2709	1400	1309	106.95

2. 年龄构成

据 1990 年全国第四次人口普查数据，安溪畲族乡境内常住户口 2687 人，其中，男 1450 人，女 1237 人。按年龄段分：0—89 岁总人口 2687 人 ，其中男性 1450 人，女性 1237 人。60 岁以上老人 288 人，占 10.72%。其中，60—64 岁 128 人，男 64 人，女 64 人；65—69 岁 61 人，男 27 人，女 34 人；70—74 岁 39 人，男

20 人，女 19 人；75—79 岁 35 人，男 20 人，女 15 人；80—84 岁 18 人，男 10 人，女 8 人；85—89 岁 7 人，男 4 人，女 3 人。全乡有 0—9 岁儿童 373 人，占 13.88%，其中男 186 人，女 187 人。

1990 年安溪畲族乡性别、年龄构成一览表

表 16-2-2-5

年龄组	人口数(人)	男性(人)	女性(人)	占全乡总人口比例(%)
0—4 岁	190	92	98	7.07
5—9 岁	183	94	89	6.81
10—14 岁	299	157	142	11.13
15—19 岁	293	153	140	10.90
20—24 岁	306	160	146	11.39
25—29 岁	254	138	116	9.45
30—34 岁	185	107	78	6.89
35—39 岁	195	118	77	7.26
40—44 岁	129	71	58	4.80
45—49 岁	94	52	42	3.50
50—54 岁	132	82	50	4.91
55—59 岁	139	81	58	5.17
60—64 岁	128	64	64	4.76
65—69 岁	61	27	34	2.27
70—74 岁	39	20	19	1.45
75—79 岁	35	20	15	1.30
80—84 岁	18	10	8	0.67
85—89 岁	7	4	3	0.26
90—94 岁	—	—	—	—
95—99 岁	—	—	—	—
100 岁以上	—	—	—	—
合计	2687	1450	1237	—

据 2000 年全国第五次人口普查数据，安溪畲族乡户籍人口 2756 人，男 1463 人，女 1293 人。安溪畲族乡境内常住人口 2245 人，其中，男 1213 人，女

1032 人。其中,60 岁以上的老人 385 人,男 205 人,女 180 人,占常住人口的占 17.15%。全乡有 0—9 岁儿童 226 人,男 103 人,女 123 人,占 10.07%。全乡有一个 60 岁以上老年人的户 172 户,其中单身老人 24 人,其他 148 户。有两个以上 60 岁以上老人的户 105 户,其中只有一对老人的户 37 户,一对老夫妇与未成年亲属的户有 2 户,其他的 66 户。

2000 年安溪畲族乡性别、年龄构成一览表

表 16-2-2-6

年龄组	人口数(人)	男性(人)	女性(人)	占全乡总人口比例(%)
0—4 岁	117	50	67	5.21
5—9 岁	109	53	56	4.86
10—14 岁	166	86	80	7.39
15—19 岁	122	69	53	5.43
20—24 岁	195	109	86	8.69
25—29 岁	188	107	81	8.37
30—34 岁	247	134	113	11.00
35—39 岁	218	112	106	9.71
40—44 岁	153	92	61	6.82
45—49 岁	146	86	60	6.50
50—54 岁	117	65	52	5.21
55—59 岁	82	45	37	3.65
60—64 岁	105	63	42	4.68
65—69 岁	121	70	51	5.39
70—74 岁	93	42	51	4.14
75—79 岁	38	14	24	1.69
80—84 岁	19	11	8	0.85
85—89 岁	6	3	3	0.27
90—94 岁	2	2	—	0.09
95—99 岁	1	—	1	0.045
100 岁以上	—	—	—	—
合计	2245	1213	1032	100

2010年全国第六次人口普查数据，截至2010年11月，安溪畲族乡境内户籍人口2715人，男1422人，女1293人，户口待定7人，男3人，女4人。安溪畲族乡境内常住人口1642人，其中，男859人，女783人。全乡有一个60岁以上老年人的户184户，其中单身老人48人，一个老人与未成年亲属的有4户，其他的132户。有两个以上60岁以上老人的户50户，其中只有一对老人的户46户，一对老夫妇与未成年亲属的户有3户，其他的1户。

据2015年统计数据安溪畲族乡，全乡常住人口867户2709人。其中，0—17岁464人，18—34岁531人，35—59岁1212人，60岁以上502人。

2010年安溪畲族乡性别、年龄构成一览表

表16-2-2-7

年龄组	人口数(人)	男性(人)	女性(人)	占全乡总人口比例(%)
0岁	20	12	8	1.22
1—4岁	62	26	36	3.78
5—9岁	55	21	34	3.35
10—14岁	75	30	45	4.57
15—19岁	53	28	25	3.23
20—24岁	67	35	32	4.10
25—29岁	83	37	46	5.05
30—34岁	117	63	54	7.13
35—39岁	149	77	72	9.07
40—44岁	161	94	67	9.81
45—49岁	173	85	88	10.54
50—54岁	134	77	57	8.16
55—59岁	108	63	45	6.58
60—64岁	98	54	44	5.97
65—69岁	67	34	33	4.08
70—74岁	74	45	29	4.51
75—79岁	86	46	40	5.24
80—84岁	46	26	20	2.80
85—89岁	13	5	8	0.79
90—94岁	1	1	—	0.06
95—99岁	—	—	—	—

续表 16-2-2-7

年龄组	人口数(人)	男性(人)	女性(人)	占全乡总人口比例(%)
100 岁以上	—	—	—	—
合计	1642	859	783	100

2011—2015 年安溪畲族乡部分户籍人口变动一览表

表 16-2-2-8

年度	年末总户数(户)	年末总人口(人)							
		合计	合计中		性别		年龄		
			非农业人口	未落常住户口人员	男	女	18 岁以下	18—34 岁	35—60 岁
2011	786	2730	20	1	1430	1300	474	597	1203
2012	802	2721	20	1	1419	1302	475	577	1208
2013	828	2733	22	5	1424	1309	481	550	1220
2014	868	2740	25	10	1425	1315	475	540	1224
2015	867	2709	25	—	1400	1309	464	531	1212

(二)社会构成

1. 民族构成

1982 年,第三次全国人口普查资料显示:截至 1982 年 7 月 1 日,安溪乡境内 595 户,总人口 2738 人。其中汉族 1999 人,占总人口的 73.01%,畲族 739人,占总人口的 26.99%。1990 年,第四次全国人口普查资料显示:全乡 669 户,总人口 2687 人。其中,男性 1450 人,女性 1237 人。汉族人口 1932 人,男性 1056 人,女性 876 人,占全乡总人口的占 71.90%。畲族人口 755 人,男 394 人,女 361 人,占全乡总人口的 28.10%。单一民族家庭 630 户,占全乡总人口数的 94.17%。汉族与畲族混合户家庭 39 户,占全乡总人口数的 5.83%。2000 年,第五次全国人口普查资料显示:截至 2000 年 11 月,安溪畲族乡全乡户籍总人口 2756 人,648 户。其中,男性 1463 人,女性 1293 人。常住人口 2245 人,男性 1213 人,女性 1032 人。汉族人口 1540 人,男性 842 人,女性 698 人,占全乡总人口的占 68.59%。畲族人口 703 人,男性 371 人,女性 332 人,占全乡总人口的 31.31%,侗族 2 人,占 0.09%。单一民族的家庭户数 596 户,占全乡总户数的 91.98%。两个民族的家庭户数 52 户,占全乡总户数的 8.02%。2005 年,全乡常住人口 2452 人,其中汉族人口 1719 人,占全乡总人口数的 70%。畲族人口 733 人(男性 374

人，女性 359 人），占全乡总人口数的 30%。2010 年，第六次全国人口普查资料显示：安溪畲族乡乡村家庭户常住人口 1642 人。其中，男性 859 人，女性 783 人。有 6 个民族：汉族 1096 人，男性 582 人，女性 514 人。畲族人口 539 人，男性 277 人，女性 262 人。侗族女性 3 人。彝族女性 1 人。佤族女性 2 人。水族女性 1 人。2015 年，全乡总人口 2709 人，汉族 1979 人，占全乡总人口的 73.05%，少数民族 730 人，占全乡总人口的 26.95%。少数民族及姓氏人口分别为：畲族人口 728 人，其中，蓝氏人口 315 人，雷氏人口 328 人，钟氏人口 85 人。侗族 1 人，越南籍 1 人（均为嫁入妇女）。

2. 文化程度构成

据第三次全国人口普查资料显示：1982 年 7 月 1 日零时安溪乡境内 2738 人，其中 6 岁以上人口 2416 人。文盲半文盲 826 人，其中，6—11 岁 82 人。小学文化程度 1206 人，其中，男 734 人，女 472 人。初中文化程度 303 人，其中男 177 人，女 126 人。高中文化程度 80 人，其中，男 40 人，女 40 人。大学肄业或在校男 1 人。1986 年 4 月，国家颁布《中华人民共和国义务教育法》，随着九年义务教育的普及，小学毕业率和小升初升学率达到 100%，居民文化程度有了质的提升。1990 年，第四次全国人口普查资料显示：截至 1990 年 7 月 1 日，安溪畲族乡境内 6 岁及 6 岁以上 2462 人。其中，男 1339 人，女 1123 人。大学专科男 1 人；中专文化 17 人，男 9 人，女 8 人；高中文化 57 人，男 29 人，女 28 人；初中文化 459 人，男 272 人，女 187 人；小学文化 1298 人，男 774 人，女 524 人；不识字或识字很少 630 人，男 254 人，女 376 人。

1990 年安溪畲族乡人口文化程度构成一览表

表 16-2-2-9

类　　别	小计（人）	男（人）	女（人）	占总人口比例（%）
6 岁及 6 岁以上人口数	2462	1339	1123	—
大学本科	—	—	—	—
大学专科	1	1	—	0.041
中专	17	9	8	0.69
高中	57	29	28	2.32
初中	459	272	187	18.64
小学	1298	774	524	52.72
不识字或识字很少	630	254	376	25.59

2000年,第五次全国人口普查资料显示:截至2000年11月1日,安溪畲族乡境内有6岁及6岁以上人口2104人,其中男1146人,女958人。大学专科男1人。中专文化19人,男13人,女6人。高中文化64人,男41人,女23人。初中文化510人,男292人,女218人。小学文化1110人,男665人,女445人。扫盲班48人,男13人,女35人。未上过学的352人,男121人,女231人。与1990年"四普"时相比,小学文化人口和大学专科人口比例基本持平,初中文化从18.64%提高到24.24%,其他指标变化不大。

2000年安溪畲族乡人口文化程度构成一览表

表16-2-2-10

类　　别	小计(人)	男(人)	女(人)	占总人口比例(%)
6岁及6岁以上人口数	2104	1146	958	100
大学本科	—	—	—	—
大学专科	1	1	—	0.0475
中专	19	13	6	0.903
高中	64	41	23	3.04
初中	510	292	218	24.24
小学	1110	665	445	52.76
扫盲班	48	13	35	2.28
未上过学	352	121	231	16.73

2010年,第六次全国人口普查资料显示:截至2010年11月1日,安溪畲族乡境内有6岁及6岁以上人口1544人,其中男813人,女731人。大学本科女3人,占0.19%。大学专科12人,占0.78%,男2人,女10人。高中文化88人,占5.7%,男51人,女37人。初中文化457人,占29.60%,男246人,女211人。小学文化813人,52.66%,男450人,女363人。未上过学171人,占11.08%,男64人,女107人。与2000年第五次全国人口普查资料相比,境内人口文化程度普遍提高。大学本科有3人,大学专科12人,从总人口的0.0475%,提高到0.78%,增加了11人;高中人口从3.04%,提高到5.70%;初中从24.24%提高到29.60%。

2010年安溪畲族乡人口文化程度构成一览表

表 16-2-2-11

类　　别	小计（人）	男（人）	女（人）	占总人口比例（%）
6岁及6岁以上人口数	1544	813	731	100
大学本科	3		3	0.19
大学专科	12	2	10	0.78
高中	88	51	37	5.70
初中	457	246	211	29.60
小学	813	450	363	52.66
未上过学	171	64	107	11.08

3. 职业构成

1978年，中国共产党的十一届三中全会后，随着社会事业的发展和农村改革开放的深入，产业结构的调整，催生了职业结构的多元化。1982年，云和县第三次全国人口普查资料显示：截至1982年7月1日零时，安溪畲族乡境内在业人口总数为1109人，从事农林牧副渔水利业人口971人，占总人口87.56%。仍然以从事农业为主。从事第二产业64人，占总人口5.77%。从事第三产业74人，占总人口6.67%。

1982年安溪公社按性别在业人口一览表

表 16-2-2-12

行业名称	人口数（人）	男性（人）	女性（人）	占行业总人口比例（%）
在业人口	1109	878	231	100
农林牧副渔水利业	971	787	184	87.56
电力、煤气、自来水的生产和供应业	5	5	—	0.45
制造业	53	37	16	4.78
建筑业	7	7	—	0.63
交通运输、邮电通信业	4	4	—	0.36
商业、饮食业、物资供销及仓储业	14	9	5	1.26
住宅管理、公用事业管理和居民服务业	1	—	1	0.009
卫生、体育和社会福利事业	5	3	2	0.045

续表 16-2-2-12

行业名称	人口数(人)	男性(人)	女性(人)	占行业总人口比例(%)
教育、文化艺术事业	24	8	16	2.16
金融、保险业	2	1	1	0.18
国家机关、党政和群众团体	23	17	6	2.07

1990 年第四次全国人口普查资料显示，安溪畲族乡在业人口 1695 人，其中男性 1010 人，女性 685 人。从事农林牧副渔水利业第一产业人口 1606 人，占总人口 94.75%。从事第二产业 28 人，占总人口 1.65%。从事第三产业 61 人，占总人口 3.60%。

1990 年安溪畲族乡按性别在业人口一览表

表 16-2-2-13

行业名称	人口数(人)	男性(人)	女性(人)	占行业总人口比例(%)
在业人口	1695	1010	685	100
农林牧副渔水利业	1606	966	640	94.75
工业	18	8	10	1.06
建筑业	6	5	1	0.35
交通、运输、通信业	4	3	1	0.24
商业、饮食业、物资供应	14	7	7	0.83
住宅管理、公用副业管理	4	1	3	0.24
卫生、体育、社会福利	2	2	—	0.12
教育、文化艺术事业	28	9	19	1.65
金融、保险业	3	2	1	0.18
国家机关、党政和群众团体	10	7	3	0.59

2000 年第五次全国人口普查 10%抽样调查数据显示：安溪畲族乡在业人口 138 人，其中男性 92 人，女性 46 人。从事农林牧副渔水利业第一产业人口 114 人，占总人口 82.61%。从事第二产业 18 人，占总人口 13.04%。从事第三产业 6 人，占总人口 4.35%。

2000 年安溪畲族乡按性别在业人口一览表

表 16-2-2-14

行业名称	人口数（人）	男性（人）	女性（人）
在业人口	138	92	46
农林牧副渔水利业	114	77	37
制造业	8	2	6
建筑业	1	1	0
交通、运输、通信业	9	9	0
批发和零售贸易、餐饮	1	0	1
教育、文化艺术事业	2	1	1
国家机关、党政和群众团体	2	2	0
社会服务	1	0	1

2010 年，安溪畲族乡全国人口普查长表（抽样调查 10%）总计 176 人。16 岁人口以上 154 人，从事经济活动的就业人口 100 人，失业人口 5 人，非经济活动人口 49 人。其中，总人口中男性 90 人，16 岁以上人口 83 人，从事经济活动的就业人口 63 人，正在工作 61 人，失业 2 人。女性 86 人，16 岁以上人口 71 人，从事经济活动的就业人口 42 人，从事经济活动的就业人口 39 人，失业 3 人，非经济活动人口 29 人。

2010 年安溪乡分性别、行业大类的就业人口一览表

表 16-2-2-15　　单位：人

从事行业	人数	其中	行业人数	男	女
农、林、牧、渔业	78	农业	74	48	26
		林业	1	1	
		畜牧业	3	2	1
文教体育用品制造业人口	12		12	5	7
建筑业	4	房屋和土木工程建筑业建筑装饰	3	3	
		建筑装饰业	1	1	
批发和零售业	2	批发业	1		1
		零售业	1		1

续表 16-2-2-15

从事行业	人数	其中	行业人数	男	女
金融业	1	银行业	1		1
居民服务和其他服务业	1	居民服务	1		1
公共管理和社会组织	2	国家机构	2	1	1
合计	100		100	61	39

2011—2015年安溪畲族乡部分农村劳动力主要行业分布一览表(一)

表 16-2-2-16　　单位:人

年度	农村劳动力资源总数		农村从业人员数					
	合计	其中劳动年龄内	合计	其中劳动年龄内	其中		按性别分	
					外出从业人员	出省的从业人员	男劳动力	女劳动力
2011	1871	1545	1846	1513	1036	93	988	858
2012	1768	1734	1526	1512	826	86	803	723
2013	1781	1742	1516	1504	813	84	789	727
2014	1782		1516				789	727
2015	1776		1512				786	726

1985年,安溪畲族乡全乡有劳动力930人(男695人、女235人),其中从事农业547人、林业93人、牧业125人。从事第一产业人数765人,占全乡劳动力总数的82.26%;从事第二产业(工业、建筑、交通)的58人,占全乡劳动力总数的6.24%;从事第三产业(商业、教育、卫生等)107人,占全乡劳动力总数的11.51%。1995年,安溪畲族乡全乡有劳动力1336人(男810人,女526人),其中从事农业607人,林业26人,牧业323人,渔业3人。从事第一产业人数959人,占全乡劳动力总数的71.78%;从事第二产业89人,占全乡劳动力总数的6.67%;从事第三产业288人,占全乡劳动力总数的21.56%。2005年,安溪畲族乡全乡有劳动力1521人(男796人,女725人),其中从事农业629人,林业51人,牧业260人。从事第一产业人数940人,占全乡劳动力总数的61.80%;从事第二产业156人,占全乡劳动力总数的10.26%;从事第三产业425人,占全乡劳动力总数的27.94%。2010年,安溪畲族乡全乡有劳动力

1845人(男 976 人，女 869 人)，其中从事农业 770 人，林业 148 人，牧业 107 人。从事第一产业人数 1025 人，占全乡劳动力总数的 55.56%；从事第二产业 511 人，占全乡劳动力总数的 27.70%；从事第三产业 309 人，占全乡劳动力总数的16.75%。2015 年，安溪畲族乡全乡总人口 2709 人，有劳动力 1483 人。其中从事第一产业 983 人，占全乡劳动力总数的 66.28%；从事第二产业 237 人，占全乡劳动力总数的 15.98%；从事第三产业 263 人，占全乡劳动力总数的 17.73%。

1991—2015 年安溪畲族乡部分年份农村劳动力主要行业分布情况表(二)

表 16-2-2-17　　单位：人

年度	各行业实有劳动力人数											
	小计	农、林、牧、渔副业劳动力					工业从业人员	建筑业从业人员	交通运输等从业人员	批发零售人员	住宿餐饮	其他非农业人员
		农业	林业	牧业	渔业	副业						
1991	1367	709	15	329	4	110	72	18	5	35	31	39
1992	1319	640	15	329	7	104	48	11	7	42	27	89
1993	1327	638	16	326	4	—	46	15	10	28	244	—
1994	1336	619	21	328	4	—	51	21	15	28	249	—
1995	1336	607	26	323	3	—	48	24	17	28	260	—
1996	1367	759	13	425	—	—	—	13	2	20	135	—
1997	1374	706	8	496	—	—	8	5	24	15	—	112
1998	1358	706	246	258	—	—	—	5	28	15	—	100
1999	1499	848	245	258	—	—	—	5	28	15	—	100
2000	1288	579	259	276	—	—	—	23	30	16	—	105
2001	1453	863	381	44	—	—	—	30	37	21	77	—
2002	1650	675	51	385	—	—	21	27	31	31	429	—
2003	1602	670	52	281	—	—	75	43	27	31	15	408
2004	1541	662	48	336	—	—	82	41	26	19	15	312
2005	1521	629	51	260	—	—	80	44	32	19	17	389
2006	1457	625	40	212	—	—	86	45	36	18	15	380
2007	1458	624	39	215	—	—	84	48	36	18	18	376

续表 16-2-2-17

年度	各行业实有劳动力人数											
	小计	农、林、牧、渔副业劳动力					工业从业人员	建筑业从业人员	交通运输等从业人员	批发零售人员	住宿餐饮	其他非农业人员
		农业	林业	牧业	渔业	副业						
2008	1575	624	39	215	—	—	201	48	36	18	18	376
2009	1675	653	78	215	—	—	262	68	46	26	18	376
2010	1845	770	148	107	—	—	306	160	45	32	110	167
2011	1846	835	148	103	—	—	376	163	221	—	—	—
2012	1526	565	121	80	—	—	494	103	163	—	—	—
2013	1516	557	125	76	—	—	497	112	149	—	—	—
2014	1516	—	—	—	—	—	—	—	—	—	—	—
2015	1512	—	—	—	—	—	—	—	—	—	—	—

注:2011—2013 年没有第三产业统计数据,2014 年、2015 年没有乡镇(街道)一、二、三产分类数据。

三、家　庭

畲族是一个凸显聚族而居的民族。一般都是“主干家庭”(由夫妻、夫妻的父母或者直系长辈以及未成年子女组成)。中华人民共和国成立后,畲汉通婚频繁,畲汉家庭出现。因少数民族可享受国家的民族优惠政策(如农村各类保险、子女升学等),其出生的子女姓氏一般都使用蓝、雷、钟姓。1978 年改革开放后,“夫妻家庭”(子女外出务工不在身边的空巢家庭,汉族类同)出现。

“两头家”是畲族的独特家庭形式。男子入赘后(谓“当儿”),婚后男女双方家轮流居住,夫妻俩共同担负起两个家庭的生产、生活的责任,并共同赡养双方的老幼。

(一)家庭规模

根据 1990 年第四次全国人口普查数据,安溪畲族乡境内居住接受调查的家庭户 664 户。其中,单一民族家庭户 625 户,占全乡家庭比重的 94.13%,汉族与少数民族混合户家庭 39 户,占 5.87%。一代户 99 户,占总户数的14.91%;二代户 407 户,占总户数的 61.30%;三代户 119 户,占总户数的 17.92%;四代户 8 户,占总户数的 1.20%。

2000 年,第五次全国人口普查数据显示,安溪畲族乡境内居住接受调查的家庭户 648 户。其中,一代户 131 户,占总户数的 20.22%;二代户 351 户,占总户数的 54.17%;三代户 154 户,占总户数的 23.77%;四代户 12 户,占总户数的 1.85%。

2000 年安溪畲族乡家庭户规模一览表

表 16-2-2-18

户规模	家庭户数（户）	所占百分比（%）	一代户（户）	所占百分比（%）	二代户（户）	所占百分比（%）	三代户（户）	所占百分比（%）	四代户（户）	所占百分比（%）
总数	648	100	131	20.22	351	54.17	154	23.77	12	1.85
一人户	62	9.57	62	9.57						
二人户	97	14.95	68	10.49	29	4.47				
三人户	186	28.7	1	0.15	180	27.78	5	0.78		
四人户	160	24.69			125	19.29	35	5.40		
五人户	89	13.73			15	2.31	71	10.96	3	0.46
六人户	40	6.17			2	0.31	35	5.40	3	0.46
七人户	10	1.54					7	0.108	3	0.46
八人户	1	0.15						1.08	1	0.15
九人户	2	0.31					1	0.15	1	0.15
十人及以上户	1	0.15							1	0.15

2010 年，第六次全国人口普查数据，安溪畲族乡境内居住接受调查的家庭户 572 户。其中，一代户 217 户，占总户数的 37.94%；二代户 225 户，占总户数的 39.34%；二人户 173 户，占总户数的 30.24%；三人户 148 户，占总户数的 25.87%。

2010 年安溪畲族乡家庭户规模一览表

表 16-2-2-19

规模	一人户	二人户	三人户	四人户	五人户	六人户	七人户	八人户	九人户	合计
户数（户）	89	173	148	88	46	19	6	2	1	572
占比（%）	15.56	30.24	25.87	15.38	8.04	3.32	1.05	0.35	0.17	100

2010 年安溪畲族乡家庭户家庭类别一览表

表 16-2-2-20

家庭类别	一代户	二代户	三代户	四代户	五代户	合计
数量（户）	217	225	120	9	1	572
占比（%）	37.94	39.34	20.98	1.57	0.17	100

(二)计划生育

中华人民共和国成立前,安溪百姓由于受旧观念影响,崇尚“多子多福”,生育随意,多则7—8个,甚至10多个。由于旧社会医疗条件差,孩子成活率低,还受传宗接代、重男轻女的传统观念影响,在人口生产类型上出现“高出生、高死亡(1966—1976年)、低增长”状态。

中华人民共和国成立后,安溪社会安定,经济恢复,人民生活水平和医疗卫生条件不断改善,为人口高增长奠定了物质基础。中华人民共和国成立初,政府鼓励生育,安溪境内“早婚、密育、多生”现象比较普遍。20世纪50年代,安溪的年轻人符合法定年龄就结婚。“多子多福”的生育观念依旧。在人口再生产上依旧是“高出生、高死亡、低增长”状态。1962年,人民生活开始好转,很快形成补偿性人口生育高峰。“文化大革命”时期,生育处于无政府状态,出现了第二次生育高峰。

20世纪70年代末,党和政府号召青年实行“晚婚、晚育、少生、少育”。80年代开始实行计划生育政策,把“一对夫妇只生育两个孩子”,转移到提倡“一对夫妇只生育一个孩子”上来。浙江省计划生育政策另行规定,全省少数民族青年结婚后,可以生育二胎,但二胎与一胎之间必须间隔4年整。

进入21世纪,因青年人学历提高,思想认识改变,房价等物价因素对生育的抑制,安溪畲族乡境内男青年初婚龄普遍推迟至25—26岁,女青年初婚龄普遍推迟至23—24岁,而且,很多夫妇只生育一孩。晚婚、晚育、少生、少育使境内生育率普遍降低。2014年,浙江省计划生育政策进行调整,允许双方中有一方为独生子女可生育二孩。2015年,安溪畲族乡境内人口出生率为4.80‰,尚未出现政府所期望的人口缓慢回升现象。

(三)人口变动

1. 外出人口

1990年第四次全国人口普查资料显示:安溪畲族乡共计外出34人,其中迁出本省男17人,女17人。从事经济社会活动11人(从事业8人,交通邮电通信2人,服务业1人),投亲靠友6人,随亲外出4人,婚嫁11人,其他2人。1995年,迁出人口15人。

2000年第五次全国人口普查资料显示:安溪畲族乡外出人口(外出半年以上人口)共计外出590人,其中外出男282人、女308人。在本县其他乡镇388人,其中男182人、女206人。外出本省其他县市139人,其中男66人、女73

人。外出省外63人，其中男34人、女29人。外出590人中0—5岁27人，6—9岁16人，10—14岁32人，15—19岁62人，20—24岁92人，25—29岁113人，30—34岁65人，35—39岁67人，40—44岁40人，45—49岁39人，50—54岁8人，55—59人10人，60—64岁11人，65岁以上8人。外出人口中大学专科4人，中专18人，高中文化40人，初中文化212人，小学267人，扫盲班5人，未上过学17人，其中1人为6—14岁孩子。从事农业13人，从事工业86人，从事建筑业25人，从事交通运输仓储信邮电通信业的7人，从事批发零售贸易、餐饮业53人，金融保险2人，房地产2人，社会服务业58人，其他106人。

2005年，安溪畲族乡迁出省内人口9人，迁出省外人口2人。2010年，安溪畲族乡迁出省内人口8人，迁出省外人口2人。

2015年，安溪畲族乡迁出省内人口71人，迁出省外人口2人。

2. 死亡人口

1990年第四次全国人口普查资料显示：1990年安溪畲族乡全乡死亡26人，其中，男13人、女13人。1995年，死亡人口19人。

2000年第五次全国人口普查资料显示：1999年11月1日至2000年10月31日死亡人数，安溪畲族乡境内共23人，其中，男14人、女9人。年龄0岁1人20—24岁1人，25—29岁1人，35—39岁2人，50—54岁2人，55—59岁1人，60—64岁1人，65—69岁3人，70—74岁3人，75—79岁3人，80—84岁3人，85—89岁2人。据2010年第六次全国人口普查资料，2009年11月1日至2010年10月31日，安溪畲族乡全乡一年中死亡20人，其中，男性15人、女性5人。

据统计，2015年，安溪畲族乡全乡死亡20人，其中男13人，女7人。

3. 新增人口

1990年第四次全国人口普查资料显示：迁入安溪畲族乡境内24人，其中，男14人、女10人。1995年，安溪畲族乡全乡出生28人，人口出生率10.05‰。2000年，安溪畲族乡全乡出生35人，其中男孩16人、女孩19人。

2000年，安溪畲族乡全乡出生30人，其中男孩14人、女孩16人。2000年第五次全国人口普查资料显示：安溪畲族乡新增人口229人中，来自本县、市、区的209人，省内其他县、市、区的18人，福建1人，四川1人。出生后一直住本乡、镇、街道188人，5年以前（1995年10月31日前）到安溪畲族乡境内的31人。

2010年第六次全国人口普查资料显示：2009年11月1日至2010年10月31日，安溪畲族乡一年中出生人口20人，其中男性12人，女性8人。

2015年，安溪畲族乡全乡出生22人，其中男12人，女10人。入迁：乡镇内33人，市内10人，省内5人，省外9人。

1991—2015年安溪畲族乡户籍人口自然变动一览表

表16-2-2-21 单位：人

年份	年末总人口	出生人数	死亡人数	省内迁入	省外迁入	迁往省内	迁往省外
1991	2784	18	28		13		26
1992	2794	30	13		7		14
1993	2774	23	24		7		31
1994	2781	32	19		—		6
1995	2791	28	19		16		15
1996	2808	36	9		11		19
1997	2808	27	17		17		27
1998	2802	16	17		16		23
1999	2811	26	22		24		19
2000	2771	35	23	11	—	56	2
2001	2777	31	29	38	3	47	2
2002	2770	29	24	14	2	43	2
2003	2746	18	10	4	1	27	3
2004	2709	42	53	6	2	26	1
2005	2753	30	24	30	13	9	2
2006	2741	26	24	10	8	30	3
2007	2702	37	70	21	4	25	3
2008	2701	24	15	5	4	17	3
2009	2696	23	34	15	7	7	17
2010	2706	21	21	10	9	8	2
2011	2730	35	16	19	9	19	3
2012	2721	24	29	25	4	31	2
2013	2733	31	19	9	4	5	2
2014	2740	30	30	35	4	27	3
2015	2709	22	20	15	9	71	2

第三章　政治与民族事务

民国时期，安溪畲、汉两个民族的绝大多数是贫苦农民，文化水平普遍不高，深受压迫和歧视，政治地位低下，根本无人能够参政，尤其畲族为甚。

中华人民共和国成立后，中国共产党和人民政府十分重视民族平等团结，畲汉人民和党心连心，翻身做主人。政府多次出台优惠政策，向畲乡倾斜，在扶贫、助学、医疗、移民下山、通信、水电路等基础设施建设等方面给予扶持。畲族人民的政治地位显著提高，先后有蓝世根等3位畲族干部被评为模范个人，代表全县畲族赴京参加国庆观礼。每届乡政府主要领导由畲族干部担任，各级领导班子、干部队伍和各级党代会代表、人大代表、政协委员中，都有一定的畲族干部比例。在社会主义制度下，畲族人民积极参与国家政治生活，为社会主义建设事业作出了贡献。

第一节　政治生活

安溪畲族乡是中共云和县委、中国工农红军挺进师活动的主要区域。民国24年（1935年）9月至民国27年3月，中国工农红军挺进师先后六次到严山、黄家地，向群众宣传红军政策，开展革命活动。民国28年，中国共产党先后在下武、严山、坑头、黄处、黄家地村建立5个农村党支部。解放战争时期，党在东坑头、木樨花、上村、下村、东岱建立6个农村党支部。

1986年7月8日，安溪畲族乡被丽水地区批准为革命老区乡。1988年5月，省政府批准云和县为革命老区县，安溪畲族乡为革命老区乡，严山、黄家地、下武、东岱、上村、下村、黄处、木樨花8个行政村为革命老区村。是全县唯一的村村都是革命老区村，都在中华人民共和国成立前建立中共党支部的乡镇。安溪为革命胜利做出贡献，在党和政府的关心下，畲族群众的政治地位不断提高。至2015年，安溪畲族乡县级以上人大代表和政协委员共有17人次。

一、民国时期中国共产党领导下的革命斗争

安溪是红色革命传播地，是中国共产党在云和县最早发展党员，成立党组织开展革命工作的老区乡之一。民国26年(1937年)，黄家地村有3人参加红军，有抗日战争阵亡将士28人。解放战争时期，严山村、黄家地村，是中国共产党领导的武工队和民兵组织与国民党云和、景宁两县的自卫队真刀真枪打过仗的地方。中华人民共和国成立前，全乡共有党员187人，建立农村党支部11个，其中，东坑头自然村14户，就有党员13人。

民国24年(1935年)，在"南方三年游击战争"期间，中国工农红军挺进师进军浙西南，辗转活动于安溪境内的严山、黄家地等村，向贫苦农民宣传革命道理，发动群众打击土豪劣绅，播下革命的火种。红军驻黄家地村十多天的时间里，对群众秋毫无犯，在对敌斗争中，扩大了共产党在人民群众中的政治影响，深得当地人民群众的拥护和支持。民国26年，黄家地村青年毛太丰、毛兰金、毛兰全等3人参加红军。

民国25年(1936年)4月开始，中共城南区委书记陈江海(原云坛乡陈村村人)根据党组织要求进一步在畲民地区秘密地发展党员，还注重在汉族地区发展党员，发展基层党组织，开展革命斗争，同时，巩固和发展游击根据地，继续向汉族地区发展的系列指示精神，不顾个人安危，深入温溪乡村，依靠广大群众，开展长期艰苦的工作。发展了畲汉党员，使党的队伍不断壮大，党组织进一步得到巩固和发展。民国27年1月，中共浙南特别工作委员会在丽水组建中共云和县特别支部。是年9月，中共云和县委成立。县委建立后促成云和国共两党第二次合作，形成了抗日民族统一战线。

民国27年(1938年)入党的严山村党员雷五奶，丈夫雷元昌为中共云和县城北区委书记，中共云和县委领导经常在她家隐蔽。有一次县委书记毛登林和陈江海、雷元昌正在研究工作，突然闯进几个不明身份的人，问毛、陈是哪里来的，雷五奶机智地抢上前去回答;"这是老鸦尖元昌家里来的两个叔伯兄弟。"正好毛、陈二人都能说一口流利的畲语。一下子就把来人打发走了。自民国35年起，国民党搞"清乡"，"围剿"革命据点，雷五奶随丈夫上山打游击，赤脚走山路练就一双铁脚板，在深山密林荆棘丛中奔波，冰天雪地里行走，经历无数次战斗。

民国28年(1939年)春，中共云和县委的工作开始转入秘密地下斗争，在安溪境内的严山、下武、坑头、黄处、黄家地等5个村建立党支部。党秘密领导

和组织群众首先以群众基础较好的严山、黄家地为中心，开展抗税、抗捐、抗丁活动，同时影响到下武、黄处等村。

抗日战争全面爆发后，在中国共产党抗日民族统一战线政策影响下，安溪儿女驰骋疆场，为国捐躯。1996年版《云和县志》“云和县抗日阵亡将士人名录”收录安溪籍抗日战争阵亡将士有叶细雷、马金根、洪尚东等13人。

抗日战争胜利后，中共城南区委根据云和县委指示，在安溪建立“白皮红心”两面政权，发动群众开展“三抗”（抗租、抗捐、抗丁）斗争。民国38年（1949年9月30日止）6月，抓住选保长的机会，依靠党支部的力量，团结广大群众有计划、有准备地做好工作，取得了胜利。黄处四保保长改选，由畲族党员雷仲芳担任；保队附改选，由党员彭长兴担任。黄家地、严山九保保长改选，由畲族党员、党支部书记蓝明进担任；保队附改选，由贫苦农民、共产党员王正隆担任；副保长改选，由党支部副书记柳恒丰担任；户籍干事改选，由畲族党员、副书记蓝为正担任。选举夺权工作之后，开展全面公开合法的斗争。黄处村征兵，抽到畲族党员雷英，保队附彭长兴是党员，就先通知雷英逃跑。凡是有党组织的村，不管国民党政府多少次派人催粮收税，都一拖再拖，不交粮，不缴税，拿不到1斤粮、1分钱。其间，还杀死两个收税人员。国民党政府认为温溪乡是征兵、征粮、收税最头痛的地区。

民国36年（1947年）9月，中共云和县委根据革命斗争的需要，建立云和县武工队。安溪境内黄家地等村有柳根土等9人参加。其中，畲族聚居的严山村4人、黄处村1人、西山村1人，畲民就有6人参加党领导的云和县武工队。民国36年冬至民国37年，党在安溪境内木樨花、东坑头、上村、东岱、下村等5个村建立了党支部。民国37年2月，党因开展工作需要又在东岱村建立第二党支部。

中华人民共和国成立前，全乡发展党员187人，建立农村党支部11个。坑头只有13户人家的小山村，发展了党员11人。安溪畲族乡是革命老区乡。

民国时期安溪乡各村中共支部建立时间一览表

表16-3-1-1

序号	村　别	支部建立时间	支部书记	备注
1	下武	民国28年（1939年）春	蓝周旺	畲族
2	严山	民国28年（1939年）春	蓝明进	畲族
3	坑头	民国28年（1939年）春	柳学照	

续表 16-3-1-1

序号	村 别	支部建立时间	支部书记	备注
4	黄处	民国 28 年(1939 年)春	钟马旺	畲族
5	黄家地	民国 28 年(1939 年)春	柳世贤	
6	东坑头	民国 36 年(1947 年)冬	王三根	
7	木樨花	民国 36 年(1947 年)冬	王福友	
8	上村	民国 37 年(1948 年)8 月	洪陈兰	
9	下村	民国 37 年(1948 年)	洪坤兰	
10	东岱	民国 37 年(1948 年)11 月	彭 英	第一支部
11	东岱	民国 38 年(1949 年)2 月	周福祥	第二支部

(一)黄家地村革命斗争

民国 24 年(1935 年)9 月 3 日下午,粟裕率领的中国工农红军挺进师路过黄家地村,红军秋毫无犯的严明纪律,给村民留下深刻印象。

民国 25 年(1936 年)1 月,中国工农红军挺进师第二次到达黄家地村。红军来后,立即向广大群众开展"红军是共产党领导的革命队伍;红军是工农的子弟兵;红军是打土豪分田地,帮助穷人推翻三座大山建立新中国,让穷人过上好日子的部队"的革命宣传。同时,教群众学唱"红军纪律歌"等革命歌曲。广泛地开展宣传革命的主张,进行艰苦的群众工作。

红军驻黄家地村期间,发动群众建立村民兵队、妇女队、儿童团组织,开展教唱《红军纪律歌》《抗战歌》等革命歌曲。同时,组织和发动广大群众开展"三抗"(抗捐、抗税、抗丁)、"二五减租"、反"清乡"等斗争活动,并在村口的神塘坑口(土名)山岗上挖掘了一条既可瞭望又可扼守的战壕。

黄家地村是中共云和县委活动的区域之一,党组织在村里先后秘密地发展柳土良、柳恒宗、柳恒田、柳根元、毛进安等一批共产党员。民国 28 年(1939 年)春,建立中共黄家地村支部,柳世贤任支部书记。

民国 38 年(1949 年 9 月 30 日止)元宵节前夜(正月十四日),全村人在看戏时,国民党云和县自卫队偷袭黄家地。中共党员柳良雨不幸被捕,在狱中他面对敌人的酷刑,宁死不屈,始终没有吐露过党的秘密。敌人无奈,把他送到国民党部队去当挑夫,后遭敌人折磨而牺牲。

民国 38 年(1949 年 9 月 30 日止)3 月 12 日晨,国民党云和县政府县长兼自卫队总队长汪浩夫,派自卫队副总队长刘建极率征粮征税人员 140 多人,突然包围严山、黄家地,把两个村的 20 多名青年关押在黄家地柳家祠堂内严加看守。国民党自卫队及征粮征税人员进行挨户搜查，强令各户老年人、妇女纳粮交税，并在村里村外墙头涂写大幅标语，大肆进行“剿共清乡”宣传。此时，中共云景区委秘书柳恒章正在该村工作，趁敌人在挨户搜查之际，安排柳兰成等 3 人以放牛割草的名义越过敌人的岗哨，将敌人入村捣乱情况告诉在岗头庵的游击队。县独立中队指导员曹景垣、中队长柳根土、二分队长雷宗余，迅速率领二分队战士奔走黄家地，占据有利地形，扼守住交通要道，同时指派柳恒章到附近村庄动员和组织民兵前来参加战斗。在曹景垣、柳根土、雷宗余的指挥下，分三路包抄刘建极的自卫队。此次战斗游击队人数少、武器不足，总共只有几十人和 23 杆枪。在附近村庄 500 多名民兵配合下，双方相持六七个小时，战至夜间 9 时许，国民党自卫队人地生疏、孤立无援。游击队和民兵冲进村里，发现敌人已经逃跑，只在搜索中抓到 4 名俘虏。原来敌人在慌乱中抓住一个村民强迫他带路，从村后一条小溪坑向景宁方向逃窜，敌人的“清剿”计划被彻底挫败。

民国 38 年（1949 年 9 月 30 日止）4 月 10 日，在敌人的又一次的“清乡”中，村支部组织委员、民兵队长柳良芝不幸被捕，同时被捕的还有村民兵毛廷孟。柳良芝被捕后，面对敌人的残暴，视死如归，表现出了一个共产党员的铮铮铁骨。在被押往去县城的大路上他高呼：“共产党万岁！共产党人是杀不完的，总有一天你们会被打倒！”当日傍晚，在蒙蒙的细雨中，柳良芝被敌人杀害于云和大操场（现县实验小学操场），后被草草地埋葬在普光寺附近的荒山上。

在红军时期，黄家地村先后有柳源根等 20 多人参加游击队，在抗日战争全面爆发后，有 3 人自愿报名参军奔赴抗日前线，2 人阵亡。民国 37 年（1948 年）至民国 38 年，黄家地村支部共发展党员 22 人。

（二）严山村革命斗争

民国 26 年（1937 年）3 月 7 日，中国工农红军挺进师一纵队支队长范连辉率部到达畲民聚居的严山村，向广大畲民宣传工农红军是中国共产党领导的革命队伍，是帮助天下穷人翻身求解放、过上好日子的革命队伍，并发动畲民开展了“抗租、抗捐、抗抽丁”斗争。

民国 28 年（1939 年），中共处属特委分析当前在畲族地区开展工作的有利因素：畲民团结，畲族中有“领头人”，畲语一般汉人不易懂得，畲民大都聚居在大山中，开展活动易于隐蔽。在畲民地区发展党员，是建立革命游击根据地的有利条件。中共云和县委根据中共处属特委指示精神，先后发展村里蓝明进、蓝忠兴、蓝为民、蓝为元、蓝陈德、雷五奶 6 名党员。是年春，建立中共严山村支部,蓝明进任支部书记。

民国37年(1948年),国民党政府进行“戡乱”,严山民兵配合浙南人民解放军第三支队,狠狠打击敌人。是年6月,严山村党支部书记蓝明进被选为第九保保长。他们利用合法的身份,与国民党反动派巧妙地开展“三抗”等革命斗争,为进一步发展武装斗争和建立革命游击根据地奠定基础,严山村成为中共云和县委活动的重要区域之一。

民国37年(1948年)3月12日早晨,国民党自卫队140余人,突然包围严山村,挨家搜查,逼粮逼税,还写大标语:“凡捉到毛登森、陈光海、雷元昌者,奖谷100石,银洋120圆。捉到蓝明进重赏。”国民党自卫队在黄家地败退景宁县城后,15日云、景两县自卫队共300多人,卷土重来。一进村,就把青壮年统统抓到黄家地关进祠堂,又把全村男女老少赶出村外,不准进村,他们找来箆篁、扫帚到处点火烧房子。这时严山村妇女雷李翠,冒着生命危险,不顾自卫队横刀阻拦,冲入村中,拼命泼水抢救。自卫队匆匆点着所有房子,带着抢到的东西撤走了。大家赶回村才扑灭大火,全村计6幢19户人家被火烧着,其中,敌人烧毁党员蓝陈根、蓝汤德、蓝雷燕、蓝雷金、蓝水翠、蓝明进2幢7户房屋30余间,还烧死蓝汤德家耕牛一头。村里群众的财物也被抢夺一空。救下4幢13户房屋,而雷李翠自己的房屋却被烧毁。敌人还把共产党员蓝陈根80多岁的老母亲推进火堆里,她躲进下水洪洞,待敌人离开后才爬出来,幸免一死。在敌人的“清乡”中不幸被捕的蓝余明,在狱中虽然受尽折磨,但只字未吐露党的秘密。畲族人民没有被敌人的“疯狂”吓倒,在村党支部领导下,继续同国民党反动派进行斗争。

严山村被烧毁后,全村青年积极参加解放军和游击队,雷元昌、雷长志、蓝田生、蓝马元和黄家地村的柳根土等5人毅然参加中共云和县武工队,后改编为浙南解放军第三支队云和独立中队,柳根土任队长。

(三)挺进师六次到严山、黄家地

民国24年(1935年)9月3日,中国工农红军挺进师一支小分队从景宁进入安溪乡下武村山寮自然村,宿一夜后经泗洲岭到达严山、黄家地,在严山住宿一夜。任务是进行线路侦察,为反“围剿”建立基点做准备。

民国25年(1936年)1月23日(农历1935年除夕),留在浙西南斗争的中国工农红军挺进师第二纵队从景宁方向进入安溪,在安溪山寮村吃过中饭后,下午3点到达严山、黄家地。任务是发动群众,宣传革命。由于当时群众不了解红军,村民都跑到山里躲起来,红军对群众的年货秋毫不犯,还叫住福建过来的王生根(到舅舅柳雨顺家过年),向他宣传红军是穷人队伍,叫群众不要害怕,同时书写革命标语,之后往景宁白岸村方向行军。

4月14日,粟裕、张友昆(张德华)率领中国工农红军挺进师主力部队100余人经丽水县张山村进入云和县。15日8时,部队从云和县梅湾村出发,由梅湾村农民毛祥云带路,经山锦、金竹岗村往龙(泉)浦(城)方向活动。下午2时半在岚头岭与国民党军队发生战斗,后至黄家地村,脚踝受伤的粟裕被军民抬到黄家地治伤。独立师指战员稍微休整后经严山,经过泗洲岭头向景宁、龙泉交界方向转移。4月16日上午,部队往景宁县大均乡香菇厂向大坳头、东岱、南林等处分头进行游击行动。4月25日10时,粟裕部队再次折回到严山、黄家地,两位首长住在柳恒丰、柳恒亨家里。这次全村人都不再害怕红军,每户都帮助红军安排吃住。第二天上午红军领导人召集全村人开会,讲红军的队伍,为穷苦人打土豪分田地。

民国26年(1937年)3月至7月,挺进师范连辉部多次到严山、黄家地休整补充兵员,短时2至3天,最长时间为一个星期,其间村民毛太丰、毛兰全参加红军。严山、黄家地发挥了基点村、堡垒村的作用。

民国27年(1938年)改编为国民革命军闽浙边抗日游击总队的红军,3月18日从平阳县山门街出发,经瑞安、泰顺、云和、丽水、松阳、遂昌、龙游、衢县、常山、开化、屯溪,开赴皖南加入新四军战斗行列。3月21日,部队经过景宁云和交界时,特意又到黄家地宿营一夜。当时有一名战士生病不能行走,就在黄家地村的菖蒲塘岑脚养伤,其余部队向前行走。在黄家地的这名红军战士对外名叫"削剥"(反剥削之意),真名为夏德山,为泰顺县人,后来就留在黄家地烧炭,参加革命。

(四)解放战争及剿匪

民国37年(1948年)间,中共城南区委书记陈江海等人为了进一步开辟和发展革命游击根据地,秘密地来到东岱村。是年11月,在东岱外村建立中共东岱村支部,彭英任支部书记。后来称"中共东岱村第一支部"。

东岱村广大群众在共产党的领导下,抗日战争期间同国民党反动派开展"三抗"、"二五减租"、进城打土豪等斗争活动。在陈江海等人深入扎实的工作下,又在大犇等自然村中发展一批中共地下党员,从此,东岱村成为革命游击根据地之一。

中共城南区委考虑人员过多地来往容易引起敌人的注意,自然村分散,党员不利于管理和开展活动。因此,在次年的2月,在大犇等自然村有六七名党员的基础上又建立一个支部，周福祥任支部书记。后来称中共东岱村第二支部。

东岱村的广大地下党员、群众在白色恐怖下，不怕坐牢和杀头，秘密地为游击队送粮食、送信，为游击队员疗伤治病，冒死地掩护游击队的活动。可是不久，匪首廖京、廖高率领第十一支队第九大队40余人，践踏东岱村这块红色的土地，进行疯狂的反共活动，使东岱村的革命活动处于低谷。

1949年5月，云和解放。1951年1月23日，人民政府在肃清残匪中，东岱村民兵同安溪上村、下村两个村民兵80多人，冒着大风雪，配合县公安部门对躲藏在云(和)景(宁)边境一带的残匪进行大搜捕，终于在梅山村附近的深山老林里将残匪匪首廖京、廖高兄弟俩捕获。经县人民政府审核，匪首廖京、廖高因血债累累而被枪决。

二、中华人民共和国成立后的政治生活

(一)荣誉表彰

中华人民共和国成立以后，畲族的政治地位不断提高。

1959年9月，中共温溪乡上村村高级农业生产合作社支部书记雷根聪和雾溪畲族乡雷陈高、雷木森，代表全县畲族人民应邀赴京参加国庆节观礼。

1999年9月，蓝世根被评为全国民族团结进步模范，出席全国“民族团结进步”先进表彰会。

2005年，安溪畲族乡政府被评为丽水市民族团结进步模范集体。

2009年，安溪畲族乡党委副书记、乡长蓝金玉被国务院评为全国民族团结进步模范个人。是年9月，蓝金玉作为全国民族团结进步模范个人，到北京参加表彰大会。10月1日，在天安门西观礼台观看庆祝中华人民共和国成立60周年盛典。会议期间，受到党和国家领导人接见并合影留念。

2010年，安溪畲族乡党委书记、乡长钟海燕被省政府授予民族团结工作省级先进个人称号。

2015年，安溪畲族乡政府被评为丽水市民族团结进步模范集体。

1959—2009年国庆进京观礼团安溪畲族乡代表一览表

表16-3-1-2

姓　名	观礼时间
雷根聪	1959年9月

表 16-3-1-2

姓　名	观礼时间
蓝世根	1999 年 9 月
蓝金玉	2009 年 9 月

（二）人民代表大会代表

中华人民共和国成立后，云和县人民代表大会都有一定比例的畲族代表与会。1987—2015 年，安溪畲族乡被选为县人民代表大会代表共计 6 人次。

安溪畲族乡参加云和县历届人大畲族代表一览表

表 16-3-1-3　　单位：人

届别	时间	全县代表总数	全县畲族代表数	安溪畲族乡畲族代表名单	所在单位	职务
9	1987 年5 月至 1990 年 4 月	216	14	蓝培荣	安溪畲族乡	党委副书记、乡长
10	1990 年 4 月至 1993 年 4 月	235	23	蓝培荣	安溪畲族乡	党委副书记、乡长
11	1993 年 4 月至 1998 年 5 月	239	16	蓝世根	县纪律检查委员会	副书记
12	1998 年 3 月至 2003 年 4 月	148	9	雷汉才	安溪畲族乡	党委副书记、乡长
13—14	2003 年 4 月至 2012 年 2 月	148	9	蓝春荣	下武村	党支部书记
15	2012 年 2 月至 2015 年 12 月	150	8	蓝华平	下武村	村民

（三）政协委员

丽水市政协委员　2001 年 1 月，安溪畲族乡下武村的蓝世根为政协第一届丽水市委员会委员。

云和县政协委员　1993 年，蓝世根任云和县政协副主席、中共云和县委统战部部长。1998 年 3 月，蓝世根再次当选云和县政协副主席、中共云和县委统战部部长。

1987—2015 年，云和县政协召开八届全体会议，安溪畲族乡产生畲族委员 10 人次。

安溪畲族乡籍畲族参加云和县历届政协委员一览表

表 16-3-1-4　　单位：人

届别	时间	全县委员总数	全县畲族委员数	安溪畲族乡委员名单	所在单位	职务	备注
2	1987 年 5 月至 1990 年 4 月	134	10	蓝世根	县委组织部	副部长	
3	1990 年4 月至 1993 年 5 月	140	11	蓝世根	县纪律检查委员会	副书记	
				雷日坤	黄处村	村民	
4	1993 年 5 月至 1998 年 5 月	157	11	蓝世根	县委统战部	部长	当选为县政协副主席
				雷日坤	黄处村	村民	
5	1998 年 5 月至 2003 年 4 月	141	11	蓝世根	县委统战部	部长	当选为县政协副主席
				雷日坤	黄处村	村民	
6	2003 年 4 月至 2007 年 2 月	152	13	雷日坤	黄处村	村民	
7	2007 年 2 月至 2012 年2 月	128	13	蓝春荣	下武村	村支部书记	
8	2012 年 2 月至 2015 年 12 月	145	17	蓝春荣	下武村	村支部书记	

第二节　组　　织

1949 年 5 月，云和解放。1950 年 5 月，温溪乡人民政府（人民委员会）建立。1958 年 4 月设温溪畲族乡。是年冬，温溪畲族乡并入小徐生产大队，温溪畲族乡自然消失。1959 年 1 月，原温溪畲族乡从小徐生产大队析出，成立温溪管理区，隶属云和人民公社。1969 年 3 月，温溪公社革命委员会（简称“革委会”）成立，1971 年 12 月建温溪公社（委员会）。1981 年 12 月 1 日起，“温溪公社”更名为“安溪公社”。1984 年，实行政社分设，建立乡人民政府，生产大队改为村民委员会，生产小队改为村民小组。 是年 3 月，省政府批准温溪乡为畲族乡，改称安溪畲族乡。

一、中国共产党基层组织

(一)中共安溪畲族乡基层组织沿革

1. 历届乡(大队、管理区、公社)党委(代表大会)

中共温溪乡支部委员会(总支部委员会) 1950年5月,建立中共温溪乡支部(总支部),王生根任支部书记。为加强党的领导,解散村支部2个,合并村支部5个。保留村支部3个,党小组1个,1958年11月并入小徐大队。

支　书:王生根(1950年5月至1951年2月)
胡灶根(1951年2月至1954年5月)
柳恒坤(1954年5月至1957年3月)
宋有梅(1957年3月至1957年5月)
副支书:柳恒坤(1957年3月至1957年5月)
总支书:柳德兴(1957年5月至1958年7月)
副总支书:王文星(1958年7月至1958年11月主持工作)

中共小徐生产大队(管理区)总支

总支书:王文星(1958年11月至1961年9月)
副总支书:陈叙斌(1958年11月至1959年2月)
蒋仁富(1958年11月至1961年9月)
叶金贵(1958年11月至1961年9月,不脱产)

中共温溪管理区总支

1959年2月从小徐大队划分建立。

总支书:刘增荣(刘修庭,1959年2月至1961年2月)
陈叙斌(陈伯早,1961年2月至1961年6月)
齐永坤(1961年6月至1961年9月)
副总支书:陈叙斌(1959年2月至1961年2月)
陈正隆(陈益隆,1960年2月至1961年9月)

中共温溪公社委员会

书　记:齐永坤(1961年9月至1965年2月)
夏长松(代,1965年3月至1969年3月)
副书记:夏长松(1961年9月至1965年3月)

中共温溪公社委员会

1972年12月建立。

书　记:练　习(练承坤,1971年12月至1973年7月)
　　　陈关贤(1973年7月至1977年4月)
副书记:刘奕春(1971年12月至1977年4月)
　　　林金木(1973年7月至1977年4月)

中共温溪乡支部委员会

1981年12月1日起,温溪公社改名安溪公社。1984年3月省政府批准恢复为安溪畲族乡。

书　记:蓝国坤(1977年9月至1984年3月)
　　　项宏林(1984年3月至1987年1月)
　　　林妙庭(1987年1月至1987年12月)
副书记:刘奕春(1977年4月至1980年11月)
　　　蓝国坤(1977年4月至1977年9月)
　　　林金木(1977年4月至1979年6月)
　　　叶子洪(1979年9月至1985年1月)
　　　陈玉丰(1980年8月至1981年11月)
　　　蓝新田(畲族,1982年2月至1985年11月)
　　　项宏林(1982年3月至1984年3月)
　　　梅贤兴(1985年1月至1987年3月)
　　　蓝培荣(畲族,1985年1月至1987年12月)
　　　雷文星(畲族,1987年2月至1987年12月)

中共安溪畲族乡第七次党员代表大会(续1988年1月至1990年3月)

1987年3月至1993年召开过三次党代会,选举产生中共安溪畲族乡第七、八、九届委员会,1993年3月第九次党代会选举产生中共安溪畲族乡纪律检查委员会。

党委书记:林妙庭(1988年1月至1988年2月)
　　　　吴元福(1988年2月至1989年2月)
　　　　王瑞龙(1989年2月至1990年3月)
副书记:蓝培荣(畲族,1988年1月至1989年2月)
　　　雷文星(畲族,1988年1月至1990年3月)
　　　钟世荣(畲族,1989年2月至1990年3月)

中共安溪畲族乡第八次党员代表大会(1990年3月至1993年3月)

1990年3月26日，召开中共安溪畲族乡第八次代表大会，出席代表49

人，选举中共安溪畲族乡第八届委员会委员5人，其中书记1人，副书记2人。

党委书记：王瑞龙（1990年3月至1993年3月）

副书记：钟世荣（畲族，1990年3月至1993年3月）

李光信（1990年3月至1992年3月）

蓝建华（畲族，1992年3月至1993年3月）

中共安溪畲族乡第九次党员代表大会（1993年3月至1994年1月）

1993年3月15日，召开中共安溪畲族乡第九次代表大会，出席代表50人，选举中共安溪畲族乡第九届委员会委员5人，其中书记1人，副书记2人。中共安溪畲族乡纪律检查委员会委员3人，其中书记1人。

党委书记：王瑞龙（1993年3月至1994年1月）

副书记：钟世荣（畲族，1993年3月至1994年1月）

蓝建华（畲族，1993年3月至1994年1月）

委　员：李小鹏　雷秀梅（女，畲族）

纪委书记：蓝建华（畲族，1993年3月至1994年1月）

委　员：李小鹏　洪方余

安溪畲族乡党组织有：机关支部、教育支部；行政村支部8个，即东岱、上村、下村、下武、黄处、木樨花、黄家地、严山村党支部。1999年有党员160人，其中少数民族49人，高中以上学历26人，占总数的16.2%，比1993年提高6个百分点。

中共安溪畲族乡第九届委员会、纪律检查委员会（1994年1月至1996年1月）

1994年1月至1996年1月仍为1993年3月召开的中共安溪畲族乡第九次代表大会选举产生的中共安溪畲族乡第九届委员会和纪律检查委员会任期。任期内调整党委书记1人、副书记4人、委员2人；调整纪委书记2人。

党委书记：王瑞龙（1994年1月至1995年12月）

刘少华（1995年12月至1996年1月）

副书记：钟世荣（畲族，1994年1月至1994年4月）

蓝建华（畲族，1994年1月至1995年1月）

雷震天（畲族，1994年3月至1995年12月）

陈宋荣（1995年1月至1995年12月）

雷汉才（畲族，1995年2月至1996年1月）

何建英（女，1995年12月至1996年1月）

委　员:李小鹏(1994 年 1 月至 1996 年 1 月)

项秀梅(女,1994 年 1 月至 1994 年 3 月)

季银环(女,1994 年 4 月至 1994 年 12 月)

徐建军(1995 年 12 月至 1996 年 1 月)

纪委书记:蓝建华(畲族,1994 年 1 月至 1995 年 1 月)

季银环(女,1995 年 3 月至 1995 年 12 月)

徐建军(1995 年 12 月至 1996 年 1 月)

中共安溪畲族乡第十次党员代表大会(1996 年 1 月至 1999 年 1 月)

1996 年 1 月 24 日,中共安溪畲族乡第十次代表大会在乡政府会议室召开,出席大会代表 37 人。大会预备会议通过代表资格审查委员会成员 3 人,徐建军为主任;通过刘少华、雷汉才等九人为大会主席团成员,分别、依次任会议执行主席。大会听取和审议刘少华代表第九届党委作的工作报告,徐建军代表纪委作的工作报告,并通过相应的决议。大会采用差额无记名投票方式,选举产生中共安溪畲族乡第十届委员会委员 5 人,选举产生中共安溪畲族乡纪律检查委员会委员 3 人。第十届委员会第一次会议选举产生书记 1 人、副书记 2 人;纪委第一次会议选举产生书记 1 人。届次内调整党委书记 1 人,副书记 2 人、委员 2 人,调整纪委书记 1 人。

党委书记:刘少华(1996 年 1 月至 1998 年 9 月)

吴细信(1998 年 9 月至 1999 年 1 月)

副书记:雷汉才(畲族,1996 年 1 月至 1999 年 1 月)

何建英(女,1996 年 1 月至 1997 年 2 月)

徐迅雷(1996 年 7 月至 1997 年 1 月)

雷乾进(畲族,1997 年 2 月至 1999 年 1 月)

委　员:徐建军(1996 年 1 月至 1998 年 9 月)

李晓鹏(1996 年 1 月至 1999 年 1 月)

赵文清(1998 年 9 月至 1999 年 1 月)

练月红(女,1998 年 9 月至 1999 年 1 月)

纪委书记:徐建军(1996 年 1 月至 1998 年 9 月)

练月红(女,1998 年 9 月至 1999 年 1 月)

中共安溪畲族乡第十一次党员代表大会(1999 年 1 月至 2000 年 7 月)

1999 年 1 月 3 日,中共安溪畲族乡第十一次代表大会在乡政府会议室召开,出席大会代表 40 人。大会预备会议通过代表资格审查委员会成员 3 人,练月红为主任；通过吴细信、雷乾进等9人为大会主席团成员，分别、依次任会议执行主席。大会听取、审议吴细信作的《求真务实、开拓进取，努力开创安溪畲族乡工作的新局面》的工作报告，练月红代表纪委作的工作报告，并通过相应的决议。大会采用差额无记名投票方式，选举产生中共安溪畲族乡第十一届委员会委员6人，选举产生中共安溪畲族乡纪律检查委员会委员3人。第十一届委员会第一次会议选举产生书记1人、副书记2人；纪委第一次会议选举产生书记1人。

党委书记：吴细信（1999年1月至2000年6月）

副书记：雷汉才（畲族，1999年1月至2000年6月）

　　　　雷乾进（畲，1999年1月至2000年6月）

委　员：练月红（女，1999年1月至2000年6月）

　　　　李晓鹏（1999年1月至1999年4月）

　　　　李云伟（1999年1月至2000年6月）

纪委书记：练月红（女，1999年1月至2000年6月）

安溪畲族乡党组织（2000年7月至2005年12月）

安溪畲族乡党委下属组织有10个支部，其中乡机关及企事业单位支部2个，即乡机关支部、文教卫支部；行政村支部8个，即东岱、上村、下村、下武、黄处、黄家地、严山、木樨花村支部。2005年底共有党支部10个，党员168人，其中女党员27人，少数民族党员44人。

中共安溪畲族乡第十一届委员会、纪律检查委员会（2000年7月至2001年12月）

2000年7月至2001年12月，仍为1999年1月召开的中共安溪畲族乡第十一次代表大会选举产生的中共安溪畲族乡第十一届委员会、纪律检查委员会任期。任期内，县委任命乡党委副书记1人、委员2人，免去委员1人。

党委书记：吴细信（2000年7月至2001年12月）

副书记：雷乾进（畲族，2000年7月至2001年12月）

　　　　武　燚（2000年8月至2001年12月）

委　员：练月红（女，2000年7月至2001年12月）

　　　　李云伟（2000年7月至2001年11月）

　　　　蓝金玉（女，畲族，2000年8月至2001年12月）

　　　　余火亮（2001年11月至2001年12月）

纪委书记：练月红（女，2000年7月至2001年12月）

中共安溪畲族乡第十二次代表大会及安溪畲族乡第十二届委员会、纪律检查委员会(2001年12月至2005年12月)

2001年12月8日,中共安溪畲族乡第十二次代表大会在安溪畲乡政府会议室召开,出席大会代表43人。大会预备会议通过代表资格审查委员会成员3人,武燚为主任;通过吴细信、雷乾进、练月红、周学仁、武燚、洪方美、洪方益、钟金生、蓝华生等人为大会主席团成员,分别、依次任会议执行主席。大会听取、审议吴细信代表安溪畲族乡党委作的《解放思想,开拓创新,为基本实现小康乡而努力奋斗》的工作报告,练月红代表纪委作的工作报告,并通过相应的决议。大会采用差额选举和无记名投票方式,选举产生中共安溪畲族乡第十二届委员会委员6人,选举产生中共安溪畲族乡纪律检查委员会委员3人。第十二届委员会第一次会议选举产生书记1人,副书记2人;纪委第一次会议选举产生书记1人。

2003年1月至2004年10月,县委任命乡党委副书记2人、委员2人,免去副书记2人。

党委书记:吴细信(2001年12月至2006年6月)
项晓晖(2006年6月至2006年9月)

副书记:雷乾进(畲族,2001年12月至2004年9月)
武　燚(2001年12月至2003年1月)
蓝金玉(女,畲族,2004年9月至2006年9月)
周金宝(2004年10月至2006年7月)
魏　斌(2006年7月至2006年9月)

委　员:练月红(女,2001年12月至2006年7月)
蓝金玉(女,畲族,2001年12月至2004年9月)
余火亮(2001年12月至2006年9月)
刘顶友(2001年1月至2006年7月)
魏　斌(2004年10月至2006年7月)

纪委书记:练月红(女,2001年12月至2006年7月)
魏　斌(2006年7月至2006年9月)

中共安溪畲族乡党委下属组织有10个支部,其中乡机关及企事业单位支部2个,即乡机关党支部、乡教育联合党支部;行政村支部8个,即上村村、下村村、下武村、黄处村、东岱村、严山村、黄家地村、木樨花村党支部。2010年底共有党员203人,其中女党员35人,少数民族党员53人,高中以上学历党员57人。

2006年1月至2006年9月，仍为2000年12月8日召开的中共安溪畲族乡第十二次代表大会选举产生的中共安溪畲族乡第十二届委员会任期，县委先后任命乡党委书记1人、副书记1人、委员2人，纪委书记2人：免去乡党委书记1人、副书记1人、委员2人、纪委书记1人。

中共安溪畲族乡第十三次代表大会及安溪畲族乡第十三届委员会、纪律检查委员会(2006年9月至2010年12月)

2006年9月12日，中共安溪畲族乡第十三次代表大会在安溪畲族乡政府会议室召开，出席大会代表42人。大会预备会议通过代表资格审查委员会成员3人，魏斌为主任，通过余火亮等11人为大会主席团成员，分别、依次任会议执行主席。大会听取、审议项晓辉代表安溪畲族乡第十三届委员会作的《保持先进性 践行科学发展观 为建设社会主义新农村而努力奋斗》的工作报告，魏斌代表纪委作的工作报告，并通过相应的决议。大会用差额选举和无记名投票方式，选举产生中共安溪畲族乡委员会委员6人，选举产生中共安溪畲族乡纪律检查委员会委员3人。中共十三届委员会第一次会议选举产生书记1人，副书记2人；纪委第一次会议选举产生书记1人。

2006年9月至2010年12月，县委先后任命乡党委书记1人、副书记2人、纪委书记1人；免去乡党委书记1人、副书记3人、纪委书记1人。

党委书记：项晓辉(2006年9月至2010年12月)

钟海燕(女，畲族，2010年12月至2011年10月)

副书记：蓝金玉(女，畲族，2006年9月至2010年3月)

魏　斌(2006年9月至2010年4月)

钟海燕(女，畲族，2010年3月至2010年12月)

李禄伟(2010年4月至2011年10月)

委　员：陈德华(2006年9月至2011年9月)

魏　斌(2006年9月至2010年4月)

蓝呈清(畲族，2006年9月至2011年9月)

蓝金玉(女，畲族2006年9月至2010年3月)

余火亮(2006年9月至2011年9月)

纪委书记：魏　斌(2006年9月至2010年4月)

中共安溪畲族乡第十四次代表大会及安溪畲族乡第十四届委员会、纪律检查委员会(2011年10月至2016年10月)

2011年10月18日，中共安溪畲族乡第十四次代表大会在安溪畲族乡政府会议室召开，出席大会代表 44 人。大会预备会议通过代表资格审查委员会成员 4 人，李禄伟为组长，通过李禄伟等 9 人为大会主席团成员，分别、依次任会议执行主席。大会听取、审议钟海燕代表安溪畲族乡第十三届委员会作的《与时俱进谋发展 继往开来创和谐 为全面建设科学发展富民强乡的安溪而努力奋斗》工作报告，李禄伟代表纪委作的工作报告，并通过相应的决议。大会用差额选举和无记名投票方式，选举产生中共安溪畲族委员会委员 5 人，选举产生中共安溪畲族乡纪律检查委员会委员 3 人。中共十四届委员会第一次会议选举产生书记 1 人，副书记 2 人；纪委第一次会议选举产生书记1 人。

书　记：钟海燕（女，畲族，2011 年 10 月至 2011 年 12 月）
季伟忠（2011 年 11 月至 2014 年 12 月）
江佳杰（2014 年 12 月至 2015 年 12 月）
副书记：李禄伟（2011 年 10 月至 2012 年 11 月）
郭丽莉（女，2012 年 11 月至 2015 年 12 月）
雷汉雄（畲族，2014 年 5 月至 2015 年 12 月）
委　员：杨新香（女，2011 年 10 月至 2013 年 9 月）
季　剑（2011 年 9 月至 2015 年 3 月）
项仁来（2011 年 9 月至 2015 年 12 月）
钟　骅（2013 年 9 月起试用期一年）
刘海鑫（2015 年 4 月至 2015 年 12 月）
纪委书记：李禄伟（兼，2011 年 10 月至 2013 年 11 月）

1950—2015 年历届中共安(温)溪畲族乡党组织正副职领导人一览表

表 16-3-2-1

机构名称	职务	姓名	性别	民族	任职时间	备注
中共温溪乡支部委员会	支书	王生根	男	汉族	1950.5—1951.2	
		胡灶根	男	汉族	1951.2—1954.5	
		柳恒坤	男	汉族	1954.5—1957.3	
		宋有梅	男	汉族	1957.3—1957.5	
	副支书	柳恒坤	男	汉族	1957.3—1957.5	
中共温溪乡总支部委员会	支书	柳德兴	男	汉族	1957.5—1958.7	
	副支书	王文星	男	汉族	1958.7—1958.11	主持工作

续表 16-3-2-1

机构名称	职务	姓名	性别	民族	任职时间	备注
中共小徐生产大队（管理区）总支	总支书	王文星	男	汉族	1958.11—1961.9	
	副总支书	陈叙斌	男	汉族	1958.11—1959.2	
		蒋仁富	男	汉族	1958.11—1961.9	
		叶金贵	男	汉族	1958.11—1961.9	不脱产
中共温溪管理区总支	总支书	刘增荣	男	汉族	1959.2—1961.2	曾用名刘修庭
		陈叙斌	男	汉族	1961.2—1961.6	曾用名陈伯早
		齐永坤	男	汉族	1961.6—1961.9	
	副总支书	陈叙斌	男	汉族	1959.2—1961.2	
		陈正隆	男	汉族	1960.2—1961.9	曾用名陈益隆
中共温溪公社委员会	书记	齐永坤	男	汉族	1961.9—1965.2	
		夏长松	男	汉族	1965.3—1969.2	代
	副书记	夏长松	男	汉族	1961.9—1965.3	
1969 年 3 月，建立温溪公社革命委员会，至 1971 年 11 月为实行党政一元化领导时期						
中共温溪公社委员会 1971 年12 月建立	书记	练　习	男	汉族	1971.12—1973.7	曾用名练承坤
		陈关贤	男	汉族	1973.7—1977.4	
	副书记	刘奕春	男	汉族	1971.12—1977.4	
		林金木	男	汉族	1977.7—1977.4	
中共温溪乡支部委员会	书记	蓝国坤	男	汉族	1977.9—1984.3	
		项宏林	男	汉族	1984.3—1987.1	
		林妙庭	男	汉族	1987.1—1987.12	
	副书记	刘奕春	男	汉族	1977.4—1980.11	
		蓝国坤	男	汉族	1977.4—1977.9	
		林金木	男	汉族	1977.4—1979.6	
		叶子洪	男	汉族	1979.9—1985.1	
		陈玉丰	男	汉族	1980.8—1981.11	
		蓝新田	男	畲族	1982.2—1985.11	
		项宏林	男	汉族	1982.3—1984.3	
		梅贤兴	男	汉族	1985.1—1987.3	

续表 16-3-2-1

机构名称	职务	姓名	性别	民族	任职时间	备注
中共温溪乡支部委员会	副书记	蓝培荣	男	畲族	1985.1—1987.12	
		雷文星	男	畲族	1987.2—1987.12	
中共安溪畲族乡第七届委员会	党委书记	林妙庭	男	汉族	1988.1—1988.2	
		吴元福	男	汉族	1988.2—1989.2	
		王瑞龙	男	汉族	1989.2—1990.3	
	副书记	蓝培荣	男	畲族	1988.1—1989.2	
		雷文星	男	畲族	1988.1—1990.3	
		钟世荣	男	畲族	1989.2—1990.3	
中共安溪畲族乡第八届委员会	党委书记	王瑞龙	男	汉族	1990.3—1993.3	
	副书记	钟世荣	男	畲族	1990.3—1993.3	
		李光信	男	汉族	1990.3—1992.3	
		蓝建华	男	畲族	1992.3—1993.3	
中共安溪畲族乡第九届委员会	党委书记	王瑞龙	男	汉族	1994.1—1995.12	
		刘少华	男	汉族	1995.12—1996.1	
	副书记	钟世荣	男	畲族	1994.1—1994.4	
		蓝建华	男	畲族	1994.1—1995.1	
		雷震天	男	畲族	1994.3—1995.12	
		陈宋荣	男	汉族	1995.1—1995.12	
		雷汉才	男	畲族	1995.2—1996.1	
		何建英	女	汉族	1995.12—1996.1	
中共安溪畲族乡第十届委员会	党委书记	刘少华	男	汉族	1996.1—1998.9	
		吴细信	男	汉族	1998.9—1999.1	
	副书记	雷汉才	男	畲族	1996.1—1999.1	
		何建英	女	汉族	1996.1—1997.2	
		徐迅雷	男	汉族	1996.7—1997.1	
		雷乾进	男	畲族	1997.2—1999.1	
中共安溪畲族乡第十一届委员会	党委书记	吴细信	男	汉族	1999.1—2000.6	
	副书记	雷汉才	男	畲族	1999.1—2000.6	
		雷乾进	男	畲族	1999.1—2001.12	
中共安溪畲族乡第十二届委员会	党委书记	吴细信	男	汉族	2001.12—2006.6	
		项晓晖	男	汉族	2006.6—2006.9	

续表 16-3-2-1

机构名称	职务	姓名	性别	民族	任职时间	备注
中共安溪畲族乡第十二届委员会	副书记	雷乾进	男	畲族	2001.12—2004.9	
		武 燚	男	汉族	2001.12—2003.1	
		蓝金玉	女	畲族	2004.9—2006.9	
		周金宝	男	汉族	2004.10—2006.7	
		魏 斌	男	汉族	2006.7—2006.9	
中共安溪畲族乡第十三届委员会	党委书记	项晓晖	男	汉族	2006.9—2010.12	
		钟海燕	女	畲族	2010.12—2011.10	
	副书记	蓝金玉	女	畲族	2006.9—2010.3	
		魏 斌	男	汉族	2006.9—2010.4	
		钟海燕	女	畲族	2010.3—2010.12	
		李禄伟	男	汉族	2010.4—2011.10	
中共安溪畲族乡第十四届委员会	书记	钟海燕	女	畲族	2011.10—2011.12	
		季伟忠	男	汉族	2011.12—2014.12	
		江佳杰	男	汉族	2014.12—2015.12	
	副书记	李禄伟	男	汉族	2011.10—2012.11	
		郭丽莉	女	汉族	2012.11—2015.12	
		雷汉雄	男	畲族	2014.5—2015.12	

1993—2015 年历届中共安溪畲族乡纪律检查委员会书记一览表

表 16-3-2-2

届别	职务	姓名	性别	民族	任职时间	备 注
九届	纪委书记	蓝建华	男	畲族	1993.3—1995.1	1993 年3 月 15 日第九次党代会开始设纪律检查委员会
		季银环	女	汉族	1995.3—1995.12	
		徐建军	男	汉族	1995.12—1996.1	
十届	纪委书记	徐建军	男	汉族	1996.1—1998.9	
		练月红	女	汉族	1998.9—1999.1	
十一届	纪委书记	练月红	女	汉族	1999.1—2000.6	
十二届	纪委书记	练月红	女	汉族	2000.6—2006.7	
十三届	纪委书记	魏 斌	男	汉族	2006.7—2010.4	
十四届	纪委书记	李禄伟	男	汉族	2010.4—2012.11	

续表 16-3-2-2

届别	职务	姓名	性别	民族	任职时间	备　注
	纪委书记	郭丽莉	女	汉族	2012.11—2015.4	
	纪委书记	刘海鑫	男	汉族	2015.4—2015.12	

二、人民代表大会

1984 年，安溪恢复民族乡，从第九届开始召开人民代表大会选举，乡政府设乡长、副乡长，从第十届开始设立人大主席团常务主席。

第九届人民代表大会　1984 年 7 月，安溪畲族乡人民代表大会选举蓝新田(畲族，云和梅家源村人)任安溪畲族乡乡长。1989 年 3 月 3 日，召开第九届人代会第三次会议，补选乡长 1 人。

安溪族乡第十届人大主席团(1990 年 5 月至 1993 年 4 月)

1990 年 5 月 17 日，召开安溪畲族乡第十届人民代表大会第一次会议，出席代表 44 人，选举乡长、副乡长各 1 人和选举人大主席团常务主席。从本届会议开始设立人大主席团常务主席。

人大主席团常务主席：王瑞龙(1990 年 5 月至 1993 年 4 月)

安溪畲族乡第十一届人大主席团第一次会议(1993 年 4 月至 1994 年 1 月)

1993 年 4 月 6 日，召开安溪畲族乡第十一届人民代表大会第一次会议，出席代表 48 人，选举人大主席团常务主席 1 人，乡长 1 人。

人大主席团常务主席：王瑞龙(1993 年 4 月至 1994 年 1 月)

安溪畲族乡第十一届人大主席团第二次会议(1994 年 1 月至 1996 年 2 月)

1994 年 1 月至 1996 年 2 月仍为 1993 年 4 月召开的安溪畲族乡第十一届人民代表大会第一次会议选举产生的乡人大主席团、乡政府任期。任期内因人事变动，1994 年 4 月 1 日，第十一届人民代表大会第二次会议选举产生乡政府乡长 1 人。

人大主席团常务主席：王瑞龙(1994 年 1 月至 1995 年 12 月)

安溪畲族乡第十二届人民代表大会(1996 年 2 月至 1999 年 1 月)

1996 年 2 月 6 日，安溪畲族乡第十二届人民代表大会第一次会议在乡政府会议室召开，出席大会代表 41 人。大会预备会议通过代表资格审查委员会成员 3 人，徐建军为主任；选举刘少华、雷汉才等 9 人为大会主席团成员，分别、依次任会议执行主席。大会听取、审议雷汉才作的政府工作报告，梅建波作的财政工作报告，刘少华作的人大工作报告，并通过相应的决议。大会采用差额无记名投票方式，选举产生安溪畲族乡第十二届人民代表大会主席 1 人；选举产生乡政府乡长 1 人，副乡长 2 人。

人民代表大会主席：刘少华（1996 年 2 月至 1998 年 9 月）

安溪畲族乡第十三届人民代表大会（1999 年 1 月至 2000 年 6 月）

1999 年 1 月 17 日，安溪畲族乡第十三届人民代表大会第一次会议在乡政府会议室召开，出席大会代表 42 人。大会预备会议通过代表资格审查委员会成员 3 人，练月红为主任；选举吴细信、吴元福等 9 人为大会主席团成员，分别、依次任会议执行主席。大会听取、审议雷汉才作的政府工作报告，李云伟作的财政工作报告，吴细信作的人大工作报告，并通过相应的决议。大会采用差额无记名投票方式，选举产生安溪畲族乡第十三届人民代表大会主席 1 人，副主席 1 人；选举产生乡政府乡长 1 人，副乡长 2 人。届次内因人事变动，2000 年 3 月 28 日，第十三届人民代表大会第三次会议选举产生乡政府乡长 1 人。

人民代表大会主　席：吴细信（1999 年 1 月至 2000 年 7 月）

副主席：吴元福（1999 年 1 月至 2000 年 7 月）

安溪畲族乡第十三届人民代表大会（2000 年 7 月至 2002 年 1 月）

2000 年 7 月至 2002 年 1 月，仍为 1999 年 1 月 17 日召开的安溪畲乡第十三届人民代表大会第一次会议选举产生的安溪畲族乡人民代表大会、人民政府任期。2001 年 11 月 5 日，因工作调动，辞去副乡长 1 人。

人民代表大会主　席：吴细信（2000 年 7 月至 2002 年 1 月）

副主席：吴元福（2000 年 7 月至 2002 年 1 月）

安溪族乡第十四届人民代表大会（2002 年 1 月至 2006 年 1 月）

2002 年 1 月 11 日，安溪畲族乡第十四届人民代表大会第一次会议在安溪畲族乡政府会议室召开，出席大会代表 42 人。大会预备会议通过代表资格审查委员会成员 3 人，武燚为主任。选举叶守忠、吴元福、吴细信、武燚、周学仁、柳伟明、钟三奶、洪方美、蓝华生等 9 人为大会主席团成员，分别、依次任会议执行主席。大会听取、审议雷乾进作的政府工作报告，邱巧琴作的财政工作报告，吴细信作的人大工作报告，并通过相应的决议。大会采用差额无记名投票方式，选举产生安溪畲族乡第十四届人民代表大会主席 1 人，副主席 1人；选举产生政府乡长 1 人，副乡长 2 人。

2005 年 1 月 13 日，安溪畲族乡第十四届人民代表大会第四次会议依法辞去乡长、副乡长各 1 人，选举产生乡长、副乡长各 1 人（乡长助理 1 人自然免职）。

人民代表大会主　席：吴细信（2002年1月至2006年1月）

副主席：吴元福（2002年1月至2006年1月）

安溪畲族乡第十四人民代表大会（2006年12月至2007年1月）

2006年1月至2007年1月，仍为2002年1月11日开的安溪畲族乡第十四人民代表大会第一次会议选举产生的安溪畲族乡人民代表大会、人民政府组织领导机构任期。续任期内，因工作需要，先后辞去人大主席人选1人、副乡长人选2人；先后调入人大主席人选1人，副乡长人选2人。

乡人民代表大会主　席：吴细信（2006年1月至2006年7月）

项晓晖（2006年7月至2007年1月）

副主席：吴元福（2006年1月至2007年1月）

安溪畲族乡第十五届人民代表大会（2007年1月至2010年12月）

2007年1月16日，安溪畲族乡第十五届人民代表大会第一次会议在安溪畲族乡政府会议室召开，出席大会代表42人。大会预备会议通过代表资格查委员会成员3人，魏斌为主任，选举吴元福等9人为大会主席团成员，分别、依次任会议执行主席。大会听取、审议蓝金玉代表安溪畲族乡第十四届人民政府作的政府工作报告，王月英作的财政工作报告，项晓晖作的人大工作报告，并通过相应的决议。大会采用差额选举及无记名投票方式，选举产生安溪畲族乡第十五届人民代表大会主席1人，副主席1人；选举产生乡政府乡长1人，副乡长2人。

2007年1月至2010年12月间，因工作需要，先后辞去人大主席1人、副主席1人、乡长2人、副乡长1人；先后调入人大主席人选1人，副主席人选1人。

乡人民代表大会主　席：项晓晖（2007年1月至2010年12月）

钟海燕（女，畲族，2010年12月至2011年12月）

季伟忠（2011年12月至2012年2月）

副主席：吴元福（2007年1月至2010年4月）

刘小荣（2010年4月至2015年2月）

安溪畲族乡第十六届人民代表大会　2012年2月15日，安溪畲族乡第十六届人民代表大会第一次会议在安溪畲族乡政府会议室召开，出席大会代表42人。大会预备会议通过代表资格审查委员会成员3人，李禄伟为主任，选举李禄伟等9人为大会主席团成员，分别、依次任会议执行主席。大会听取、审议蓝利华代表安溪畲族乡第十五届人民政府作的《政府工作报告》和季伟忠作的《安溪畲族乡第十五届人大主席团工作报告》，审议和通过《安溪畲族乡人民政府2011年度财政决算报告》，审查和批准《安溪畲族乡人民政府2012年度财政预算安排》，并通过相应的决议。大会采用差额选举及无记名投票方式，选举产生安溪畲族乡第十六届人民代表大会主席团主席1人，副主席1人。

乡人民代表大会主　席：季伟忠(2012年2月至2015年3月)
江佳杰(2015年3月至2015年12月)
副主席：刘小荣(2010年4月至2015年3月)
楼海东(2015年3月至2015年12月)

1990—2015年安溪畲族乡人民代表大会主席、副主席一览表

表16-3-2-3

届别	职务	姓名	性别	民族	任职时间	备　注
十届	常务主席	王瑞龙	男	汉族	1990.5—1993.4	兼
十一届	常务主席	王瑞龙	男	汉族	1993.4—1996.2	兼
十二届	主席	刘少华	男	汉族	1996.2—1998.9	兼
十三届	主席	吴细信	男	汉族	2000.7—2002.1	兼
十四届	主席	吴细信	男	汉族	2002.1—2006.7	兼
		项晓晖	男	汉族	2006.7—2007.1	兼
十五届	主席	项晓晖	男	汉族	2007.1—2010.12	兼
		钟海燕	女	畲族	2010.12—2011.12	兼
十六届	主席	季伟忠	男	汉族	2011.12—2014.12	兼
		江佳杰	男	汉族	2014.12—2015.12	兼
十三届	副主席	吴元福	男	汉族	1999.1—2002.1	
十四届	副主席	吴元福	男	汉族	2002.1—2007.1	
十五届	副主席	吴元福	男	汉族	2007.1—2010.4	
		刘小荣	男	汉族	2010.4—2015.2	
十六届	副主席	楼海东	男	汉族	2015.3—2015.12	

三、政　府

1949年5月云和解放后，于次年5月建立温溪乡人民政府(人民委员会)，王生根(东坑头自然村人)任温溪乡临时乡长。温溪乡下辖上村、下村、黄处、东岱、黄家地、湖西弄6个行政村。

温溪乡人民政府(人民委员会)

1950年5月建立。柳恒章(黄家地村人)1951年4月至1952年5月任乡长,柳德兴(黄家地村人)1953年下半年至1955年7月任乡长。驻地:后塘村。毛朝告(黄家地村人)1957年7月至1958年4月,任温溪乡乡长。温溪乡下辖上村、下村、黄处、东岱、黄家地、湖西弄6个行政村。

乡　长:王生根(1950年5月至1951年3月)
　　　柳恒章(1951年4月至1952年5月)
　　　柳德兴(1953年6月至1955年7月)
　　　毛朝告(1957年7月至1958年4月)
　　　雷公顺(畲族,1958年4月至1958年11月)

副乡长:程宝林(1950年5月至1951年4月)
　　　洪为贵(1951年6月至1951年10月)
　　　赵章根(1952年5月至1953年4月,主持工作)
　　　柳德兴(1953年4月至1953年12月)
　　　张章富(1956年8月至1957年2月)
　　　毛朝告(1958年5月至1958年11月)
　　　蓝余玉(女,畲族,1958年5月至1958年11月,不脱产)

1958年4月,温溪畲族乡建立,雷公顺(紧水滩镇枫桶岗村人)任乡长。

乡　长:雷公顺(畲族,1958年4月至1958年11月)

副乡长:毛朝告(1958年5月至1958年11月)
　　　蓝余玉(女,畲族,1958年5月至1958年11月,不脱产)

1958年11月,人民公社化后,温溪畲族乡并入小徐生产大队,温溪畲族乡自然消失。

小徐生产大队

大队长:雷公顺(畲族,1958年11月至1959年1月)
　　　刘增荣(1959年1月至1959年2月)

主　任:朱献庭(1959年2月至1961年9月)

副大队长:叶火亮(1959年2月至1961年9月)
　　　　董云皎(女,1959年7月至1961年9月)

1959年2月,原温溪畲族乡从小徐生产大队析出,建立温溪管理区,隶属云和人民公社。

温溪管理区　从小徐大队分建

主　任：陈正隆（1959年2月至1961年9月）

副主任：梅友青（1959年2月至1959年5月）

1961年9月，区公所恢复。人民公社的管理区改为人民公社管委会。建立云和、梅源两个区公所，温溪管理区改为温溪人民公社管委会隶属云和区公所领导。

温溪公社管委会

社　长：陈正隆（1961年9月至1963年4月）

夏长松（1963年4月至1969年3月）

副社长：柳德兴（1961年9月至1963年4月）

潘深村（1963年4月至1969年3月）

1966年冬，区公社（镇）政权组织受到“文化大革命”运动的冲击，被迫停止活动。1968年6月起，全县16个公社（镇）先后建立起革命委员会，到1969年9月，云和、梅源两区建立革命领导小组，取代了区、公社（镇）政权组织的职能。1969年3月，建立温溪公社革命委员会（简称“革委会”）。下辖上村、下村、黄处、东岱、黄家地、湖西弄6个大队（村）革命领导小组。

1971年建立温溪公社（委员会）。下辖上村、下村、黄处、东岱、黄家地、湖西弄6个生产大队。

温溪公社革命委员会　1969年3月建立。

主　任：潘培忠（1969年9月至1970年10月）

练　习（1970年10月至1973年3月）

陈关贤（1973年3月至1977年4月）

副主任：夏长松（1969年3月至1971年9月，1969年9月前主持工作）

项希茂（1969年3月至1970年10月）

洪裕生（1969年3月至1970年10月，农民代表）

蓝培荣（畲族，1970年6月至1977年6月）

刘奕春（1970年6月至1977年4月）

安溪畲族乡人民政府（公社革委会、管委会）

1980年12月改为公社管委会，1981年12月始，“温溪公社”更名为“安溪公社”。1984年，实行政社分设，建立乡人民政府，生产大队改为村民委员会，生产小队改为村民小组。是年3月，经浙江省人民政府批准，恢复温溪乡为畲族乡，改称安溪畲族乡人民政府。

主　任：蓝国坤（1977年9月至1980年12月）

项宏林（1980年12月至1984年7月）

副主任:刘奕春(1977年4月至1980年11月)

蓝国坤(1977年4月至1977年9月)

华福明(1979年4月至1980年12月)

梅贤兴(1980年12月至1984年7月)

蓝新田(畲族,1980年12月至1984年7月)

杨柳群(女,1980年12月至1984年7月)

1984年7月,安溪畲族乡人民代表大会选举蓝新田(畲族,云和梅家源村人)任安溪畲族乡乡长。恢复安温溪畲族乡后,历任乡长皆由畲族干部担任。

乡　长:蓝新田(畲族,1984年7月至1985年11月)

蓝培荣(畲族,1985年11月至1987年12月)

副乡长:杨柳群(女,1984年7月至1987年12月)

梅贤兴(1984年7月至1987年3月)

乡长助理:李光信(1987年8月至1987年12月)

安溪畲族乡人民政府(1988年1月至1990年5月)

1989年3月3日,召开第九届人代会第三次会议补选乡长1人。

乡　长:蓝培荣(畲族,1988年1月至1989年2月)

钟世荣(畲族,1989年3月至1990年5月)

副乡长:杨柳群(女,1988年1月至1990年5月)

乡长助理:李光信(1988年1月至1990年3月)

安溪畲族乡人民政府(1990年5月至1993年4月)

1990年,安溪畲族乡辖下村、上村、下武、黄处、黄家地、东岱、严山、木樨花8个行政村;下村、后塘、上村、西山、下武、东坑、长脚垄、山寮、下黄处、上黄处、湖西弄、三门、东城、黄家地、八秤、黄寮后、瓦坪头、上村、大犇、西坑下、外村、湖里、严山、木樨花、柘园、坑头、对门山、林斜等30个自然村,40个村民小组。

乡　长:钟世荣(畲族1990年5月至1993年4月)

副乡长:李建法(1990年5月至1993年3月)

乡长助理:朱　伟(1990年8月至1993年4月)

李小鹏(1992年10月至1993年4月)

安溪畲族乡人民政府 (1993年4月至1994年1月)

乡　长:钟世荣(畲族1993年4月至1994年1月)

乡长助理:朱　伟(1993年4月至1994年1月)

叶建华(1993年8月至1994年1月)

安溪畲族乡政权组织(1994年1月至2000年6月)

安溪畲族乡人民政府驻地后塘村,下属建立8个村民委员会,即东岱、上村、下村、下武、黄处、木樨花、黄家地、严山村民委员会。内设党政办公室。人员编制14人。

安溪畲族乡人民政府(1994年1月至1996年2月)

乡　长:钟世荣(畲族,1994年1月至1994年3月)
　　　　雷震天(畲族,1994年4月至1995年12月)

乡长助理:朱　伟(1994年1月至1994年3月)
　　　　　叶建华(1994年1月至1996年2月)
　　　　　杜向农(1994年3月至1995年10月)
　　　　　蓝玉奇(1995年5月至1995年11月)
　　　　　刘顶友(1995年12月至1996年2月)
　　　　　钟小雄(1995年12月至1996年2月)

安溪畲族乡人民政府(1996年2月至1999年1月)

乡　长:雷汉才(畲族,1996年2月至1999年1月)

副乡长:叶建华(1996年2月至1998年9月)
　　　　刘顶友(1996年2月至1999年1月)

乡长助理:赵文清(1996年2月至1999年1月)
　　　　　钟小雄(1996年2月至1997年1月)
　　　　　朱可耘(1996年7月至1997年1月)
　　　　　张启平(1996年11月至1997年11月)
　　　　　张　健(紧水滩镇人,1997年3月至1997年12月)

安溪畲族乡人民政府(1999年1月至2000年6月)

乡　长:雷汉才(畲族,1999年1月至1999年11月)
　　　　雷乾进(畲族,2000年3月至2000年7月)

副乡长:刘顶友(1999年1月至2000年7月)
　　　　赵文清(1999年1月至2000年7月)

安溪畲族乡政权组织(2000年7月至2005年12月)

安溪畲族乡人民政府驻地后塘村,下属建立8个村民委员会,即上村、下村、下武、东岱、黄处、木樨花、黄家地、严山村村民委员会。内设机构:综合办公室。人员编制11名。

安溪畲族乡人民政府(2000年7月至2002年1月)

乡　长:雷乾进(畲族,2000年7月至2002年1月)

副乡长:刘顶友(2000年7月至2002年1月)

　　　赵文清(2000年7月至2002年1月)

安溪族乡人民政府(2002年1月至2005年12月)

乡　长:雷乾进(畲族,2002年1月至2005年1月)

　　　蓝金玉(女,畲族, 2005年1月至2006年1月)

副乡长:蓝金玉(女,畲族,2002年1月至2005年1月)

　　　刘顶友(2002年1月至2006年1月)

　　　董丽云(2005年1月至2006年1月)

乡长助理:董丽云(2004年10月至2005年1月)

安溪畲族乡政权组织(2006年1月至2010年12月)

安溪畲族乡人民政府驻地云和县安溪畲族乡下村,下辖8个村民委员会,即上村村、下村村、下武村、黄处村、东岱村、严山村、黄家地村、木樨花村村民委员会。内设机构:农业公共服务中心、社会事务服务中心,人员编制10人。

安溪畲族乡人民政府(2006年12月至2007年1月)

乡　长:蓝金玉(女,畲族,2006年1月至2007年1月)

副乡长:刘顶友(2006年1月至2006年7月)

　　　董丽云(2006年1月至2006年7月)

　　　陈德华(2006年7月至2007年1月)

　　　符达利(2006年7月至2007年1月)

安溪畲族乡人民政府(2007年1月至2010年12月)

乡　长:蓝金玉(女,畲族,2007年1月至2010年3月)

　　　钟海燕(女,畲族,2010年3月至2010年12月)

　　　蓝利华(畲族,2010年12月至2014年5月)

　　　雷汉雄(畲族,2014年5月至2015年12月)

副乡长:陈德华(2007年1月至2011年9月)

　　　符达利(2007年1月至2010年4月)

　　　董益禄(2010年4月至2013月)

安溪畲族乡第十六届人民政府(2012年1月至2015年12月)

2012年2月15日, 安溪畲族乡第十六届人民代表大会第一次会议在安溪畲族乡政府会议室召开,出席大会代表42人。大会采用差额选举及无记名投票方式,选举产生安溪畲族乡第十六届人民政府乡长1人,副乡长2人。2015

年全乡 867 户，总人口 2709 人，其中畲族人口 184 户 728 人，占全乡总人数的 26.94%。乡政府在职畲族干部 2 人。

乡人民政府乡长：蓝利华（畲族，2010 年 12 月至 2015 年 3 月）

雷汉雄（畲族，2015 年 3 月至 2015 年 12 月）

副乡长：杨新香（女 2012 年 2 月至 2014 年 1 月）

董益禄（2010 年 12 月至 2013 年 1 月）

蔡志林（2013 年 1 月至 2015 年 12 月）

季　剑（2014 年 1 月至 2015 年 3 月）

吴巧红（女，2015 年 3 月至 2015 年 12 月）

1949—2015 年历届安（温）溪畲族乡行政正副职领导人一览表

表 16-3-2-4

机构名称	职务	姓名	性别	民族	任职时间	备　注
温溪乡人民政府（人民委员会）	临时乡长	王生根	男	汉族	1949.5—1950.5	云和县 1949 年 5 月解放
温溪乡人民政府（人民委员会）	乡长	王生根	男	汉族	1950.5—1951.3	
		柳恒章	男	汉族	1951.4—1952.5	
		柳德兴	男	汉族	1953.6—1955.7	
		毛朝告	男	汉族	1957.7—1958.4	
	副乡长	程宝林	男	汉族	1950.5—1951.4	
		洪为贵	男	汉族	1951.6—1951.10	
		赵章根	男	汉族	1952.5—1953.4	（主持工作）
		柳德兴	男	汉族	1953.4—1953.6	
		张章富	男	汉族	1956.8—1957.2	
温溪畲族乡	乡长	雷公顺	男	畲族	1958.4—1958.11	1958 年 4 月建立
	副乡长	毛朝告	男	汉族	1958.5—1958.11	
		蓝余玉	女	畲族	1958.5—1958.11	不脱产
小徐生产大队	大队长	雷公顺	男	畲族	1958.11—1959.1	1958 年 11 月实行公社化，畲族乡自然撤销
		刘增荣	男	汉族	1959.1—1959.2	
	主任	朱献庭	男	汉族	1959.2—1961.9	
	副大队长	叶火亮	男	汉族	1959.2—1961.9	
		董云皎	女	汉族	1959.7—1961.9	

续表 16-3-2-4

机构名称	职务	姓名	性别	民族	任职时间	备　注
温溪管理区	主任	陈正隆	女	汉族	1959.2—1961.9	1959 年 2 月，建立温溪管理区
	副主任	梅友青	男	汉族	1959.2—1959.5	
温溪公社管委会	社长	陈正隆	男	汉族	1961.9—1963.4	1961 年 9 月，区公所恢复
		夏长松	男	汉族	1963.4—1969.3	
	副社长	柳德兴	男	汉族	1961.9—1963.4	
		潘深村	男	汉族	1963.4—1969.3	
温溪公社革命委员会	主任	潘培忠	男	汉族	1969.9—1970.10	1969 年 3 月建立
		练　习	男	汉族	1970.10—1973.3	
		陈关贤	男	汉族	1973.3—1977.4	
	副主任	夏长松	男	汉族	1969.3—1971.9	1969 年9 月前主持工作
		项希茂	男	汉族	1969.3—1970.10	
		洪裕生	男	汉族	1969.3—1970.10	农民代表
		蓝培荣	男	畲族	1970.6—1977.6	
		刘奕春	男	汉族	1970.6—1977.4	
安溪公社管委会	主任	蓝国坤	男	汉族	1977.9—1980.12	1980 年 12 月，改为公社管委会
		项宏林	男	汉族	1980.12—1984.7	
	副主任	刘奕春	男	汉族	1977.4—1980.11	
		蓝国坤	男	汉族	1977.4—1977.9	
		华福明	男	汉族	1979.4—1980.12	
		梅贤兴	男	汉族	1980.12—1984.7	
		蓝新田	男	畲族	1980.12—1984.7	
		杨柳群	女	汉族	1980.12—1984.7	
安溪畲族乡	乡　长	蓝新田	男	畲族	1984.7—1985.11	1984 年3 月恢复安溪畲族乡，7 月选举乡人民政府乡长
		蓝培荣	男	畲族	1985.11—1987.12	
	副乡长	杨柳群	女	汉族	1984.7—1987.12	
		梅贤兴	男	汉族	1984.7—1987.3	
	乡长助理	李光信	男	汉族	1987.8—1990.3	
安溪畲族乡人民政府(第九届)	乡长	蓝培荣	男	畲族	1988.1—1989.2	1989 年 3 月补选
		钟世荣	男	畲族	1989.3—1990.5	
	副乡长	杨柳群	女	汉族	1988.1—1990.5	

续表 16-3-2-4

机构名称	职务	姓名	性别	民族	任职时间	备注
安溪畲族乡人民政府（第十届）	乡长	钟世荣	男	畲族	1990.5—1993.4	
	副乡长	李建法	男	汉族	1990.5—1993.3	
	乡长助理	朱　伟	男	汉族	1990.8—1993.4	
		李小鹏	男	汉族	1992.10—1993.4	
安溪畲族乡人民政府（第十一届）	乡长	钟世荣	男	畲族	1993.4—1994.1	
	乡长助理	朱　伟	男	汉族	1993.4—1994.1	
		叶建华	男	汉族	1993.8—1994.1	
安溪畲族乡人民政府（十一届）	乡长	钟世荣	男	畲族	1994.1—1994.3	
		雷震天	男	畲族	1994.4—1995.12	
	乡长助理	朱　伟	男	汉族	1994.1—1994.3	
		叶建华	男	汉族	1994.1—1996.2	
		杜向农	男	汉族	1994.3—1995.10	
		蓝玉奇	男	汉族	1995.5—1995.11	
		刘顶友	男	汉族	1995.12—1996.2	
		钟小雄	男	汉族	1995.12—1996.2	
安溪畲族乡人民政府（第十二届）	乡长	雷汉才	男	畲族	1996.2—1999.1	
	副乡长	叶建华	男	汉族	1996.2—1998.9	
		刘顶友	男	汉族	1996.2—1999.1	
	乡长助理	赵文清	男	汉族	1996.2—1999.1	
		钟小雄	男	汉族	1996.2—1997.1	
		朱可耘	男	汉族	1996.7—1997.1	
		张启平	男	汉族	1996.11—1997.11	
		张　健	男	汉族	1997.3—1997.12	紧水滩镇人
安溪畲族乡人民政府（十三届）	乡长	雷汉才	男	畲族	1999.1—1999.11	
		雷乾进	男	畲族	2000.3—2000.7	
	副乡长	刘顶友	男	汉族	1999.1—2000.7	
		赵文清	男	汉族	1999.1—2000.7	
安溪畲族乡人民政府（第十四届）	乡　长	雷乾进	男	畲族	2002.1—2005.1	
		蓝金玉	女	畲族	2005.1—2006.1	
	副乡长	蓝金玉	女	畲族	2002.1—2005.1	
		刘顶友	男	汉族	2002.1—2006.1	

续表 16-3-2-4

机构名称	职务	姓名	性别	民族	任职时间	备　注
安溪畲族乡人民政府(第十四届)	副乡长	董丽云	男	汉族	2005.1—2006.7	
		陈德华	男	汉族	2006.7—2007.1	
		符达利	男	汉族	2006.7—2007.1	
	乡长助理	董丽云	男	汉族	2004.10—2005.1	
安溪畲族乡人民政府(第十五届)	乡　长	蓝金玉	女	畲族	2007.1—2010.3	
		钟海燕	女	畲族	2010.3—2011.12	
	副乡长	陈德华	男	汉族	2007.1—2011.9	
		符达利	男	汉族	2007.1—2010.4	
		董益禄	男	汉族	2010.4—2010.12	
		杨新香	女	汉族	2011.9—2012.2	
安溪畲族乡人民政府(第十六届)	乡　长	蓝利华	男	畲族	2011.12—2015.3	
		雷汉雄	男	畲族	2015.3—2015.12	
	副乡长	杨新香	女	汉族	2012.2—2014.1	
		董益禄	男	汉族	2010.12—2013.1	
		蔡志林	男	汉族	2013.1—2015.12	
		吴巧红	女	汉族	2015.3—2015.12	

四、人民武装部

安溪畲族人民武装部是本乡人民政府的兵役机关，主要负责辖区内兵员征集、基干民兵训练、战备执勤、森林防火、抢险救灾等工作。

1994 年 1 月至 2000 年 6 月，全乡民兵参加社会治安、抢险救灾等活动 235 人次。

2000 年 7 月至 2005 年底，基干民兵营(连)有民兵参加社会治安，抢险救灾等活动 180 人次。

2006 年 1 月至 2010 年 12 月，民兵参加社会治安、抢险救灾等活动 300 人次。

2010 年 12 月至 2015 年 12 月，民兵参加社会治安、抢险救灾等活动 300 人次。

五、公安与司法

安溪境内人口少，民风淳朴，矛盾纠纷少，案件不多，境内未设派出所和法庭。小事不出乡，有了矛盾纠纷由村调解员、乡政府干部出面调解，有关事务由云和区司法所处理。1999年6月，设立安溪畲族乡司法所，配备1名专职司法员。主要负责宣传法律知识、咨询法律法规以及配合乡综合治理办公室（简称综治办），及时解决来自农村的山林纠纷、土地纠纷、邻里纠纷，做好社会综治维稳工作。

2007年，乡政府共投入5万元资金，对综治中心进行规范化建设。分别设置了谈话室、警务室、档案室等5个机构，加强乡中心综合治理工作环境。

2010年，针对工程建设等热点、难点问题，采取领导包案、领导下访等手段，把矛盾解决在基层，确保基层稳定。是年，全乡共接待来信来访2件8人次，调解各类矛盾纠纷13起，成功率100%。

2015年，建立乡级、村级、网络级三级服务网络，建立乡社会服务管理中心，设置综治、信访，村镇建设，社会保障及农业、林业等4个服务窗口，制定《刑释解教人员安置帮教工作手册》，完成在册21名刑释解教人员走访摸底、建册立档工作，配备10名网络信息员，全年共排查化解隐患苗头37起，调处矛盾纠纷2件，办结赴县上访案件1起，调处成功率100%。

六、群团组织

（一）工　会

2000年7月，安溪畲族乡开始成立工会工作委员会，设主任1人，委员2人。2002年4月，武燚为工会主席，在乡党委领导下开展工作。

安溪畲族乡工会工作委员会（2000年7月至2005年12月）

主　任：武　燚（2002年4月至2005年4月）

练月红（2005年4月至2006年6月）

吴元福（2006年6月至2010年4月）

刘小荣（2010年4月至2015年12月）

2010年5月，召开第一届第一次代表大会，选举工会主席1名，副主席1名。2015年6月，召开第二届第一次代表大会，选举工会主席1名，副主席1

名。乡总工会共有机关会员 26 人。每年乡机关所辖 3 个工会都开展职工疗养及困难、生病职工慰问等活动。

2002—2015 年安溪畲族乡工会(总工会)主任(主席)一览表

表 16-3-2-5

姓名	性别	民族	职务	任职时间
武　燚	男	汉族	工会主任	2002.4—2005.4
练月红	女	汉族	工会主任	2005.4—2006.6
吴元福	男	汉族	工会主任	2006.6—2010.4
刘小荣	男	汉族	工会主席	2010.4—2015.5
楼海东	男	汉族	工会主席	2015.6—2015.12

(二)共青团

共青团安溪畲族乡第一次至第七次代表大会资料，由于 1994 年 8 月 21 日乡政府大楼被洪水冲毁，无资料可查。《中国共产党浙江省云和县组织史资料》自 1994 年 7 月 13 日第八次代表大会开始有相关记录。

共青团安溪畲族乡委员会(1982 年 5 月至 1994 年 1 月)

书　记：蓝月英(女，畲族，1982 年 5 月至 1994 年 1 月)

共青团安溪畲族乡委员会(1994 年 1 月至 2000 年 6 月)

1994 年 1 月至 2000 年 6 月，经历三届。

1994 年 7 月 13 日，共青团安溪畲族乡第八次代表大会召开，出席大会代表 28 人。大会听取、审议第七届团委工作报告，采用差额无记名投票方式，选举产生共青团安溪畲族乡第八届委员会委员 5 人，第八届委员会第一次会议选举产生书记 1 人，副书记 1 人。

1997 年 7 月 10 日，共青团安溪畲族乡第九次代表大会召开，出席大会代表 31 人。大会听取、审议第八届团委工作报告，采用差额无记名投票方式，选举产生共青团安溪畲族乡第九届委员会委员 5 人，第九届委员会第一次会议选举产生书记 1 人，副书记 1 人。

书　记：蓝月英(女，畲族，1994 年 1 月至 1994 年 7 月)

蓝刘星(畲族，1994 年 7 月至 1997 年 7 月)

雷汉雄(畲族，1997 年 7 月至 2000 年 7 月)

共青团安溪畲族乡委员会(2000 年 7 月至 2005 年 12 月)

2000年7月至9月,仍为共青团安溪畲族乡第九届委员会任期。2000年9月5日,共青团安溪畲族乡第十次代表大会召开,出席大会代表31人。大会听取审议并通过共青团安溪畲族乡第九届委员会工作报告, 采用差额选举无记名投票方式,选举产生共青团安溪畲族乡第十届委员会委员5人,第十届委员会第一次会议选举产生书记1名。

2003年7月18日,共青团安溪畲族乡第十一次代表大会召开,出席大会代表30人。大会听取、审议并通过共青团安溪畲族乡第十届委员会工作报告,采用差额选举无记名投票方式,选举产生共青团安溪畲族乡第十一届委员会委员5人,第十一届委员会第一次会议选举产生书记1人,副书记1人。

书　记:雷汉雄(畲族,2000年7月至2002年2月)

　　　　雷华兴(畲族,2002年2月至2004年12月)

　　　　魏　斌(2004年12月至2006年1月)

共青团安溪畲族乡委员会(2006年1月至2010年12月)

2006年1月至2006年11月,仍为共青团安溪畲族乡第十一届委员会任期。

2006年11月24日,共青团安溪畲族乡第十二次代表大会召开,应到代表25人,实到代表25人。大会听取、审议并通过第十一届委员会工作报告,采用差额选举无记名投票方式选举产生共青团安溪畲族乡第十二委员会委员5人,第十二届委员会第一次会议选举产生书记1人,副书记1人。

书　记:魏　斌(2006年1月至2006年10月)

　　　　吴巧红(女,2006年10月至2010年4月)

　　　　周永红(女,2010年4月至2010年12月)

　　　　季　剑(2010年12月至2015年12月)

共青团安溪畲族乡委员会(2010年12月—2015年12月)

2010年6月14日,共青团安溪畲族乡第十三次代表大会召开,出席大会代表20人。大会听取、审议并通过共青团安溪畲族乡第十二届委员会工作报告,采用差额选举无记名投票方式,选举产生共青团安溪畲族乡第十三届委员会委员26人,第十三届委员会第一次会议选举产生书记1人,副书记1人。

书　记:吴巧红(女,2015年3月至2015年12月)

1982—2015年安溪畲族乡共青团书记一览表

表16-3-2-6

姓名	性别	民族	职务	任职时间
蓝月英	女	畲族	书　记	1982.5—1994.7
蓝刘星	男	畲族	书　记	1994.7—1997.7
雷汉雄	男	畲族	书　记	1997.7—2002.2
雷华兴	男	畲族	书　记	2002.2—2004.12
魏　斌	男	汉族	书　记	2004.12—2006.10
吴巧红	女	汉族	书　记	2006.10—2010.4
周永红	女	汉族	书　记	2010.4—2010.12
季　剑	男	汉族	书　记	2010.12—2015.3
吴巧红	女	汉族	书　记	2015.3—2015.12

(三)妇女联合会

安溪畲族乡妇女联合会第一次至第七次代表大会资料，由于1994年8月21日乡政府大楼被洪水冲毁，无资料可查。《中国共产党浙江省云和县组织史资料》自1994年7月12日第八次代表大会开始有相关记载。

安溪畲族乡妇女联合会(1982年5月至1994年1月)

主　任：项秀梅(女，1982年5月至1994年1月)

安溪畲族乡妇女联合会(1994年1月至2000年6月)

1994年1月至2000年6月，经历三届。

1994年7月12日，安溪畲族乡妇女联合会第八次代表大会召开，出席大会代表38人。大会听取、审议第七届妇女联合会工作报告，采用差额无记名投票方式，选举产生安溪畲族乡第八届妇女联合会委员5人，第八届妇女联合会第一次会议选举产生主任1人，副主任1人。1996年4月调整主任1人。

1997年7月29日，安溪畲族乡妇女联合会第九次代表大会召开，出席大会代表34人。大会听取、审议第八届妇女联合会工作报告，采用无记名投票方式，选举产生安溪畲族乡第九届妇女联合会委员5人，第九届妇女联合会第一次会议选举产生主席1人，副主席1人。

主　任：项秀梅(女，1994年1月至1994年3月)

蓝月英(女，畲族，1994年7月至1996年4月)

王雪岳(女，1996年4月至1997年7月)

主　席：王雪岳(女，1997年7月至2000年7月)

安溪畲族乡妇女联合会(2000年7月至2005年12月)

2000年7月至8月,仍为安溪畲族乡第九届妇女联合会任期。

2000年8月19日,安溪畲族乡妇女联合会第十次代表大会召开,出席大会代表33人。大会听取、审议并通过安溪畲族乡第九届妇女联合会工作报告,采用差额选举无记名投票方式,选举产生安溪畲族乡第十届妇女联合会委员5人,第十届妇女联合会第一次会议选举产生主席1人,副主席1人。

2003年9月19日,安溪畲族多妇女联合会第十一次代表大会召开,出席人会代表37人。大会听取、审议并通过安溪畲族乡第十届妇女联合会工作报告,采用差额选举无记名投票方式,选举产生安溪畲族乡第十一届妇女联合会委员5人,第十一届妇女联合会第一次会议选举产生主席1人,副主席1人。

主　席:王雪岳(女,2000年7月至2006年1月)

安溪畲族乡妇女联合会(2006年1月至2010年12月)

2006年1月至2007年3月,仍为安溪畲族乡第十一届妇女联合会任期。

2007年3月12日,安溪畲族乡妇女联合会第十二次代表大会召开,应到代表36人,实到代表36人。大会听取、审议并通过第十一届妇女联合会工作报告,采用差额选举无记名投票方式选举产生安溪畲族乡第十二届妇女联合会委员5人,第十二届妇女联合会第一次会议选举产生主席1人,副主席1人。

主　席:王雪岳(女,2006年1月至2010年12月)

安溪畲族乡妇女联合会(2010年12月至2015年12月)

2010年12月,安溪畲族乡妇女联合会第十三次代表大会召开,应到代表36人,实到代表36人。大会听取、审议并通过第十二届妇女联合会工作报告,采用差额无记名投票方式,选举产生安溪畲族乡第十三届妇女联合会委员5人,第十三届妇女联合会第一次会议选举产生主席1人,副主席1人。

主　席:王雪岳(女,2010.12至2015.12)

1982—2015年安溪畲族乡妇女联合会主任一览表

表16-3-2-7

姓名	性别	民族	职务	任职时间
项秀梅	女	汉族	妇联主任	1982.5—1994.3
蓝月英	女	畲族	妇联主任	1994.7—1996.4
王雪岳	女	汉族	妇联主任	1996.4—1997.7
王雪岳	女	汉族	妇联主任	1997.7—2015.12

(四)老年协会

基层老年协会是基层老人自我管理、自我教育、自我服务和自我保护的群众组织,是基层老年工作的重要载体。安溪畲族乡在改革开放后,人民生活水平不断提高,人均寿命延长,境内人口老龄化程度越来越高。2002 年 7 月 1 日,上村、下村、下武 3 个村率先成立"中心村"老年协会,选举洪为贵为会长,有 100 多位老年人成为会员。2007 年,为方便老年人开展活动,上村、下村、下武 3 个村分别成立老年协会。之后,各行政村都相继成立老年协会。各村老年协会或以村办公楼,或以村文化礼堂为基地,设置棋牌室、音乐室、电视室等,开展玩象棋、搓麻将、打扑克、看电视等活动,以丰富老年人的业余文化生活,吸引广大老年人参与。

2015 年,全乡 60 岁以上的老年人口 502 人,占全乡总人口的比例为 18.53%,8 个行政村有老年协会 8 个,正常开展活动。老年协会在构建和谐社会中起到积极的作用。

第三节　事务管理

中华人民共和国成立后,乡政府以健全制度为主实现事务管理,村民委员会以村规民约实现事务管理。党中央、国务院历来重视民族工作,重视民族地区经济和社会发展,促进各民族共同发展。2014 年 12 月,中共中央、国务院印发《关于加强和改进新形势下民族工作的意见》,为加强党对民族工作的领导,从 6 个方面提出 25 条意见,旨在切实加强和改进新形势下民族工作,团结带领全国各族人民共同推进全面建成小康社会、努力实现中华民族伟大复兴的中国梦。中共云和县委、县人民政府多次制定扶持政策,采取切实措施加快发展少数民族经济和社会事业。为落实国家的民族政策,扶持少数民族地区发展农业生产,改善民族地区水、电、路等基础设施,加速改变民族地区的生活、生产面貌,各级政府每年都拨出大量少数民族生活、生产补助款扶持安溪畲族乡等民族乡村。

一、乡事务管理

中华人民共和国成立至 1978 年改革开放前,安溪畲族乡政府的主要工作是粮食收购、征收农业税、征集兵员、扶贫济困等;改革开放后,重点是控制人口增长、开展计划生育、移民下山异地脱贫和发展经济等工作。

（一）粮食购销

实行粮食“三定” 1953年11月，粮食实行统购统销。1955年8月，国务院决定，在全国范围内实行粮食“定产、定购、定销”（简称“三定”）办法。定产的品种有：稻谷、小麦、大麦、荞麦、玉米、黄豆、马料豆、豌豆、番薯。按定产数扣除口粮（余粮户每人平均237.5千克，自给户每人平均235千克，不足平均数的为缺粮户）、种子粮（每亩单季6千克）、饲料粮（生猪每头12.5千克，牛每头25.5千克）简称“三留粮”，作为定购数。

实行粮食购销包干 1958年4月，浙江省人民委员会实行粮食“购销差额管理，调拨包干”（即分级包干，差额调拨）办法。1965年，实行粮食一定三年不变，稳定农民负担。1971年8月，中共中央发出《关于实行粮食征购任务一定五年的通知》，按照正确处理国家、集体、农户三者关系，绝对不购过头粮原则。1979年，提高粮食收购价21.60%，超购加价幅度提高50%。

取消粮食统购政策 1985年，取消粮食统购统销，改为合同定购。定购品种：稻谷、小麦、玉米。定购粮食按照“倒三七”作价（统购价30%、加价70%）。安溪地处山区，山多田少，从2000年起无粮食合同定购任务。

（二）财税管理

1. 财　政

1954—1957年，实行分类分成，划分为固定收入、分成收入和调剂收入3类。地方支出首先使用固定收入和固定比例分成抵充，不足差额由调剂收入弥补。分成比例一年一定，以支定收一年一变，固定收入为印花税、利息所得税、屠宰税、契税、企业收入和其他收入；分成收入为工商营业税、工商所得税：调剂收入为货物税、商品流通税；农业税全数上缴。1958年，实行“以收定支，五年不变”。

1959年，改行“总额分成，一年一定”的办法。1962—1973年，实行“核定比例，超收分成”。核定比例幅度时高时低，由于历年支大于收，总额分成的核定比例自1970年起均定为100%。1974—1977年，改行“调度比例，固定留成，超收分成”办法。云和县收入总额调度比例均为100%；固定留成40%；1976年超收分成20%，1977年上升至30%。

1976年、1977年取消固定留成。1978—1979年，超收分成改为增收分成，其余不变。增收分成以上年收入实绩为基数。县增收分成为40%。

1980—1990年，实行“划分收支、分级包干”。收入分固定收入和调剂收入。两大类预算包干基数以1979年预算执行数，经合理调整后计算确定。地方预算支出首先用地方固定收入，缺额则以调剂收入弥补，若仍不足，由省定额补助。云和县为定额补助县。补助按年递增，最高年份递增率为36%，1984—1990年，年递增5%。

1987年，全县建立乡镇一级财政。采用两种管理体制形式：云和、紧水滩镇实行“统收统支”，安溪畲族乡实行“核定基数、收支挂钩、超收分成、超支不补，一年一定，结余留用”。1996年，乡财政收入8万元。2000年，乡财政收入2.52万元。2005年乡财政收入184万元。2010年，乡财政收入556.94万元，2015年乡财政收入3794.25万元。比2010年乡财政收入556.94万元，增加3237.31万元，增长581.27%。

1996—2015年安溪畲族乡财政总收入一览表

表16-3-3-1

年度	数额(万元)	比上年增长(%)
1996	8	—
1997	6	-25
1998	6.5	0.8
1999	3.11	-48.60
2000	2.52	-18.97
2001	4.14	64.29
2002	2.80	-32.37
2003	98	340
2004	119	21.43
2005	184	54.62
2006	150	-18.48
2007	190	26.67
2008	203	6.84
2009	761.60	375
2010	556.94	-26.90
2011	219.61	-60.57
2012	347.64	58.30
2013	560.25	61.16
2014	1644.22	193.48
2015	3794.25	130.76

2. 农业税

中华人民共和国成立后，农业税的征收制度和征收办法曾几经变革，而负担政策仍是兼顾国家、集体和个人三者利益，公平合理及增产不增税。

1949年，规定按每户占有土地多少分十六级，按田亩肥瘠分四等，分别制订每亩应征税额，起征点2亩，不足2亩者免税。1950年9月，废除民国时期田赋制度。根据当时土地占有情况，按农业人口年均农业收入，采取差额较大的四十级全额累进税率，每人粮食不足150斤者免税。1952年，修订为以常年产量为标准的二十四级全额累进税率。1958年6月，废除累进税制，改行比例税制，根据不同自然条件、耕作水平，按照正常年景产量情况，评定计税产量按率计算征税。

农业税以实物税为主，统一以稻谷为折算标准，番薯丝比例1:1；玉米1:0.97；黄豆1:2.8；大麦1:0.91；小麦1:1.22。缺粮地区可以折为货币（代金）或代物缴纳。代物茶油、毛铁、桐籽、柏等以国营中等牌价折算。实物税由粮食部门统购和供销社农副产品收购结合征收，贯彻“先征后购、先税后贷”原则。征收单位，原以农户为纳税人；农业合作化后至1978年，以生产队为纳税单位（包括少量国营农场和个体农户）；1982年，农村实行家庭联产承包为主要形式的农业生产责任制，农业税改由承包户缴纳。农业税应税农业收入的征收方法有评产计征和随售随征两种，对生产粮食的土地按评定常年产量依率计征：1954年后，对农林特产品，在销售时按销售价依率计征农业税。征收价格现粮部分与粮食部门结算，结算单价按不同粮食品种、质量，分别不同地区进行公粮折价。1952年每50千克籼谷折价5.64元，糯谷折价6.70元，1956年分别为6.10元、6.60元。折谷代金，1979年余粮队每百斤稻谷折代金11.55元，缺粮队8.60元。1985年曾实行农业税全部改为货币税（代金）缴纳。1986年仍恢复以征收粮食为主的实物税。

减免政策分社会减免、灾情减免、鼓励发展生产减免和起征点以下的免税4种。其具体政策，在每年发布的征收农业税通知中均有详尽规定。1985年至1989年免征安溪、雾溪畲族乡农业税13.16万元。1991年，云和县人民政府制定出台《关于进一步做好云和县少数民族工作有关问题的通知》，对安溪、雾溪两个畲族乡继续实行农业税全部返还乡政府用于扶持生产。1995年，中共云和县委制定出台《关于扶持和加快发展少数民族经济和社会事业的决定》，同样规定对安溪、雾溪两个畲族乡继续实行农业税全部返还乡政府用于扶持生产。1999年，中共云和县委制定出台《关于进一步加强少数民族经济工作的若干意见》,再次规定对安溪、雾溪两个畲族乡继续实行农业税全部返还乡政府用于扶持生产。

进入21世纪,由于国家经济高速发展,农业税占国家税收比例已微不足道,且征收成本费用较大。从2006年起,安溪畲族乡与全国各地一样开始免征农业税。

(三)林业管理

安溪畲族乡是云和县的一个林业乡,有林业用地2458.20公顷,盛产松、杉木、毛竹和油茶等。植树造林、林业管理、古树保护是乡政府的一项重要职责。乡林业站是乡政府林业管理专业部门。其主要任务是:搞好森林病虫害预测、防治,以及育苗、造林、抚育等林业生产管理。

在完善工作中,全乡上山划界立标人数达1288人,共划界立标2062片,840.20公顷,调处乡内纠纷14起,村内纠纷198起,调处一大批疑难案件。与此同时,全乡8个行政村建立健全防火组织8个,共有人员55人。落实护林人员22人,修订防火公约582份,建立档案资料54卷。完善山林生产责任制,极大地推动全乡林业生产的发展,掀起绿化造林的热潮,东岱、黄家地、下村等村每日有上百人上山劈山整地,面积已达80公顷,大大超过县里下达的造林指标。

自2000年始,黄处等村充分利用和依托优越的地理位置和丰富的山林资源,大力发展云和雪梨生产,雪梨产业成为农业的主导产业。自2004年始,政府对生态公益林实施了给予5元/亩资金补助政策,其补助资金逐年递增。2009年,上村村被中共丽水市委、丽水市人民政府评为兴林富民示范村。

在发展林木生产的同时,注重对笋竹两用林的生产和管理。例如,东岱村、黄处村对原有的笋竹两用林进行高产改造后,每年春笋(笋干)和冬笋卖出,每亩产值可增加近千元。2014年,全乡造林面积共计12.53公顷,零星植树0.20亩,迹地更新面积45.33公顷。2015年,补助资金增至26元/亩。

(四)计划生育工作

1.失独救助

根据《云和县计划生育公益金管理暂行办法》,符合“1980年1月1日以后出生、未婚的独生子女死亡,其父母不再生育和收养的家庭”,其独生子女母亲在年满50周岁后(含50周岁),每年给予一次性500元的补助;符合“1980年1月1日以后出生、未婚的独生子女发生意外伤残,符合《中国残疾人实用评定标准(试用)一至三级标准》,其父母不再生育和收养的家庭”每年一次性分别给予200元、300元、400元的补助。

1987 年 4 月，县政府发出《关于完善计划生育政策的补充通知》，纠正“农民只要做到生育间隔，普遍可以生二胎”的倾向。1987—1989 年，县乡（镇）建立计划生育目标管理制，签订人口指标承包责任书。把计划生育 6 项主要指标作为考核内容。

2008 年 9 月，县政府办公室印发《云和县计划生育家庭特别扶助制度实施意见》，明确扶助对象的基本条件是：1. 1933 年1 月 1 日以后出生；2. 女方年满 49 周岁；3. 只生育一个或合法收养一个子女；4. 现无存活子女或独生子女依法鉴定为残疾（伤病残达三级以上）。扶助标准为：1.独生子女死亡后未再生育或合法收养的子女的夫妻，给予每人每月 150 元的扶助金，直至亡故为止；2.独生子女伤、病残后未再生育或收养子女的夫妻，给予每人每月 120 元的扶助金直至亡故或子女康复为止。

2. 齐抓共管

安溪畲族乡党委、政府主要领导亲自抓计划生育工作，确定一名副职领导分管计划生育工作。县计划生育办公室经常下乡进行计划生育工作指导，开展定期查环查孕服务。安溪畲族乡 1980 年开始建立计划生育办公室，有 2 名专职计划生育员，各村有计划生育服务员负责计划生育工作，提供计划生育服务。每年开展两次计划生育查孕情、查病情，以及对检查中发现的妇科疾病提出治疗建议。方便已婚育龄妇女生殖健康检查，提高育龄妇女检查的覆盖率，为育龄妇女提供优质服务。2004 年，计生服务员工资由原来的每人每年 120 元，调整到每人每年 260 元。2005 年，计生服务员报酬增加到每人每年 600 元，2006 年提高到每人每年 720 元。

从 1989 年 4 月 1 日起，县计划生育宣传指导站开设技术门诊。1995 年，全乡出生 28 人，死亡 19 人，人口出生率 10.3‰，人口死亡率 6.80‰，自然增长率 3.23‰。1997 年，安溪畲族乡与云和镇等乡镇，对推行孕前管理办法向县计育办提出具体要求，根据《关于孕前型考核标准的通知》精神，县计育办按照孕前型考核标准进行考核，安溪畲族乡达到孕前型管理要求。2000 年，全乡计划生育率 100%，晚婚率 43.59%，出生率 12.63‰，人口自然增长率 4.33‰。2005 年，安溪畲族乡被云和县人民政府授予“计划生育优质服务先进乡（镇）”荣誉称号。是年，全乡出生 30 人，其中女婴 16 人，计划内 29 人，计划内一孩 25 人，计划内二孩 4 人。计划生育率 96.67%，晚婚率 60%，人口自然增长率 2.17‰。2007 年，安溪畲族乡被县人口和计划生育领导小组确定为计划生育优质服务先进乡（镇）初评单位。2009 年，安溪畲族乡被评为市级计划生育工作先进集体。2010年,全乡出生19人,其中一孩14人,占73.68%,二孩5人,占26.32%,女婴10人。计划生育率94.44%,晚婚率80%,人口自然增长率0‰。

2015年,全乡年末户籍人口2709人,育龄妇女706人,女性初嫁14人,已育龄妇女569人,领取独生子女证166人。人口出生率4.80‰,死亡率7.34‰,计划生育率100%,人口自然增长率负2.54‰。

二、村事务管理

村事务管理是理顺村民委员会及其与村集体经济组织、共青团、妇代会、民兵营等村级组织的关系,推进民主选举、民主决策、民主管理、民主监督,建立村党支部领导下的村民自我管理的运行机制,促进农村经济发展和社会进步。

(一)村党支部

1. 村支部书记岗位职责

各村支部书记在政治、组织上领导村委会,确保党的路线、方针、政策和上级党委政府的决策部署在村委会的落实。村党支部书记经常与村委会其他成员交流情况,相互配合,支持他们工作,处理管理工作中的矛盾与摩擦,研究村民自治工作,解决存在的问题;完成上级交办的其他任务。

2. 党支部委员岗位职责

村党支部委员了解和掌握支部的组织状况;检查和督促党组织过好组织生活;按党章规定,积极做好党组织改选的准备工作;了解和掌握党员的思想状况,对党员进行思想教育和纪律教育;组织和配合上好党课;搜集和整理党员的模范事迹,向支部委员会提出表扬和奖励党员的建议;参与制订发展党员计划;按时收缴党费,定期向党员公布党费收缴、使用情况。

(二)村民委员会

安溪畲族乡成立后,村务管理日益完善。各行政村逐步推行村务公开和民主管理。各村均订立村民自治章程和村规民约,建立村民代表会议制度,重大村务必须通过村民大会或村民代表大会同意;实行村务财务公开,保障村民合法权利。

村民委员会带领村民拥护中国共产党的领导,响应党的号召,执行党的路线、方针政策和中华人民共和国国家的法律、法令;在村党支部领导下,举行村民(代表)会议和村民委员会成员会议,讨论重大问题及制订本村年、季、月度工作计划和完成工作措施;召集村民组长听取和认真研究村民的意见、要求和建议并及时向乡政府反映；组织协调村委会内部各方面的关系，处理工作中的矛盾与摩擦，制定合理的工作程序和实施步骤；全面负责村委会的日常工作；检查各项制度的执行情况，总结村民自治活动经验；完成上级交办的其他任务。

（三）村规民约

村规民约是村民群众在村民自治的起始阶段，依据党的方针政策和国家法律法规，结合本村实际，为维护本村的社会秩序、社会公共道德、村风民俗、精神文明建设等方面制定的约束规范村民行为的一种规章制度，属于公约的一种形式。

根据《中华人民共和国宪法》《中华人民共和国村民委员会组织法》和有关法律、法规、政策，安溪畲族乡各村通过全体村民讨论，制定村规民约。村规民约的内容，一方面是规定村民的行为，应该怎么做。另一方面是规定村民违反和破坏规章制度的处罚条款，主要有进行教育、给予批评、作出书面检查等内容。

三、政策法规

党中央、国务院历来重视民族工作，重视民族地区经济和社会发展，促进各民族共同发展。2014 年 12 月，中共中央、国务院印发了《关于加强和改进新形势下民族工作的意见》，从坚定不移走中国特色解决民族问题的正确道路、围绕改善民生推进民族地区经济社会发展、促进各民族交往交流交融、构筑各民族共有精神家园、提高依法管理民族事务能力、加强党对民族工作的领导六个方面提出 25 条意见，旨在切实加强和改进新形势下民族工作，团结带领全国各族人民共同推进全面建成小康社会、努力实现中华民族伟大复兴的中国梦。中共云和县委、县人民政府多次制定扶持政策，采取切实措施加快发展少数民族经济和社会事业的政策。

（一）扶持优惠政策

1991 年，云和县政府制定出台的《关于进一步做好我县少数民族工作有关问题的通知》规定：重视扶持少数民族发展经济，落实各项扶持政策。争取省专项补助资金，县财政每年安排 15000 元作为解决少数民族特殊困难的专项经费，并视财政收入情况，酌情增加。各乡镇从乡（镇）财政中尽力安排一份资金扶持少数民族发展生产。县政府决定 1991 年对年收入在 300 元以下的少数民族贫困农户，给予减免农业税和教育事业费附加；供应每户 50 千克标准氮肥。对安溪畲族乡继续实行农业税全部返回乡政府用于扶持生产和财政包干超收全部留给乡政府的政策。县财政为少数民族医药费补助专项经费，视县财政收入情况逐年适当增加，解决部分少数民族群众因病致贫问题。

1995年9月，中共云和县委制定出台《关于扶持和加快发展少数民族经济和社会事业的决定》，文件规定：继续安排民族补助专项资金和少数民族贫困治病减免补助经费，对安溪畲族乡继续实行农业税全部返还乡政府用于扶持生产。

少数民族新办的个体工商户、私营企业和安溪、雾溪畲族乡及少数民族人口占25%以上的行政村所办企业，免收1995年至1997年的工商管理费。

电力部门扶持民族乡村整改低压线路，其中变压器增容和工农业生产用电减免50%。畲族乡上交的农电维修费，全额返还乡政府，用于扶持农电事业发展。

落实省政府规定的少数民族小学生免交学杂费的政策。云和中学的高中民族班符合分数线录取和采取降低分数线录取的少数民族学生，每年不少于25名。

县爱卫办等单位要帮助民族乡村搞好改水、改厕工作，并给予一定的补助经费。

1999年11月，中共云和县委制定出台《关于进一步加强少数民族工作的若干意见》(县委〔1999〕40号)，文件规定：对安溪畲族乡实行农业税全部返还乡政府用于扶持生产的政策。安溪畲族乡当年上交的农村教育附加费全额返还，用于发展畲族乡教育事业。

工商部门对安溪畲族乡及少数民族人口占30%以上的行政村投资新办的工业企业和少数民族创办的个体私营企业的工商登记费、变更登记费给予减半收取。

每年安排补助农村机耕路修建款民间交通经费时至少要有20%的比例安排给少数民族村。电力部门要扶持民族乡和少数民族人口占30%以上的行政村低压线路整改，免收材料管理费，减免安装费的20%。民族乡建设规划，享受建制镇同等待遇，城建、土管等部门收费减半收取。少数民族农户安装电话，可享受电话普及村的优惠政策等。

除省里安排的民族补助专项资金外，县财政每年继续安排少数民族贫困治病减免补助经费。并以1998年5万元为基数，按10%的比例逐年增加。

县教委每年安排出一定的资金帮助民族乡、少数民族人口占30%以上的行政村小学改善办学条件。少数民族接受义务教育阶段的学生免交学杂费。县财政部门在安排教育经费和划拨教育经费时，要如数安排减免经费，教育部门要确保经费如数减免到学生，落实到位。每学年高中段对少数民族考生按分数线降低 30 分录取，根据以上条件录取在云和中学、县中等职业技术学校就读的新生不收各种资助费。

广播电视部门帮助民族乡发展广播电视事业，确保民族村有线广播的通响率；在帮助建造地面卫星接收站和安装有线电视时，给予减免人工劳务费，免收卫星接收设施管理费；三年减免设备维修费。

县爱卫会等单位，要积极帮助民族乡搞好改水、改厕工作，并给予材料费30%以上的补助，以解决和改善畲民饮水困难及卫生条件。

2000 年，中共云和县委《关于认真做好 2000—2003 年党外干部培养、选拔、管理工作的若干意见》（云委〔2000〕8 号）文件第二条第三款，确定培养少数民族干部工作目标：到 2003 年，力争在县管干部中，少数民族干部比例不少于少数民族人口的比例；在县管科级干部中，少数民族干部比例不少于 9%。

2006 年 8 月，中共云和县委制定出台《关于加强少数民族工作加快少数民族经济社会发展的实施意见》（云委〔2006〕12 号），文件规定：县财政安排少数民族专项补助资金，以 2006 年 15 万元为基数，今后按 10%的比例逐年递增。

民族乡财政收入的超收部分和财政支出的结余部分，全部留给民族乡。县财政每年安排财政预算时，给予安溪畲族乡 10 万元的民族专项扶持资金，用于民族乡基础设施项目。

县财政每年安排 30 万元，重点用于高中阶段少数民族学生困难补助和高中毕业生职业技术培训及困难大学生补助等。继续实行少数民族初中毕业，考普通高中加分 30 分录取的优惠政策。

县财政每年按上年度地方财政收入的 1‰比例安排专项资金，用于参加新型农村合作医疗的少数民族农村困难居民大病住院医疗费补助，由民宗部门审定，专款专用。

少数民族劳动力享受重复培训的优惠，适当提高少数民族劳动力参加汽车、拖拉机驾驶员培训补贴，所需经费由县财政给予补足。

2007 年，云和县民族宗教事务局关于印发《少数民族困难居民大病住院医疗补助办法》的通知（云民宗〔2007〕7 号）文件规定：具有本县户籍并参加新型农村合作医疗保险、因病和意外事故住院的少数民族农村困难居民。补助标准和限额为，住院费用 5000—10000 元的补助 200 元；1—2 万元的补助

400—600 元;最高限额为 800 元。

2008 年,县政府印发《云和县万名农民下山转移工程实施办法的通知》(云政发〔2008〕26 号),文件第十一条规定:下山转移对象在本县合法取得土地建房或在本县县城规划建设用地范围外购房的,根据实际转移成本按照户籍转移的人口给予 5600—7000 元/人的补助。属于整村搬迁的,再给予 2500 元/人的补助。第十五条规定:整村搬迁中的少数民族群众享受整村搬迁中紧石库区后靠移民下山转移同等待遇 。

(二)扶持乡域发展

为落实国家的民族政策,扶持少数民族地区发展农业生产,改善民族地区水、电、路等基础设施,加速改变民族地区的生活、生产面貌,各级政府每年都拨出大量少数民族生活、生产补助款扶持安溪畲族乡等民族乡村。现摘录历年各级政府和相关部门扶持安溪畲族乡、村的部分数据资料:

1985 年,开始对安溪畲族乡实行农业税全部返回乡政府用于扶持生产。

1991 年,云和县委统战部资金扶持下武村抚育 6.66 公顷混交林,开发 2.66 公顷雪梨基地。

1992 年,云和县委统战部与安溪畲族乡政府联营开发 6.66 公顷雪梨和柑橘基地。

1994 年,丽水地委和云和县委统战部组织地、县高级农艺师、畜牧师,水利、林业工程师等 18 人考察组,对安溪畲族乡进行全方位调查,写出可行性调查报告 8 份,拍摄照片 3 卷、录像带 1 盒,作为云和县综合脱贫试点项目,报送省、地、县有关部门。争取省扶贫低息贷款 25 万元,省水利厅扶贫款 15 万元,用于安溪乡茶山电站项目开发。

1995 年,帮助安溪畲族乡严山村从玉环购来种羊,从景宁等地购来本地山羊,扶持严山村发展养羊、建千头羊基地项目。

1997 年,云和县委统战部补助安溪畲族乡政府抚育管理雪梨基地 5000 元。云和县民政局、县财政局、县扶贫办,扶持安溪畲族乡革命老区发展补助资金 0.45 万元。

1998 年,云和县民政局、县财政局、县扶贫办,扶持安溪畲族乡革命老区发展补助资金 0.60 万元。

1999 年,云和县人民政府三电办公室补助东岱村高压线路改造资金 1 万元。县财政拨款 37 万元,新建乡卫生院大楼竣工。

2000 年,结对扶贫的绍兴县拨付扶持资金 65 万元。云和县民政局、县财政局、县扶贫办，扶持安溪畲族乡革命老区发展补助资金1.80万元。

2001年，云和县民政局、县财政局、县扶贫办，扶持安溪畲族乡革命老区发展补助资金2万元。

2002年，云和县民政局、县财政局、县扶贫办，扶持安溪畲族乡革命老区发展补助资金2万元。

2003年，经县科技局的牵线搭桥，争取到德国驻上海总领事馆马驰先生的支持，引德资15万元，为木樨花村修建1.20千米长的防洪堤。云和县民政局、县财政局、县扶贫办，扶持安溪畲族乡革命老区发展补助资金5万元。

2004年，云和县民宗局、县财政局、县扶贫办补助下武村新基础设施资金5万元。实施总投资440万元的农业综合开发项目，其中省财政补助资金310万元，县财政补助80万元，农民自筹50万元。

2005年，云和县财政局、县民宗局、县扶贫办补助严山、黄处村道建设资金12万元。云和县财政拨安溪畲族乡中心小学经费63.50万元，用于学校教学用房和教学设备改善。投资21万元，建造5座公厕和1座垃圾焚烧炉。投资8万元，安装黄家地村的自来水。投资4万元，安装上村、下村的路灯。

2006年，云和县财政局、县民宗局、县扶贫办补助严山村道路建设9万元，黄处村道路建设、路灯工程6万元，下武至山寮机耕路拓宽、路灯工程5万元。

2007年，云和县少数民族发展省补助项目资金中安排下武至山寮道路硬化5万元，安排黄处湖西弄道路硬化5万元，安排严山村高山蔬菜基地建设3万元，严山村高山蔬菜种植技术培训0.30万元。云和县民政局、县财政局、县扶贫办，扶持木樨花革命老区发展补助资金4万元，改造饮用水。

2008年，从省下拨少数民族发展资金中安排安溪畲族乡下武村至山寮村道路建设资金5万元，安排黄处村茶叶基地建设资金2万元，安排严山村高山蔬菜基地建设资金1万元，安排黄处村至东城村道路硬化工程资金15万元，安排上村至西山自然村道路建设项目资金5万元。云和县民政局、县财政局、县扶贫办。扶持上村革命老区发展补助资金10万元，修建村内道路长900米，宽3米。

2009年，云和县财政投资30万元实施严山、木樨花两村饮水工程，投资4万元，实施农村危房改造和残疾人安居工程。云和县民宗局扶持下武村文化大楼5万元，扶持黄处村雪梨村抚育2万元。云和县民政局、县财政局、县扶贫办，拨付给上村革命老区发展补助资金5万元修建村内道路。

2010年，少数民族发展项目省补资金，安排黄处千亩茶叶基地3万元，上村村西山自然村村道建设5万元，木榧花村高山蔬菜基地3万元。云和县财政投入110万元，在下武村建立全乡“生态养殖示范村”。

2011年，少数民族发展项目省补资金安排下武村畲族文化中心综合楼5万元，黄处畲族文化中心5万元。

2012年，少数民族发展省补资金安排安溪畲族乡，安溪至雾溪乡联网公路建设乡际联网公路建设10万元。云和县少数民族发展资金安排下村村庄道路拓宽及硬化2万元，严山村绕山机耕路工程补助0.5万元，水井塆水渠工程补助0.5万元。云和县民宗局补助下武村畲族文化中心综合楼，建筑面积420平方米，小广场400平方米，为三直三层混凝土结构建筑5万元。

2013年，少数民族发展项目中央补助资金，安排下武村畲族特色小区改造项目60万元。云和县级少数民族发展资金安排严山村排水沟渠建设补助2万元，下村村道硬化1万元。实施总投资494万元的农业综合开发项目。其中，中央财政补助190万元，省财政补助资金190万元，云和县财政补助76万元，农民自筹38万元。

2014年，丽水市民宗局在下拨市级少数民族发展资金补助项目中，安排给下武中心村公共配套建设项目资金5万元。云和县民宗局少数民族发展项目资金安排下村道路拓宽项目2万元。

2015年，省少数民族发展专项资金安排畲汉同心广场提升工程文化保护发展项目30万元。云和县民宗局少数民族大病医疗困难补助资金安排安溪畲族乡5000元 。中共丽水市委副书记朱晨，联系民族乡镇扶持项目资金安排下武至木榧花道路工程(一期)公路硬化3.70千米、宽3.50米，厚16厘米，建设资金15万元。是年，县财政扶持严山村至龙角湾、东岱各自然村支线道路硬化工程，总长8.95千米，投入资金430万元。

第四章 经 济

安溪畲族乡是一个山区农业乡。中华人民共和国成立前，安溪乡的经济以农业为主，当地畲汉两族人民都从事传统的农业耕作，尤其是畲族还停留在生产力低下的“刀耕火种”和狩猎的原始耕作阶段。“火笼当棉袄，竹篾当灯草，番薯吃到老”，生活非常贫困。

中华人民共和国成立后，在中国共产党的领导下，安溪乡人民通过土地改革，成为土地的主人，彻底摆脱了受剥削的地位。经过农业合作社和人民公社的土地制度变革，生产力水平大幅提高。在集体所有制下，林地也逐步实行了林业“三定”的林权制度变革。中共十一届三中全会后，随着家庭联产承包制在农村的确立，安溪畲族乡的地区经济走上快速发展的轨道。

安溪畲族乡成立之时，境内依然是单一的农业经济，农民收入微薄，温饱问题没有彻底解决，大部分畲民“生产靠贷款，生活靠救济，吃粮靠返销”。1978年改革开放后，中共安溪畲族乡党委和乡人民政府从本地实际出发，因地制宜，农林牧副渔齐头并进，经济全面发展，全乡初步形成“一村一品”农业产业结构调整。通过大力扶持香菇、雪梨、蔬菜、茶叶等效益农业，农民收入稳步提高，畲汉两族群众的生产生活不断得到改善。至2015年，全乡实现工农业总产值4038万元，比2000年939万元，增加330%。其中，工业生产总值1106万元，是2000年105万元的10多倍。农民人均纯收入是1984年恢复民族乡时的65.92倍。

第一节 农 业

安溪畲族乡的畲汉两族人民从明代开始在这块土地上繁衍生息。在20世纪30—40年代，畲族仍有“烧坐山火”的耕作习俗。每年2—3月，砍伐山间灌木杂草，晒干后放火焚烧，过2—3日，火灭灰冷后，把种子、草木灰一起翻入泥土中。这种刀耕火种的原始耕作,加上山高水冷、土地贫瘠,一般年成亩产不足100千克。与汉族杂居的畲民,采用汉族相对先进的锄耕细作,一般年成水稻也就100—200千克。

中华人民共和国成立后,各级党委、政府重视农业生产,逐步改变落后的种植方式,试验培育农作物的优良品种,粮食产量逐步提高。土地改革后,安溪乡民经历了农业生产互助组、从低级社过渡到具有社会主义性质的高级社。1958年人民公社化运动推行"一大二公""政社合一""政治评分"代替按劳分配等不合理的经济体制,挫伤了农民的生产积极性,使农业生产徘徊不前。

1949年,粮食亩产为150千克左右。1961年,全乡粮食总产量只有531.35吨,农民人均纯收入仅为38元。1965年,全乡粮食总产量为552.85吨。1970年,全乡粮食总产量680.45吨。1975年,全乡粮食总产量561.10吨。

1978年中共十一届三中全会后,各级党委、政府因地制宜,重点扶持发展当地特色优势农业项目。1980年,全乡粮食总产量达1071.20吨。县乡政府重点扶持代料香菇生产,全乡一半以上农户种植代料香菇增加农民收入。改革开放推动生产力的发展,农业生产迅速进入新时代的新阶段。

1984年,恢复安溪畲族乡,又喜逢党中央、国务院对"三农"一系列优惠政策的实施,以及加大对畲乡农业税收的改革减免力度,给农业发展注入新的活力。传统农业技术与现代农业相结合,又进一步地加快农业发展的步伐。随着农村改革开放的深入,脱贫致富步伐的加快,畲乡面貌发生根本的变化。随着产业的调整,带来家庭经济的多渠道收入。安居乐业的畲民生活水平不断提高,物质条件不断改善。是年,粮食总产量1267.50吨,人均459.55千克,粮食能自给,不再吃返销粮。农民人均纯收入182元,比恢复畲族乡前的1982年增加118元。1985年,农民人均收入上升为242元,同比增长32.97%。

20世纪90年代,安溪畲族乡全乡紧紧围绕增收调结构的发展目标,在农业发展中,保证粮食生产的同时,走多种经营全面发展的路子。充分利用山区独特的自然环境和自然资源,广开致富门路,发展食用菌生产,干水果、高山蔬菜、药材、竹笋、烟草等生产和生态养殖。1990年,粮食总产量1316吨,人均469.20千克。1995年,全乡农业总产值660万元,粮食亩产597千克,总产量1433.70吨,人均519.46千克。2000年,全乡实现农业总产值834万元,粮食总产量1275吨,农民人均收入1442元。2004年度,实施总投资440万元的农业综合开发项目,其中省财政补助资金310万元,县财政补助80万元,农民自筹50万元。2005年,全乡农业总产值1012万元,农民人均收入2512元。2008

年，黄处村成为副省长钟山实践科学发展观的联系点。是年11月12日，全省少数民族经济经验交流会与会者参观了黄处村，促进村级经济建设。2010年，全乡粮食总产量1099吨，实现农业总产值1626万元，农民人均收入6065元。2013年度，实施总投资494万元的农业综合开发项目。其中，中央财政补助190万元，省财政补助资金190万元，县财政补助76万元，农民自筹38万元。2015年，全乡实现农业生产总值2932万元，同比增长12.40%。农民人均纯收入11998元，同比增长6.50%。

1991—2014年安溪畲族乡农林牧渔业总产值一览表

表16-4-1-1　　单位：万元

年度	农林牧渔业总产值	农业产值	林业产值	牧业产值	渔业产值	副业产值
1991	269	101	60	50	1	57
1992	287	96	95	71	1	24
1993	352	131	105	89	2	25
1994	576	265	198	109	4	—
1995	660	281	225	151	3	—
1996	748	326	335	82	5	—
1997	1060	347	566	140	7	—
1998	872	344	393	131	4	—
1999	879	355	379	141	4	—
2000	834	265	459	103	7	—
2001	992	596	194	195	7	—
2002	1003	726	166	103	8	—
2003	909	691	152	58	8	—
2004	955	738	134	77	6	—
2005	1012	679	134	192	7	—
2006	1054	790	118	138	8	—
2007	1251	422	111	708	10	—
2008	1351	681	144	516	10	—
2009	1503	1091	120	280	12	—
2010	1626	1223	109	271	23	—
2011	1833	1265	164	380	24	—
2012	2016	1023	211	768	14	—

续表 16-4-1-1

年度	农林牧渔业总产值	农业产值	林业产值	牧业产值	渔业产值	副业产值
2013	2397	1293	159	928	17	—
2014	2700	1503	268	910	19	—

说明：云和县统计局从 2015 年始，不分乡镇（街道）农业、工业等生产总值统计数据

一、原始耕作

（一）刀耕火种

安溪畲族乡的经济以农业为主。历史上，安溪畲民以刀耕火种、垦山为业，从山间狩猎逐渐发展到垦山筑田种粮。据《钟氏行程记》载："明成化十年（1474 年）初学种田。"境内大片的山林，为入迁后的畲民提供广阔的生产和生活空间。畲民入迁初时，结庐深山，白手起家，只能沿用刀耕火种之法，垦山种粮为生。"畲音奢、火种也，民以畲民，其善田者也……勤播植，旁山结茅，男女均得力穑。"火田，即"刀耕火种"之田，先劈倒草木，待树草干枯后点火烧。烧山时，从山顶点火往下烧，曰"落山火""坐火"，此法易于把土木烧透，便于控制火势。等火熄土地凉后播种，不耘而获。在陡坡惯用"包罗杖"，把种子倒入一支约与抵棒长短相似而捅掉竹节的竹筒内，底端残留一竹节，穿一玉米种子大小的孔，竹筒下端削尖，无论陡峭岩缝或石堆，杖一戳，种子即钻入土穴。这种"火田"多属缺乏水源山腰旱地，故所种大多为耐旱作物，"种莳、薯、姜、苎、芋、茄、菜等"。

畲民刚入迁时，好的山场都已有山主，所耕之山是向当地汉族山主或汉族村承让而来，先须签订《承让山契》，这种双赢的租佃方式俗称"插杉还山"。种到第三年时，插上杉苗还山于主，双方得益。插树还山，不交山租，较长时期使用，要交山租。有的山主，见山熟，置山契于不顾，强行收回。

垦山为业，耕山为食。种山农具仅有山锄、斧头和柴刀，耕作方法粗放，种植技术落后，虽已付出辛勤的劳动，如果遇天旱、虫害或兽害，收获微薄，甚至颗粒无收。青石岩蓝氏支族经过多年的辛劳，大约到清光绪年间（1875—1908 年）才有权属自己的山场。

（二）狩猎生活

刀耕火种系原始粗放耕作方式，农作物产量甚低，加之居住深山老林，野兽出没之地，为增加经济收入以弥补农业收入不足，消除兽害，所以狩猎经济也较发达。在畲族的祖图中多处绘有出猎、狩猎的场景，说明畲族人民的狩猎

生活有着悠久的历史。因畲族大多数聚居于山中，开门是山、行路是山、身处于山。旧时，男人外出脚穿草鞋，腰缚柴刀，携带土铳和猎犬，如遇野兽便可随机捕猎。捕获的猎物主要出卖皮毛，把狩猎作为主要副业来增加家庭收入。

狩猎方法 充分地利用合适的地形和自然物，就地取材，制作捕兽工具，依野兽的种类而采用不同方法和工具。如弩矢敷毒药，射击猛兽无不立毙；设陷阱，捕捉野猪、山羊，制作木笼内设机关，以羔羊为诱饵，置虎豹出没处捕捉之；或以绳索穿竹筒，一端圈套绕于灵活机关，一端吊于弹弓竹尾，埋入土中，伪装表层，野兽路过脚踩机关，毛竹弹直，即拴住，俗称“长脚吊”。捕猎野猪除了使用土铳外，安溪畲民还使用陷阱（俗称“野猪牢”）进行捕猎。在野猪经常出没的山林处，择地挖掘一个口小肚大的瓮形井，口上铺盖树枝和杂草加以伪装，野猪经过此地时，即掉入陷阱中，然后再用土铳进行猎杀。通常用土铳猎飞禽走兽，烟火熏洞捕捉狐狸、刺猬等。

狩猎形式 活动有单独行动和联合行动两种方式，以后者为主。集体围猎时民主推荐一名年事高、经验丰富、熟悉地理环境而又公正的人当“打铳头”，成员须服从其指挥。狩猎前先拜“猎师爷”（猎神），祷告“保佑子孙上山，铳头落火，铳尾得财”，告毕，将三炷清香插在枪尖上，出发狩猎。一路上，不说怪话和秽语。到猎点后，成员分成“赶山”“守把”，各尽其职。赶山的人靠精心驯养嗅觉灵敏的猎狗把野兽赶上靶口，由坐靶者将兽击中。狩猎结束，先用猎物谢“猎师爷”燃香鸣枪以庆丰收，后分猎物。

猎物分配 集体围猎的猎物分配方法是第一枪击中野兽之猎手，得兽头及兽皮；打中第二枪者，取兽颈，剩余部分人人平分；甚至没有参加狩猎的过路人，在猎物四肢没捆好前到场，也可分得一份。参加狩猎的猎狗也分得一份。鳏寡孤独，即使未参加，也照例分得一份猎物。这种分配形式，世代延续。

20 世纪 90 年代，民间的土铳被公安部门收缴后，猎手所持的猎枪，是经过公安部门审批后，由公安部门统一配发的猎枪。现在民间不再有自己制造的土铳。

狩猎方式、方法以及习俗，畲族和汉族基本相同。

（三）垦山筑田

畲汉两族乡民入迁安溪定居后，要解决人口不断增加的粮食需求问题，就需要不断地开垦农田种植农作物。虽然资源所限，但垦山筑田从不间断，至 2015 年，全乡新增耕地 36.32 公顷。

畲族定居初始，以种山为主，住山岳地带，常用猎物向汉族人民换取铁制的生产工具，如柴刀、斧头、山锄、犁等，开山辟岭，建造田园，发展农业生产。凡山谷坡地"皆治为垄亩"，有水源地方开梯田，仰赖天雨的山地，辟为旱地。为解决人口增加粮食的问题，山场种植逐渐转向田园种植来发展农业生产。为建造田园，披星戴月，开山辟岭，或依山谷开垦，或依山坡开垦，不畏山高坡陡，坡陡之处垒石而筑。有水源引灌之地开成田，依次层层而叠。这类田俗称"山垄田"，即现今流行称之的"梯田"。山垄田灌溉的引水沟，因出现沟壑不能相连时，或破竹，或凿木为槽，俗称"水笕"，作为引水管道。梯田面积大的，可用牛耕。面积小的，只能插上几个秧把的称"箬帽丘"，"箬帽丘"只能用锄头翻耕。依赖雨水之处，则辟为旱地，种植旱作物。

清同治三年(1864年)《云和县志》载宋云会畲民诗云："夫妇并耕云邑，荒田多赖开垦。"经过日积月累的艰苦辛劳，可耕田地面积不断扩大。据下武村畲民蓝雷聪讲：青石岩村(今山寮自然村)后自畲民住房背后始，垄上和两湾面积约上百亩的梯田，均为青石岩始祖携子孙所开垦。中华人民共和国成立前，这一带田称之为"祖田"。"祖田"不需纳租，自耕自收。

传统的垦山筑田方式、方法，畲族和汉族类同。据统计，黄处村有耕地20.60公顷，其中梯田占90%，遍布在平缓的山坡上，可相邻两丘落差较大。铲田埂要用一种半月形与阔口斧相似的铁器农具，装上七尺余长木柄，名曰"田铲"。人站在田埂上方，双手执柄往下捅。有的田块巨石凸露或乱石成堆，小的田块只插几株稻苗的"箬帽丘"，耕田得用小黄牛，才能来回转身。有的田块小得像钵盂，只好用锄头翻掘。梯田沙性重，土质贫瘠，往往是丈夫犁田，妻子跟在后头踩青蒿作基肥。山区水冷气温低，芒种前后插秧，寒露收割。

当代垦山筑田工具使用的已经是现代机械化设备(挖掘机)，既省工又省力。田坎全部采用岩石干砌，既平整又美观。问题是境内丘陵多山，缺乏有水源待开发的平整地，少有开垦水田的基本条件，制约了垦山筑田的发展。2006年，复垦增加土地3.27公顷，2007年，土地整理增加42.41公顷，2015年，安溪畲族乡全乡新增耕地36.32公顷。

(四)生活状况

中华人民共和国成立前，安溪畲族乡畲族和汉族人民主要依靠土地租赁、借贷、帮地主做长工过日子，生活艰苦。

地　租　有田租、山租、地租、屋基租、牛栏租、猪栏租、粪缸租、灰铺租等，不一而足。佃田一亩，年纳租谷三石，称"纳全租"；有的要先交租，后种田，俗称"垫底"；有的还要另外加纳"田头鸡"或黄豆，倘遇灾害，田禾薄收，乃至颗粒无收，也不得减少。“禾镰挂上壁，肚皮贴背脊”这首民谣，充分反映当年农民耕种的收成和深受地租之苦。

借 贷 农民向地主、商人贷款，年利息高达50%—60%。抗日战争时期，物价波动，货币贬值，贷款按实物市价加利息归还。夏秋之交，青黄不接，农民因缺粮向地主借谷一石，秋后还二石，如若当年还不了，第二年则连本加利还四石。而且还有“生谷银”“判青苗”等名目。所谓生谷银，即地主、商人在春夏之时借给相等一石谷40%—50%的价款，秋收时还谷一石。判青苗是在稻谷即将成熟时，农民因特殊原因借贷，地主或商人视贷户的稻苗生长情况，借给微薄贷款或谷子，贷户田里的谷子成熟就割去了。有的农民当年还不了高利贷，连本加利利滚利，债台高筑。

雇 工 除租佃和借贷之外，地主还雇用农民当长工、短工。当长工的人整年在地主家劳动，白天下地回来后还要干家务，犹如奴隶。打短工一般与地主有借贷关系，以工还贷，不但工钱微薄，而且随叫随到，大多在农忙季节，常常误了自己的农活。

民国35年（1946年），沈作乾《畲民调查记》（《东方杂志》第二十卷、第七号）云：“以番薯为正粮、玉蜀黍次之。常年食米者寥若晨星，普遍以番薯丝拌米而炊食，谓番薯丝饭，纯米之饭仅宴客时一用而已……很少吃肉……”许多畲民每年缺粮6—8个月，以米糠、番薯叶或野菜充饥。多数住茅棚，谓“草寮”，且室内设备十分简陋。衣衫单薄，寒冬只穿褴褛不堪的薄布单衣，靠盖稻草、棕衣或烤火熬夜。清光绪三年（1877年）《处州府志》云：“耕不疗饥，歉岁仍赈灾，休问官仓陈，麻布单衣着两层。朔风吹，壁寒欲冰，爇来茅草逢逢火，促膝团坐温如春。”《浙江省史地纪要》（民国14年4月）云：“畲民皆未开化，生活简陋。傍山结茅，自结村落，汉族称之‘畲客寮’。男女皆务耕作，大多为汉人佃户。”《浙江省人文地理概况》（民国20年）载：“畲民生活，与汉人同者少而异者多。茅屋矮小，卧室牛栏互相连接，臭气熏蒸亦以为常。”衣不蔽体、食不果腹是畲民当年的生活状况。

二、土地制度

在中国共产党领导下，安溪畲族乡的生产关系发生重大变革。安溪畲汉两族人民在社会主义制度下，艰苦奋斗，开拓创新，走向一条“脱贫致富”的康庄大道，生活水平不断提高。1981年，安溪畲族乡推行以“包干到户”“联产到户”为主的生产责任制，确定以家庭为单位的联产承包。1999年，全乡各村实施全面推行第二轮土地承包工作。

(一)中华人民共和国成立前

最早入迁安溪是汉族居民,畲民入迁后自己垦山筑田外,还需要每年向当地汉人、学堂(校田)、寺庙(庙田)租田耕种。清光绪三年(1877年)《处州府志》载:"畲民为耕作苦,或佃种田亩……"清同治三年(1864年)《云和县志》载:"畲民,而耕耨佃田,威借其力。"畲民迁入之初,主要靠租赁当地汉人的山场种山和垦荒后获得粮食(黍、玉米、番薯)。尔后进入垦山筑田阶段后,虽然自己有一小部分的土地,但还不能够维持一家人的生活。因此,大部分畲民只好向当地汉人、学堂(校田)、寺庙(庙田)租田耕种(向别人租田耕种,俗称"佃田",租田种的人称之为"佃户")或租山种山。"佃田"年租一般的田每亩租谷为3石(1石稻谷折合市秤40千克)。辛劳一年交田租后,自己所剩无几。山寮自然村畲民蓝水才后人保存的资料显示:在民国时期,其太祖父(蓝水才)便是佃户之一。民国3年(1914年),蓝水才户租种温溪小学校田,田租年交稻谷7斗5升;民国4年至民国13年,租种西应庵田(西应庵在西山自然村),田租年交稻谷2石2斗5升。山租,则采取"插杉还山"的传统方式代替山租。即租种的山场垦种期满3年后,将其山遍插杉(树)苗,然后将山归还于原山主。

(二)中华人民共和国成立后

1.土地改革

1950年,云和县委、县政府根据《中华人民共和国土地改革法》,贯彻执行"依靠贫雇农,团结中农,中立富农,有步骤、有分别地消灭封建剥削制度"的工作部署。是年冬,县土改工作队进驻南溪乡,开始广泛发动群众,依靠群众,以保(即现在的行政村)为单位,建立有农民自治性质的农会,广大贫苦农民积极入会,并选举威望高、能办事、思想觉悟高的人任会长(俗称"农会长")。

各村农会协会建立后,在县土地改革工作组的领导下,即在各村开展轰轰烈烈的土地改革(俗称"土改")运动。土改工作包括开展评定成分、土地登记等工作。实行土地改革后,彻底废除封建土地所有制,世代为佃户的畲民和广大穷苦的汉族人民从此拥有属于自己的土地。同时有的户还分得耕牛和农具,实现耕者有其田。譬如,下村农会会员畲民蓝秀英户3人分得可耕地0.27公顷,非耕地0.13公顷。同时,县政府为分得土地的农民颁发中华人民共和国土地房产所有证(俗称"土地证")。

2.农业生产合作社

土地改革后，一些农户因缺少农具和耕牛、劳动力等原因延误农时。1952年，为贯彻《中共中央关于农业生产互助合作的决议（草案）》精神，由几户人家一起组成互帮、互助、工换工、人工换牛工，临时或常年性的农业生产“互助组”。

1953年春，各村又在互助组的基础上创办农业生产合作社（俗称“低级社”），合作社采取自愿入社的原则。1954年冬至1955年春，以村为单位，或几个低级社合并，全乡建立了具有社会主义性质的“农林生产合作社”（俗称“高级社”）5个。

3.人民公社

1958年8月，中共中央发出《关于在农村建立人民公社的决议》后，建立农林牧副渔全面发展、工农商学兵相结合的人民公社。人民公社化后，混淆社会主义和共产主义、集体所有制和全民所有制的界限。乡改称生产大队（后改称管理区），高级社（村）改称生产队（后改称大队），社员所有一切的田头地角种植地、果园、竹园等一律归集体所有。在人民公社时期，农业生产一味追求“以粮为纲”，限制农村经济的全面发展。“一平二调”的“共产风”，严重地挫伤广大农民的生产积极性。

人民公社化后，劳动力由大队（村）统一调度，推行伙食集体供给制，吃饭不要钱。全乡各个大队（村）一阵风似的随即办起供全村人一起吃饭的大食堂（俗称“公共食堂”）。下武村同下村村两个大队联合兴办一个公共食堂，食堂蒸饭用毛竹筒代替饭盒。伙食每人每月由食堂发给定量的饭票，三餐吃饭排队凭饭票领饭。大食堂只供饭不供菜。大食堂兴办的当年（1958年）春节（除夕），东岱村每个社员分得可拿回家里自烧的0.25市斤猪肉。

公共食堂兴办后，严禁社员户中再有炊烟冒出，东岱村曾有2户社员因违规，家里的锅灶被掘掉。后来，公共食堂因粮源、管理等许多原因所困扰，各大队（村）人民公社化大食堂于次年春末陆续停办。

1959年4月，贯彻中央《关于人民公社的十八个问题》的上海会议纪要精神，实行对生产小队建立“三包”（包产、包工、包成本）、“一奖”、“四到田”（品种、指标、措施、责任）的生产责任制，对改进人民公社的管理，有着一定的效果。后来在开展“反右倾”斗争中，使在纠正的“左”倾错误进一步发展。在“一平二调”下，全民上山烧木炭、洗铁砂、炼钢铁、做水库，放弃农业生产，以致1960年村村断粮。断粮后，各村出现严重的病饿流荒，村民去福建等地谋生，俗称“逃福建”现象。

1959年11月,贯彻中共中央《关于人民公社当前政策问题的紧急指示信》和关于贯彻执行紧急指示信的指示后,开始纠正"一平二调"的错误。1961年6月,贯彻中共中央《农村人民公社工作条例(修正草案)》(即"农业六十条"),7月,即调整人民公社规模。1962年2月,贯彻中共中央《关于改变农村人民公社基本核算单位问题的指示》,落实以生产小队为基本核算单位。队里视季节每月制订队员出勤日,出勤日按劳计(记)工分。粮食除上交国家农业税、预留种子等,其余部分按工分、人口、投肥比例分配。自此,农业生产逐渐复苏,饥饿问题基本解决。

生产小队里农业生产是"大兵团作战"方式,生产力水平低下,产业结构单一,黄处村夏收夏种"双抢"的季节时,队里制订一个月里一个劳力(人)要出勤28—29天的制度。达不到出勤标准时要处罚。尽管出勤率高,投工投劳多,种植面积广,但粮食产量却停滞不前。至年终结算时,仍然有"缺粮户"的现象。有的生产小队为解决"吃大锅饭"的问题,同时寻找在农村经济上也能有发展的路子。黄处等村悄悄地把生产小队里的土地、耕牛、劳力、人口各项均匀地搭配,然后把一个生产小队分掰成2—3个生产小组。分成生产小组后,改变出勤不出力的现象。接着,其他村相继效仿。分掰成生产小组后,粮食产量有所提高。

4.家庭联产承包责任制

1979年,农村开始实行经济体制改革,在保障生产队自主权的基础上,稳定所有制,试行联产到组的生产责任制。1980年9月,中共中央印发《关于进一步加强和完善农业生产责任制的几个问题》和1982年1月1日中共中央关于农村工作的一号文件出台后,革除劳动生产"大兵团作战"、吃"大锅饭"的弊端。

1981年,推行以"包干到户""联产到户"为主的生产责任制,在坚持土地等基本农业生产资料公有制长期不变的原则下,确定以家庭为单位的联产承包,并推广农业经济合同制。山场、果园实行开发性承包,社队工、副业实行利润性承包,种植业、养殖业、社队企业也推行家庭或小组承包制。农民生产积极性空前高涨,促进了农村商品经济的发展。

1984年,人民公社实行政社分开后,建立乡人民政府,村建立村民委员会。村经济组织建立经济合作社。3月,安溪畲族乡恢复后,国家逐步出台一系列向少数民族倾斜的惠民政策,进一步助推民族乡的经济发展。

1999年冬,根据中共中央办公厅、国务院办公厅《关于进一步稳定和完善农村土地承包关系的通知》(中办发〔1997〕16号)和省委办公厅、省政府办公厅《关于搞好第二轮土地承包工作稳定完善家庭联产承包责任制的若干意见》的有关规定，全乡各村实施全面推行第二轮土地承包工作。土地承包期自1999年1月1日起至2028年12月31日止，农民享有30年的承包期，并颁发浙江省集体土地承包权证。

家庭联产承包责任制的实行，开启畲乡历史发展的新时期。随着农村改革开放的不断深入，农林牧副渔得到全面的发展。产业结构的调整，有力地促进农村经济的不断发展，畲民收入实现较快的增长。

实行土地家庭联产承包责任制后，随着农村改革开放的深入，产业结构的调整，在土地多种经营的方式产生后，出现20世纪新的土地租赁现象。在脱贫致富中，有人弃农务工赚钱，利用一技之长，走出家门去发展。因此，一部分人选择进城经商、办厂、运输、外出务工；另一部分人由于其他原因所致，不能够按时务农，把自己原来承包的土地在政策许可下出租给村里留守人员耕种，或出租于景宁、沙浦、大湾等地外乡人栽培香菇，或出租于外来投资开发农业的单位和个人耕种和使用。土地租赁的田租一般用钱支付。黄处村土地出租的主要区域是东城、柘园、湖西弄等紧邻县城的自然村。租赁对象是景宁等地外地人。2012年，下武行政村4户村民出租于"云和大仓白茯苓栽培试验基地"土地面积共计3.33公顷，年租金900元/亩，租赁期3年。2015年，严山村19户畲民的土地出租于云和人陈少利兴办番鸭饲养场，共计面积2公顷，租赁期12年，每亩年租金200元。合同书约定年租金付款方式为3年付一次。是年，上村村、下村村、下武村40多户村民的山垄田出租于云和县城人续永周建立药材"金银花生产基地"共计面积5.47公顷，租赁期10年(2013—2022年)，每亩年租金400元。合同书约定年租金付款方式为每年支付一次。是年，云和浮云街道朱少华、孙云松等6人投资1200万元，在木樨花林斜自然村(龙头坑等山场)租地建立休闲观光农业综合开发项目基地。共计租赁土地面积6.67公顷，租赁期20—30年。租金支付方式为5年为一个支付期。自租赁开始的第一个5年，年租金每亩100元。以后按支付期推进，每亩递增租金20元(即100元、120元，依此类推)。2014年，上村村46户村民土地出租于赖庆满种植药材百合，共计面积11.33公顷。年租金200元/亩，租赁期2年。2015年，上村村、下村村、下武村村民的土地出租于"云和县黑木耳产业提升项目"基地面积共计8公顷，租赁期5年(2015—2019年)，年租金900元/亩。合同书约定年租金付款方式为每年支付一次。据不完全统计，截至2015年，全乡共计土地租赁面积共计49.87公顷。

三、生产条件

(一)耕 地

安溪畲族乡境内耕地主要分布在小盆地、丘陵的平缓地段和山垄、峡谷间。所处地貌不同,土质也不相同。分为低丘田、山垄田、岗地和突地。低丘田和垄田,主要分布在安溪的上村、下村、下武、后塘和黄处的东城、湖西弄、下黄处等海拔较低的宽谷,立地条件较好,是丘陵山地中的主要耕地,每年可种二至三熟。山垄田主要分布在光照差、水土温度低的丘陵山区和沿溪两岸。岗地分布部位较低、坡度平缓。突地分布在海拔500米以上的山脊和山顶突出部位。岗地、突地一般土层薄、分布零散、缺水易旱。因山区光热、水土等条件差异很大耕作制度复杂多样。一般海拔250米以下的水田以连作稻为主,海拔400米以上以一熟、两熟为主。主要有春马铃薯(麦)—杂交稻、单季杂交稻或杂粮等。水田面积占76%左右,大部分为半山区和丘陵水田,少数为山区梯田;旱地中质较好的丘陵平地为数不多;山地主要种植茶叶、水果等经济作物。

1990年,第二次全国土地详查时,安溪畲族乡全乡有耕地面积403.96公顷。其中,水田145.73公顷、望天田[①] 213.30公顷、旱地44.93公顷。因退耕还林、通村公路建设、移民下山建造住宅等原因,安溪原有水田呈减少趋势。开垦农田新增土地,因水源条件所限,旱地有所增加。2006年,全乡有耕地353.65公顷,其中185.16公顷是望天田,旱地为2.57公顷。水田中52.40%的是没有灌溉条件的"靠天吃饭"田。2015年,全乡有水田139.40公顷,旱地326.28公顷,共有耕地465.68公顷,农业人口人均耕地0.17公顷。

1961—2015年部分年份安溪畲族乡耕地面积一览表

表16-4-1-2

年度	耕地面积(亩)	其中		农业人口(人)	人均土地(亩)	备注
		水田(亩)	旱地(亩)			
1961	—	2195	—	1873	1.17	仅水田
1965	—	2175	—	2115	1.03	仅水田
1970	—	2145	—	2372	0.90	仅水田
1975	—	2168	—	2529	0.86	仅水田

① 望天田,又称雨育水田。指无灌溉工程设施,主要依靠天然降雨,用于种植水稻、莲藕等水生作物的耕地,包括无灌溉设施的水旱轮作地。

续表 16-4-1-2

年度	耕地面积（亩）	其 中		农业人口（人）	人均土地（亩）	备 注
		水田（亩）	旱地（亩）			
1980	—	2234	—	2734	0.82	仅水田
1984	—	2013	—	2758	0.73	仅水田
1985	—	2013	—	2746	0.73	仅水田
1986	2099	2010	89	2716	0.77	仅水田
1987	—	2015	—	2728	0.74	仅水田
1988	—	2036	—	2751	0.74	仅水田
1989	—	2053	—	2775	0.74	仅水田
1990	6059.40	2186	673.95 3199.45 （望天田）	2772	2.19	第二次全国土地详查
1991	—	2080	—	2752	0.76	仅水田
1992	—	2078	—	2762	0.75	仅水田
1993	—	2078	—	2746	0.76	仅水田
1994	—	2087	—	2753	0.76	仅水田
1995	—	2087	—	2760	0.76	仅水田
1996	—	2078	—	2775	0.75	仅水田
1997	—	2078	—	2774	0.75	仅水田
1998	—	2078	—	2770	0.75	仅水田
1999	—	2078	—	2771	0.75	仅水田
2000	—	1893	—	2743	0.69	仅水田
2001	—	1713	—	2736	0.63	仅水田
2002	—	1622	—	2734	0.59	仅水田
2003	—	1405	—	2716	0.51	仅水田
2004	—	1405	—	2684	0.52	仅水田
2005	5293	1405	3888	2730	0.51	仅水田
2006	5342	1453.80	3888.20	2720	1.96	新增 49.50 亩
2007	5978	2090	3888	2680	2.23	新增 636 亩
2008	5978	2090	3888	2676	2.23	
2009	6059.40	2090	3969.40	2680	2.26	
2010	6085.80	2090	3968.80	2685	2.27	
2011	6286.80	2090	4196.80	2710	2.32	

续表 16-4-1-2

年度	耕地面积（亩）	其　中		农业人口（人）	人均土地（亩）	备　注
		水田（亩）	旱地（亩）			
2012	6284.70	2090	4194.70	2710	2.32	
2013	6518.85	2090	4428.85	2711	2.41	
2014	6479.40	2090	4389.40	2715	2.39	
2015	6985.20	2091	4894.20	2684	2.60	新增 505.80 亩

说明：县统计局数据不包括旱地

(二)生产工具

1.中华人民共和国成立前

明清至中华人民共和国成立前，农民普遍使用传统农具从事农业生产。

清代、民国时期，安溪畲族乡境内传统农业基本上依靠手工操作，农耕所需农用具种类繁多。耕地用木犁、踏耙、耖。掘地用山锄、葫芦锄，中耕除草用阔板锄、田圈或田刨。收割用镰刀、稻桶、稻梯、桶簟、箩筐、晒簟、风车、谷筛。挑肥用粪桶、畚箕。灌溉用竹笕、水车。避雨穿蓑衣、戴箬帽。稻谷加工用水碓、踏碓、舂臼、木砻、磨石、团箕、米筛、糠筛等。这些原始农具大部分已被现代机械替代而基本淘汰，因安溪地处山区，梯田多、田块小，加上受小农经济等诸多因素影响，这些传统农具仍有部分延续使用。

木 犁　以牛牵引，用于农田或旱地的翻土耕作。犁铧、犁壁为铁制，余皆木制。安溪畲族乡境内由于大多是山垄田，机耕不方便，大部分沿用木犁。2000年以前西汉的农具图谱，便有犁的记载。那时中国农民制造的木犁，已经达到相当完善的水平。一张犁铧，由犁尖、犁镜、犁床、犁托、犁柱等多部件组成，再配上一个横 8 形的犁辕，无论是入土角度，还是翻土曲线的牵引点的选择，完全符合力学原则。

踏 耙　旱地耕后碎土工具，一般宽约 0.60 米，长约 1.20 米，木框底部装有前后两排刀片。操作时，用牛拉，人站在踏耙上以增加重量达到增加耙土深度，一只手牵牛绳并握住赶牛竹枝，另一只手必须拉住连在踏耙上的绳子预防摔倒。耙土作业并非轻松之举，因用犁翻过来的土块高低不平，人站在踏耙上面必须不断调整重心，不然容易摔倒。

耖　是水田在耕、耙地以后用的一种把土弄得更细更平整的农具。它的构造呈“而”字状，上横梁为操纵把手，下横梁装有一排铁制长条耖齿，除上横梁为木制外，其他部位均为铁制。

牛 轭 耕地时套在牛颈上的曲木，是牛犁地时的重要农具，与犁铧配套使用。牛轭状如人字形，约半米长，两棱。简陋的牛轭用人字形的树杈做成。

锄 头 由铁制锄头和长木柄组成，用于挖地、碎土、开穴、中耕、除草、作垄、培土等作业。根据用途不同，有山锄、葫芦锄、阔板锄之分。

齿 耙 铁制，根据用途不同，有两齿、四齿之分，四齿耙当地称“铁赤”。两齿耙的齿圆而尖，主要用于清理猪、牛栏粪。铁赤的四个齿扁而尖，主要用于作田岸，花生、马铃薯用此农具挖不易掘破。

蓑 衣 蓑衣是棕丝织成厚厚的像衣服一样能穿在身上用以遮雨的雨具。蓑衣一般制成上衣与下裙两块，穿在身上与头上的斗笠配合使用，用以遮雨。这种雨具穿在身上劳动十分方便。

箬 帽 遮阳光和雨的帽子，有很宽的边沿，用竹篾夹箬叶等编织而成，故称箬帽。早时在境内几乎每家每户家中都有箬帽。农民外出，不管天晴下雨，都戴在头上，成了自己生产生活中不可缺少的必需品。

草 鞋 草鞋用络麻和稻草编织，是农民自古以来的传统劳动用鞋，穿着普遍，相沿成习。无论男女老幼，凡下地干活，上山砍柴、伐木、采药、狩猎等，不分晴雨都穿草鞋。草鞋既利水，又透气、轻便、柔软、防滑。特别是夏天走长路，穿上草鞋清爽凉快，软硬适中。冬雪天内穿一双棕袜子，外套草鞋，既保暖，又防滑，十分安全。草鞋已成为农村人必不可少的用具。20 世纪 30 年代中期，中国工农红军开展游击战和北上抗日，战士们就穿着草鞋，翻山越岭。

耘田刨 用于稻田耘田除草。扁圆形铁制，安装有竹柄或木棍，使用灵活、轻便，安溪畲族乡境内大多使用耘田刨。

镰 刀 割稻工具，由铁制刀片和木柄构成，刀片弓形，有细小锯齿，长约 20 厘米，木柄约 10 厘米。最早的镰刀由打铁铺打制，20 世纪 80—90 年代，安溪畲族乡境内农民普遍使用云和镰刀厂产品。

稻 桶 打稻脱粒工具之一，木桶，高和桶口直径均为 1.2 米左右，桶口略大于桶底，底部桶箍上安有 2 个棕环，套上绳子方便拖行。稻桶围上用竹篾编成的 2 米多高竹簟，打稻时以防稻粒溅出稻桶。稻桶内置一嵌有多条弓形竹片的梯形架子，称稻梯，用于在上面甩打稻把脱粒。稻桶可供 1 人或 2 人打稻。

晒 簟 晾晒稻谷、豆类、番薯丝、油菜籽、茶籽等农作物的竹编晒席。晒簟大约有三米宽，五六米长。卷晒簟要两个人合作，用力要均匀，要不然卷出来的晒簟一头大来一头小，要一边卷一边拍，还要注意不要让晒簟的篾刺戳到手上。

风 车 俗称风柜，用于清选谷物，由木制的外壳、风扇、风道、进料斗、调节门、出料斗组成。使用时，把谷物倒入进料斗，手摇风扇，开启调节门，使谷粒缓慢均匀落下，利用风力吹送比重不同的谷物，颗粒饱满的谷粒从出料口流出，秕谷较轻则飞得远一点落在出料口外，谷壳和稻叶最轻则飞至出风口远处。

谷 筛 谷筛是用竹篾做的一种生活用具，形状像浅盘，全是密密麻麻且大小均匀用来过滤的小孔。使用的时候，大块的杂物及稻叶就留在谷筛上面，谷粒通过小孔掉下来。谷筛根据用途有大谷筛，小谷筛。大谷筛两人抬起筛，小谷筛则单人操作。

团 箕 用竹篾编制，篾匠手艺好，做工精细，边沿用竹片制成高出约5厘米的圆圈，边沿光滑，底部平整，用手抚摸到任何一个地方都不扎手，托举端拿也很轻便。在农村团箕的用途很广，它可以把东西摊开来翻晒很快去水分。还可以摊放东西，像逢年过节制作的年糕、元宵节的汤圆、端午包的粽子、中秋节做的麻糍等都可以放在里面，安置在通风地方，既可防止粘连，又可防止变味。团箕，顾名思义形状就是圆的，平时不用的时候，一般都擦洗干净，可以小的在里面大的套在外面，挂在板壁上。

水 碓 为粮油加工工具。通过溪流筑坝引水入渠道，渠上立一个水轮，轮上装有若干板叶，轮中心串装一根粗大的木转轴，转轴上装有彼此错开的拨板，用来拨动碓杆。每根碓杆前端装石碓头，碓头下面有一石臼。使用时，流水冲击水轮板叶使轴转动，轴上的拨板拨动碓杆后梢，使碓头一起一落地在石臼里舂米。水碓还可以带动石磨来磨麦面、磨粉，带动碾盘来碾碎油茶籽来榨油等。利用水碓可以日夜加工粮食。

油 车 榨油工具。油车有油鼓、碾盘、炒锅、蒸甑等设备，油鼓由4—5米长，直径约100厘米的松木制成，松木上部劈去一部分做平可放置零部件，稍靠下部中间挖制成一个大凹槽。榨茶油时，把干燥的油茶籽倒入碾盘中碾碎成粉末，再分成若干批次逐步将茶籽粉倒入蒸甑中蒸熟（如果榨菜籽油，把菜籽置于炒锅中炒熟）以后，放在事先准备好的模具中，包上棕或稻草用脚踩实制成茶枯饼（或菜籽饼），再把茶枯饼（或菜籽饼）放到凹槽里，然后在凹槽里塞进规格与茶枯饼相近的厚木块，在厚木块的另一端嵌入木楔，随着一头大一头小的木楔不断镶入，并用悬在梁上的一根粗大的撞木像撞钟一样撞击木楔，厚木块受到挤压榨出油来。一般油车装满榨能产出茶油15—20千克或菜油50千克不等，20世纪70年代后被榨油机代替，在安溪畲族乡境内已淘汰。

石 磨 磨盘石制，分上下两块，两块磨盘的啮合面凿有相对应的斜槽。石磨分大、中、小三种，大磨有的设在水碓里，转动轴设磨盘中央，由水碓轮轴带动，有的设在磨坊里，下磨盘被固定，中心镶有圆形木轴，上磨盘套在圆形木轴上，使两块磨石吻合，上磨盘的外沿嵌有带圆孔的木柄，偏离中心位置凿一进料孔，用绳索套住圆孔木柄由畜力拉动，一般用于磨面粉。中磨一般为家庭之用，下磨盘固定在木架上的料斗上，并配有一根呈“丁”字形带钩的长木推手，套在磨盘外沿的木柄圆孔中，由人推动磨盘磨粉，此种磨石需1人或2人共同操作。小磨下盘与周围接料凹槽及出料口用整块石头凿成，1人即可操作，灵活方便，一般用于家庭磨少量豆浆、米粉加工。

2. 中华人民共和国成立后

中华人民共和国成立后，安溪畲族乡境内沿用部分传统农具从事之外，开始逐步使用农业生产机械。除虫用上喷雾器，脱粒用上打稻机，粮食加工用上碾米机、磨粉机等。拖拉机有手扶拖拉机和方向盘拖拉机两种，均可带拖斗。农忙时拆下拖斗，装上犁耙可耕农田。农闲时拆下犁耙装上拖斗可从事物资运输。是一种农田翻耕与货物运输兼用的机具。各种拖拉机均以柴油为动力燃料。

1978年改革开放以来，农村实行家庭联产承包责任制，拖拉机对于农户承包的小块耕地难以实行机耕，先后将集体购置的拖拉机承包给个人或折价归个人(联户)所有，拖拉机由翻耕兼运输转为只从事物资运输。这些农业机械逐步代替传统农业生产工具，解放了农村生产力，降低农业生产成本，使安溪畲族乡境内农业得到迅速发展。

(三)劳动力

雾溪畲族乡农村从事农业生产劳动力呈下降趋势。1978年党的十一届三中全会后，随着社会事业的发展和农村改革开放的深入，产业结构的调整，催生了职业结构的多元化。1982年，第三次全国人口普查资料显示：1982年7月1日零时，安溪畲族乡境内在业人口总数为1109人，从事农林牧副渔水利业人口971人，占总人口87.56%。仍然以从事农业为主。

1985年，从事农业547人，林业93人，牧业125人。占全乡劳动力总数的

82.26%。

1995 年,从事农业 607 人,林业 26 人,牧业 323 人,渔业 3 人。从事第一产业人数占全乡劳动力总数的 71.78%。

2005 年,从事第一产业人数 940 人,占全乡劳动力总数的 61.80%。

2010 年,从事第一产业人数 1025 人,占全乡劳动力总数的 55.56%。

2015 年,经农业产业调整,从事第一产业人员占安溪畲族乡劳动力总数的 66.28%,比 1985 年下降了 15.98%,比 1985 年下降了 15.98%。比 2010 年上升了 10.72%。

四、种植业

安溪畲族乡地理位置较为优越,交通较为便捷,气候适宜,发展种植业,高山蔬菜,使其成为天然的"菜园"。经过几年发展,形成了木榉花村的高山水果、严山村和黄家地村的高山蔬菜、东岱村的竹笋等特色鲜明的布局。高山西瓜、茭白、小辣椒等生态蔬果种植,已初具规模。通过推广高效笋竹林改造技术,全乡笋竹两用林种植面积达 433.33 公顷,亩产值 3000 余元。2015 年,安溪畲族乡发展一批农业重点项目,建立蔬菜培育示范基地,不断扩大高山蔬菜种植规模,为全县消费者提供绿色无公害的高山蔬果。

(一)粮食作物

安溪境内粮食生产以种植水稻、甘薯为主,兼种大麦、小麦、马铃薯、玉米、大豆等。明清和民国时期,畲民耕种的田地大多在山坡上,大部分为旱涝不保收的"靠天田"。由于生产方式落后,旱、涝、虫灾频繁,粮食产量低。中华人民共和国成立后,重视农田水利基本建设,改革耕作制度,推广优良品种,改进栽培技术,提倡科学施肥和病虫害防治,粮食产量逐年提高。

1.水 稻

水稻是安溪畲族乡境内农民种植范围最广,产量最大的粮食作物,也是境内农民的主要食粮,主要种植在丘陵盆地上,山区梯田上也有少量种植。

粮食产量 明清和民国时期,安溪畲族乡境内丘陵平地普遍种植间作稻。中华人民共和国成立后,逐步消灭冬闲田,提高复种指数。1984 年,安溪畲族乡恢复时,党中央、国务院对农业税收的大力度改革,"三农"一系列优惠政策的实施,给农业发展注入新的活力。传统农业技术与现代农业相结合,又进一步地加快农业发展的步伐。

1949 年,粮食亩产 150 千克,人均粮食 214 千克。1961 年,全乡 527 户,总人口2115人，耕地面积145公顷，粮食总产量531.30吨，粮食亩产244.13千克，人均粮食251.21千克。1970年，全乡536户，总人口2372人，耕地面积143公顷，粮食总产量68.05万千克，粮食亩产317.23千克，人均粮食286.89千克。1980年，全乡567户，总人口2734人，耕地面积148.93公顷，粮食总产量107.12万千克，粮食亩产479.50千克，人均粮食391.80千克。1984年，全乡594户，总人口2758人，耕地面积134.20公顷，粮食总产量126.45万千克，粮食亩产628.17千克，人均粮食458.48千克，为历史上最高水平。1985年，虽然遭受自然灾害，全乡粮食播种面积205.33公顷，亩产361千克，粮食总产量1112.10吨，人均411.89千克，粮食能自给，不再吃返销粮。1990年，全乡661户，总人口2805人，耕地面积145.73公顷，粮食总产量1316吨，粮食亩产602千克，人均粮食469.16千克。为保护和发展粮食生产，2012年，在严山、黄家地两村建立由乡政府管护的"云和县粮食生产功能区"，总面积30公顷。在调整产业结构，发展多种经营的过程中，2014年全乡农作物播种面积共计380.27公顷，其中，粮食播种面积86.27公顷，亩产455千克，粮食总产量588.80吨。至2015年，安溪畲族乡全乡耕地面积为465.68公顷，粮食播种面积共计170.24公顷。

良种推广 明清和民国时期，安溪畲族乡境内水稻品种基本上是高秆、耐瘠、低产的传统品种，早稻以早京秋、宁波秋为当家品种，晚稻以镇江京、十袋斜、白芒晚、乌芒晚为当家品种，平均亩产150千克，丰收年景亩产不超200千克。中华人民共和国成立后，20世纪50年代初，早稻引种503，遂成当家品种；晚稻推广荒四百、西瓜红、硬头京、三齐天，传统品种逐渐淘汰。1963年后，早稻引进矮脚南特号、团粒矮等品种；70年代，早稻推广早丰收、二九青、朝阳1号、珍汕97、珍龙13、广场矮1号、红梅早、温选青和绍糯等。1978年开始，早稻试种青秆黄和温选紫；晚稻品种推广早金凤、农虎6号、杂交南优2号，晚稻品种逐步实现杂交稻。1999年始，随着农村产业结构的进一步调整，早、晚稻双季种植又逐年改为单季(杂交晚稻)种植。由于品种优良，亩产量都在千斤以上。2000年始，稻种由县种子公司专营，购买后的种子，国家财政按购买量给予良种种植补贴。2015年，明确籼粳杂交稻(甬优12、甬优538)和常规晚粳稻(绍粳18、嘉58)超高产栽培的干物质积累规律、土壤地力要求、施氮总量、穗肥使用时间及比例、种植密度、功能叶形态指标、产量构成因素等群体质量指标和关键技术指标。

栽培技术 历来采用清水选种，盲子落田，平板秧田，脚印分畦，灌水播种,俗称“大海秧”。明清和民国时期,水稻栽培技术落后,耕作粗放。民国24年(1935年)至25年,推广泥水选种、合适秧田,但未普及。中华人民共和国成立后,用水催芽方法有温水催芽,秧田每亩播种50—75千克。1956年以后,推广旱耕旱作半旱秧,培育壮秧,每亩播种量60—80千克。推广合式秧田,并普遍推行晒种、风选、泥水选种、清水浸种、温汤淘种,用谷箩或稻桶催芽。1956年,推广半旱秧田。20世纪60年代前,以农家肥、有机肥、基肥为主,追肥以焦泥灰、人粪尿为主,农家肥料的主要种类有:焦泥灰、栏肥、绿肥、饼肥以及稻秆还田等。焦泥灰利用农闲季节上山割狼萁或铲山皮泥烧灰,拌以人粪尿。随着化肥工业的发展,烧灰积肥的人越来越少,被化学钾肥所代替。1964年,推广尼龙薄膜覆盖育秧。1965年,推广西力生消毒。后又推广密播小秧带泥插,播种时间多数为3月中下旬,由于播种过早,插秧后受低温冻害严重,不能早发,在花粉母细胞减数分裂期,正逢5月底6月初的倒春寒天气,易遭冷害,结实率下降。1970—1972年,推广小苗带土移栽,亩播种量100—125千克。1980年采用稀播地膜育秧和浸种不催芽,亩播种量在100千克左右。稀植改密植是水稻栽培技术的一大变革,间作稻株行距,尺许,有效穗少,产量低。改种连作稻后,推广小株密植,一般株行距6市寸×5市寸(1市寸≈3.33厘米),提高有效穗数,增加产量。水稻历来均采取水作栽培,保持寸水,实行养水到老的办法。以后逐步推广浅水插秧、寸水护苗、薄水保蘖、苗足烤田、灌好养胎水、养根保叶的办法。1982年,早稻播种期推迟到3月下旬,并恢复稀播、旱播水育手拔大秧。连作晚稻育秧,开始采用育旱秧法,以控制秧苗生长,20世纪60年代推广旱播水育。1977年杂交稻在旱播水育的基础上,推广移密补疏和两段育秧,1986年,推广应用“多效唑”控制秧苗生长。

作物保护 安溪畲族乡境内水稻病虫害主要有稻瘟病、纹枯病、矮缩病、胡麻斑病、恶苗病、菌核病、叶鞘腐败病、细菌性条斑病、白叶枯病、云形病、紫秆病及螟虫、稻蚰、卷叶虫、稻苞虫等。明清和民国时期,境内农民防治水稻病虫害,主要采用桐油、菜油“打杀”稻蚰,用石灰、草木灰等撒杀螟虫,以及冬耕灌水、烧田坎、烧田灰、捉虫、灭卵等人工方法防治,效果欠佳。20世纪50年代初期,病虫害防治主要采用掘稻根治螟虫、捞流托治稻蝗块、点灯诱蛾、人工捕捉稻苞虫等。稍后用上“六六六”粉和“二二三”乳剂等有机氯农药,随后又相继使用有机磷、有机砷和生物农药。至2015年,全乡水稻病虫害得到有效防治。

1991—2014 年安溪畲族乡农作物面积和产量一览表

表 16-4-1-3

年度	小计			早稻及早中稻			晚稻及迟中稻		
	播种面积（亩）	亩产（千克）	总产量（吨）	播种面积（亩）	亩产（千克）	总产量（吨）	播种面积（亩）	亩产（千克）	总产量（吨）
1991	2735	354	1062	1041	307	319	1694	378	743
1992	3081	360	1089	1031	291	300	1992	396	789
1993	2704	362	1068	969	225	218	1978	430	850
1994	2658	372	990	823	295	243	1835	407	747
1995	2507	444	1113.80	1967	496	975.70	540	256	138.10
1996	1891	452	999	1074	548	590	817	500	409
1997	2865	425	1216.30	990	294	290.90	1875	494	925.40
1998	2840	401	1138.30	990	222	219.80	1850	496	918.50
1999	2650	385	1020.90	750	222	166	1900	445	854.90
2000	2115	383	801	350	220	77	1765	410	724
2001	1685	380	648	1685	380	640	—	—	—
2002	1617	390	630	1617	390	630	—	—	—
2003	1622	380	616	1622	380	616	—	—	—
2004	1405	395	555	1405	395	555	—	—	—
2005	1405	400	562	1405	400	562	—	—	—
2006	1405	405	569	1405	405	569	—	—	—
2007	1454	450	654	1454	450	654	—	—	—
2008	1454	516	750	1454	516	750	—	—	—
2009	1054	456	480.20	1054	456	480.20	—	—	—
2010	1454	459	667	1454	459	667	—	—	—
2011	1440	459	661	1440	459	661	—	—	—
2012	944	430	406	944	430	406	—	—	—
2013	3054	430	1313	3054	430	1313	—	—	—
2014	1294	455	588.80	1294	455	588.80	—	—	—

说明：2015 年开始粮食监测不出分乡镇（街道）数据

2.杂 粮

安溪畲族乡境内杂粮主要有大麦、小麦、黄粟、高粱、马铃薯、豆类和玉米等,种植面积不大,产量也不高。大麦种植成熟时间短,但口感不好。由于种小麦会影响双季水稻亩产量,云和人俗称“吃麦芽”,感觉得不偿失,种植面积受到影响。

大麦、小麦 中华人民共和国成立前作为度春荒的主粮,平均亩产只有35千克。20世纪60—70年代大力提倡多种、种好大小麦,并引进良种,推广新技术。1990年,小麦单产达114千克,大麦单产达138千克,总产达13.10吨,占当年粮食总产的1.10%。1995年,全乡小麦种植面积0.67公顷,亩产100千克,总产量1吨。大麦种植面积2.67公顷,单产达80千克,总产达3.20吨。1995年后,农副产品价格逐步放开,农民的商品经济意识不断增强,大小麦种植面积逐年减少,已无统计数据。

黄 粟 俗称芦粟、粟米。芒种前播种,霜降后熟,圆形小颗粒,性硬,可酿酒,贫者可磨粉制饼、糊充饥。旧时多在山上玉米间隙中散播,因黄粟耐旱性较强,低丘山地多有种植。20世纪60年代初,为尽快度过历史困难期,政府号召种“百斤粮”,安溪畲族乡境内农民在田头地角、易旱地块播种有一定数量的黄粟。但由于产量低,也不好吃,随着生活条件的改善后,黄粟已基本无人种植。

高 粱 俗称芦稷,耐旱耐涝,多在易旱地块上种植,也有种于田头地角、菜园周边的。可直播也可移栽,一般在夏至前后苗栽,种后适量施肥,除草1—2次即可。糯性高粱,可酿酒,旧时贫者用来磨粉做糕点食用,安溪境内在粮食困难时期有种植,但面积不大,现早已绝迹。

玉 米 别名棒子、苞谷、苞米等。安溪境内种植夏秋两季,且种植历史悠久。中华人民共和国成立前一般种在山上,结合造林,烧山后先种三年玉米,然后栽树。20世纪60年代推广“三熟制”,秋玉米面积扩大。1988年,全乡种植面积4.67公顷,产量1.80吨,占当年粮食总产量的0.16%。1991年,全乡种植面积10.67公顷,亩产69千克,总产量11吨。1995年,全乡种植面积8.46公顷,亩产317千克,总产量40.20吨。2000年,全乡种植面积4.07公顷,亩产280千克,总产量17吨。2005年,全乡种植面积3.35公顷,亩产178千克,总产量9.43吨。2010年,全乡种植面积16.33公顷,亩产300千克,总产量73.50吨。至2014年,安溪畲族乡夏秋播种甜玉米、糯玉米、普通玉米品种为主,全乡种植30公顷,平均每亩309千克,共计139吨。

1991—2014 年安溪畲族乡农作物面积和产量一览表

表 16-4-1-4

年度	小麦			大(元)麦			夏秋玉米		
	面积(亩)	亩产(千克)	总产量(吨)	面积(亩)	亩产(千克)	总产量(吨)	面积(亩)	亩产(千克)	总产量(吨)
1991	2	100	0.2	92	130	12	160	69	11
1992	24	84	2	42	118	5	273	72	20
1993	24	108	3	41	98	4	38	26	1
1994	—	—	—	39	103	4	152	217	33
1995	10	100	1	40	80	3.20	127	317	40.20
1996	38	240	9	36	93	3.35	270	296	80
1997	—	—	—	—	—	—	38	503	19.10
1998	—	—	—	—	—	—	270	296	80
1999	—	—	—	—	—	—	28	289	8.10
2000	—	—	—	—	—	—	61	280	17
2001	—	—	—	—	—	—	30	267	8
2002	—	—	—	—	—	—	36	270	10
2003	—	—	—	—	—	—	58	270	16
2004	—	—	—	—	—	—	85	270	23
2005	—	—	—	—	—	—	53	178	9.43
2006	—	—	—	—	—	—	48	270	13
2007	—	—	—	—	—	—	46	280	13
2008	—	—	—	—	—	—	47	319	15
2009	—	—	—	—	—	—	53	200	17
2010	—	—	—	—	—	—	245	300	73.50
2011	—	—	—	—	—	—	445	180	80
2012	—	—	—	—	—	—	545	220	120
2013	—	—	—	—	—	—	220	349	78
2014	—	—	—	—	—	—	450	309	139

说明:2015 年开始粮食监测不出分乡镇(街道)数据

豆 类 豆类植物品种繁多,有五月黄、六月白、九月黄、黑豆、青皮豆、马料豆、火烧豆、苏联豆、豌豆等。豆类作物种植历史悠久,因种类不同,种植方法或播种时间不同而名称各异。旧时在山上种植或玉米地间套种时称为苞萝豆,作为秋豆在稻茬上种时称为稻茬豆,在上村、下村、下武和黄处等田畈种植不少。种于水稻田埂上的,当地人俗称田岸豆,种植田岸豆工夫省,成本低,效益高,是安溪畲族乡境内大豆种植的主体。

田岸豆在小满、芒种边抢晴天下种,每条田岸播种一行,间距约30厘米,种时用锄头在新作的田岸靠田内一侧敲一排小穴,在穴内放置黄豆3—5粒,盖上草木灰。待豆苗长出两三张叶子而豆瓣尚未脱落时,最好趁阴天将每穴有3株以上的幼苗疏出,补到无苗的穴中。如缺苗太多则要另播豆秧待用。还要及时糊豆泥,田塍豆(俗称田岸豆)用糊豆泥的方法替代中耕除草,待豆苗长至约30厘米高时开始糊豆泥,先在豆苗根部施上草木灰或钙镁磷肥等肥料,然后用手将田中水稻间带水的泥土挖起放在豆苗空隙间,同时将杂草埋入烂糊泥中,再用手把烂糊泥弄平整光滑,称之为糊豆泥。在霜降后待豆叶黄大部分脱落时收获,收获时整株连根拔起,收回来用稻草扎成小把,倒挂起来待豆壳和豆秆晾干,使大豆在足够的后熟过程中颗粒更加饱满圆润。最后脱粒、晒干、贮藏。

黄豆,又称大豆,是中国重要粮食作物之一,已有五千年的栽培历史,古称菽,是一种其种子含有丰富植物蛋白质的作物。最常用来做各种豆制品、榨取豆油、酿造酱油和提取蛋白质。豆渣或磨成粗粉的大豆也常用于禽畜饲料。安溪境内农户大都用来做豆腐和磨"豆腐娘"(磨豆浆和豆渣一起煮食)。中华人民共和国成立前以秋大豆为主,单季稻收割后(在处暑前)大多种豆。1956年,双季稻试种成功,豆田减少,普遍推广田岸栽豆,称"田岸豆"。20世纪70年代以后,大豆种植以田岸豆和旱地种植为主。

1985年,安溪畲族乡全乡大豆播种面积24.47公顷,亩产90千克,总产量33吨。1989年,是产量最高年份总量为37.70吨,占当年粮食总产量的3.22%。1995年,全乡大豆播种面积21.93公顷,总产量46.80吨。2000年,全乡豆类播种面积28.20公顷,其中大豆22.87公顷,蚕(豌)豆5.33公顷。总产量57吨,其中大豆53吨,蚕豆4吨。2005年,全乡豆类播种面积76.94公顷,其中大豆59.07公顷,蚕豆10.67公顷,杂豆7.20公顷。总产量152吨,其中大豆128吨,蚕豆14吨,杂豆10吨。2010年,全乡豆类播种面积57.46公顷,其中大豆43.33公顷,蚕豆10公顷,杂豆4.13公顷。总产量99吨,其中大豆79吨,蚕豆14吨,杂豆6吨。2014年,全乡豆类播种面积64公顷,其中大豆37.33公顷,蚕豆12公顷,杂豆14.67公顷。总产量174.20吨,其中大豆117.60吨,蚕豆21.60吨,杂豆35吨。

1991—2014 年安溪畲族乡豆类面积和产量一览表

表 16-4-1-5

年度	豆类											
	小计			(1)大豆			(2)蚕(豌)豆			(3)杂 豆		
	播种面积(亩)	亩产(千克)	总产量(吨)	播种面积(亩)	亩产(千克)	总产量(吨)	播种面积(亩)	亩产(千克)	总产量(吨)	播种面积(亩)	亩产(千克)	总产量(吨)
1991	309	74	23	—	—	—	—	—	—	—	—	—
1992	328	100	33	—	—	—	—		—		—	—
1993	330	103	34	—	—	—	—	—	—	—	—	—
1994	324	105	35	2	500	1	60	50	3	—	—	—
1995	329	142	46.80	—	—	—	—	—	—	—	—	—
1996	335	151	50	257	136	47	78	41	3	—	—	—
1997	415	109	45.40	335	125	41.90	—	—	—	—	—	—
1998	410	125	52	330	147	49	80	43	3	—	—	—
1999	425	134	57.10	345	155	53.40	80	47	3.70	—	—	—
2000	423	133	57	343	155	53.	80	43	4	—	—	—
2001	721	125	86	641	130	83	80	38	3	—	—	—
2002	716	125	86	636	130	83	80	38	3	—	—	—
2003	844	122	103	672	139	94	172	50	9	—	—	—
2004	995	220	219	890	145	129	—	—	—	105	857	90
2005	1154	140	152	886	145	128	160	88	14	108	93	10
2006	1062	137	147	847	150	127	156	88	14	59	95	6
2007	1132	136	154	873	150	130	153	90	14	106	95	10
2008	1134	158	180.30	873	178	155	153	92	15.30	108	93	10
2009	1021	116	120.50	761	125	95.10	153	90	15.30	107	95	10.1
2010	862	115	99	650	121	79	150	90	14	62	92	6
2011	1000	113	112.70	750	121	91	138	85	11.70	112	92	10
2012	1012	117	118.80	750	125	93.80	150	100	15	112	90	10
2013	330	225	68.60	180	260	47	70	80	5.60	80	200	16
2014	960	181	173.60	560	210	117	180	120	21.60	220	160	35

说明:2015 年开始粮食监测不出分乡镇(街道)数据

甘 薯 甘薯又称番薯、地瓜。番薯既可整个煮食,也可刨成番薯丝晒干储存后食用,还可切片晒干后炒、炸作零食。番薯嫩叶可做菜,老叶可当猪饲料,番薯藤可喂牛。中华人民共和国成立前,番薯是安溪境内农户的主粮,通常以番薯丝掺米炊食,曰"番薯丝饭"。常年食米者,寥若晨星,纯米之饭,仅春节与宴客一用而已。中华人民共和国成立后,由于推广稻谷良种种植,到20世纪80年代大米逐渐成为主粮。1988年,全乡番薯产量最少为21吨,占当年粮食总产量的1.79%;1994年,全乡产量最高为89吨,占当年粮食总产量的7.13%。2014年,全乡播种番薯面积30.67公顷,亩产710千克,总产量共计326.60吨。2015年开始,粮食监测不出分乡镇(街道)数据。

民国至中华人民共和国成立前后,番薯大都种在山地或易干旱的农田里,同时套种大豆、高粱。番薯收获后可种植春粮大小麦、蚕豆、油菜、马铃薯,称为二熟制。1990年,开始发展"三园"(茶园、桑园、果园)套种,种植面积上升,效益提高。

安溪畲族乡境内农户每年入冬前都在村边山坡上挖个坎洞,用于番薯保鲜留种,洞口方形以木板拼堵,或用砖块封口,也有的农户在家中饭桌下修建地塘储藏。来年再把番薯种种在地上,长藤后扦插。民国时期,番薯品种主要有台湾红、台湾白。20世纪50年代,以种植六十天早、红皮白心、红皮红心为主,都是长蔓、耐瘠、耐旱、省肥、低产量品种。1956年引进胜利百号,1962年引进港头白、五爪龙,1966年引进新种花,均为中蔓型耐瘠、耐旱、高产品种,渐成当家品种。20世纪80年代后期推广潮薯、瑞薯1号和万春1号等品种。

甘薯苗历来是小满开压,芒种当令,夏至不迟,小暑完成。20世纪70年代始,根据甘薯块根形成的最适温度(24℃左右)和本地气温等条件,改为"立夏开插,小满大压,芒种扫尾"。20世纪80年代,由于旱地冬种面积扩大,普遍提高用品种量、采苗量,缩短扦插期。压藤方法有水平压、直压和斜压等几种,以斜压为多。历来采用垄作栽培,老习惯是"垄宽三尺三,株间笠宽",每亩仅压2000株苗左右。20世纪70年代,将改宽垄间距植改为小垄单行植。对土层深、地下水位高的甘薯田,推行大垄(高垄)双行植,亩插薯苗3000—4000株。80年代,全面推广中垄适当密插栽培法,一般宽90—100厘米,高90厘米,亩插薯苗2800—3000株。

20世纪50年代前,番薯基肥和培土都用农家土杂肥。自60年代山区半山区扩大水稻种植面积以后,稻薯争肥矛盾突出,不少地方先压藤后补肥,且多用氮肥。70年代大力推广栏肥、绿肥上山,着重施足基肥,特别是有机肥和磷肥，适量增施壮薯肥和裂缝肥。

1995年，安溪畲族乡全乡种植番薯730亩，亩产97千克，总产量70.50吨。2000年，全乡种植番薯1519亩，亩产153千克，总产量232吨。2005年，全乡种植番薯1096亩，亩产170千克，总产量186吨。2010年，全乡种植番薯722亩，亩产275千克，总产量199吨。2014年，全乡种植番薯460亩，亩产710千克，总产量326.60吨。

荞 麦 俗称花麦，生长期短，立秋后一个月内均可播种，每亩可收50—100千克。中华人民共和国成立前后常在夏旱严重，无法播种马料豆等秋粮作物的情况下作为救灾作物种植。品种有大花、小花之分，粮食困难时去壳磨粉做糕点充饥。安溪境内20世纪50年代有种植，粮食丰收后无人种植。

马铃薯 中华人民共和国成立前，安溪畲族乡境内马铃薯是度春荒的主要粮食。20世纪50—60年代播种面积持续扩大，70年代有所减少，80年代又有回升。1990年，全乡种植面积32.33公顷，总产量63吨，占当年粮食总产量的5.20%。2014年，全乡种植1000亩，亩产160千克，总产量160吨。

1991—2014年安溪畲族乡薯类面积和产量一览表

表16-4-1-6

年度	薯类作物								
	小 计			(1)番 薯			(2)马铃薯		
	播种面积（亩）	亩产（千克）	总产量（吨）	播种面积（亩）	亩产（千克）	总产量（吨）	播种面积（亩）	亩产（千克）	总产量（吨）
1991	936	135	126	292	154	45	644	126	81
1992	968	129	125	318	158	50	650	115	75
1993	1204	139	167	543	155	84	661	126	83
1994	1278	143	182	556	160	89	722	129	93
1995	1599	142	226.50	730	97	70.50	869	180	156
1996	1732	163	281.50	364	152	55.50	13685	165	226
1997	1945	160	312	895	156	140	1050	163	172
1998	1945	160	312	895	156	140	1050	163	172
1999	2656	159	408.60	1519	153	232	1050	161	176.40
2000	2569	154	400	1519	153	232	1050	160	168
2001	1137	155	176	1137	155	176	—	—	—
2002	1128	150	169	1128	150	169	—	—	—

续表 16-4-1-6

年度	薯类作物								
	小　计			(1)番　薯			(2)马铃薯		
	播种面积(亩)	亩产(千克)	总产量(吨)	播种面积(亩)	亩产(千克)	总产量(吨)	播种面积(亩)	亩产(千克)	总产量(吨)
2003	1107	150	166	1107	150	166	—	—	—
2004	1100	167	184	1100	167	184	—	—	—
2005	2168	335	727	1096	170	186	1072	505	541
2006	2211	383	847	1128	180	203	1083	595	644
2007	2114	426	836	1070	180	192	1074	600	644
2008	2194	406	890	1120	171	192	1074	650	698
2009	2252	512	1153.90	1138	280	318.60	1114	750	835.31
2010	1332	195	260	722	275	199	610	100	61
2011	1332	201	268	772	275	212	560	100	56
2012	1402	208	291.60	772	280	216	630	120	75.60
2013	340	588	200	170	750	128	170	425	72
2014	1460	333	486.60	460	710	326.60	1000	160	160

说明：2015 年开始，云和县统计局粮食监测不出分乡镇(街道)数据

(二)经济作物

自然环境和气候条件为种植高山蔬菜等经济作物提供优越的条件。2000年，安溪畲族乡境内高山蔬菜生产开始成为村民增加家庭经济收入的渠道。全乡蔬菜播种面积 20 公顷，总产量 300 吨。此后几年，发展高山蔬菜的效益使农民积极性不断提高，根据市场需要，种植小辣椒、长豇豆、茭白、马铃薯、萝卜、榨菜、娃娃菜等多个品种。2005 年，全乡种植蔬菜 1213 亩，总产量 976 吨。比 2000 年播种面积增加 304.33%，总产量提高 225.33%。2010 年，全乡种植户达 110 户，种植蔬菜 628 亩，总产量 628 吨。2015 年，全乡种植蔬菜 643 亩，总产量 714 吨。

1.主要蔬菜作物

小辣椒　安溪畲族乡境内种植都以采摘小青椒上市为主。2003—2004 年，黄家地村、严山村村民在调整农业产业结构中，采取水稻和辣椒轮作方法，建立高山优质小辣椒生产基地。2003 年，严山村全村 37 户中有 35 户发展高

山小辣椒生产。全村种植面积达 2.67 公顷之多。收获后由磐安县客商定购，每亩收入可达 3000—4000 元。后因市场的变化，磐安县客商停止收购。2005 年，新建小辣椒基地 2.67 公顷。2012 年种植小辣椒 10 公顷。

茭 白 茭白，俗称茭笋。2012 年，严山村根据市场需求，动员畲民开展高山茭白种植。生产的茭白基本上销于县内市场，市场批发价每千克达 5—6 元，每亩收入可达 6000—7000 元，且产销两旺。据畲民茭白种植户介绍，由于高山产的茭白肉质肥嫩，纤维少，在市场上很受欢迎。2012 年，全乡种植高山茭白共计面积达 10 余公顷。

长豇豆 安溪畲族乡境内农户普遍种植，是夏秋时食用的主要蔬菜之一，历年来每户几乎都有栽种。2011 年，下村村民 5 人，一起创办安溪畲族乡“乐民蔬菜合作社”。合作社联合上村、下村和下武村百多家农户建立面积 200 亩的“蔬菜示范基地”，有规模地发展“长豇豆”生产。示范基地邀请浙江省农科院施泽诚、浙江省林科院李因刚作技术顾问，推行“无公害蔬菜栽培，统一肥药管理”技术，使种植的长豇豆达到优质、高产目的。生产的长豇豆基本上由碧湖等外地人进村收购，亩产收入可达到 5000—6000 元。2012 年，全乡种植长豇豆面积达 40 公顷。2014 年开始，由于市场的变化，种植户逐渐停止种植长豇豆。

2015 年，严山村村民雷金旺在县农业部门给予每亩 200 元开发种植资金的扶持下，开垦荒田面积 2.63 公顷，建立“金旺农场”。农场种植高山蔬菜茭白、马铃薯、萝卜、娃娃菜等多个品种，当年经济收入 5 万多元。是年，全乡种植各种蔬菜面积共计 42.87 公顷，总产达 714 吨。

2.药材作物

1993 年，初时利用造林时混交方式种植厚朴。后发展至农田、竹林等间作种植。2015 年，安溪畲族乡全乡种植各种药材面积共计 762 亩。

金银花 植物金银花又名忍冬，为忍冬科多年生半常绿缠绕木质藤本植物。金银花自古被誉为清热解毒的良药。它性甘寒、气芳香，甘寒清热而不伤胃，芳香透达又可祛邪。金银花既能宣散风热，还善清解血毒，用于各种热性病，如身热、发疹、发斑、热毒疮痈、咽喉肿痛等症，均效果显著。2013 年，续永周在安溪畲族乡境内投资开发，种植金银花面积共计 5.47 公顷。由于市场的急速变化，形成金银花销路狭窄，投入的生产成本大于产值。金银花在市场不理想的情况下，续永周调整生产结构，由金银花种植改为水果种植。2012 年，安溪畲族乡全乡金银花种植面积达 10 公顷。

铁皮石斛 铁皮石斛茎直立，圆柱形，长 9—35 厘米，粗 2—4 毫米，不分枝，具多节，叶二列，纸质，长圆状披针形，边缘和中肋常带淡紫色。总状花序常从落叶的老茎上部发出，具2—3朵花；花苞片干膜质，浅白色，卵形，长5—7毫米，萼片和花瓣黄绿色，近相似，长圆状披针形，唇瓣白色，基部具1个绿色或黄色的胼胝体，卵状披针形，比萼片稍短，中部反折。蕊柱黄绿色，长约3毫米，先端两侧各具1个紫点；药帽白色，长卵状三角形，长约2.30毫米，顶端近锐尖并且二列。适宜在凉爽、湿润、空气畅通的环境生长。其茎入药，属补益药中的补阴药，益胃生津，滋阴清热。2015年4月，温州籍老板在黄处村建立"梨树附生(苗种植于梨树上)铁皮石斛生产基地"，以梨树占地面积统计共计10公顷。

黄 精　黄精又名鸡头黄精、黄鸡菜、笔管菜、爪子参、千年运等。为黄精属植物，根茎横走，圆柱状，结节膨大。叶轮生，无柄。药用植物，具有补脾、润肺生津的作用。2015年，东岱村村民利用山区的丰富资源，在本村的高山上试种中药材黄精。种子从江西、湖南、湖北、安徽等地引进，每千克市价16—18元，每亩播种量300千克。黄精生长成熟收获期为3—4年，亩产可达1000—1500千克。2015年，在田上试种面积2公顷。按当时市场价格计算，每亩产值可达1万多元。

3.油料作物

油菜籽　油菜籽，籽榨油，云和本地人俗称香油。20世纪安溪畲族乡境内主要种植九二13系、湘杂油一号、中油821、浙双6号和浙双72号等品种。21世纪，主要种植品种为双低油菜浙双6号、浙双72号和油研7号。1985年，全乡种植油菜面积155.20公顷，总产量13.80吨。1986年，全乡种植油菜面积12.33公顷，总产量10吨。1995年，全乡种植油菜面积23.40公顷，总产量22.20吨。2000年，全乡种植油菜面积10公顷，总产量11吨。2010年，全乡种植油菜面积2.87公顷，总产量5吨。2015年，全乡种植油菜面积3.80公顷，总产量9吨。

花 生　又名落花生，属蝶形花科落花生，一年生草本植物。花生被人们誉为"植物肉"，含油量高达50%，品质优良，气味清香可榨油。可连壳炒食、煮食，也可去壳吃花生米。安溪畲族乡境内历年种植量都不大，仅用来平时休闲食用和招待客人。1985年，全乡种植花生8公顷，总产量1.10吨。1986年，全乡种植花生0.67公顷，总产量0.90吨。1997年，全乡种植花生0.27公顷，总产量0.40吨。2000年，全乡种植花生7.13公顷，总产量10吨。2001年，全乡种植花生7.13公顷，总产量10吨。2003年，全乡种植花生2.33公顷，总产量3吨。2004年，全乡种植花生1.67公顷，总产量2吨。2006年，全乡种植花生1.93公顷，总产量3吨。2007年，全乡种植花生1.67公顷，总产量3.20吨。2008年以后，由于种植量少，无统计数据。

1991—2015年安溪畲族乡部分作物面积和产量一览表

表 16-4-1-7

年度	油料						药材			蔬菜		
	1.芝麻			2.油菜籽								
	播种面积（亩）	亩产（千克）	总产量（吨）	播种面积（亩）	亩产（千克）	总产量（吨）	播种面积（亩）	亩产（千克）	总产量（吨）	播种面积（亩）	亩产（千克）	总产量（吨）
1991	—	—	—	224	86	19.303	7	—	—	340	—	—
1992	—	—	—	295	80	24	3	—	—	368	—	—
1993	—	—	—	302	84	26.70		—	—	387	—	—
1994	10	100	1	228	88	20		—	—	384	—	—
1995	—	—	—	351	63	22.20		—	—	466	—	—
1996	—			250	216	5	—	—	—	445	—	—
1997	8	50	0.40	152	100	15.20	302	—	—	445	1531	681.50
1998	—	2	2	12	83	1	2	2	—	445	1530	681.50
1999	—	60	—	150	71	10.70	2	2	—	445	1530	681.50
2000	—	—	—	150	71	11	23	2	—	300	1000	300
2001	75	53	4	146	70	10	2	2	2	1672	620	1037
2002	2	2	2	150	75	11	2	2	2	2278	791	1803
2003	199	73	15	152	75	11	2	2	2	1353	795	1706
2004	18	55	1	147	76	11		2	2	1234	798	985
2005	15	—	—	—	—	—	—	—	—	1213	805	976
2006	18	51	1	—	—	29	—	—	—	1764	1000	1764
2007	15	50	0.80	—	—	—	—	—	—	1219	1000	1219
2008	—	—	—	—	—	—	—	—	—	152	1861	283
2009	—	—	—	—	—	—	—	—	—	350	1000	350
2010	—	—	—	43	120	5	—	—	—	628	1000	628
2011	—	—	—	35	120	4.20	—	—	—	828	1000	828
2012	—	—	—	46	130	6	220	300	66	820	1200	984
2013	—	—	—	50	120	6	540	260	143	1090	1200	1308
2014	—	—	—	50	160	8	620	260	161	660	1200	792
2015	—	—	—	57	158	9	762	177	135	643	1110	714

(三)水果种植

西 瓜 2001年，严山、黄家地、木樨花等村村民瞄准市场，利用有利的高山气候条件，开展试种高山西瓜成功后，黄家地村每年种植户有20多户。是年，全乡种植面积6.53公顷，总产量270吨。批发价每千克1.70—1.80元。一般种植户每亩收入4000—5000元，瓜品上乘的户可达6000—7000元。2005年，全乡种植5.80公顷，总产量87吨。2010年，全乡种植西瓜12.67公顷，总产量达171吨。2015年，全乡种植西瓜14.13公顷，亩产1970千克，总产量达418吨。

2003—2015年安溪畲族乡西瓜面积和产量一览表

表16-4-1-8

年度	播种面积(亩)	亩产(千克)	总产量(吨)	年度	播种面积(亩)	亩产(千克)	总产量(吨)
2001	98	2755	270	2009	130	1000	130
2002	110	1000	110	2010	190	900	171
2003	112	1000	112	2011	190	1000	190
2004	166	1000	166	2012	6	2000	12
2005	87	1000	87	2013	120	2000	240
2006	32	1000	32	2014	210	2000	420
2007	143	1000	143	2015	212	1970	418
2008	205	1000	205	—	—	—	—

五、养殖业

安溪畲族乡境内山多地少，有山林面积2458.20公顷，是发展养殖业独特的草场自然资源。畲族和汉族人民历史上就有普遍饲养牛、猪、羊、鸡、鸭、鹅、兔等传统家畜家禽传统。养殖业是畲族收入的一个重要来源，普遍饲养牛、猪、羊、鸡、鸭、鹅等家畜家禽。猪、鸡是每户必养。在黄处村、严山村等地放牧资源丰富，少数畲民养殖黄牛和羊。养殖业成本低，发展快，效益高。民谣云"穷人没大猪"，只是由于畲族大都生活贫困，往往没等到猪养大，就得卖出或宰杀。

(一)畜牧养殖

20世纪90年代以前，基本上都是家庭传统散花式饲养，养殖规模不大，畜禽的商品率不高，产品基本供农户逢年过节，改善家庭生活，自家消费。2005

年开始，在农村产业转型升级中，传统的散花式饲养基本消失，专业饲养户应运而生。养殖规模化，效益提高。是年，生猪年末存栏数1306头，其中能繁殖的母猪34头，其他生猪1272头，年内生猪出栏数1154头，全年生猪饲养量2460头。2010年，生猪年末存栏数567头，其中能繁殖的母猪44头，其他生猪523头，年内生猪出栏数713头，生猪饲养量1280头。2015年，安溪畲族乡全乡养牛195头，养猪8157头。

1991—2015年安溪畲族乡畜牧业生产一览表

表16-4-1-9

年度	生猪（头）					牛（头）		羊（只）	
	生猪年末存栏头数（含未断奶小猪）			年内生猪出栏头数	全年生猪饲养量	牛年末存栏头数	年内牛出栏头数	羊年末存栏只数	年内羊出栏只数
	合计	能繁殖的母猪	其他生猪						
1991	1605	24	1581	1070	2675	505	—	—	—
1992	1730	20	1710	1112	2842	534	—	—	—
1993	1723	11	1712	1114	2826	537	—	—	—
1994	1671	17	1654	1096	2767	536	—	—	—
1995	2061	32	2029	1333	3394	588	—	100	—
1996	1041	14	1027	1320	2361	515	—	72	—
1997	1051	5	1046	1320	2371	515	—	123	—
1998	1075	10	1065	1367	2432	516	—	30	—
1999	1160	—	1160	1392	2552	509	—	350	—
2000	1136	—	1136	1376	2512	422	—	360	—
2001	1175	—	1175	1201	2376	448	—	142	—
2002	1543	—	1543	1271	2814	438	—	178	—
2003	1527	44	1483	527	2054	465	60	—	—
2004	1127	15	1112	415	1542	363	64	—	—
2005	1306	34	1272	1154	2460	342	199	—	—
2006	1306	28	1278	116	1422	340	190	—	—
2007	1106	74	1032	2204	3310	508	402	—	—
2008	934	92	842	1436	2370	517	407	—	—
2009	758	105	653	983	1741	179	13	—	—
2010	567	44	523	713	1280	63	126	—	—

续表 16-4-1-9

年度	生猪(头)					牛(头)		羊(只)	
	生猪年末存栏头数(含未断奶小猪)			年内生猪出栏头数	全年生猪饲养量	牛年末存栏头数	年内牛出栏头数	羊年末存栏只数	年内羊出栏只数
	合计	能繁殖的母猪	其他生猪						
2011	378	258	120	1262	1640	70	24	—	—
2012	2563	265	2298	3327	5890	210	42	—	—
2013	3452	232	3220	4468	7920	52	101	—	—
2014	3773	400	3373	4742	8515	102	95	5	1
2015	3512	411	3101	4645	8157	93	102	—	—

1.家畜养殖

1978年改革开放前，安溪畲族乡境内几乎每户都利用农村青饲料和米糠喂养肉猪1—3头，还有不少的农户，饲养黄牛和羊。在山区成人辛勤耕作于田间，砍柴在山场，放牛和拔猪草就成了大部分农户妇女和儿童必不可少的劳动。养牛成本低，特别是黄牛适应性很强，一般不需要精饲料，既可以用青饲料，也可以用干稻草等喂养。进入21世纪，政府关注农村的村容村貌、环境卫生和水源保护，禁止农村散户养猪，大部分家庭不再饲养生猪。养牛也从单纯的耕地，到饲养出售肉牛和耕牛并举。2005年开始，安溪畲族乡境内还出现饲养奶牛的专业户。

耕 牛 因黄牛在山区比水牛适应性更强，安溪畲族乡饲养的品种大多为黄牛，主要用于农耕。这是畲汉两族群众上百年来的传统生产方式。饲养的母牛主要为旺栏(繁殖)，饲养的公牛主要为耕田。为了改变公牛暴戾的性格，会对公牛进行人工阉割。阉割后的公牛性善易于驾驭。历史上严山、黄处两村有广阔的山场，牛的饲养量较多。基本上每户人家饲养1—2头。每年秋后至翌年春耕前这段农闲时间，若无低温天气，则昼夜放牧于山场，任其游荡。

1984年，全乡牛存栏数342头，年饲养量最高年份的1988年，全乡耕牛年底存栏数达516头。其中，能耕田的牛455头，能繁殖的母牛275头。1991年，年末耕牛存栏数505头(黄牛457头，水牛48头)。其中，能耕田的牛237头，能繁殖的牛184头。1995年，年末耕牛存栏数588头。其中，能耕田的牛325头，能繁殖的母牛243头。2000年，年末耕牛存栏数422头。2005年，年末耕牛存栏数342头，年内牛出栏数199头。

2010年,年末耕牛存栏数63头,年内牛出栏数126头。2015年,安溪畲族乡全乡农户饲养耕牛195头。其中,出栏102头,年底存栏数93头。随着农村改革的不断深入,在产业结构发生新的变化情况下,耕牛放牧投工和饲养投入成本高,以及现代农业机械化的普及,机耕替代牛耕,因而,牛饲养量逐年锐减。

奶　牛　2005年,上村村民何少勇自筹资金2万多元,从金华引进荷兰奶牛2头,创办"安源牧歌家庭农场",采取科学饲养、科学管理的办法。2015年,奶牛存栏数发展至7头,日产鲜奶100多千克。销售办法是通过在网上的"农民信箱"里发布广告,或采取客户预订和每日按时送货上门等多种渠道推销鲜奶。鲜奶市场零售价每瓶5元,因牛奶质量好而供不应求,年产值可达2万多元。

猪　肉猪是农户饲养的主要家畜之一。安溪畲族乡境内历史上农户就普遍饲养,一般农户最少也饲养一头,在春节前宰杀俗称"过年猪"。云和民风淳朴,在杀猪那天,亲友邻居相互请吃"散猪福",猪肉卖掉一部分,其余撒盐腌制,慢慢食用。20世纪50年代末前,饲养的品种为传统的黑猪。1960年开始,种田需要大量的肥料,猪栏粪投入生产队里可分得一定粮食,除猪肉供给自家生活必需之外,生猪(肉)出售是家庭经济的主要收入之一。饲养黑色土猪品种逐渐被杂交的"约克""太湖太白"等新品种的白猪代替。安溪畲族乡生猪饲养量最大的年份在20世纪70年代至80年代初。家家户户饲养量基本上有1—3头。因此,20世纪80年代初发展畜牧业以养猪为主。1985年,全乡生猪年饲养量1870头,其中肥猪出栏数700头,年末存栏数1145头。家庭联产承包责任制后,随着农村改革开放的不断深入,产业结构的调整,带来新型的家庭经济收入,生猪(肉)售出不再是家庭经济的主要收入来源,因而出现吃肉而家里不再养猪的现象。随着家庭经济收入渠道不断地拓展,家庭饲养逐渐脱离传统生产方式的圈子。因此,家家户户饲养生猪的现象逐年消失。2013年开始农村环境整治,家庭散养生猪受到限制。家庭饲养户的现象仅占全村总户数的1%左右。由此,出现生猪饲养专业户。

1991年,安溪畲族乡全乡生猪年饲养量2675头,其中肥猪出栏数1070头,年末存栏数1605头。1995年。全乡生猪年饲养量3394头,其中肥猪出栏数1333头,年末存栏数2061头。2000年,全乡生猪年饲养量2512头,其中肥猪出栏数1376头,年末存栏数1136头。2005年,全乡生猪年饲养量2460头,其中肥猪出栏数1154头,年末存栏数1306头。2008年,黄处村发展生猪养殖专业户2户,年饲养太湖大白猪1000头。

2010年,在招商引资中,云和人刘帮友在境内租赁下村、下武两村在大垄口(土名)的40亩土地,投资500多万元,创办“乐福久生态养殖场”,饲养优质无公害生猪,年产值可达1000余万元。是年,安溪畲族乡全乡生猪年饲养量1280头,其中肥猪出栏数713头,年末存栏数567头。

2015年,安溪畲族乡全乡饲养生猪8157头。其中,年末能繁殖的母猪411头,其他生猪存栏数3512头,年内出栏数4645头。

羊　安溪畲族乡境内农户素有利用山场散养山羊习惯,基本上都没有形成规模养殖。1995年,县委统战部从玉环购来种羊,从景宁、缙云等地购来本地山羊,扶持严山村8户畲民养殖。利用高山荒地的天然资源建养羊基地。是年,数量为100头。2001年底饲养销售后至存栏数480多头。由于市场效益欠佳,2002年开始停止养殖。

兔　肉兔是安溪畲族乡境内常见的家畜。肉兔可喂食青菜、青草和精饲料。1978年改革开放前,农户饲养比较普遍,饲养量不大,仅供家庭食用。20世纪90年代,部分农户开始饲养长毛兔。1985年,全乡养兔352只,其中长毛兔324只。1991年,全乡养兔217只,其中长毛兔10只。1995年,全乡长毛兔88只。1997年,全乡长毛兔96只。之后,由于养殖量不大,没有养兔的统计数据。

2.家禽养殖

安溪畲族乡境内家禽养殖以养鸡、养鸭比较普遍,只有少数农户养鹅。养鸡只需要有空地山场,养鸭因受水源条件限制,要在有山坑水、有湖田的地方养殖。在养殖规模上历史来都是农户散养,进入21世纪,安溪畲族乡境内农户基本停止散养,同时有家禽养殖专业户。2000年,全乡年末家禽存栏数6230只,出售5895只,全年饲养家禽12125只。2005年,全乡出售家禽72493只,其中鸡69884只,鸭2609只,年末存栏肉禽31490只,全年养殖量达103983只。2010年,全乡出售家禽166412只,其中鸡160102只,鸭6310只,年末存栏家禽30360只,其中,肉禽25860只,蛋禽4500只。全年养殖量达196772只。

2015年,安溪畲族乡全乡出售家禽77801只,年末存栏家禽36459只,全年养殖量114260只。

鸡　山区农户养鸡,满山遍地放养,粗放型管理。鸡是安溪畲族乡境内农户普遍饲养的家禽。1978年改革开放前,农户养鸡,除自己饮食鸡肉、蛋需要外,出卖鸡和蛋也是家庭一笔收入。1984年,全乡家庭散花式饲养家禽数3350只。2000年,在农村产业不断转型升级中,散花式的传统家庭饲养方式逐渐消失。按照“一村一品”的产业发展思路，出现专业养殖户。

1985 年，安溪畲族乡全乡饲养家禽数 4763 只，年底存栏 2903 只。1991 年，全乡饲养家禽数 12935 只，年底存栏 4599 只，年内出栏 8336 只。1995 年，全乡饲养家禽数 13359 只，年底存栏 4995 只，年内出栏 8364 只。2000 年，全乡饲养家禽数 12125 只，年底存栏 6230 只，年内出栏 5895 只。

2005 年，下武村蓝华平等 12 户畲民，自筹资金兴办家庭生态养鸡场，饲养速生大白鸡。2006 年，全乡建立占地面积 500 平方米以上养殖大棚(基地)8 个。是年，饲养量达 30 多万羽，每户年收入达 2 万以上。2008 年，黄处村鸡的专业养殖户也发展至 3 户，饲养品种为三黄鸡，年饲养量达 8 万羽。

由于市场变化的原因，大部分农户陆续地停止养殖，惟蓝华平一户坚持继续饲养三黄鸡、乌骨鸡、孕妇鸡、下蛋鸡、肉鸡新品种。在销售上通过“农民信箱”做广告宣传和推销产品。出卖禽蛋同时，还常年出售有机肥料干鸡粪。2015 年，产值达 600 多万元。东岱外村村民廖水成，利用房前屋后大片竹林的天然场地放养土鸡 500 多羽，市场价每千克 25 元。2015 年，全乡出栏肉鸡 7 万羽。

鸭 进入 21 世纪，鸭同鸡一样，散花式的传统家庭饲养方式基本消失，逐步转向专业户养殖。2007 年，黄处村有番鸭养殖专业户 1 户，年饲养量 5000 羽。2014 年，全乡番鸭出栏数 7810 只。2015 年，陈少利在海拔 720 米的严山村上租赁 19 户村民的土地，投资 20 万元，兴办生态番鸭养殖场。年饲养量 5300 羽，年产值可达 50 万元。是年，安溪畲族乡全乡年内出栏肉鸭 7801 只。

1985—2015 年部分年份安溪畲族乡家禽生产一览表

表 16-4-1-10　　单位：只

年度	家禽						
	年末存栏数			年内出栏数			
	合计	肉禽	蛋禽	合计	鸡	鸭	鹅
1985	2903	—	—	1860	—	—	—
1991	4599	—	—	8336	—	—	—
1992	4832	—	—	18943	—	—	—
1993	5145	—	—	18548	—	—	—
1994	522	—	—	16138	—	—	—
1995	4995	—	—	8364	—	—	—

表 16-4-1-10

年度	家禽						
	年末存栏数			年内出栏数			
	合计	肉禽	蛋禽	合计	鸡	鸭	鹅
1996	4223	—	—	4730	—	—	—
1997	4223	—	—	4730	—	—	—
1998	4241	—	—	4469	—	—	—
1999	7150	—	—	6080	—	—	—
2000	6230	—	—	5895	—	—	—
2001	6230	—	—	5895	—	—	—
2002	2716	—	—	6156	—	—	—
2003	2791	2791	—	3470	1185	2285	—
2004	3035	3035	—	22745	10928	11817	—
2005	3400	2695	705	5820	2940	2280	600
2006	35000	35000	—	91000	70000	21000	—
2007	87425	87425	—	308257	208257	100000	—
2008	256080	256080	—	302720	288240	14480	—
2009	42518	30918	11600	169024	163712	5312	—
2010	30360	25860	4500	166412	160102	6310	—
2011	14230	10230	4000	100990	90000	10990	—
2012	7853	7768	85	32584	30084	2500	—
2013	14630	11330	3300	110500	104500	6000	—
2014	29809	23809	6000	72498	65915	6583	—
2015	36459	30000	6459	77801	70000	7801	—

(二)蜜蜂养殖

安溪畲族乡境内历史上就有少数农户，在房前屋后饲养中华蜂，采蜜自食或供药用，数量少，产量低，未形成商品化生产规模。1985 年，全乡养殖中华蜂 32 箱，产蜂蜜 0.10 吨。1991 年，全乡养中华蜂 48 箱，产量 0.10 吨。1992 年，全乡养中华蜂 53 箱，产量 93 千克。1995 年全乡养殖中华蜂 56 箱，产蜂蜜 0.16 吨。1997 年，全乡养殖中华蜂 43 箱，产蜂蜜 0.13 吨。2015 年，安溪畲族乡全乡养殖中华蜂 120 箱，蜂蜜总产量 0.30 吨。

六、特色农业

畲族入迁之初，油盐酱醋仅靠狩猎（卖兽皮）、卖硬柴或柴爿（松木爿）的收入换取。柴爿要挑至县城才有市场，一趟来回路程达15多千米。民国32年（1943年），云和复兴乡研究本地畲民云："畲人田产甚少，男女勤劳作犹难生活，经济困乏，大都挑柴度日。"而狩猎（卖兽皮）是主要的副业，在家庭经济增收中占有重要的地位。

畲族定居后，生活、生产才逐步走向发展。为了自给，在发展农、林生产的同时，注重发展畜牧业生产。除饲养家畜家禽外，充分利用山区特点，经营多种经济作物，主要种植杉、油桐、油茶、竹、棕、桑、苎麻、甘蔗、烟叶、靛青（制染料的植物）等。例如，柘园自然村，利用其山高、土沃等优越的自然条件，发展烟叶生产。

家庭经济收入除了农闲时狩猎、农副产品售出一点微薄的收入外，还有给汉族地主做长工和短工，或者当轿夫赚一点苦力钱增加家庭的经济收入。清光绪三年（1877年）刊本《处州府志》载："畲民为耕作苦，或佃种田亩，或杠抬山舆。"

苎 麻 中华人民共和国成立前，安溪畲族乡境内不少农户都有种植，主要用于织布，俗称麻布、腰机布。用来缝衣、做蚊帐，曾有"一重麻布好挡风，三重麻布过个冬"之说。中华人民共和国成立后还有人零星种植，主要是用来纺线和搓细麻绳纳鞋底，有些老年妇女以用苎麻纺线、搓鞋底绳出售为业。随着中国工业的快速发展和人民生活水平的提高，大多数人都买鞋穿，农村很少有人做布鞋了，穿麻布衣也成为历史，故苎麻已派不上用场而消失。

络 麻 主要用于搓麻绳，捆绑东西和打草鞋。旧时畲民人人穿草鞋，在正月农闲和雨雪天打草鞋，农忙时晴天出门和上山砍柴时穿，畲民在开春之前家家户户都要用络麻和稻草打草鞋。在计划经济时期，供销社大量收购络麻，安溪境内种植络麻的面积也不少，是集体经济收入的组成部分。随着农民生活条件的改善，草鞋逐步被解放鞋、皮鞋代替，20世纪80年代后，安溪畲族乡境内已无人种植络麻。

烟 草 烟叶，俗称旱烟。安溪畲族乡境内烟叶在清代就有种植，吸烟的农民零星种植在田头地角供自己所用。1995年，全乡种植烟叶0.20公顷，收获300千克。2002年开始大面积种植烟叶，下村、下武、黄处村畲民，在县烟草公司从福建聘请来的烟草种植技术员的指导下发展烟叶生产。种子由县烟草公司提供，并给予种植户建造烟叶烘焙灶补贴资金1500元/个。3个村20多户种植户，共计种植烟叶面积7.07公顷，总产量15.90吨。生产的烟叶由县烟草公司收购，收购价分甲、乙、丙、丁4个等级。甲等价2.45元/千克，其他价一般在0.5—1元/千克。2003年，全乡种植烟叶1.93公顷，总产量3吨。2004年，全乡种植烟叶3.20公顷，总产量4.80吨。2005年，因烟叶种植和加工工序繁琐、时间投入多，且价格低廉，在安溪畲族乡境内停止种植。

代料香菇　安溪畲族乡境内香菇种植模式分为地栽香菇与棚架香菇两种。20世纪90年代初，农业生产结构还处于简单化阶段，村村代料香菇栽培掀起高潮。1993年，全乡种植代料香菇19万袋。1995年，全乡种植代料菇类达86.40万袋，总产量37吨。1997年，全乡生产代料菇类达205万袋，其中优质花菇136万袋，栽培户袋数都在上万袋以上，是历年来代料香菇栽培量最大的一年，总产量达152吨。因受市场价格影响，之后年度产量不稳定。2000年，全乡种植代料菇类多达150万袋，总产量124吨。2005年，全乡种植代料菇类多达109万袋，总产量81吨。2010年，全乡种植代料菇类总产量169吨。2015年，全乡食用菌总产量134吨。

代料黑木耳　利用木屑、麦皮、蔗糖、石膏粉和水培养料来代替段木生产黑木耳。优点是节省木材，工艺简便，生产成本低，生长周期短，收益快。2010年，全乡代料黑木耳栽培为历年最高年份，总量为25万袋。为推进黑木耳产业标准化生产，2014年，在下村村建立黑木耳提升项目标准化生产基地200亩。12月，完成主体化工程的70%。2015年，安溪畲族乡全乡种植黑木耳10万袋。

1993—2015年安溪畲族乡食用菌产量一览表

表16-4-1-11

年份	数量（万袋）	产量（吨）	年份	数量（万袋）	产量（吨）	年份	数量（万袋）	产量（吨）	年份	数量（万袋）	产量（吨）
1993	19	—	1999	140	89	2005	109	81	2011	—	153
1994	76	32.1	2000	150	124	2006	—	86	2012	—	52
1995	86.40	37	2001	117	84	2007	—	99	2013	—	14
1996	205	70	2002	—	109	2008	—	153	2014	—	30
1997	205	152	2003	140	119	2009	—	160	2015	—	134
1998	102	71	2004	132	112	2010	—	169	—	—	—

茶　叶　安溪畲族乡境内历史以来就在山头地角和山坡地零星种植茶叶，用以自家饮用，仅有少量余茶用于出售。老茶树一般每年清明节后采摘一次，农户自己用铁锅烘炒加工。2007年，经县委统战部的牵线搭桥，黄处村与景宁

惠明茶业有限公司合作，采取共同开发，共同发展的模式，开发茶叶基地，开始成片规模种植。基地茶叶一年多次采摘茶青，有茶叶加工户上门收购茶青。2008 年，经过精心培育，名优茶叶基地已发展 33.33 公顷。2015 年，全乡有发展各类茶园面积共计 58.80 公顷。

2009—2015 年安溪畲族乡茶叶面积和产量一览表

表 16-4-1-12

年度	茶叶生产						
	茶园总面积（亩）			茶叶总产量（吨）			
	合计	本年新增面积	本年采摘面积	合计	1.春茶	2.夏茶	3.秋茶
2009	300	300	—	—	—	—	—
2010	460	160	—	—	—	—	—
2011	460	—	400	5	5	—	—
2012	722	362	420	8	8	—	—
2013	842	60	782	9	9	—	—
2014	882	—	830	12	12	—	—
2015	882	—	833	12	12	—	—

第二节 林 业

安溪畲族乡境内森林茂盛，植被良好。畲汉两族入迁后在山上开荒居住，“靠山吃山”“烧坐山火”。这种刀耕火种的原始农业生产方式对森林资源造成一定的破坏。境内有立乡规民约来保护森林资源的传统，破坏规矩者会受到处罚。清光绪二十一年（1895 年），安溪上村立禁约石碑于村口，严禁擅自砍伐松、杉、竹。

中华人民共和国成立前后的几十年，森林资源遭到破坏。1958 年，大办钢铁使森林遭到砍伐。“文化大革命”期间的“农业学大寨”运动更严重地破坏了森林资源。木樨花村采取山林置换修建机耕路等，对山林造成严重损失。虽然后来多次开展造林活动，但收效甚微。

1972 年以后，政府开始保护森林资源，对林木抚育实行经济扶持，规定新造杉木幼林、毛竹林铲山抚育每亩补助 3 元，连片 2 公顷以上的毛竹丰产林铲山每亩补助 6 元。1981—1984 年，全乡封山面积 1835 公顷，占山林面积的

67.33%。其间,处理封山违约39起,处理率98%,其中罚款1446元,罚放电影28场。1986年,规定速丰抚育每亩贴息贷款10—15元,商品林基地抚育每亩有偿补助5—10元。1987—1989年全乡抚育油茶286.67公顷。

1990年,经过稳定山林林权,划定自留山,确定林业生产责任制,林业资源有所恢复。20世纪90年代,液化石油气进入普通百姓家庭,取代了薪柴,使境内森林资源得到迅速恢复。2008年,中共浙江省委宣传部、浙江省农业和农村工作办公室、浙江省林业厅授予安溪畲族乡“兴林富民示范乡镇”称号。2010年,全乡森林抚育面积共计38.67公顷,低产林改造47.87公顷,封山育林面积899.53公顷。2014年,全乡森林抚育面积共计335公顷,低产林改造6.67公顷。2015年,安溪畲族乡全乡山林面积共计2458.20公顷,其中省级生态公益林776.80公顷,毛竹林617.06公顷,森林覆盖率达86%。

一、林地资源

(一)山林土改

中华人民共和国成立前,少数地主、富农占有山林总面积的35%,占人口90%无地少地的农民为求生计,只能向地主租种山地,租种期限为3—5年,俗称“租山种粮、插杉还山”,农民仅种玉米、黄粟、番薯等杂粮,林木均归地主。还耕种20—30年,既套种农作物,也管林木抚育,直至采伐,农民可得林木收益2—3成。1950年11月,中共云和县委、县人民政府根据《中华人民共和国土地改革法》和《浙江省土地改革中山林处理办法》有关规定,没收地主山林,实行山林耕地一起分配。1951年7月,开始整籍发证工作。通过山林土改,基本平均山权,解决山农山林个体所有制。

(二)山林入社

1951年土改后,党和人民政府引导分得山林的农民走集体道路,互助互利,互通有无,开展互助合作。1956年3月,中共云和县委发出《关于处理山林入社问题的规定》,乡建立山林入社政策处理委员会,高级社建立山林入社政策处理小组。贯彻自愿互利,林劳结合,有利于团结中农,发展林业生产的原则,经过自报和实地踏勘,确定材积、产量,根据山地远近、交通条件、花工多少,落实林主报酬经济林一般4—6等,以大小年平均产量作为常年产量,分等折价,分期付款,或按比例分成。1958年人民公社化后,大办林场,平调山林、劳力,取消林主报酬,侵犯林农权益。1962年,人民公社实行三级所有,队为基础,将山林固定给生产队经营,按劳分配,林木折价,但多数队没有兑现林主报酬。

（三）林业“三定”

1981年，贯彻中共中央、国务院《关于保护森林、发展林业若干问题的决议》，云和县开始开展林业生产责任制（简称“三定”）试点工作。1989年12月，建立云和县完善林业生产责任制领导小组，在坚持土地公有制的前提下，实行所有权与经营权分离，发挥家庭的积极作用，重新确定山权、林权，落实好以家庭承包为主要形式的林业生产责任制，给社员划定适当数量的自留山，简称“三定”。

林业确权 安溪畲族乡从1990年11月20日开始，1991年1月10日结束，50天时间分五个阶段进行：建立组织，培训骨干；宣传发动，核证对册摸底；明插立界，政策处理；完善合同，收取提留；完善制度，建立资料。经过50多天时间，干部群众共同努力，认真工作，核实安溪乡山林面积为2458.20公顷，完善权属面积为2584.80公顷。

在完善工作中，全乡上山立标人数1288人，共划界立标2062片，840.20公顷，调处乡内纠纷14起，村内纠纷198起，调处一大批疑难案件。同时，全乡8个行政村建立健全防火组织8个，55人。落实护林人员22人，修订防火公约582份，建立档案资料54卷。

1991年安溪畲族乡“三定”山林权属面积一览表

表16-4-2-1

村数（个）	生产队数（个）	山林权属面积							
		林业用地（亩）	山林权属面积（亩）	权属证份数（份）	其他				
					国有（亩）	乡镇所有（亩）	行政村所有（亩）	生产队所有（亩）	自然村所有（亩）
8	40	37216	36844	44	0	0	7505	29311	28

1991年安溪畲族乡林业生产责任制完善后情况一览表

表16-4-2-2

完善后的权属面积（亩）	完善后的林地面积（亩）	自留山			责任山			统管山面积（亩）	建立林场情况			
									原有		新建	
		面积（亩）	参与分自留山农户（户）	自留山证份数（份）	面积（亩）	签订合同份数（份）	应上交提留款（元）		个数（个）	面积（亩）	个数（个）	面积（亩）
38782	36873	2868	584	584	24633	534	5334	5456	4	5825	4	5825

乡山林延包　2006年9月，完成山林延包工作，明确经营主体2400公顷。其中自留山1266块，面积542.55公顷，责任山2806块，面积1756.75公顷，与承包户签订规范的承包合同。解决山林纠纷29起，涉及面积10.60公顷，建立林业责任制档案88卷，安溪畲族乡全乡核发中华人民共和国林权证1119本，发放率100%。其中，统管山158本，自留山、责任山961本。2010年，实现林权抵押贷款余额410万元，其中小额循环贷款100万元。

(四)用材林

安溪畲族乡境内主要用材林有马尾松、杉木、柳杉，毛竹、厚朴、白栎等，主要分布在上村、下村、下武、东岱、严山、木樨花、黄家地等村。

马尾松　是松科松属乔木，高可达45米，胸径可达1.5米；树皮红褐色，枝平展或斜展，树冠宽塔形或伞形，枝条每年生长一轮，冬芽卵状圆柱形或圆柱形，针叶，细柔，微扭曲，两面有气孔线，边缘有细锯齿，叶鞘宿存。雄球花淡红褐色，圆柱形，聚生于新枝下部苞腋，穗状，雌球聚生于新枝近顶端，淡紫红色，种子呈卵圆形，4—5月开花，球果第二年10—12月成熟。

马尾松不耐腐。心边材区别不明显，淡黄褐色，长纵裂，长片状剥落；木材纹理直，结构粗；含树脂，耐水湿。相对密度0.39—0.49，有弹性，富树脂，耐腐力弱。是重要的用材树种，也是荒山造林的先锋树种。其经济价值高，用途广，松木是工农业生产上的重要用材，主要供建筑、枕木、矿柱、制板、包装箱、家具、玩具等原料用。树干可割取松脂，为医药、化工原料。根部树脂含量丰富；树干及根部可培养茯苓、蕈类，供中药及食用，树皮可提取栲胶。

马尾松属阳性树种，不耐庇阴，喜光、喜温。适生于年均温13℃—22℃，年降水量800—1800毫米，绝对最低温度不到-10℃的环境。根系发达，主根明显，有根菌。对土壤要求不严格，喜微酸性土壤，但怕水涝，不耐盐碱，在石砾土、砂质土、黏土、山脊和阳坡的冲刷薄地上，以及陡峭的石山岩缝里都能生长。安溪畲族乡境内各处均有分布。

杉　木　俗称真杉、杉树，为杉科常绿乔木，生长快，产量高，材质好，抗病虫能力强，木材纹理直、质地细密，干后不翘不裂，易加工，有香气，广泛应用于建筑、桥梁、船舶、家具制造。1978年改革开放前，农户建房(大都为土木结构)、年轻人结婚做家具，都离不开杉木，杉木价格高，每立方米在600元左右。改革开放后，农村建房都为框架结构和砖混结构，同时，随着新式家具兴起，杉木用量锐减，价格随着用量下降。至1994年底，安溪畲族乡全乡共种植杉木348.93公顷。2015年，全乡采运杉木339立方米。

柳 杉 俗称大杉，为杉科常绿乔木，生长快，是山地造林优良树种。至1994年底，安溪畲族乡境内共种植柳杉1.60公顷。

竹 类 安溪畲族乡境内主要为毛竹和雷竹。中华人民共和国成立前，毛竹除制作家具、农具，用作照明及薪柴外，也有部分作为商品。安溪全乡各村都有毛竹林，主要分布在东岱、黄处等村。在发展林木生产的同时，注重对竹林的生产和管理。东岱、黄处两村各有上千亩的竹林，是竹笋的主要产地。对原有的笋竹两用林进行高产改造后，使竹笋每亩产值增加近千元。竹笋的产量有高、低的“大”“小”年之分，东岱村的竹笋在“大年”时，年产冬笋达15吨，按市场批发价每千克12—14元计算，收入可达20万元左右。年产春笋300吨，按市批发价每千克0.70—0.80元计算，收入达25万元。另外，加工笋干销出收入，全村每年竹笋一项收入可达40万—50万元。雷竹出现较迟，在发展毛竹生产的同时，黄处、上村两村从1994年始，又发展早竹园笋生产，竹子用途不大，主要价值是作为食用笋。2015年，全乡共有竹林面积共计617.07公顷，占森林总面积的22%。是年，全乡共计采运毛竹2.90万支。

白 栎 隶属于被子植物门双子叶植物纲山毛榉目壳斗科。白栎是一种落叶乔木或灌木，高达20米，树皮灰褐色，深纵裂。小枝密生灰色至灰褐色绒毛；冬芽卵状圆锥形，芽长4—6毫米，芽鳞多数，被疏毛。叶片倒卵形、椭圆状。

野生箬叶 海拔700米高的东岱村山林植被丰富，雨量充沛，生长着大量的野生箬竹，大量的野生箬竹叶成为村民致富的“金叶子”。村民采摘的箬叶主要销售到嘉兴等地，有的村民户一年摘野生箬叶一项便可收入上万元。

1994年安溪畲族乡乔木种植面积和蓄积一览表

表16-4-2-3

树种	面积（公顷）	蓄积（立方米）
杉木	348.93	4876
松木	109.20	5375
什杉	376.20	759
硬阔叶林	259.33	9394
柳杉	1.60	20
合计	1095.26	20424

(五)绿化林

主要品种有香樟、罗汉松、桂花、枫香、山茶花等，分布于上村、下村、下武、黄处一带。

香 樟　香樟是樟目樟科樟属常绿大乔木，高可达 30 米，直径可达 3 米，树冠广卵形；树冠广展，枝叶茂密，气势雄伟，是优良的绿化树、行道树及庭荫树。植物全体均有樟脑香气，可提制樟脑和提取樟油。香樟树对氯气、二氧化硫、臭氧及氟气等有害气体具有抗性，能驱蚊蝇，能耐短期水淹，是生产樟脑的主要原料。樟树多喜光，稍耐阴；喜温暖湿润气候，耐寒性不强，适于生长在砂壤土，较耐水湿，但当移植时要注意保持土壤湿度，水涝容易导致烂根缺氧而死，但不耐干旱、瘠薄和盐碱土。主根发达，深根性，能抗风。萌芽力强，耐修剪。生长速度中等，树形巨大如伞，能遮阴避凉。存活期长，可以生长为成百上千年的参天古木，有很强的吸烟滞尘、涵养水源、固土防沙和美化环境的能力。安溪境内主要种植在各村口、村尾和道路两旁。被列入百年以上香樟古树名木档案的，上村和黄处村各有 2 株。

罗汉松　别名土杉，罗汉松科，罗汉松属常绿针叶乔木。可高达 20 米，胸径达 60 厘米；树皮灰色或灰褐色，浅纵裂，呈薄片状脱落；枝开展或斜展，较密。叶螺旋状着生，条状披针形，微弯。雄球花穗状、腋生，基部有数枚三角状苞片；雌球花单生叶腋，有梗，基部有少数苞片。种子卵圆形，先端圆，熟时肉质假种皮紫黑色，有白粉，种托肉质圆柱形，红色或紫红色。花期 4—5 月，种子 8—9 月成熟。罗汉松喜温暖湿润气候，生长适温 15℃—28℃。耐寒性弱，耐阴性强。喜排水良好湿润之砂质壤土，对土壤适应性强，盐碱土上亦能生存。

枫 香　枫香又名枫香树，俗称枫树，落叶乔木，高达 30 米，胸径最大可达 1 米，树皮灰褐色。喜温暖湿润气候，性喜光，耐干旱瘠薄。树脂供药用，能解毒止痛，止血生肌；根、叶及果实亦入药，有祛风除湿，活血通络功效。木材稍坚硬，可制家具及贵重商品的包装箱。安溪畲族乡境内常见于古道边，2014 年列入古树名录的百年以上的枫香树，分别有：上村 6 株、黄处村 4 株、下村 2 株、木樨花村 2 株、黄处村 5 株、下武村 22 株。

桂 花　桂花是常绿乔木或灌木，高 3—5 米，最高可达 18 米；树皮灰褐色。小枝黄褐色，无毛。叶片革质，椭圆形、长椭圆形或椭圆状披针形，长 7—14.5 厘米，宽 2.6—4.5 厘米，先端渐尖，基部渐狭呈楔形或宽楔形，全缘或通常上半部具细锯齿，两面无毛，腺点在两面连成小水泡状突起，中脉在上面凹入，下面凸起，侧脉 6—8 对，多达 10 对，在上面凹入，下面凸起；叶柄长 0.8—

1.2 厘米，最长可达 15 厘米，无毛。

桂花适应于亚热带气候地区，性喜温暖，湿润。种植地区平均气温 14℃—28℃，7 月平均气温 24℃—28℃，1 月平均气温 0℃以上，能耐最低气温-13℃，最适生长气温是 15℃—28℃。湿度对桂花生长发育极为重要，要求年平均湿度 75%—85%，年降水量 1000 毫米左右，特别是幼龄期和成年树开花时需要水分较多，若遇到干旱会影响开花，强日照和荫蔽对其生长不利，一般要求每天 6—8 小时光照。每年秋季，桂花盛放，香气袭人。

山茶花 山茶花又名山茶、茶花，山茶科山茶属植物，属常绿灌木和小乔木。古名海石榴，有玉茗花、耐冬或曼陀罗等别名。茶花的品种极多，是中国传统的观赏花卉，“十大名花”中排名第七，亦是世界名贵花木之一。

山茶花为常绿灌木或小乔木。喜半阴、忌烈日。喜温暖气候，生长适温为 18—25℃，始花温度为 2℃。略耐寒，一般品种能耐-10℃的低温，耐暑热，但超过 36℃生长受抑制。喜空气湿度大，忌干燥，宜在年降水量 1200 毫米以上的地区生长。喜肥沃、疏松的微酸性土壤，pH 值以 5.5—6.5 为佳。一年有 2 次枝梢抽生，第一次为春梢，于 3—4 月开始；第二次为夏梢，于 7—9 月抽生。花期长，多数品种为 1—2 个月，单朵花期一般为 7—15 天。山茶花为常绿花木，开花于冬春之际，花姿绰约，花色鲜艳，是很好和绿化美化树种。境内各村均有种植。

（六）古树名木

2014 年安溪畲族乡古树名木一览表

表 16-4-2-4

中文名	所在地	古树等级	树龄（年）	树高（米）	胸径（厘米）	生长势	保护现状
枫香	上村村	三级	160	16	80.21	正常株	自然
枫香	上村村	三级	150	21	64.62	正常株	自然
枫香	上村村	三级	150	22	63.34	正常株	自然
枫香	上村村	三级	130	19	62.71	正常株	自然
黄檀	上村村	三级	120	13	30.56	衰弱株	自然
黄檀	上村村	三级	130	14	33.42	衰弱株	自然
枫香	上村村	三级	140	20	65.57	正常株	自然
苦槠	上村村	三级	160	9	67.48	濒危株	自然
苦槠	上村村	三级	190	14	82.12	正常株	自然
枫香	上村村	三级	130	17	66.21	正常株	自然

续表 16-4-2-4

中文名	所在地	古树等级	树龄(年)	树高(米)	胸径(厘米)	生长势	保护现状
樟树	上村村	三级	120	15	79.90	正常株	自然
樟树	上村村	三级	110	16	61.75	正常株	自然
枫香	黄处村	三级	200	29	124.78	正常株	自然
柳杉	黄处村	三级	150	23	77.03	正常株	砌树池
乌桕	黄处村	三级	180	13	86.90	衰弱株	自然
樟树	黄处村	三级	140	16	96.13	正常株	自然
樟树	黄处村	三级	120	17	57.61	正常株	自然
枫香	黄处村	三级	180	29	95.17	正常株	自然
枫香	黄处村	三级	110	19	62.07	正常株	自然
黄檀	黄处村	三级	140	16	38.2	衰弱株	自然
枫香	黄处村	三级	160	28	90.4	正常株	自然
苦槠	黄处村	三级	180	11	79.26	衰弱株	自然
红豆杉	东岱村	三级	100	12	46.15	正常株	自然
红豆杉	东岱村	三级	100	7	50.93	正常株	自然
刺柏	东岱村	三级	120	8	29.92	正常株	自然
红豆杉	东岱村	三级	150	14	56.34	正常株	自然
紫藤	东岱村	三级	110	20	44.56	衰弱株	自然
杭州榆	东岱村	三级	200	22	79.58	正常株	自然
细叶香桂	东岱村	三级	200	24	122.55	正常株	自然
黄檀	东岱村	三级	160	16	64.30	正常株	自然
红豆杉	东岱村	三级	200	18	84.67	正常株	自然
枫香	下村村	三级	160	21	81.81	正常株	自然
毛泡桐	下村村	三级	180	19	105.68	衰弱株	自然
枫香	下村村	三级	160	19	77.35	正常株	自然
杉木	木樨花村	三级	150	15	57.30	衰弱株	自然
杨梅	木樨花村	三级	120	8	57.30	正常株	自然
刺柏	木樨花村	三级	150	9	45.84	衰弱株	自然
青冈栎	木樨花村	三级	130	12	51.25	正常株	自然
细叶青冈	木樨花村	三级	180	28	91.35	正常株	自然
枫香	木樨花村	三级	140	14	67.48	正常株	自然
枫香	木樨花村	三级	120	21	61.75	正常株	自然

续表 16-4-2-4

中文名	所在地	古树等级	树龄（年）	树高（米）	胸径（厘米）	生长势	保护现状
甜槠	木樨花村	三级	120	13	51.57	正常株	自然
甜槠	木樨花村	三级	160	9	59.52	衰弱株	自然
甜槠	木樨花村	三级	170	14	66.85	正常株	自然
苦槠	木樨花村	三级	200	18	92.31	衰弱株	自然
马尾松	木樨花村	三级	100	17	52.52	正常株	自然
苦槠	木樨花村	三级	100	16	47.75	正常株	自然
木荷	木樨花村	三级	200	19	95.81	正常株	自然
甜槠	木樨花村	三级	180	9	95.81	衰弱株	自然
红豆杉	黄家地村	二级	300	16	122.23	衰弱株	砌树池
缺萼枫香	黄家地村	三级	160	27	95.17	正常株	自然
缺萼枫香	黄家地村	三级	200	32	120.96	正常株	自然
缺萼枫香	黄家地村	三级	200	32	93.26	正常株	自然
缺萼枫香	黄家地村	三级	180	34	87.85	正常株	自然
缺萼枫香	黄家地村	三级	210	34	108.23	正常株	砌树池
杉木	黄家地村	三级	150	23	73.21	正常株	自然
女贞	下武村	三级	150	17	58.89	正常株	自然
女贞	下武村	三级	180	20	80.53	正常株	自然
苦槠	下武村	三级	160	17	74.17	正常株	自然
苦槠	下武村	三级	170	17	75.44	正常株	自然
女贞	下武村	三级	130	16	57.93	正常株	自然
黄檀	下武村	三级	150	19	46.79	正常株	自然
苦槠	下武村	三级	160	16	63.66	正常株	自然
女贞	下武村	三级	120	15	51.88	正常株	自然
枫香	下武村	三级	140	26	66.85	正常株	自然
枫香	下武村	三级	160	30	73.85	正常株	自然
枫香	下武村	三级	150	20	68.75	正常株	自然
枫香	下武村	三级	160	26	81.49	正常株	自然
枫香	下武村	三级	160	22	74.48	正常株	自然
枫香	下武村	三级	130	18	62.07	正常株	自然
枫香	下武村	三级	130	21	63.66	正常株	自然
枫香	下武村	三级	130	17	63.03	正常株	自然

续表 16-4-2-4

中文名	所在地	古树等级	树龄(年)	树高(米)	胸径(厘米)	生长势	保护现状
枫香	下武村	三级	180	26	99.63	正常株	自然
枫香	下武村	三级	130	26	64.94	正常株	自然
枫香	下武村	三级	120	21	60.16	正常株	自然
枫香	下武村	三级	160	22	84.99	正常株	自然
枫香	下武村	三级	160	23	85.94	正常株	自然
枫香	下武村	三级	150	23	78.94	正常株	自然
枫香	下武村	三级	130	24	63.03	正常株	自然
枫香	下武村	三级	130	24	60.48	正常株	自然
枫香	下武村	三级	160	25	73.21	正常株	自然
枫香	下武村	三级	120	24	59.52	正常株	自然
枫香	下武村	三级	130	22	61.43	正常株	自然
枫香	下武村	三级	150	27	73.21	正常株	自然
枫香	下武村	三级	170	24	97.08	正常株	自然
枫香	下武村	三级	140	25	66.53	正常株	自然
苦槠	严山村	三级	200	14	92.95	衰弱株	自然
苦槠	严山村	三级	200	12	78.30	濒危株	自然
红豆杉	严山村	三级	180	9	67.48	衰弱株	自然
苦槠	严山村	三级	190	14	82.76	正常株	自然
刺柏	严山村	三级	160	10	50.93	濒危株	自然
马尾松	严山村	三级	160	19	75.44	衰弱株	自然
蓝果树	严山村	三级	110	16	51.25	正常株	自然
红楠	严山村	三级	120	16	50.61	濒危株	自然
石楠	严山村	三级	120	13	49.34	正常株	自然
甜槠	严山村	三级	100	11	43.29	正常株	自然
苦槠	严山村	二级	320	18	160.75	衰弱株	自然

二、林地管理

(一)林权制度

中华人民共和国成立后，林权进行了三次重大变革：1950 年冬开始土地改革，废除封建土地所有制，把没收和征来的山林，分给无山和少山的贫下中农，成为个体劳动者平均占有山林的私有制。1955年农业合作化，山林实行折价入社或按比例分成，由合作社统一经营，属集体所有制。1981年后，推行以家庭联产承包为主要形式的联产承包责任制，形成以家庭承包经营为主，集体、联户、个人多种形式并存的新局面。

（二）森林防火

2006年开始，为做好森林保护工作，各行政村设立不脱产护林员1人（全乡共计8人）。村护林员年补贴（报酬）由县林业部门支付，其中包括通信费补贴、发放服装等。

三、林地利用

20世纪90年代，安溪畲族乡生态农业加快发展。雪梨、高效笋竹林、黄精种植及生态养殖等特色农业产业规模不断扩大，建成千亩“安溪雪梨精品园”，多次举办雪梨节；引进黑木耳产业提升、木樨花龙头坑休闲观光农业、林下附生铁皮石斛等项目，完成市级生态精品农业示范乡创建工作。

安溪畲族乡作为云和雪梨的主产区，种植面积151公顷，涵盖翠冠、清香、老雪梨等五大品种。近年来，采取“公司+基地+农户”的模式，逐步走出了一条生态产业发展之路。2013年，在上村村、下武村、黄处村三个种植核心区实施66.67公顷“云和县安溪雪梨精品园”建设项目，并顺利通过验收，通过推广无公害雪梨标准化生产，安装农田小气候自动观测站，实施肥水同灌、二次套袋等新技术，品质稳步提升。2014年7月，首届“云和雪梨节”在安溪举行，提升安溪雪梨的知名度，也为梨农畅通了销路。开始完善梨园基础设施建设，积极引导梨农利用荒山开发种植雪梨，形成规模效应。同时，改良雪梨种植技术，引进雪梨新品种，延长雪梨生长期，使消费者整个盛夏都能吃上安溪雪梨。通过推出梨园体验式自主采摘的销售模式，并从梨花开始延长雪梨的产业链，做大做强雪梨文化，真正打造“雪梨之乡”。

（一）果树林

1978年改革开放前，在安溪畲族乡境内雪梨、杨梅、桃树、柑橘、柿子、枇杷等水果林，农户只有零星种植，数量不多，产量不高。1978年改革开放后，通过农村土地承包经营权确权登记和土地流转，政府扶持一村一品规模开发。水果收获给农民带来实惠，特别是雪梨在黄处村、下武村和上村大面积种植，安溪畲族乡成为云和的主产区。

雪 梨 在云和有较久的历史，据1996年版《云和县志》记载，清光绪三十三年(1907年)光复会领导人之一魏兰提倡实业救国,开始在云和栽种雪梨。安溪受黄水碓、程宅村种植户的影响,在中华人民共和国成立前,也有零星种植,到了20世纪雪梨有较快发展。1991年,县委统战部与乡政府联合在下武村水口开发成片老品种雪梨2公顷。1995年,全乡种植面积9.93公顷,产量8.10吨。进入21世纪,安溪畲族乡成为云和雪梨的主产区。除翠冠、清香等新品种雪梨,还涵盖细花雪梨、粗花雪梨、真香梨、山花梨等老雪梨五大品种。2000年,黄处等村依托优越的地理位置和丰富的林地,种植云和雪梨83.33公顷,雪梨产业逐渐成为农业的主导产业。2005年,全乡发展到133.93公顷,产量165吨。2010年,产量增加到827吨。2013年,在上村村、下武村、黄处村三个种植核心区实施千亩"云和县安溪雪梨精品园"建设项目,并顺利通过验收。通过推广无公害雪梨标准化生产,安装农田小气候自动观测站,实施肥水同灌、二次套袋等新技术,种植施用鸡、鸭粪等有机肥料,品质稳步提升。是年,云和浮云街道朱少华、孙云松等6人共投资1200万元,在木樨花林斜自然村(龙头坑等山场)租地建立休闲观光农业综合开发项目基地。在干水果观光采摘项目中,种植云和新老品种雪梨面积共计28.67公顷。2014年7月,首届"云和雪梨节"在安溪隆重举行,提升安溪雪梨的知名度,也为梨农畅通销路。是年,全乡雪梨种植面积151公顷,产量达到980吨。2015年,安溪畲族乡全乡雪梨种植面积151公顷,总产量达到1082吨。

杨梅 历史上各村山场均有野生杨梅分布。进入20世纪90年代,安溪畲族乡境内开始栽种产量高、品质好的东魁杨梅、黑炭梅、水晶杨梅等新品种。1999—2000年,黄家地村70多户村民利用周边山地种植"东魁"品种杨梅17.67公顷。由于立地条件优越,投产后收到较好的经济效益。但因2014年的一场大雪大部分杨梅树被压垮受损后,极大挫伤种植户的积极性。又因劳动力外出务工和下山脱贫户增多,贮藏、运输和不易保存是杨梅最大的问题,因此,大部分杨梅树处于失管状态,任其自生自长。

桃树 安溪畲族乡境内农户早在房前屋后有零星栽种。2013年,朱少华、孙云松等人在木樨花林斜自然村(龙头坑)休闲观光水果采摘基地,种植从外地引进的"春雪""突围"等新品种桃苗木,试种面积1.27公顷。试种成功并开始投产,且市场销路好,次年产值达30余万元。2013年,续永周在下村村投资开发种植3公顷,第二年"贵妃红桃"投产,市场价每千克2.5元。2015年,全乡桃园面积4.27公顷,全乡总产量18吨。

板 栗 安溪畲族乡境内早年有老品种板栗零星种植。20 世纪 90 年代开始种植成片新品种。1994 年底,累计种板栗 46.80 公顷。2015 年,全乡共有板栗总产量 2 吨。

柑 橘 早年在安溪畲族乡境内农户的房前屋后有零星的种植。20 世纪 80 年代出现成片规模种植。1991 年,柑橘种植面积 16.80 公顷,产量 10 吨。1995 年,柑橘种植面积 16.93 公顷,产量 9.9 吨。由于市场柑橘价格低,销路受影响,种植处于自消自灭状态。2015 年,总产量为 4.50 吨。

(二)药材林

厚 朴 1972 年,安溪畲族乡境内开始采种育苗,推广人工栽培。1993—1994 年,下武村建立杉树、厚朴混交林面积 10.93 公顷。1994 年,全乡有杉木、厚朴混交林 46 公顷。

(三)油料林

安溪畲族乡境内油料林以油茶、油桐、乌柏为主,种植历史悠久。油茶、油桐、种植在低山缓坡,乌柏种植在路边、村口。油茶,可榨山茶油,是农户食用油主要来源。油桐加工桐油,是传统实木家具的涂料。乌柏籽皮榨油,称皮油;籽仁榨油,称青油。青油,旧时用于点灯照明。

油 茶 油茶有红花油茶、白花油茶 2 种,而以白花油茶为主。果晾干去皮、籽晒干后,榨油称茶油。安溪畲族乡境内主要分布在东北部林斜尖和西南部的薄刀岗,种植在低山缓坡地带。油茶生产历来是农村经济的主要来源之一,而山茶油又是人们日常普遍使用的食用油。因此,山区农民十分注重油茶生产。“七月挖金,八月挖银”,这是油茶种植户劈柴、铲山,从事油茶管理的经验。农户还利用冬闲时间采取传统方式,有效地提高油茶果的产量。1981 年,全乡油茶产量 43 吨。1991 年,全乡油茶林面积 288.93 公顷,油茶籽产量达 61.86 吨。2005 年,全乡油茶产量 58 吨。2010 年,全乡油茶产量 43 吨。2015 年,在县林业部门的扶持下,以新油茶品种苗木栽种,新增油茶林 12.67 公顷,全乡共有油茶林面积 301.60 公顷,茶油产量 66 吨。

油 桐 油桐以籽榨油称桐油,桐油主要供造船和油漆家具之用。20 世纪后,作为实木家具涂料的桐油已无市场,境内仅有零星分布,无人栽种管理,任其自生自灭。

乌 柏 乌柏籽榨油称皮油,籽仁榨油称青油。乌柏主要种植道路边沿、溪坑边,田头地角也有少量种植。青油用于照明点灯;皮油为乌柏籽壳外层取得的白色蜡状物质,可制蜡烛、肥皂等。乌桕在境内只有零星种植,随着石油广泛运用,乌桕籽榨油效益低已退出市场。

2003—2015年安溪畲族乡林业产品一览表

表16-4-2-5

年度	营林情况(亩)			林产品(吨)				竹木采运	
	封山育林面积	森林抚育	低产林改造	坚果		其他林产品		木材(立方米)	毛竹(万根)
				小计	栗子	油茶籽	笋干(鲜笋应折笋干)		
2003	11831	1500	—	—	—	23	45	1137	3.13
2004	11831	1160	—	—	—	32	68	610	1.81
2005	11497	1132	—	1	1	58	61	380	0.24
2006	11652	1197	—	—	—	29	43	573	1.49
2007	11652	380	—	—	—	33	47	425	0.28
2008	11652	660	—	—	—	33	20	1733	7.09
2009	11652	335	—	1	1	42	59	390	0.57
2010	13493	580	718	2	2	43	50	226	1.93
2011	18493	255	1200	2	2	45	50	220	2.15
2012	18493	1500	300	2	2	60	55	484	1
2013	18493	1700	300	2	2	46	30	5	6.8
2014	18493	2838	—	2	2	66	35	1218	1.93
2015	12535	5025	100	2	2	66	—	339	2.9

(四)景观苗木

2013年始,黄家地村民柳伟民自筹资金20多万元发展苗木生产,种植景观苗木2.67公顷。树种为枫香、木荷、山樱花、红豆杉等4个品种。产品除供应县内所需外,还销往景宁、青田、丽水等地,年产值达10万多元。

第三节　工商贸易

安溪畲族乡工业基础薄弱,中华人民共和国成立前,境内只有小部分从事木匠、篾匠、铁匠、泥水匠、弹棉被、做裁缝师傅等手艺人,以及水碓房和榨油坊,按农户所需收取工钱和加工费。

中华人民共和国成立后，在原有个体手工业基础上，逐步发展规模不大的乡村工业。1957 年 8 月，在温溪上村建成采用自制木质轴流定桨式水轮机，配 5 千瓦发电机发电，可供 200 余户村民照明的第一个社办企业。20 世纪 70 年代，为增加集体经济，社队两级分别创办简易造纸厂、木制品厂、竹制品厂、小水电站。1971 年，动工兴建水口电站，历时五年于 1976 年 9 月建成，系乡办自发自供的集体所有制水电站。1975 年，创办生产木制圆桌、木凳等，产品销往县内外的社办企业。1976 年，安溪畲族乡境内兴建年生产能力为 72 吨卫生纸的乡办造纸企业。1977 年，在东岱村兴建 12 千瓦小水电站，系村办企业。1979 年，上村大队利用境内丰富的毛竹资源创办藤竹制品厂。20 世纪 80 年代，发展村办粮食加工厂 9 个。

1991 年，全乡从事工业劳动力 72 人，其中从事乡镇企业 17 人，村办企业 2 人，村以下工人 53 人，工业总产值 34 万元。1993 年，全乡共有企业 44 个，其中乡办企业 4 个，从业人员 19 人，年产值 93 万元，村办企业 1 个，从业人员 4 人，年产值 4 万元，个体企业 39 个，从业人员 23 人，年产值 63 万元。全乡工业产值 160 万元，占工农业总产值 512 万元的 31.25%。1995 年，对水口电站进行改建扩容。是年，全乡工业从业人员 48 人，工业总产值 274 万元。

2000 年，全乡工业总产值为 105 万元。2005 年，全乡工业总产值 127 万元。2010 年，全乡工业从业人员 306 人，实现工业总产值 403 万元，五年时间全乡工业产值增加 2.17 倍。2013 年，投资 937 万元，兴建茶山股份制水电站。2014 年，全乡工业总产值 984 万元，比上年增长 12.50%。2015 年，全乡实现工业总产值 1106 万元，比 2014 年增长 12.40%。

一、工 业

（一）手工业

1.酿酒业

畲族男女多有饮酒习惯，这与民居处山高水冷、劳动繁重艰辛有关，逢年过节招待客人、饮食烹饪等，都要用黄酒，自酿黄酒显得更方便、更经济。农户晚稻所种糯谷收成后，家家户户都会在农历十月自己酿酒，酿制的黄酒称为糯米酒。一般配料比例为：糯米 50 千克，轴 7.50—10 千克，水 75—125 千克，即 0.50 千克米下 0.75—1.25 千克水。水少则酒浓，水多则酒淡，有特殊要求的配比可以调整。如酿供产妇用的“月子酒”，大多是 0.50 千克米下 0.63—0.75 千克水。酿酒方法：先将糯米用清水浸透、洗净、沥干，再将糯米装入饭甑蒸熟，倒出后让糯米饭晾凉到一定温度,然后装入缸中和粬拌匀。粬也可事先按比例配水浸于缸中。糯米饭温度要根据所处季节不同而变化。冬天气温低,糯米饭温度在40℃—50℃时入缸;天气热温度高,就待糯米晾冷后入缸。糯米饭与粬入缸几小时后即开始发酵,发酵期间要用锅铲把缸内“酒饭”拌匀,每日数次,发酵期一般5—7天,约1个月,看酒缸里酒糟下沉,酒清即酿成酒。再从酒缸里抽出糯米酒倒入酒坛中密封。来年正月初待客和自己饮用时开坛,香醇可口,有着特别的风味,有去痉滋补功效。冬天糯米酒一般加热后饮用,也可在酒热时打进鸡蛋,俗称“蛋丝酒”,滋补效果更佳。

酿黄酒需要酒粬,酒粬市场上有售,畲族农户为了节约成本有人自己做粬。

糯米酒抽出后缸里的酒糟,用来酿制酒糟烧。烧烧酒是利用蒸馏的原理,把酒糟中酒的成分提取出来。酒糟烧关键技术是稻谷砻糠拌酒糟湿度掌握,太湿酒蒸汽难以蒸发,糟烧酒难出来,太干酒蒸汽蒸发太快,糟烧酒量少。烧酒糟烧是一门比较专业的技艺,不是随便就能把好酒做出来的。又需要专门的器具,不可能家家户户自己做。村民就把自家酿酒的酒糟留下来,请烧酒作坊里师傅帮助加工付给工钱。酒糟烧的酒精度一般为55%—60%,酒与糟的比例一般为1:5。

白酒相比糯米酒更易于长久储存,进入21世纪,安溪畲族乡境内有人不抽糯米酒连同酒糟一起加工白酒,有外地人根据需求经常来安溪乡境内蒸烧酒收取加工费。2013—2015年,云和县酒厂下岗工人洪方斌在上村开出烧酒坊为村民蒸烧酒,每加工50千克米成酒,收取加工费300元,每年加工白酒约15000千克。

酿酒方法汉族与畲族相同。

2.加工业

番薯粉面 改革开放前,安溪畲族乡境内农民种番薯比较普遍,也几乎每户都有一定的产量。为了便于储存,番薯刨丝晒干为番薯丝。做米饭时掺入大米,俗称番薯丝饭。番薯丝晒前要置入容器放水中淘洗,待沉淀后倒掉清水,淀粉称为番薯粉。番薯粉常做菜品勾芡之用,也可用番薯淀粉化浆后在蒸笼里一层一层地蒸,又一层一层地晒在竹竿上,等冷却后切成细条就成粉丝,用作点心原料,或煮或炒,口感极佳,既可当菜,也可当主食。

米粉干 初期粉干制作工艺是把大米用石磨磨成水粉,然后置入锅中烧至半熟后用臼舂捣蒸,用踏碓反复捻捣,直到捣透。因此,粉团黏韧,压出后细如纱线。如果粉干卖不完,可以放在竹编上晾晒干卖。把粉干加工当成传统的家庭副业。如今的粉干加工均采用现代科技机器，选用优质大米制作而成。安溪畲族乡境内早年粉干加工主要是云坛靛青山村迁入的徐姓两家，一家是徐景庆和他的儿子徐章土开的粉干加工作坊。1949年前后，下村徐大水开出另一家粉干加工作坊。每天加工粉干10格，每格2.50千克米，每天25千克大米的加工量，除了附近村民前来兑换、购买，还担到周边村庄去卖。到了徐家第二代，徐林昌和徐仁昌兄弟俩，用同一个作坊每人轮流做一天。徐家第三代林昌儿子徐兴法、仁昌儿子徐兴友，继续用同一作坊加工粉干，直至1983年结束。

3.成衣业

中华人民共和国成立前，畲民的衣服、被子、蚊帐等都为家庭妇女手工缝制，也有请裁缝师傅制作。尤其是妇女穿着的花边衣、新娘穿着的出嫁装、师公穿着的“功赤袍”、老年妇女入棺穿的“百岁衣”等，必须请裁缝师傅制作。畲族服装有礼服和便服两种，其中畲族女装礼服有凤凰装、钉花衫、长裙等，便服有男女便衫、便裤等。凤凰装是畲族妇女礼服中的主要装束，历史悠久。传统凤凰装分上衣、下和头饰（银饰）三部分，上衣俗称大襟绣花衣，刺绣技艺精湛。有钱人家在女儿出嫁前几个月，都会请几位裁缝师到自家制作一套凤凰装和几套陪嫁服装。安溪境内畲族、汉族裁缝师傅工艺相通。

具有传统特色的畲族女子服饰，却遭到官府的蔑视，被视为异饰而禁穿。民国23年（1934年）12月，云和县政府布告：畲妇不得穿着异饰和戴头冠、不得讲畲语，若依然固守旧习，政府就要强制执行。至民国26年4月9日，又重申此令，强行对畲民同化。因此，畲族传统服饰的传承曾一度受到破坏，但入迁安溪境内的少数中老年妇女，不畏惧官府之令，仍然维持着传统的穿戴习俗一直至20世纪50年代初期。1978年改革开放后，专业生产成衣的服装厂和销售成衣店逐渐多起来，所卖服装款式新颖，个体裁缝师傅退出市场。

4.编草席

中华人民共和国成立前，社会经济落后，很少家庭用床单，一般人家床上都铺稻草，稻草上面再铺柔韧灯心草和草茎编织的草席。草席柔韧性强，不能折叠，可以卷起来。安溪畲族乡境内编草席手艺加工户东坑头村王章林妈和妻子二代人编草席，生意兴隆。

（二）现代工业

1958年冬创办温溪公社炼铁厂。在“大跃进”时，掀起了轰轰烈烈的全民“大炼钢铁”运动后（俗称“大办钢铁”），在安溪下村村水碓路附近建简易土筑炼铁小高炉2座。炼铁燃料采用当地自产的木炭，没有鼓风设备，采用4人拉的木制风箱代替,工人从社内各大队(村)里的强壮劳力人群中抽调。炼铁厂并没炼出过有质量的钢铁,炼铁厂于次年春停办。1976年兴建温溪公社造纸厂,1978年投产,年生产72吨卫生纸。职工17人,固定资产3.40万元。建厂后,因吃大锅饭,利润不高。1984年3月前,欠国家贷款与集资款58500元。1984年3月5日起,采取承包制,承包后年产值7万元,年缴利润1万元,产品原销县内,1985年扩大到丽水、温州两地。1989年改换承包户,产值提到12万元,税利2.40万元。1991年7月,受特大洪水影响,曾一度停产。1994年8月21日,大水进厂1米高,冲走全部原料及部分机器后停产。

1.竹木业

温溪公社木制品厂 1975年创办,系社办企业。全厂有职工7人(其中女1人),生产木制圆桌、木凳等,产品销往县内外。1979年,年产量72万件,年产值1.34万元。1980年,年产值15443元,1981年,年产值1万元(其他年份资料缺)。

上村大队藤竹制品厂 1979年,上村大队利用境内丰富的毛竹资源创办了藤竹制品厂。全厂有职工9人(其中女5人),生产藤(塑料藤)竹躺椅系列产品,年产量15万件。1979年总产值0.65万元(其他年份资料缺)。

蓝陈高木珠厂 位于下武村,创办于2012年。有员工3人,生产各种木制玩具木珠配件,产品销往县城各木制玩具厂,年产值50余万元。

柳中新木珠厂 位于下村村,创办于2011年。有员工6人,生产各种木制玩具木珠配件,产品销往县城各木制玩具厂,年产值25万元。

2.水力发电

由于安溪畲族乡境内森林覆盖率高,为水土保持、良好地势提供充分的条件,因而形成充沛的安溪水源。其丰富的水量为境内的农业生产灌溉、生活用水、发电等提供有力的保障。

温溪上村水电站 1957年8月22日建成发电的上村水电站,位于温溪上村附近,系社办企业。采用自制木质轴流定桨式水轮机,配5千瓦发电机,灯光不亮仅供200余户村民上半夜家庭照明。1976年,安溪水口水电站建成后停止运行后报废。

安溪水口水电站 1971年动工兴建的水口电站,位于安溪下游(安溪水口),以地形得名。1976年9月建成,系乡办自发自供电站,为集体所有制企业,隶属安溪畲族乡人民政府。1988年并入县电网运行。水电站开发形式为引水式。集水面积19.50平方千米,设计水头48米,发电流量0.31立方米每秒,装机容量1×100千瓦。选用乐清机械厂产混流式水轮机1台,配金华水轮机厂产发电机1台，安装宁波变压器厂产135千伏安升压变压器1台。设计年均发电量35.52万千瓦时。主要建筑物有拦水堰、引水渠道、压力前池、压力管、厂房、升压站等。拦水堰长13米，引水渠道长0.54千米，渠宽1.30米，深1.30米，压力前池容量0.03万立方米。压力管为自应力钢丝网水泥管，长64.40米，内径0.50米。厂房建筑面积30平方米，10千伏输电线路9.85千米，0.40千伏配电线路10.50千米，尾水排入小徐乡砻吼水电站渠道。建站土石方1.58万立方米，投工2.25万工，投资8.63万元，其中国家补助6.78万元，自筹1.85万元（含贷款0.11万元、劳动力折价1.50万元）。

1980年，累计年发电量13.50万千瓦时，总产值4.54万元。1981年，累计年发电量17.24万千瓦时，总产值5.80万元。1982年，累计年发电量3.39万千瓦时，总产值1.14万元。1985年采取承包制，管理工作明显好转，当年获利1600元。1989年，并入县电网运行，至1990年，累计年发电量301.27万千瓦时，总产值1013.77万元。1992年8月，被洪水冲毁，经修复后，1993年1月31日转包，年产值4.65万元，上缴利润1.46万元，年均发电量47万千瓦时。1995年，投资近百万元，进行降低落差增容扩建，1998年结束，容量从原来的100千瓦，增加到300千瓦。电站增容扩建后更名为城南电站。2010年，年发电量148.80万千瓦时，总产值61.71万元。2015年，年发电量118.29万千瓦时，总产值55.39万元。

东升水电站 1977年始建12千瓦小水电站，系东岱村村办企业，为解决东岱村照明问题而建。1989年水口电站与县电网并网后，因效益过低停产。

茶山水电站 2013年，兴建茶山电站。该工程位于安溪畲族乡上村村头，距乡政府所在地1千米，瓯江干流浮云溪支溪安溪小流域上游。属县发展村级集体经济联建试点项目，由安溪集体经济投资开发中心筹建，乡区内8个行政村按资源和人均不等比例入股。该电站用地5134平方米，水库集雨面积6.32平方千米，装机容量2×320千瓦，用上村的佛仁殿山塘水库蓄水，通过新建发电输水系统集中落差155米发电，设计年发电量达159万千瓦时。项目投资937万元，其中省财政扶持资金300万元，县财政综合配套资金274万元，8个行政村自筹金363万元。主体工程包括：厂房建设和1748米的压力管线焊接和水轮组安装。单位千瓦投资14016元/9735元（含大坝/不含大坝），单位电能投资5.64元/3.92元（含大坝/不含大坝），投资回收年限11.30年。

工程主要建筑物：拦水大坝，建于2006年，坝型为混凝土拱坝，坝高28米，坝顶宽3.50米，坝顶弧长67.49米，坝顶溢流段弧长28.80米，坝顶面非溢流段高程536.75米，坝顶溢流面高程534.27米(设计正常水位高程)。进水口：进水口设在拦水大坝左岸，利用原DN800预埋钢管作为发电引水进水管。在大坝上游新建集水井和拦污栅，集水井三面为C15砼灌砌块石挡水墙，顶宽1米，高3米；拦污栅为53厘米×53厘米×5厘米角铁和Φ18螺纹钢焊制而成，长3.30米、宽3.22米。压力管道：长1748米，管径DN630，管材为钢管，共设35个镇墩(包括下镇墩)。发电厂房：建筑面积136.09平方米，一层，砖木结构，内设两台水轮发电机组和控制室。厂房地面高程370米，水轮发电机组中心线高程370.60米。输变电线路和升压站工程：10千伏输电线路，长110米，与黄水碓318线东岱分线3#杆连接。升压站建在厂房后面左侧，露天式，建筑面积40平方米(长8米、宽5米)，内设2台400千伏安变压器和厂区用电1台10千伏安变压器。工程施工与完工：安溪畲族乡茶山水电站自2013年3月立项，各项审批程序只用短短的6个月，开工于2013年10月10日，2014年5月10日完工，不包括管理房和厂区围墙工程建设。安溪乡茶山水电站工程建设分为两个标段进行施工承包，即压力管道建筑安装工程和发电厂房建筑工程。压力管道建筑安装工程，通过招投标，由浙江布拉雷水利水电建筑有限公司承包施工；发电厂房建筑工程，由建设单位直接发包，由云和县城关建筑公司承包施工。6月正式并网，发电量122万千瓦时，总产值60万元。项目建成后由安溪集体经济投资开发中心统一经营管理，预计年回报率在10.60%左右，所得收益由8个行政村按比例分配，实现安溪畲族乡村级集体经济零的突破。为全县发展村级集体经济联建试点项目，使全乡8个行政村摘掉了“空壳村”的帽子。至2015年，茶山水电站全年发电量221万千瓦时，总产值110万元。

3.来料加工

2011年开始，上村、下村、下武3个村妇女利用空闲时间，承接县城各家玩具厂的玩具散件、配件、包装袋等产品，领回家进行加工。加工费按件计算，虽然利薄，但积少成多，一般户每年可为家庭增收2万多元，多的户可达3万多元。2015年，安溪畲族乡全乡来料加工户共计15户。

4.采矿业

浙江省第七地质大队矿产资源资料显示：安溪畲族乡境内除岩石可供建筑取材之外，矿产资源相对贫乏。木榉花村有石英矿，储藏量仅14万吨，1992年，有一家村办企业进场开采，每年平均用工17人。是年产值13.50万元，上缴利润1万元。因储藏量不高停止开采。

5.建筑业

安溪畲族乡境内明清时期就有从事建筑业的泥水匠和木匠师傅，农忙时务农，农闲时帮助邻里修建房屋挣取工钱。特别是改革开放后，农村劳动力逐渐从土地中解放出来，就有了专业从事建筑业人员。1991 年，全乡从事建筑业的劳动力 18 人。1995 年，全乡从事建筑业的劳动力 24 人。2000 年，全乡从事建筑业的劳动力 23 人。2005 年，全乡从事建筑业的劳动力 44 人。至 2015 年，全乡从事建筑业的劳动力 160 人。

1991—2015 年安溪畲族乡工业总产值一览表

表 16-4-3-1

年份	总产值	年份	总产值	年份	总产值	年份	总产值	年份	总产值
1991	34	1996	258	2001	104	2006	137	2011	555
1992	101	1997	175	2002	154	2007	169	2012	711
1993	160	1998	106	2003	126	2008	226	2013	875
1994	234	1999	122	2004	158	2009	273	2014	984
1995	274	2000	105	2005	127	2010	403	2015	1106

二、商 贸

民国时期，安溪畲族乡境内畲族只有少数地主、富农兼营木材、茶叶、木炭等买卖，一般畲民极少从事商业活动。畲民仅将自产的木材、薪炭、扫帚等农产品挑至县城集镇出售，换回米、盐、布匹及铁器等日常生活用品。由于消费能力不足，当地汉族也很少有人开店经商。1900—1950 年，温溪前后共有杂货店 4 家，均为汉族人经营。1950 年，温溪乡供销合作社创办后，4 家私营店铺歇业。2010 年，全乡共有商业网点 21 个。社会商品销售总额达 400 万元，比上年增长 5.30%。2015 年，全乡私营店铺共计 14 家。

（一）供销社

1951 年，创办温溪乡供销合作社（俗称“供销社”，“国营”体制）。供销合作社采取社员入股、年终分红的方式办社。入股资金每股人民币（旧币）4 万（折合新人民币 4 元），年终分红以火柴、煤油、肥皂等货物代币，初时的温溪乡供销合作社营业用房租用上村村民洪尚贤家的私人房屋。供销合作社创办后，村里的私营店铺停业。自此，一切生产、生活资料统统归口于供销合作社经营。1974 年，温溪公社供销合作社用房建成后，租用私人房屋停止营业。

1998 年，供销合作社改制后，经营近半个世纪的温(安)溪(畲族)乡供销合作社自然消失。原入社股金按数退还于村民。

(二)商 铺

民国时期，温溪上、下村有洪臣生等人开设的杂货店铺 3 家。各店铺主要经营酱油、食盐、火柴、肥皂、布匹等，进货渠道云和县城。

约在 20 世纪 20 年代初，20 岁刚出头的云和县垄铺村人王家乾，来到温溪一家洪氏店铺当“店帮”(学徒)，后来该店铺因兄弟之间发生纠纷，导致生意萧条而歇业。洪氏店铺歇业后，即将原店铺转让于“店帮”王家乾经营(店号不详)。王家乾善于经商之道，生意做大之后，又兼做起木材生意。有了积蓄后，即在温溪上村购置宅基地建房，定居于温溪。

1900—1950 年，温溪乡前后共有杂货店 4 家。1950 年，温溪乡供销合作社创办后，4 家私营店铺歇业。

1978 年中共十一届三中全会后，私营商业应运而生。1983 年，王家乾之孙王一平传承家风，率先开出安溪畲族乡第一家私人经营的小商店，商店主要经营烟、酒、副食品等。小商店经营至 1997 年歇业。

2010 年，安溪畲族乡全乡共有商业网点 21 个。社会商品销售总额达 400 万元，比上年增长 5.30%。村民利用自家房屋开店，不用缴纳房租，既增加商业利润，又增加家庭收入。2015 年，全乡私营店铺共计 13 家(上村 4 家，下村 4 家，下武 1 家，黄处 2 家，东城 1 家，湖西弄 1 家)。农村电子商务发展后，其中兼“村邮乐购”(网购)店 1 家。

第四节　旅游与服务

安溪畲族乡的旅游资源如叮当岩、佛儿岩、一线天、通天岩等原生态景点，在“美丽乡村”建设过程中，被逐渐开发出来。通过开展“走进安溪”艺术采风和梨花摄影节等活动，提升了安溪畲族乡境内旅游知名度，通过实施安溪畲族乡畲族特色村项目，吸引游客到安溪观光，带动农家乐等休闲旅游业的兴起。

一、旅游业

2014 年，邀请宁波东方设计院完成叮当岩—佛儿岩景区游步道规划设计。云和县旅游局编制《佛儿岩 AAAA 级景区总体规划》，该项目的启动标志着安溪旅游开发零的突破，为打造“旅游之乡”奠定基础。是年，启动“畲乡风情自驾游”及“黄处AAA乡村风情旅游景区化示范村”建设。发展民宿经济，新增床位12张。改造民房10290平方米，新建休闲亭2个，修建游步道500米。

2015年，启动“黄处AAA级乡村旅游景区化示范村”建设，项目总投资1100万元。编制完成《云和县黄处村AAA级景区规划》，完成外立面改造，1.1千米景区游步道及沿线景观亭等工程建设，完成黄处广场周边环境提升，AAA级旅游景区游客接待中心、文化广场、停车场等旅游配套工程布局选址。

二、服务业

(一)农家乐

随着乡村休闲旅游业的发展，掀起吃农家饭、吃农家菜的热潮，给村民带来商机。1995年，全乡从事住宿餐饮260人。2000年，全乡从事住宿餐饮55人。2005年，全乡从事住宿餐饮17人。2010年，全乡从事住宿餐饮业110人。至2015年，全乡发展畲乡风味农家乐共计4户(东岱村1户、下村1户，下武1户，黄处1户)。

(二)物流运输

安溪畲族乡南面毗邻景宁畲族自治县，历史以来就是云和到景宁交通要道。云景两县物资来往就靠人力肩挑，俗称担“景宁担”。安溪畲族乡乡民农闲时就加入从事人力运输加入“景宁担”行列，凭力气“担发脚”挣辛苦钱。直至1957年8月云和到景宁通公路后结束。1969年，修通安溪下村至黄水碓的机耕路，出现用拖拉机运输货物，用“天目山”三轮车载客。1991年，全乡从事物流运输服务18人。1995年，全乡从事物流运输17人。2000年，全乡从事物流运输17人。至2015年，全乡8个行政村通汽车，从事物流运输45人。

三、金 融

(一)安溪畲族乡信用合作社

1954年，以股份制形式(即采取社员入股的办法)创办“温溪乡农村信用合作社”(俗称“信用社”)。每股资金2万—4万元(旧币)，配置营业员1名，营业员从农村中会写会打算盘的贫下中农出身的人员中选任。信用社是实行自主经营、独立核算、自负盈亏、自担风险的集体所有制的农村合作金融组织，主要业务是办理农村集体和个人的存款和贷款，其业务归中国人民银行云和县支行云和营业所指导。

信用社创办后，借用村民的一间房屋作为营业用房兼办公室。当时营业用房面积仅有10余平方米，内置一张办公桌、一张床。营业员的工作、吃、住全在一间狭小的房屋里，至20世纪60年代初仍然是老样子。1958年始，信用社人事权归人民公社管理后，设信用社理事会。理事会成员由农民组成，但原业务工作系农民身份的人员被清退。1974年开始，农村信用社人事权归县农业银行信用股管理。1958年，温溪畲族乡建立后，称温溪畲族乡信用社。1984年，恢复民族乡改称安溪畲族乡后，称安溪畲族乡信用社。1990年，云和县农村信用联社在安溪建立独立核算的信用社。

1994年8月，因受台风影响，强降雨引起山洪暴发，冲毁建在安溪旁的信用社用房，信用社办公用房于当年复建。

(二)安溪信用代办点

根据1999年县金融部门对农村信用社实行体制改革的要求，从2000年始，原安溪畲族乡信用社改为安溪信用代办点。为便利群众，在当地聘用一名政治思想好，懂业务的人员负责代办点的日常工作。代办点业务范围仅限于负责办理贷款手续，不办理存、取业务。办理存、取业务则由县农村信用联社组织人员，每逢星期五上午(半天时间)到安溪开展办理存、取业务。2010年，设立非全日制网点，正常对外营业，满足当地居民基本金融服务需求。是年，各类存款余额840万元，各项贷款余额650万元。

第五章 社会事业

历史上，由于经济不发达，安溪畲族乡的社会事业十分落后，直到中华人民共和国成立后才有起色。尤其是1978年改革开放后，党和各级政府十分关心安溪畲族乡的社会事业，持续加大投入，基础设施不断完善。境内村村通公路，交通便捷；户户通水电，接广播电视，基础设施较为完善。全乡建造了防洪堤6条，水利设施较为完备。2008年，浙江省老年体育协会授予安溪畲族乡“浙江省小康型老年体育街道、乡镇”称号。2010年，乡小学被教育部艺术教育委员会评为“全国学校艺术教育先进单位”。2014年，完成省级体育强乡创建工作。2015年，黄处村完成历史文化村落保护利用，被丽水市评为“十佳风情畲寨”。全乡8个行政村全部用上了清洁的自来水，28个自然村全部通车，交通方便。文化娱乐、卫生体育、社会保险等各项社会事业不断发展。

第一节 基础设施

自中华人民共和国成立至1978年改革开放前，安溪畲族乡境内水、电、道路、通信等基础设施都比较落后。居民饮用溪水或者井水，山区用半爿毛竹连接起来做水笕，从高处缓缓引山泉水或山坑水到水缸。照明用蜡烛、竹篾、松明和煤油、菜油、桕油点灯。稻谷脱粒和大、小麦磨粉用水碓，没有水能条件的自然村普遍使用踏碓脱粒。外出基本上靠步行。寄信由乡里一个邮递员每天跑城镇取回邮件，轮流送达各村。1978年改革开放后，上级党委、政府大力支持安溪畲族乡改善基础设施。安溪境内先后建造有水电站4座，防洪堤和引水工程可以基本保障农业水利安全和农田灌溉。户户用上自来水、电器、电话，大部分家庭用上互联网，村村通公路，交通便捷，村民出行方便。

一、交 通

安溪畲族乡属山区乡，群山环抱，峡谷穿流，交通闭塞。1978 年改革开放前，没有现代交通工具，人们外出靠步行。云和县城至安溪只有一条自云和镇经黄水碓、漈口、下武、泗洲岭（海拔 800 米）达景宁界全长 13 千米的人行岭道。1963 年，修建云和镇至漈口的拖拉机机耕路。1969 年，修通漈口至安溪下村的机耕路。1985 年。云和县财政局拨款 20 万元、县交通局投资 22 万元建成自云和车站南路（红光路）、浮云桥、南门路至黄水碓桥头全长 2.10 千米的公路，1987 年 9 月完成水泥混凝土路面工程。1993 年 4 月，黄水碓至安溪上村的拖拉机机耕路改建扩宽为四级公路。1998 年，完成沥青路面工程。2001 年 2 月，开通县城至安溪的城乡客运班车。2006 年，完成东岱村最后一个村的支线路面硬化工程。至 2009 年，全乡各村“康庄公路”① 相继开通，实现村村通公路。公路通车以后，助力自行车 、电瓶车、摩托车、农用三轮车、汽车成为村民的主要交通工具，往返县城已经十分便利。

2015 年，安溪畲族乡 8 个行政村和 28 个自然村全部通车，交通方便。

（一）道路建设

安溪畲族乡辖区内交通相对落后，境内盆地里只有两条岭道：自上村向南越岭经东岱、麻地岗、枫树坳（海拔 1000 米）至景宁界，全长 6 千米；自下村向东至严山，长 3.50 千米。1957 年 8 月，云（和）景（宁）公路开通后，严山、黄家地两村村民到县城办事可步行至岚头，搭乘景宁至云和的客运班车至云和。木榉花村村民则步行 13 千米经山脚（原小徐乡辖区）至云和县城。

1.古 道

泗洲岭古道，也称景云古道，清末民国初的泗洲岭，原为崎岖小道。起于景宁鹤溪古城，途经鹤溪仙童、学田、三角塘头、玄坦殿、莘田、鸭蛋坑、洞天门、外舍村、北岸、双坑、三丘田、岭脚、半岭、泗洲岭（景宁畲族自治县与云和县界地）、安溪山寮、下村、下武、程宅、黄水碓至云和县城，全程 30 千米。清同治三年（1864 年）《云和县志》载：“安溪岭，在县南十五里，一名泗洲岭。”《名胜志》云：“路通景宁，两山从峡，足以控御，上有午阴亭。”

黄家地村境内，有古道一条，连接景宁及云和（黄家地），途经苦枝岭、后斜

① 指平坦顺畅乡村公路。2003 年 8 月，浙江省计委、省交通厅制定出台《浙江省农村通村公路改造工程管理实施细则》，详细规定农村公路改造工程的各项细则。

岭、菖蒲塘岭、瓦坪头岭、神堂坑平路、岭头等，共计约4千米山路。战争时期，红军在云景两县间拉练，也是必经的主要干道。

严山村境内，有古道一条，连接严山村至安溪盆地（下村），村民们称为水洋路（白路其路），途经户隆岗、六源头、牛栏丘坳，共计约7.50千米山路，是村民们上学、务农、开山等日常生活的主要道路。

木樨花村境内，有古道2条，一条由芝畈村通往木樨花，途经大岭、仙坑横路、林斜，共计7.50千米山路；另一条由木樨花至黄家地，途经坑头、坑头坳、黄家地佛殿，共计约2.50千米山路。是村民们上学、务农、开山等日常生活的主要道路。

东岱村境内，有古道3条，第一条由东岱下村通往水竹垟，途经下村岭、下村屋后、水竹垟坳，共计1.50千米山路；第二条由马蹄岗通往香菇厂，途经马蹄岗、坑头、香菇厂，共计2千米山路；第三条由东岱上村至金钟后，途经上村、外村、金钟后，共计3.50千米山路。是村民们上学、务农、开山等日常生活的主要道路。

2.公 路

1996年10月，安溪畲族乡修建木樨花至山脚陈家村（云和镇辖区）全长约8千米的简易公路和下武至黄处全长2.50千米的拖拉机路；1998年11月，建成上村至东岱长7千米的简易公路；1999年6月，建成黄家地至岚头岭长3千米的简易公路。

2004年，安溪畲族乡开始实施“乡村康庄工程”。当年，全长1.80千米的黄家地至严山四级公路开工，2005年完工。路段内设圆管涵7道41米，盖板涵9道50米，标志牌29块，砼护墙312道。庆元县交通规划设计所勘测设计，路基工程由丽水市路桥工程公司承建，路面工程由云和县市政工程有限公司承建，水泥砼路面。总投资68.40万元。建成下武至黄处长2.90千米的准四级公路。松阳县交通勘测设计所测设，路基路面由丽水市路桥工程公司承建。水泥砼路面。全路段设圆管涵17道97.50米，盖板涵1道5米，标志牌6块，护栏柱231支，百米桩27支，砼护墙28道。总投资89.48万元。

2005年，建成岚头岭至黄家地长2.50千米的准四级公路。云和县公路工程队测设，路基由云和县永盛公路养护工程有限公司承建，路面由云和县住宅建设有限公司承建。水泥砼路面。设涵洞10道6米，里程碑2块，百米桩25支，标志牌6块，护栏柱143支，砼护墙12道。总投资82.71万元。

2007年，建成上村至东岱长6千米的准四级公路。云和县公路工程队测设，路基由云和县交通工程公司承建，路面由云和县住宅建设有限公司承建。水泥砼路面。路段内建空心板梁桥1座，盖板涵25道37米，里程碑6块，百米桩54支，标志牌4块，护栏柱201支，砼护墙31道。总投资238.50万元。

2009年，建成木榉花至山脚陈家村长7.30千米的准四级公路。云和县公路工程队测设，路基路面均由浙江永和路桥建设有限公司承建，水泥砼路面。总投资369.20万元。至此，安溪畲族乡实现了村村通公路，总里程20.50千米。

乡村康庄工程的实施便捷了村民的出行，有力推动安溪畲族乡高效生态农业的发展，乡村交通的发展还拉动畲乡生态文明建设。推进畲乡生态文明和精神文明建设。

云安公路　起点为白龙山街道黄水碓村与新建南路相接处，终点为安溪乡政府驻地下村后塘村，全长7.90千米，路基宽10米，路面宽6.50米。其中，云和车站经车站南路、浮云桥至黄水碓段2.10千米，投资42万元，于1985年建成。1991年1月至1993年4月，云和县政府以省“以工代赈”扶贫资金47万元，将黄水碓至安溪后塘段7千米的拖拉机机耕路改建扩宽为四级公路。1998年12月改造为沥青路面，荷载20吨，时速40千米。公路的开通，既方便村民入城的来往和物资的运输，也逐渐地改变畲乡的面貌。

自2001年12月始，云(和)安(溪)班车开通(私人车辆)。2002年班车增至2辆，班车的开通，人们往返县城更加便捷。后由于摩托车、电瓶车入户量的增加影响班车的客源，2005年始，云(和)安(溪)班车保留一辆运行，每天往返16个班次。

黄家地至严山公路　简称黄严线。2003年建设，2005年路面硬化，砼路面，路宽4.50米，全长1.80千米。起点为安溪畲族乡黄家地村，终点至严山村，为准四级公路。庆元县交通规划设计所设计，丽水市路桥工程公司和云和县市政工程有限公司施工。

岚头至黄家地公路　简称岚黄线。2004年建设，2005年路面硬化，砼路面，路宽4.50米，全长2.52千米。起点为沈北线景宁县界岚头，终点至安溪畲族乡黄家地村，为准四级公路。云和县公路工程队设计，云和县永盛公路养护工程公司、云和县住宅建设有限公司施工。

山脚至木榉花公路　简称山木线。2008年建设，2009年路面硬化，砼路面，路宽4.50米，全长7.31千米。起点为元和街道山脚村陈家村，途经安溪畲族乡木樨花对门山、木樨花、柘园自然村，终点至木樨花村坑头自然村，为准四级公路。云和县公路工程队设计，浙江永和路桥工程有限公司、云和县城关建筑工程有限公司施工。

上村至东岱公路 简称上东线。2006 年建设，2007 年路面硬化，砼路面，路宽 4.50 米，全长 6 千米。起点为安溪畲族乡上村，终点至东岱村，为准四级公路。云和县公路工程队设计，云和县交通工程公司、云和县住宅建设有限公司施工。

下武至黄处公路 简称武黄线。2004 年建设，砼路面，路宽 4.50 米，全长 2.91 千米。起点为安溪畲族乡下武村，终点至黄处村，为准四级公路。松阳县交通勘测设计所设计，丽水市路桥工程公司施工。

3.机耕路(道路)

1969 年，修建瀿口至安溪乡政府所在地后塘机耕路。

1994 年，深居在深山的木樨花村人为了走出大山，采取山林置换的办法修建机耕路。即对方为木樨花村修建好一条宽 3 米，长 6.50 千米，通向县城(木樨花村—云和陈家村)的机耕路，木樨花村权属的山林经营权归造路者。山林(经营权)与机耕路置换面积共计 2500 亩，经营权年限 25 年。1996 年，木樨花村至云和陈家村 5 千米机耕路建成。

1994 年，上、下黄处村畲民为修建机耕路，发扬自力更生精神，采用人工开挖的办法，经过 2 年时间，修建成村委驻地与云(和)安(溪)公路衔接 2.50 千米长的机耕路。

1994 年冬，坐落在云(和)景(宁)边境线上交通闭塞的黄家地村，人们为了改变村坊的落后面貌，全村群众在村支书柳伟明的带领下，实施人工开挖一条黄家地与景宁岚头公路相衔接的机耕路工程。但在施工中遇到缺少购买钢钎榔头和炸药等开山工具资金的困难，全村人经过商量一致同意，每人捐大米 10 斤，把大米挑到市上售后换回的钱去买钢钎榔头和炸药。村党支部书记和村委主任，以个人的名义一人贷款，一人作贷款担保人，向农村信用社贷款 5000 元作为后备资金。黄家地全村人前后经过近 3 年时间，1998 年秋天，1 条 2.50 千米长、3 米宽，与景宁公路(岚头段)衔接的机耕路终于建成，并且举行隆重的通车典礼。

2005 年，开通下武至山寮、黄处至东城和严山的简易机耕路。

4.康庄路

2003 年，在国家资金的扶持下，严山村至黄家地 1.80 千米的机耕路建成。

2005年，扩建成康庄路。是年，木樨花村、东岱村、黄家地村的康庄路先后建成。是年，完成全乡最后一条8.60千米长木樨花村康庄公路路基工程。完成东岱村的康庄公路路面硬化工程。

康庄路代替过去的泥泞小道。交通的便捷，为畲汉两族人民脱贫致富提供了有利条件，进一步加快了畲乡经济和社会的发展。现在人们外出、进城都是以摩托车、电动车、小轿车代步，结束了上百年出门、进城靠徒步、肩挑、背驮的历史。

5.桥 梁

据1996年版《云和县志》记载，1990年，安溪畲族乡境内有西山岭脚桥、上村桥、下村桥、后塘桥、下武桥、砻空桥、水井脚桥、溪口桥8座。

下村桥　又名安溪桥。位于安溪畲族乡下村村，跨安溪。始建于清康熙年间(1662—1722年)，系三节蛤蟆柱木桥，是云和通往景宁古道泗洲岭的控道。1981年，国家补助0.30万元建成12米长的水泥桥面。1986年，国家补助0.40万元，村民集资0.04万元改建为石拱桥，长16.80米，宽2.60米，高4.30米，2孔，净跨径7米，无护栏。2007年，县农业综合开发办公室投资13.62万元，改建成钢筋砼板梁桥。长25.92米，宽6.50米，高5.30米，2孔，净跨径11.50米，有护栏。是年2月开工，11月完工。

1983—1986年安溪畲族乡境内桥梁一览表

表16-5-1-1　　单位：万元

桥名	所在地点	桥长(米)	桥宽(米)	桥高(米)	孔数(孔)	净跨径(米)	结构	投资形式	建成年份	备注
溪口桥	芝畈上首	17	7	2	2	8	钢筋砼板梁	公助	1983	
下武桥	下武村	15	3.60	3.20	1	9.50	石拱	公助	1984	2003年加宽
水井脚桥	砻空岭脚	11.50	2.50	4.20	1	10	钢筋砼板梁	公助	1984	
砻空桥	下武水口	13.50	5.70	2.70	2	6	钢筋砼板梁	公助	1985	
西山桥	上村西坑	7.50	1.30	2.50	2	3	水泥板桥	公助	1986	
上村桥	上村	15.50	1.50	1.90	3	4	钢筋砼板梁	公助	1986	

(二)交通工具

1.轿

又称肩舆或筱舆,古时分官轿和民轿两类。

官轿 是古代知县以上官员外出专用的代步工具。做工精细,装饰精美,轿身较大,4人或8人抬行。清道光年间(1821—1850年),云和知县乘坐的是红漆朱顶呢轿,4人抬行。至民国初期官轿绝迹。民轿分为花轿、小轿、便轿。

花轿 又称大轿、彩轿。木制轿厢,直立方形,红漆锡顶,两侧嵌以玻璃小花窗,四周以红绸丝织遮盖,四角挂长彩须,4人或8人合抬。是富人家和官家子女婚嫁迎亲专用之轿。中华人民共和国成立后,花轿被视为封建婚仪之物,不再使用。

小轿 有营业性和自备两种。轿厢内置竹椅,外盖布织篷或以竹帘遮阳。一般为富户外出探视亲友代步及中贫户婚嫁、病家迎送医生之用,乘坐1人,2人抬行。寡妇改嫁用小轿,2人抬,俗称"便轿"。民国26年(1937年)全县温溪等地共有竹轿32顶,轿夫52人。竹轿均由轿主自备,他人需用轿时向轿主租用。20世纪40年代,云和各地尚有乘坐小轿婚嫁的习俗,中华人民共和国成立后不再沿用。

便轿 俗称"过山龙"。是昔时山区富户翻山越岭的代步工具。使用时以竹椅或类似的木板系缚而成,两边各串竹杠1根,四周及顶部无遮盖,乘坐1人,2人抬行。至20世纪90年代,交通不便的山区村民接送病人仍用之。进入21世纪以来,由于通村公路的开通,方便了山区交通,"过山龙"逐渐停止使用。

2.车

手拉车 又称胶轮手拉(推)车、双轮车,简称手车。是陆路短途人力运输工具。手拉车运输在县城(搬运)始于民国时期,在安溪由于交通不便,出现较迟,数量不多。1969年通机耕路后,由于拖拉机、机动三轮车大量进入运输市场,手拉车运输逐渐落伍,存量无法统计。

自行车 自行车俗称"脚踏车",前后两轮,前有把手,中间有单人座位。以双脚踩动脚踏板带动齿轮转动,再由链条带动车轮转动。单人骑行,大街小巷及田间平坦小路均可行车,是理想的代步交通工具。车轮大小视辐轮而定,有28英寸、26英寸、24英寸、22英寸、20英寸、18英寸。由于交通不便,20世纪90年代中期,安溪境内才出现自行车。农用拖拉机、电动车、电瓶车、摩托车、汽车出现后,上坡需要人力的自行车,失去了代步作用,只在健身运动锻炼时出现。

机动车　随着各村机耕路、公路开通后，农民从步行、骑自行车慢慢过渡到使用手扶拖拉机、三轮车、摩托车、电瓶车、小汽车、货运汽车等日常机动交通工具中来。2015 年，全乡购买机动车包括小轿车和其他运输车辆共计 313 辆，占全县总数 15730 辆的 1.99%。其中严山、下武、黄处 3 个畲族村，共计购买小轿车 41 辆，占全乡总数的 13.10%。

公交车　2010 年，云和到安溪有 7:30、8：30、10:00、11:30、13:00、15:30、17:00，7 班次往返公交车。2007—2015 年，云和至安溪有专用客车接送学生。

机动三轮车　机动三轮车分客运车和货运车两种。客运三轮车：正三轮，前有把手或方向盘，后有车厢，可乘坐 6 人，尾部有门，可供乘客上下车。货运三轮车：正三轮，前有把手或方向盘，后有车斗，可载货 0.50—1.50 吨不等。机动三轮以汽油或柴油作为动力燃料。

由于该车机动灵活，道路适应性较强，不受班线站点限制，随叫随停，旅客可随时随地搭乘，深受城乡居民欢迎，很快就在城乡客运市场占据了一席之地，为缓解城乡客流量起到积极作用。2001 年 2 月，浙江省政府发布《道路客运管理办法》，禁止小三轮农用车从事客运。是年 5 月，云和县所有机动三轮车退出客运市场。

摩托车　摩托车包括轻便型摩托、两轮摩托和侧三轮摩托。可乘坐 1—3 人。该车具有小巧、方便、快速的特点，是理想的小型交通工具。由于境内交通、经济发展和人们生活质量的提高，摩托车大量进入私人家庭，农民中的先富群体购置摩托者日益增多。2015 年，全乡共有 189 辆，占全县总数 9630 辆的 1.962%。

电动车　电动车，又称电瓶车。是一种以蓄电池(又称电瓶)放电，使直流电动机驱动车轮转动的小型车辆。有轻便型、摩托型和三轮电动车，电池(电瓶)可一次性可行驶 40—120 千米不等。该车具有价廉、轻便、快捷、环保等特点，可乘坐 1—2 人，深受群众喜爱。 1993 年 4 月，安溪境内开始使用轻便电动车，价廉吸引居民。此后，电动车陆续进入私人家庭。由于汽油价格上升，农民认为电动车比摩托车更价廉实用，因此，电动车进入普通家庭不断增长。2015 年，全乡农户基本上每户都有 1—2 辆电瓶车。

小汽车　小汽车包括吉普车、小轿车、面包车等。由于受交通条件和经济实力的影响，小汽车在安溪畲族乡境内最早出现于 1993 年。进入 21 世纪以来，随着交通基础设施的不断优化和人们经济收入的提高，机关干部、企业老板、先富群体等私人购买小轿车的数量与日俱增，富裕家庭子女已把小汽车列为婚嫁条件之一。至 2015 年底，全乡有小汽车 231 辆，占全县总数 15730 辆的 1.47%。

二、水 电

1957 年 8 月，上村村建造可供 200 户照明的简易小型水电站。20 世纪 70 年代初，建成水口电站。1987 年，安溪畲族乡境内 10 千伏电网建成，至 2015 年乡境内有并入县电网的水电站 2 座，全乡用电由县电网供给。

（一）水力水源

安溪畲族乡境内森林覆盖率高，为水土保持提供充分的条件，形成充沛的安溪水源。其丰富的水量为农业生产灌溉、生活用水、发电等提供保障。

水 碓　明清时期至中华人民共和国成立前，上村、下村两个村利用安溪水作动力各建造水碓一座（俗称“上处水碓”“下处水碓”）。下村水碓两层，一层碓米、二层磨麦面。黄家地利用山坑水在村水口处建造水碓，水碓结构为 2 层，楼上设石磨可磨面，楼下设碓米的水碓。黄家地村水碓约于民国年间废弃，遗址尚存。安溪境内曾有下武、山寮、西山、后塘、东城、木樨花、黄家地 7 处水碓。1970 年开始，人们使用碾米机、磨粉机后，上村、下两村水碓停止使用后废弃。水碓在没有机械化的年代为节省劳动力发挥重要的作用。

饮用水　安溪境内农户历史上根据居住环境，饮用溪水、井水和山泉水。居住山边的农户用半爿毛竹，去节连接起来做水笕，从高处缓缓将山泉水或山坑水引到水缸。居住在溪、坑边的农户就到溪坑里担溪水饮用。居住在村中央与山边、溪边较远的农户，就挖掘水井，从井里取水饮用。历史上安溪境内共有水井 4 个，分别在上村 2 个、在下村 1 个、在下武村 1 个。

进入 20 世纪 90 年代，安溪畲族乡境内开始安装自来水。农村装自来水要在本村农房的高处建一个蓄水池（水塔）。蓄水池的选址要保证水源有充足的水注入，同时保证居住村庄最高的农户用水有压力。蓄水池用砖、石、混凝土材料，做成开敞式圆形或方形。池体由池底、池墙、池盖板三部分组成，池底经原状土夯实后，用水泥砂浆砌石平铺，再在其上浇筑混凝土。池墙壁有砌石、砌砖和混凝土 3 种形式，可根据当地建筑材料选用。池盖板可用水泥预制板封面，预留一块可活动盖板，供人进入清洗或修理，水池大小按村庄人口多少和用水量确定。水池顶端装进水管，另在池墙壁安装一节水管，水满可自然流出。水池底部安装出水管，出水管再分别安装到各家各户。农村安装了自来水，既减轻了农民劳作后，回家挑水所付出的劳动强度，又减少饮用水的污染而更加卫生。安装资金采取政府有关部门资助、村集体投入、农户自筹解决。

1991年,安溪畲族乡境内民用水井4口,建29处自来水水池,卫生用水受益人口2266人。1994年,8个村380户1643人自来水受益。1998年,自来水受益5个行政村。2006年,投入资金80万元,完成东岱、木榉花中心村饮用水工程。投入资金5万元,完成了下村3处8米×4米的堰坝修建工程,投入20.50万元完成了1115米防洪堤修建工程。投入20.7万元,完成3450米的引排水渠道修建工程,这些工程,解决了全乡农民1160人的饮用水问题,受益人口1750人。2007年,在下武、黄处、东岱村实施千万农民饮用水工程,解决815人饮用水困难问题。2008年投资30万元,在木榉花、严山村实施农民饮用水工程。有效解决400多人的饮用水问题。是年底,全乡8个行政村都装上卫生饮用水设施。2013年,完成上村、下村、下武、黄家地4个村饮用水改造项目,确保饮水安全。2014年,全乡建设饮用水蓄水池8个,过滤池1个,铺设输水主管9100米,上村行政村西山自然村试行用水“阶梯收费制”,成为全县首个运用水表收费的偏远自然村,也成为其他县、市前来学习取经榜样。2015年,安溪畲族乡8个行政村全部用上了清洁的自来水。

(二)供 电

中华人民共和国成立前,安溪境内照明多用竹篾、松明、菜油、柏油、蜡烛和煤油点灯。蜡烛价钱高不经点,一般人家消费不起,只少数富裕人家在结婚喜庆时使用。平常人家备有陶器灯座,上放一个铁灯盏,或在木头制的照上放一个铜(铁)灯盏,在灯盏中放一些菜油横上一支灯芯,一头置入油里,一头悬灯盏外点燃,灯光昏暗,称“一灯如豆”。为省钱,许多人还用当地盛产的柏油点灯,但气味难闻,无法与芳香的菜油相比。当时姑娘嫁妆必备一对木制油漆灯罩。贫穷山民也用松明、火篾照明,当地畲民“火篾当灯点”。将富含松脂的松木劈成片插于壁缝照明,称松明。火篾是用竹子剖成竹篾,将竹黄(竹腔内发黄内面)放在水沟里浸泡一些日子,晒干后备用,晚上一支接一支燃烧,替代灯火照明。民国34年(1945年)8月,抗日战争胜利后,时称洋油的外国煤油开始进口,安溪畲族乡境内有人使用煤油灯。用小玻璃瓶与马口铁皮制成,在铁皮隔热的瓶盖中竖一支小铁管,以纱芯透出点火,时称“洋盏”。从此,比菜油灯光亮的煤油灯逐步替代菜油灯。商店和有些人家在煤油灯上罩上玻璃,不怕风,还能把房间照得更亮。正月跳狮子灯、花鼓灯、集会或演戏时,就用油盘盛煤油,充气后点燃,使用灯头纱罩住发光的汽灯。煤油灯一直使用到20世纪80年代。夜晚外出时在黑暗中走路,高一脚低一脚很不方便,就用火篾或松明,富裕人家使用灯笼。20 世纪 70 年代才开始使用手电筒。

1957 年 8 月，在上村建成采用自制木质轴流定桨式水轮机，配 5 千瓦发电机发电，可供 200 余户村民照明，由于电压低灯泡出现红丝。为了解决照明问题，1971 年，动工兴建水口电站，历时五年于 1976 年 9 月建成，为乡办自发自供水电站。1977 年，在东岱村兴建 12 千瓦小水电站，仅供农户天黑至睡前照明。1988 年水口电站并入县电网运行。1989 年 1 月，东岱村通电，全村有电灯照明。政府投入资金进行低压线路整改后，电力供应趋于平稳，农户用上了电饭煲、微波炉、电炒锅煮饭烧菜。

2001 年，完成全乡农村电网改造工程。2005 年，投资 4 万元，安装上村至下村的路灯。2007 年，实施下武村、黄处村、严山村路灯亮化工程。2010 年，在上村村实施电气化改造村。2015 年，安溪畲族乡高压线路全部改造完毕，全年用电量 82.50 万千瓦时。

2015 年安溪畲族乡月用电量一览表

表 16-5-1-2　　　　单位：千瓦时

月　份	用电量	月　份	用电量
1	68913	7	66261
2	76273	8	77089
3	72677	9	72429
4	71521	10	62639
5	62665	11	64833
6	59804	12	68953

（三）引水工程

安溪上村官堰　当地人俗称“水坝头”。 位于上村，筑坝拦安溪水入堰。长约 50 米，高约 2 米，建于清代。民国元年（1912 年）被水冲毁，民国 8 年修复。

下武村东坑堰坝　2003 年建成，长 120 米，投资 6960 元。

黄家地村八庆堰坝　2003 年建成，长 80 米，投资 4850 元。

“三面光”引水渠①　2000 年，上村、下村、下武 3 个村分别修建“三面光”引水渠道，总长 1360 米，投入工程建设资金 7.80 万多元。

① “三面光”引水渠：即在水渠底部和两侧立面均用水泥浇筑并抹光。

(四)防洪堤

乡中心学校防洪堤　1994年被“8•21”特大山洪冲毁,1995年10月开工重建,1997年8月,重建工程竣工。防洪堤全长135米,宽1.50米,累计土石方4000多立方米,投工2300多个,总投资8万元。工程得到省政协办公厅大力支持,给予扶贫资金6万元。

东岱村防洪堤　2000年,东岱村防洪堤建成,全长165米(安溪流域),投入工程建设资金2万多元。

后塘防洪堤　2001年,在县水利局资金的扶持下,修建安溪后塘对面长125米的防洪堤;修复上村相公殿引水渠1360米,总共投入工程建设资金资16.80万多元。

安溪流域防洪堤　2003年,建成长280米,投入工程建设资金3.50万元。

木榉花村防洪堤　2003年,木榉花村经县科技局的牵线搭桥,争取到德国驻上海总领事馆马驰先生的支持,引入德资15万元,为木榉花村修建1.20千米长的防洪堤,使木榉花村6.7公顷农田排灌全面地得到了改善。

安溪至东岱防洪堤　长0.80千米(安溪流域),2005年修建。

安溪防洪堤　由安溪上村至下武村段、程宅村滌口自然村至古竹村桥段和古竹村桥至浮云溪汇合口段组成。安溪上村至下武村段防洪堤起点为安溪上村,终点为下武村,左岸堤长1720米,右岸堤长1680米,两岸堤距为13—16米,防洪标准为10年一遇。防洪堤为重力式结构,顶宽0.60米,迎水面坡比1:0.3,背水面坡比1:0.1,堤高2.95米,采用干砌块石砌筑,堤顶采用0.10米厚C15砼压顶。堤防于2006年完工,总投资为185万元。

安溪佛仁殿拱坝　2005年10月25日开工建设，工程位于云和县安溪畲族乡东岱村境内,海拔500米,距云和县城约11千米,交通车可直达,交通较为方便。该拱坝为了解决安溪畲族乡上村、下村、下武等村2000多人口生活用水及113.33公顷水田和266.66公顷园地灌溉用水。坝址以上集雨面积5.90平方千米,主流长2.60千米。本流域多年平均降雨量1760毫米,多年平均径流量0.18立方米每秒,多年平均径流总量572.30万立方米。

佛仁殿拱坝按20年一遇洪水标准设计，设计洪峰流量106.44立方米每秒;校核标准为100年一遇,洪峰流量140.57立方米每秒。

佛仁殿拱坝工程等别为V等,工程规模为小(2)型,主要建筑物为拱坝,坝址位于安溪乡上游1.50千米处,最大坝高28.50米,坝型为抛物线形双曲拱坝,材料为C15埋石砼,坝顶高程537.50米,建基面高程509米,坝顶厚度3.02

米，坝底厚度 6.24 米。泄水建筑物采用坝顶自由过水，溢流段长 23 米，溢流堰为自由跌落式曲线型实用堰，堰顶高程 535 米。2006 年 12 月 21 日完工，投资 272.40 万元。

三、邮 电

（一）电 信

据 1996 年版《云和县志》记载：民国 27 年（1938 年）用 12 号铁线，架设县城至温溪电话线路，话音不清。中华人民共和国成立后，农村电话由县政府管理。1953 年 6 月 1 日并入县邮电局。1964 年，对电话线路进行单线改双线。之后，逐步改为通信铝线、改为水泥杆。1990 年，乡政府安装农话交换机。1999 年，下武、下村、上村等 3 个行政村通电话，上村安装电话 18 部。

2001 年，黄处村通光缆、通电话，东岱村率先实现全村通程控电话。2009 年开始，全乡 8 个行政村全部通电话。电信企业 2 家，服务网点 3 个。根据《中华人民共和国政区大典》（浙江省卷云和分卷）记载，2011 年，全乡有固定电话用户 558 户，移动电话用户 3387 户，宽带接入用户 440 户。全年电信业务收入 390.40 万元。

2015 年，安溪畲族乡 8 个行政村全部通宽带。移动电话网络覆盖全乡，全乡有移动电话 1607 户，其中，移动用户 1399 户，联通用户 208 户。固定电话用户 61 台，其中移动 15 台，电信 46 台。宽带接入用户 245 户，其中移动宽带接入 136 户，电信宽带接入 109 户。

（二）邮 政

1957 年 8 月云景公路通车前，云和至景宁经过安溪邮件往来都靠挑“景宁担”送达。

在云和、景宁两县没有通公路前，邮差每日从云和县城担邮包到景宁。途经安溪境内将安溪的邮件卸下，交给安溪乡的邮递员，并在路单盖上邮戳。乡邮递员按东岱、黄处、上村、下村、下武；严山、黄家地、木樨花村，隔日送达各村。乡邮递员有时也会托到乡里开会的村干部和熟人顺便带回村里。1957 年 8 月，云和景宁两县通公路后，乡邮递员直接到县邮电局取邮件，再送达各村。安溪境内由于地处山区交通不便，邮件来往基本上靠邮递员步行。直至 20 世纪 90 年代各村陆续通公路后才改变。1991 年，云和县邮电局在安溪畲族乡设邮电代办所。中华人民共和国成立后，乡邮递员是诸暨籍人王培钊，1978 年至 2015 年是下村洪方美。

邮政电信　根据《中华人民共和国政区大典》(浙江省卷云和分卷)记载：2011年末，安溪畲族乡有邮政网点1个，投递路线单程总长度37千米，乡村通邮率100%。业务收入43.10万元。2015年，报纸杂志收入15000元。

(三)邮政储蓄

邮政储蓄安溪分所成立于1994年，属云和县邮政局管辖。1998年，邮政、电信分营后，邮政储蓄安溪分所专门从事邮政业务，是一家服务"三农"的企业分支机构。地址设在安溪畲族乡政府大院附属楼，有专门人员长期办公。邮政主要从事助农取款、汇兑，报刊、挂号、信件、包裹的发行、投递及农村电商等综合服务，居民可在电商服务网点网购，包括化肥农药、种子等，可代缴水费、电费、电话费，也可话费充值。

第二节　教　育

中华人民共和国成立前，畲民在政治和文化教育上，都受到歧视和排挤。清光绪三年(1877年)《处州府志》载："畲民为耕作苦，或佃种田亩，或扛抬山舆，识字者绝少，土人以异类目之，彼亦不能与较。"清道光十年(1830年)，科举考试明令规定准予畲民参加，但因畲民长期深受压迫和歧视，生活贫困，上学者极少。直至清光绪八年(1882年)，杉坑岭蓝宝成中贡生，开云和畲民参加科举应试获取功名先例。

中华人民共和国成立后，政府重视教育，开办学校教育。1980年，安溪畲族乡设黄处、东岱、东坑头、木樨花、严山、黄家地、东城等7个村小学。1985年，全乡有小学9所，其中乡中心小学1所，村校8所，在校学生378人。学龄儿童入学率98.05%，非盲率89%。据1982年7月1日全国第三次人口普查，全乡有大专肄业1人，高中文化程度80人，初中文化程度303人，小学文化程度1206人。

2001年，县教育局调整学校布局，撤销安溪畲族乡5所村校，并入安溪畲族乡中心小学。

2015年，安溪畲族乡中心小学有5个教学班，教职员工14人，学生100人。其中安溪畲族乡籍学生16人，外乡籍学生2人；景宁及江西、湖南、四川、贵州籍学生82人，占学生总数的82%，皆为走读生。为了培养畲族人才，云和县委、县政府降低分数线录取畲族考生。

一、社学与私塾教育

自清光绪年间(1875—1908 年)始,乡里设私塾、开学馆之风。宣统元年(1909 年) 始,官府即在温溪上村创办云和县公立初等小学堂。自此,安溪境内兴教办学蔚然成风。

清光绪年间,温溪上村洪有芳在温溪上村夫人宫开设私塾,广收弟子(多为汉族学生),学生年学费稻谷 1 箩(约 40 千克)。

民国年间,黄家地村前清拔贡柳振兴在村里设学馆(馆址设八秤老屋),广收弟子(多为汉族学生)。学生年学费 2 块银圆。柳振兴学馆开设至民国 25 年(1936 年)左右停办。

二、学校教育

封建科举时代,特别是在民国时期,政治地位上处于社会底层的畲族在教育上同样受到歧视与排斥。清光绪三年(1877 年)《处州府志》载:“识字者绝少,土人以异类目之,彼亦不能与较。畲民有读书者,入衙充书吏,未敢考试,间出应试。”官府和社会上把畲民视为异族异人。至清嘉庆八年(1803 年),浙江巡抚阮元会同学使文宁,咨准畲民一体科举考试。清道光十年(1830 年),明令准予畲民参加科考。但畲民长期深受压迫和歧视,生活贫困,入学读书者极少。至清光绪三十四年(1908 年),安溪畲族乡境内只有黄处村个别畲民子弟入学读书。清宣统元年(1909年)温溪创立初等学校。1953 年,浙江省少数民族初级师范学校在云和创办,其间,下武村长脚垄自然村畲族青年蓝雷聪、下武村山寮自然村畲族青年蓝周元,被保送进入该校就读。1960 年,下武村长脚垄自然村畲族青年蓝雷聪在浙江省少数民族初级师范学校毕业后, 被保送进入中央民族大学武汉分校就读历史系(预科)。1985 年全乡有小学 9 所,其中乡中心小学 1 所,村校 8 所,在校学生 378 人。学龄儿童入学率 98.05%,非盲率 89%。据 1982 年 7 月 1 日第三次全国人口普查统计,全乡有大专肄业 1 人,高中文化程度 80 人,初中文化程度 303 人,小学文化程度 1206 人,文化教育极为落后。1986 年 7—11 周岁学龄儿童入学率为 100%, 毕业班的毕业率为 100%,12—15 周岁少年儿童入学率 94.31%。12—40 周岁少、青、壮年非文盲率为 8.92%。1986 年 12 月,经省、地检查团检查验收“五率”,宣布验收合格。1987 年开始推行 9 年义务教育。为便于小学毕业升学而完成义务教育,1988 年 9 月,乡中心小学增设初中班,招一年级新生 50 名,学制三年,执行二类教学计划，因生源不足，1991年下半年取消初中班，以后小学毕业生安排升入云和中学、云和二中、云和镇中就读。1989年起学龄儿童减少，东城小学并入程宅小学(属云和镇)，东岱上下村两所小学并为一所，1994年有严山、黄家地、东坑头、木樨花、东岱、黄处等6所学校。

(一)学前教育

1958年，为了广大妇女更好地投入"大跃进"运动中去，下村大队(村)和下武大队(村)联合兴办了幼儿班1所。在班幼儿20余人，幼师2人，幼师由村里有文化的妇女担任。"大跃进"运动结束后，幼儿班停办。

1984年，下村设民办幼儿班1所。2004年，3—5周岁儿童77人，入园儿童61人，入园率79.22%。2012年，乡中心小学附设幼儿园1个，入园儿童11人。

(二)小学教育

清宣统元年(1909年)创办"云和县公立温溪初等小学堂"。民国26年(1937年)，创办"云和县第一区区立黄处短期小学"。

自1980年开始，设黄处、东岱、东坑头、木樨花、严山(复式班1个，教师1人，畲族学生15人)、黄家地、东城7个村小学，1980年，共计学生190人。1985年，全乡有小学9所，其中乡中心小学1所、村校8所，在校学生378人。学龄儿童入学率98.05%，非文盲率89%。1986年，7—11周岁学龄儿童入学率为100%，毕业班的毕业率为100%，12—15周岁少年儿童入学率94.31%。12—40周岁少、青、壮年非文盲率为88%—92%。是年12月，经省、地检查团检查验收"五率"[①]，宣布验收合格。1989年，境内有乡中心小学，黄处、东岱、东坑头、木樨花、严山、黄家地、东城8所小学，教职员工21人，教师19人。其中乡中心小学教职员工11人，教师9人；黄处村小教师1人、东岱村小教师2人、东坑头村小教师1人、木樨花村小教师2人、严山村小教师1人、黄家地村小教师2人、东城村小教师1人。共有15个班级，其中10个复式班。在校生273名，畲族学生67人，占学生总数的24.50%。其中，一年级43人，二年级46人，三年级54人，四年级60人，五年级70人。是年，学龄儿童减少，东城小学并入程宅小学(属云和镇)，东岱上下村两所小学并为1所。1991年，安溪畲族乡境内有乡中心学校1所，有东岱、木樨花、严山、黄家地、东坑头、黄处、东城7所村级小学，共有师生500余人。2001年，完成了教育网点调整，黄处、东

① 学龄儿童入学率、在校学生年巩固率、毕业班学生毕业率、12—15周岁少年普及率、12—40周岁非文盲率。

岱、严山、木樨花、黄家地5所村校撤销，并入乡中心小学。

2004年，安溪“两高”“普九”工作情况，6—11周岁，总人数153人，入学率100%。12—14周岁总人数84人，入学83人，入学率98.81%。15周岁总人数32人，完成率100%，17周岁总人数25人，完成24人，完成率96.00%。

1.乡中心小学

安溪畲族乡中心学校创建于清宣统元年（1909年）。当时称“云和县公立温溪初等小学堂”，学制四年。开设“修身、读经讲经、国文、算术、体操”5科必修科，另开“手工、乐歌、图画”3种随意科，共开8门课程。校舍设在温溪村洪姓宗祠内，有教师2人，2个学级，招收满九周岁儿童入学，当年有学生50余人。

民国元年（1912年），学校改名为“云和温溪初等小学”，到民国8年，学校更名为“云和县温溪初等国民学校”。由本村洪有芳执教，学生30人。民国28年3月，县教育科批复校名称为“云和县第一区立温溪小学”。民国34年，为实施国民教育，各乡镇设中心国民学校，各设保国民学校。温溪小学复又改称“南溪乡第六、七保联立国民学”，两个学级，两个教员，学生50人。

1949年，中华人民共和国成立以后，由于本地社会秩序不稳定，未办学校。1951年9月，在洪氏宗祠重建温溪小学。1954年，由于学生人数增多，经县人民政府教育科批准，建立温溪完全小学。有4个教学班，6名教师，120名学生。由柳樊任校长。1958年，学校实行并校、住校，组织学生参加“大办钢铁”“大办农业”，学校随之更名为“温溪公社中心小学”。1970年3月，曾开设初中班，学制二年，先后毕业了2届50人，于1980年并入小徐乡中学。1987年，重新开办附设初中班，学制三年，执行二类教学计划。至1989年有3个班，6名教师，108名学生。“文化大革命”期间，小学一直稳定在五个年级，3名教师，150—180名学生的规模，其中畲族学生占总数三分之一。

校舍逐年修建。1954年，新建一个教室。1962年，拆建洪姓宗祠中堂，改建教师宿舍2间，办公室2间，面积150平方米。1963年，又将祠堂前厅改造为教师寝室，计10间。1964年新建教室3个。1978年，又建教室2间，生活用房1幢。各项教学设施，基本齐全，已成为一所初具规模的乡级中心学校。1989年，小学部分为5个教学班，全部是单式班，教职工11人（专职教师9人），学生119人（其中畲族学生38人）。初中为2个班，学生50人，教师4人，校长洪方文。

1991年，全乡有1所中心小学，有东岱、木樨花、严山、黄家地、东坑头、黄处、东城7所村级小学,共有师生500余人。乡中心小学有小学5个教学班,初中1个教学班。村级小学均为复式教学班。1992年,完成了初中撤并工作。当年所有小学毕业学生全部升学到小徐中学就读。1994年8月受台风影响,强降雨引起山洪暴发,冲毁建在河堤旁的教学楼和宿舍楼,当年秋季,租用民房办学。县教委、学校做好宣传工作,广泛发动社会各界捐资,多渠道筹措教育经费。同年9月动工兴建了教学楼"恩美楼""民族团结楼"以及附属用房。

1992年10月召开全乡学生首届田径运动会,并派学生组团参加县中小学田径运动会。1993年,学校进而提出"全面发展、一专多能"的育人新理念,成立奥数、绘画、体育等学习兴趣小组,由专人辅导。蓝华生辅导的学生洪雅华同学获得县数学竞赛一等奖,卜广友辅导的学生项菲同学获得"县第四届故事大王"讲故事比赛三等奖。

1995年,中心小学各班级配备"两机一幕"①。完成部分区块调整,黄处行政村的东城、湖西弄两个自然村小并入云和镇程宅小学。1996年通过"两基"验收(全乡适龄儿童入学率100%)。1997年修建学校围墙。1999年,动工修建综合教学楼——越心楼。

2000年开始,安溪畲族乡小学教师实行聘任制。校长由县教委和乡政府聘任,教师由校长聘任。2003年,完成自来水安装和水泥篮球场的建造工程,学校的教育环境得到进一步的优化。安溪畲族乡完成省、市级教育强乡的创建工作。是年,安溪畲族乡小学获得全县小学终端考试第三名。终端常识考试平均成绩名列全县第一名。

2005年,完成高级农村标准化学校的创建工作。为乡中心小学安装健身器材,使教育、教学环境得到进一步改善。强化学校教学的内部质量管理,教学质量显著提高。12月,通过省级教育强乡验收。

2006年,乡中心小学被省教育厅评为"浙江省农村中小学现代远程教育工作先进单位",校园被评为"平安校园"。2007年,在教育局和乡政府的支持下,学校启动营养餐工程,学校一日三餐为学生提供营养餐。江滨教育集团总校相继向安溪畲族乡中心小学分派支教老师。2008年开始,学生营养餐从原来每个星期5餐提高到15餐,率先成为全县"免费餐"学校。是年,学校迎来许多外来民工子女,有来自云南、贵州的侗族、苗族、哈尼族、傣族等几个民族

① 录音机、投影机、屏幕。

的学生，这些学生与本地的畲族、汉族师生组成一个多民族大家庭。学校根据这一特殊的新情况，提出以葫芦丝为载体的民族艺术教育，开设葫芦丝校本课程，还成立校园葫芦丝乐队，师生人手一支葫芦丝。在全体师生的共同努力下，2009 年，校园葫芦丝乐队走上了乡、县、市、省各级舞台，并在各类比赛中获奖。是年，宁波北仑区戚家山街道与安溪畲族乡正式结对成帮扶乡镇，每年拨付 10 万元用于解决学生营养餐问题。

2010 年 8 月，全校 32%的学生参加上海音乐学院社会艺术葫芦丝专业的六级测试，并获得考级证书。同年 9 月，学校被评为“云和县中小学生课外文体活动工程示范学校”。2011 年 5 月，学校党支部还被省《之江先锋》主办的优秀党支部网评大赛提名。学校被评为“全国学校艺术教育先进单位”之后继续完善和开拓以葫芦丝为载体的民族艺术教育，开设了“高脚马社团”“空竹社团”“象棋社团”。同年 7 月，省“校安工程”在该校启动，把该校的“恩美楼”加固，并加以装修，又重建了附属房，有面积 40 平方米的巴乌等乐器 16 件，可开展乐器项目，学生的学习生活条件进一步改善。学校被认定为江滨教育集团的紧密型学校，校长被任命为江滨总校的校长助理。10 月，学校被丽水市教育局评为“丽水教育系统关心下一代工作先进集体”。安溪畲族乡中心小学，被教育部艺术教育委员会评为“全国学校艺术教育先进单位”，是全县首个获得国家级荣誉的学校。

2012 年，学校占地面积 2434 平方米，有恩美楼、越心楼、民族团结楼。设有阅览室、图书室、多媒体教室、葫芦丝专用教室、音乐室、象棋室、乒乓球室、空竹活动角、高脚马活动角。有藏书 3022 册，45 名学生，人均 67.16 册。年底，有 3 个教学班学生 55 人（含幼儿园的 11 人），教职员工 13 人（其中有小学高级教师 9 人，本科学历 4 人、专科学历 7 人），省“春蚕奖”获得者 1 人。学校正在探索“自然小班”的教学规律，努力提高教育教学质量。

是年，学校形成以葫芦丝为载体的民族艺术教育办学特色，所做的课题论文在省、市级评比中获奖，并在《丽水教育》等教育杂志中发表。《“开发‘葫芦丝校本课程’打造少先队特色团队”》课题更是在中国少年先锋队工作学会“十二五”课题中立项。同年 11 月，学校 15 名运动员参加县运动会获得“入场特色奖”、团体总分乡镇组第二名、阳光伙伴乡镇组第二名、跳绳比赛乡镇组第四名和 14 个单项奖。该校的特色建设卓有成效，得到家长和社会的认可，浙江广播电台“民生 966”和丽水电视台《欢乐天地》栏目前后 5 次到该校做专题节目。

2015年，学校全面实施素质教育，教育教学质量稳步提升，先后获得“浙江省农村中小学现代远程教育工程先进单位”“丽水市教育系统关心下一代工作先进集体”“云和县中小学生课外文体活动工程示范学校”“云和县平安校园”等荣誉称号。学校正在探索“自然小班”的教学规律，努力提高教育教学质量。同时，江滨教育集团总校相继向安溪畲族乡中心小学分派支教老师。学校的“一训三风”，校训：崇文 尚德；校风：自信 自立；教风：厚生 乐教；学风：善思力行。

2011—2015年安溪畲族乡中心小学校舍情况一览表

表16-5-2-1 单位：平方米

年份	学校占地面积	绿化面积	运动场面积	校舍建筑面积	教学及辅助用房					行政办公用房			
					合计	其中				合计	其中教师办公室	生活用房	其他用房
						普通教室	实验室	图书室	微机室				
2011	2434	—	—	1360	724	404	176	30	114	116	84	520	—
2012	2434	760	1192	1450	755	435	176	30	114	116	84	520	59
2013	2434	760	1192	1450	755	435	176	30	114	116	84	520	59
2014	2434	280	1192	1724	895	575	176	30	114	116	84	654	59
2015	2434	280	1192	1450	895	575	176	30	114	116	84	654	59

2009—2015年安溪畲族乡中心小学在校生情况一览表

表16-5-2-2 单位：人

年度	班数	招生数	在校学生数								
			总计	其中女	一年级	二年级	三年级	四年级	五年级	六年级	毕业生数
2009	5	7	46	32	7	—	7	13	9	10	10
2010	4		39	24	—	8	—	8	13	10	10
2011	4	7	39	22	7	0	10	0	8	14	14
2012	3	14	45	17	0	11	0	17	0	17	17
2013	3	5	36	15	5	0	10	0	21	0	0
2014	4	32	72	37	32	6	0	12	0	22	22
2015	4	32	78	44	32	26	7	0	13	0	0

2011—2015年安溪畲族乡中心小学教职工情况一览表

表 16-5-2-3 单位：人

年份	教职工数									
	合计			专任教师			行政人员	教辅人员	工勤人员	兼任教师
	合计	女	少数民族	合计	女	少数民族				
2011	14	7	2	9	5	1	1	3		1
2012	13	8	2	12	8	2	1	0	0	
2013	13	8	3	12	7	3	0	1	0	
2014	11	7	2	11	7	2	0	0	0	
2015	12	8	2	12	8	2	0	0	0	

2.行政村小学

1980—1997年，全乡设黄处、东岱、东坑头、木樨花、严山（复式班1个，教师1人，畲族学生15人）、黄家地、东城7个村小学，1980年，学生共计190人。1989年学生共计273人，其中畲族学生67人，占总学生数的24.54%。1990年，安溪畲族乡境内有7所小学，教职工13人，其中专职教师11人，行政人员2人，其中女职工5人。有13个班，在校生223人，当年招生33人，毕业44人。一年级学生39人，二年级学生44人，三年级学生36人，四年级学生53人，五年级学生51人。223名在校生中有女学生106名，占47.53%。

1997年始，东坑头小学因无生源被撤并。是年，全乡小学由7所撤并为6所。2001年，云和县出台《云和县中小学布局调整意见》，安溪完成教育网点调整，对农村的小学进行撤并，原东城、湖西弄两个自然村小学撤销并入云和镇程宅小学。原黄处、东岱、严山、黄家地、木樨花5所村小撤销，并入乡中心小学。从此，长达半个多世纪历史的黄处等自然村小学消失。村小学撤并后，出现全乡大部分学生涌入县城就读的现象。

3.黄处小学

黄处村早在抗日战争时期就陆续办过学校。民国26年（1937年），校名称“云和县第一区区立黄处短期小学”，学制2年，招收9—12周岁儿童入学。以学习国文、算术（包括珠算）、公民三课为主。经两年教学，要求达到初级小学水平，以完成对学龄儿童实行义务教育目标。

中华人民共和国成立后，随着国民经济建设的发展，从1952年下半年起，全县各类小学改为公办。1953 年,县文教科批准,设立黄处小学,派公办教师任教,成为全县最早的畲族小学之一。1958 年,黄处大队建仓库时,支部书记蓝新富要求拨款资助办学,县文教科拨款 400 元。仓库建成后,划出南边一间作为教室(楼上作教师寝室和厨房),不再另造教室。1972 年,由汉族教师张邦棣任教,在黄处村度过了 6 年。学校有较大发展,设 4 个复式班,学生增至 28 人。1976 年,黄处大队要求另建校舍,经县文教局批准,拨款 1500 元,历时两年建成土木结构教室 1 个,教师宿舍、厨房各 1 间。从此,有了单独教学与活动场所。办校 40 年来,黄处小学一直为公办小学,设 1 个复式教学班,学生最多的人数 28 人,最少时为 9 人。黄处大队(村)先后有 5 人成为国家干部,他们都在黄处小学受过启蒙教育。

1984—2015 年安溪畲族学生在校生情况一览表

表 16-5-2-4

学年	安溪畲族乡			
	小学(所)	小学生总数(人)	畲族小学生(人)	畲族比例(%)
1984—1985	9	365	85	23.29
1985—1986	9	378	98	25.93
1986—1987	9	353	95	26.91
1987—1988	9	315	83	26.35
1988—1989	8	273	53	19.41
1989—1990	7	239	70	29.29
1990—1991	7	223	68	30.49
1991—1992	7	205	37	18.05
1992—1993	7	172	53	30.81
1993—1994	7	175	47	26.86
1994—1995	7	164	46	28.05
1995—1996	7	155	42	27.10
1996—1997	7	154	43	27.92
1997—1998	6	151	43	28.48
1998—1999	6	136	38	27.94
1999—2000	6	142	41	28.87
2000—2001	6	130	35	26.92
2001—2002	1	95	26	27.37

续表 16-5-2-4

学年	安溪畲族乡			
	小学(所)	小学生总数(人)	畲族小学生(人)	畲族比例(%)
2002—2003	1	91	26	28.57
2003—2004	1	90	23	25.56
2004—2005	1	85	23	27.06
2005—2006	1	93	21	22.58
2006—2007	1	85	24	28.24
2007—2008	1	85	27	31.76
2008—2009	1	46	—	—
2009—2010	1	39	—	—
2010—2011	1	39	—	—
2011—2012	1	45	—	—
2012—2013	1	36	—	—
2013—2014	1	72	—	—
2014—2015	1	78	—	—

(三)中学教育

1970 年,温溪公社中心小学曾增设初中教学班 1 个,学制 2 年,先后毕业 2 届 50 人。1980 年,曾附设初中班 3 个,学生 84 人。之后初中班并入小徐乡中学。

从 1984 年下半年开始,云和中学开办民族高中班,县政府每年拨款 5000 元,作为补助畲族班经费和畲族学生的减免费,对畲族学生降分录取,免费入学。两年后,云和中学为了更有利于畲族学生学习,不再单独设立民族高中班,让畲族学生分散到各班学习。

1987 年,安溪畲族乡中心小学重新开办附设初中班,学制 3 年,执行二类教学计划。1989 年,有 3 个班,6 名教师,108 名学生。有初中畲族学生 28 人。

1992 年,安溪畲族乡中心小学初中班撤并,当年小学毕业生升学到小徐中学就读。

三、其他教育

中华人民共和国成立后,人民政府十分重视成人教育工作(扫盲教育)。各地畲村先后办起了冬学(农民夜校)。政治上翻了身的广大畲民,随着民族平等政策的深入人心,对文化知识(识字)的渴求更加迫切,尤其是青壮年和妇女。

因此,广大男女畲民利用农闲时间纷纷上夜校。出现了夫与妻、兄与妹、姑嫂妯娌人人学文化的可喜氛围。夜校学习以识字为主要课程。同时教习珠算、农业科学知识、唱歌和讲解时事政策等。2003年扫盲教育结束后,成人教育转为农村实用技术培训和电大学历教育。

1980年,安溪畲族乡全乡民办扫盲夜校共计5所。1986年,省、地双验收各区、乡农民文化程度、非文盲普及格率时,安溪畲族乡境内12—40周岁1426人,其中文盲54人,半文盲人数104人,读满三年以上人数290人,在校六册以下人数56人,高小491人,初中360人,高中71人,非文盲率88.93%。

1988年6月12日,浙江省教育委员会、省农业厅、财政厅、劳动人事厅等四单位,印发了贯彻国家教委、农牧渔业部、财政部颁发的《乡(镇)农民文化技术学校暂行规定实施意见》。意见规定今后(指1988年发文以后)乡(镇)成人学校(含成人教育中心)统一命名为"乡(镇)成人文化技术学校"。县教育委员会作了统筹安排。在沙溪乡开展"燎原计划"试点工作,并在各乡镇开展。

1989年,普及初等教育、扫除文盲,安溪畲族乡境内12—40周岁1500人,文盲半文盲人数129人,非文盲人数1371人,非文盲率达91.40%。非文盲率与1988年相比提高2.47%。1990年,是联合国确定的"国际扫盲年"。云和县政府于8月14日印发《关于进一步开展扫除文盲工作的实施意见》的文件,指出:"全县青壮年中,文盲、半文盲已从解放初期的80%下降到7.50%,9年达到基本无文盲县要求。目前,仍有文盲、半文盲4000余人。"为深入贯彻上级指示,全面完成当年扫盲任务,县政府提出实施意见,并决定于四季度组织扫盲验收,对扫盲成效显著的单位和个人,予以表彰和鼓励,规定安溪畲族乡扫盲指标数100人。

1991年,是"八五"计划的第一年,成人教育工作以国家的"八五"计划为指导,坚持多种形式多种途径按需办学,云和县各乡镇的成人文化技术学校得到加强和提高,农民实用技术培训广泛开展。安溪畲族乡政府建立了成人文化技术学校校务委员会,开展扫除青少年文盲和对农民实行农科教统筹相结合。1992年,全县乡镇成教干部属学校行政人员,列入学校班子成员参与学校管理。成教干部的工作受乡政府、学校双重管理,在乡镇政府与学校之间起着纽带作用,工作重心是宣传、发动、组织扫盲工作;办好成人文化技术学校,做农民实用技术培训工作的参谋。1993年,安溪畲族乡有成人小学2所,2个扫盲教学班,毕业学生12人,其中女生8人。当年招生10人,其中女生6人,有兼职教师1人。1994年,成教干部为迎接省政府"两基"(基本普及九年制义务教育和基本扫除青壮年文盲)验收,一边加大力度扫盲和巩固脱盲率,加强乡镇成技校建设,抓好农民技术培训。

1995年12月，县教委组织人员对安溪畲族乡扫盲对象进行了考核。是年，农民培训以“燎原计划”为突破口，建立乡和行政村两级成人文化技术学校，抓好农村实用技术培训。1996年，是全县“两基”工作攻坚之年。5月份，县政府召开“两基”攻坚大会。乡中心小学在秋季提早一个星期开学。乡成教干部放弃暑假休息，努力当好乡政府参谋，做好基础工作。是年，安溪畲族乡有成人小学2所，2个教学班，其中扫盲班1个。毕业学生10人，其中女生8人。当年招生24人，其中女生14人。有兼任教师5人。

安溪畲族乡按照《云和县1997—2000年扫除文盲规划》，工作重点是加大力度办好脱盲人员巩固提高班，巩固和发展“两基”验收成果，迎接省政府一年一次的“两基”工作复查验收。乡成教干部与乡妇联紧密配合，每年将县教委下达的扫盲任务分解到行政村，落实到人。

2003年，安溪畲族乡有成人小学2所，2个教学班，其中扫盲班1个，毕业学生12人，其中女生8人。当年招生13人，其中女生7人。有兼任教师2人。是年，加强对部分脱盲人员巩固提高教学，进一步巩固扫盲成果，全县扫盲工作画上圆满的句号。

2004年，云和县教育局发文成立云和县农民培训工作指导站，培训工作主要由县、乡镇政府劳动力转移办公室、县农村工作办公室、县职业技术学校等部门具体实施。

2008年，成立于2001年5月的农村劳动力转移办公室，更名为云和县农民培训转移就业办公室。承担农民素质培训、农民转移就业、异地综合开发、农村实用人才管理等四大职能。按照“实际、实用、实效”的原则，积极开展多层次、多形式、多渠道的农民素质培训工程，大力培育一批种养能手、经营能人、能工巧匠、“云和师傅”、农民专家、双强型“村官”等农村实用人才。是年，安溪畲族乡成立了农村实用人才培训学校。

2010年11—12月，县中等职业学校、成教专干走访乡政府和村“两委”，摸清乡情和村情，职高培训处确定服务对象及服务内容，各成教专干各确定1个行政村、10户农户为服务对象。开始规范云和师傅[①]管理。

2014年9月，安溪畲族乡举办为期1周的食用菌技术提升班，主要开设代料香菇栽培技术、农产品质量安全与标准化、食用菌产业发展、农业产业惠农政

① 云和师傅是指具有云和县户籍，经培训考试获得技师以上职称，具备5年以上异地综合开发生产实践经验，遵纪守法，诚实守信，具有一定的示范带动作用，持有县人民政府核发的《云和师傅》证书的知识技术型劳动者。

策，培训对象主要为上村村食用菌种植大户，共有70人参加。2015年12月，举办为期1周的农村电商培训，课程涉及开店管理、美工、客服、营销、推广等内容。2015年前，安溪畲族乡政府根据乡情实际，有针对性地开展食用菌、茶叶、雪梨种植等农村实用技术培训，开展为农村劳动力转移服务的素质培训、企业职工岗位技能培训、农民工培训等提高人员整体素质的技能培训，以及根据各人就业需要，以青少年为主体参加广播电视大学开展的大学专、本科学历教育，中专学历教育。

第三节　文　化

安溪畲族乡境内畲族文化富有特色，主要有畲歌、舞蹈、刺绣、凤凰装制作、畲族拳术等。畲族歌舞起源于婚丧喜事的祭祖、节庆礼俗活动和传统祭祀仪式。畲族是一个爱唱歌的民族，每到“二月二”“三月三”“九月九”等畲族民间节日，畲族青年男女聚集在一起对唱畲歌，热闹非凡。自从1977年，广播电视开始陆续进入家家户户，安溪境内的文化基础设施逐渐改善，人民业余文化生活日益丰富。

一、文化机构团体

文化站(文化中心)　安溪畲族乡文化站始建于1985年，是安溪境内唯一的文化机构，承担的职责有：根据县文化广电新闻出版局和乡党委、政府的指示精神，结合本乡实际，制订全乡文化工作计划，经领导审核批准，组织实施；按照乡党委、乡政府的年度工作安排，结合本地实际，有针对性地举办文艺节目，丰富群众文化生活需要；负责帮助指导、督促检查各村会开展文化活动等。

安溪畲族乡文化站配置专职文化员1名(畲族，女)。文化站设有图书室、阅览室、乒乓球室等活动场所。2015年，图书室有藏书1700册，图书种类涉及政治、历史、法律、文学、艺术、自然百科等。乡文化站同时担负着组织、辅导群众开展业余文化活动的任务。

二、文化设施

(一)畲汉文化广场

2014年，占地面积3100平方米的畲汉广场和仿古戏台在安溪上村村建成，并在广场上安装了 LED 显示屏。畲汉广场的建成，为广大畲汉两族人民群众提供了休闲、健身和开展各种文化活动的场所。

(二)农村俱乐部

20 世纪 60 年代初，为活跃农村群众业余文化生活，温溪上下村兴办了农村俱乐部。以洪方礼为代表的一批爱好文艺活动的畲汉两族年轻人成为村俱乐部里的文艺骨干分子。在县文化馆老师的辅导下，排练婺剧《三请梨花》等折子戏，并自编自演歌颂社会主义和反映农村中的好人好事等的节目。至 20 世纪 70 年代，爱好文艺活动的洪方信又组织一批年轻人自购乐器办起村铜管乐队，开展为节庆人家服务活动。

三、文化事业

(一)广播影视

广播(转播)站　1977 年 10 月 1 日，安溪人民公社广播(转播)站建立。转播站配置转播员 1 人(女)，线路维护 1 人(男)。信号由县广播站输送至公社(广播)转播站放大后输送至各村各户。信号线采用 12 号铁丝输送，线杆采用木杆和方形水泥柱。是年，全乡村村户户通了广播。农村广播为宣传党的路线、方针、政策和丰富人民群众的业余文化生活发挥了重要的作用。1997 年，对乡广播机房进行了改建。年底有线广播线杆由原来的木杆改为水泥杆。从 2000 年始，由于电视机逐渐在农村的普及，广播收听率急速下降。2006 年 6 月，广播与电视实现共缆传输，乡镇转播站停止转播节目。

电影放映队　1979 年，安溪上村村民洪娟娟(女)、吕小莲(女)两人自筹资金购置了 16 毫米电影放映机 1 台，自负盈亏地办起了农村电影放映队(之后挂牌为安溪畲族乡电影放映队)。片源由县电影公司供给，观众购票入场(下村放映时则采取包场方式)。1990 年始，由于电视机在农村普及的原因，致使电影业票房萧条，因此，停止了放映活动。2006 年，全省农村实施“2131”工程后(后改称“农村电影”)，由县电影公司农村电影放映队不定期地下村巡回免费放映。

电　视　1985 年，上村村洪方明，因结婚购买安溪畲族乡第一台 14 寸黑白电视，之后许多农户也跟风购买。未通光缆之前，采取把电视中心的节目送达电视卫星，同时用安装地面接收站的办法接收广播电视信号。1988 年底，建成电视差转台，浙江节目差转台址在下武东坑屋后山岗，中央台节目差转台址在下武长脚垄对面山岗。是年，电视进入畲家农户，仅严山村就有电视机 24 台。1997 年，下武、上村安装地面卫星接收站。1998 年，实现村村通数字电视，农民坐在家里也能及时知晓天下大事。2000年，乡政府驻地下村和黄处、下武、上村等村通光缆，全乡50%行政村，70%人口直接受益。2008年，实现全乡8个行政村，5个村通光缆。2009年开始，全乡除木樨花村外7个行政村通光缆，实现广播电视光缆传播。2015年，全乡安装有线电视420户。其中，上村村106户，下村村78户，东岱村48户，下武村35户，黄家地村35户，黄处村99户，严山村19户。

(二)文化礼堂

2013年，安溪畲族乡为贯彻落实省委、市委、县委关于推进农村文化礼堂建设的意见，进一步丰富农村农民精神文化生活，打造"文化礼堂，精神家园"的要求，上村村文化礼堂建设工程启动。建设内容为礼堂、讲堂、道德评议堂、村史村情、乡风民俗、崇德尚贤思想(包括文明户、创业之星、寿星、学子榜)、成就展示、美好家园等。

上村村文化礼堂利用原有的村老人活动中心(夫人宫)综合利用建设。通过文化礼堂建设，使原有的村老人活动中心不再是单纯的放映电影、演出、休闲的场所，而是以"文化礼堂，精神家园"为主题的新型文化活动场所。2013年，将建造于清宣统元年(1909年)，建筑面积610平方米的夫人宫改造为文化礼堂。

四、文化活动

(一)"三月三"畲族风情节

安溪畲族乡境内有历史延续至今的"三月三"畲族风情节，举行畲歌对唱等文艺活动。农历三月三是中国古代的"上巳节"，又称"修禊节"。传说，这是西王母的生日，古时以农历三月上旬巳日为"上巳"，魏三国两晋后始定为农历三月三日。"三月三"现在已演变成一个举行盛大庙会、春游、休闲、游乐、开展集市贸易活动的综合性节日。

清宣统二年(1910年)，黄处村与坪垟岗、坛门、雾溪、大仓、岩下、柘园、庄前、垵大等村畲民自发在坪垟岗村联合举办"三月三"乌饭节。畲民集会活动延续了2天，有祭祖先、问祖师、问师爷神、男子学武打拳、男女唠歌(对歌)等活动。初三日辰时安祖，下午稳凳(占卜)、谢神，还有抄杠、打尺寸、闸老鼠、打拳等体育项目，还有食乌饭，夜晚唠歌；初四日迎神演剧，夜(晚)各村分班继续进行唠歌比赛。中华人民共和国成立前，安溪畲族逢农历三月三，家家取松针和糯米一起蒸煮，饭乌黑色，叫"染乌饭"。认为吃了乌饭上山不被蚂蚁咬，格外有力气。俗称"乌饭节"。传说唐朝畲军英雄雷万兴率领畲军抗击官兵，被围困在山中，在粮绝炊断的情况危急之中，后采乌稔树果充饥，军威大振，大败官兵。数年后的“三月三”，他想吃乌稔果，就吩咐兵卒出营采撷，可是这时乌稔树尚未开花，那些兵卒只好采些乌稔树叶和米一起炊煮，结果糯米饭呈现乌黑色，味道特佳，雷万兴吃了食欲大振，下令大量制作乌饭以纪念抗敌胜利，此俗世代相传。至20世纪40—50年代，“三月三”煮乌米饭之俗近乎消失。21世纪以来，祭祖已不在“三月三”进行，仅少数畲民保留煮乌米饭习俗。

（二）“乡乡一台戏”活动

从2006年开始，每年全县以乡为单位，组织一场农村农民自编自演的文艺演出“乡乡一台戏”活动。“乡乡一台戏”是云和县繁荣和发展农村文化事业的重要组成部分。自2006年始，全县以乡镇为单位，每年开展组织一场农村农民自编自演的文艺演出活动。

2006年冬，安溪畲族乡举办有史以来规模最大、参加活动人数最多的一台文艺晚会。来自各村自编自演的节目25个，参演人数达150人，观众达1000余人。

2010年9月，在黄处村成功地举办第三次重阳节畲族民间艺术月活动，并向县选送畲族舞蹈《山哈姐妹进城》。

2013年，农民自办自演的“乡乡一台戏”改称“乡村春晚”（简称“村晚”）。从此“乡村春晚”活动每年举办一次。

2015年，安溪畲族乡荣获云和县文化广电新闻出版局颁发的“2015年‘乡村村晚’最佳组织奖”。

（三）其他文化活动

乡文化站不定期举办的各类联欢歌会、篮球赛、乒乓球赛。乡中心小学每年举办学生运动会、书法等比赛。群众在春节期间自发组织舞狮，也有邻地花鼓戏等巡回演出活动。

1986年春节，乡文化站举办联欢歌会、小学生书法比赛。1987年春节，组织下村花鼓队在乡演出，并举行元宵联欢会。是年，全县开展“民间文学三集成”普查，乡文化站积极配合工作，搜集到故事80多则，歌谣100多首，谚语200多条。1998年重阳节，全县举行“畲乡老人艺术节”在安溪会演。

1991年，安溪和雾溪两个畲族乡联合举办“三月三”畲乡文艺晚会和庆祝中国共产党成立80周年文艺晚会。2000年国庆节，湖西弄畲族自然村举办畲歌大会，大会邀请了丽水莲都区城西村，云和岩下村、坪阳岗村以及乡内各畲族兄弟村歌手参加。畲歌大会活动,县电视台进行现场录像。

2005年正月初五日,在下武村举办畲歌大会。大会邀请乡内、外各畲族兄弟村歌手参加。

2010年9月9日,黄处村举办第三届重阳节民间艺术月活动。2012年,在下武村举办了畲歌大会。5月,安溪畲族乡党委、政府主办乒乓球比赛,全乡9支代表队参加。2013年,乡人民政府主办,乡文化站和乡中心小学承办全乡幼儿趣味运动会。2014年,安溪畲族乡代表队三句半《五水共治好》,在中共云和县委宣传部、云和县文化广电新闻出版局主办的"2014年,云和县第九届民间民俗文化艺术月文艺汇演暨第二届曲艺比赛"中荣获表演金奖。农历七月初四日,在下武村举办畲歌大会,邀请本县岩下、阴岩、芝畈、大处、山脚、石塘镇下坑以及全乡各畲族兄弟村歌手参加。此外,下武村老年协会在每年的重阳节都要举行畲歌演唱活动,形成畲乡便有畲歌的氛围。

2015年,安溪畲族乡承办"中国梦·计生情——生育关怀你我他"活动,宣传服务进万家主题晚会。

第四节　卫生与体育

中华人民共和国成立前,安溪境内多数百姓贫病交加,缺医少药,卫生条件极差,畲汉两族人民主要靠中草药和祖传的畲医、畲药治疗疾病。由于天花、霍乱、麻疹、白喉、流行性脑脊髓膜炎、乙型脑炎、结核病等十多种传染病在安溪境内不时流行,尤其是天花、霍乱、麻疹等烈性传染病流行面广,死亡率高,这些传染病一旦大流行,往往死亡惨重。加上土法接生,人口死亡率很高,其中畲族平均寿命不到40岁。中华人民共和国成立后,随着医疗卫生水平不断提高,畲汉两族人民群众享受到了更好的医疗服务,人均寿命明显延长。通过环境整治,改水改厕,实施垃圾无害化处理,改变村容村貌。2000年,新建乡卫生院大楼竣工,总投资37万元。2013年,通过全县首个卫生乡镇考核,成功创建省级卫生乡镇。

畲族民间体育具有悠久的历史,与畲族的传统风俗及日常生产劳动有着密切的联系,体现了民族体育独特的趣味性和竞技性。2008年,安溪畲族乡被浙江省老年体育协会评为"浙江省小康型老年体育街道、乡镇"。2013年,全乡有篮球场11个,8个行政村都建有健身器材和休闲健身场地。2014年,完成省级体育强乡创建工作。

一、民间医药

畲医药是畲族人民在与疾病长期斗争中总结出来的传统民族医药，形成了独特的医疗方法和用药习惯，一些简易验方在畲族中妇孺皆知，特别在医治蛇伤、风湿、骨髓炎、妇科血崩、黄疸性肝炎、痢疾、痔疮、小儿疳积等方面有独到疗效。畲汉两族人民几乎家家都懂用草药治病。遇到头疼脑热的小病，自己采草药来治，亲友、邻里会口口相传，年老长辈会指导用药。

（一）畲 医

安溪畲医诊病方法基本与汉族中医相同，通过看（望）、闻、问、摸（切）四诊来诊治疾病。通过看病人的脸色、眼白、肤色、手指、舌苔、呕吐物、大（小）便等来确定病人患病的性质是属寒，还是属火、属毒等。通过闻病人的气味，听语声、咳声、痰声、喘声，诊断病情变化。问诊是诊断病情很重要的环节，通过询问了解病人的饮食、睡眠、大小便、流鼻涕、咳嗽等情况，对病情作出诊断。通过左右手的食指、中指、无名指，摸在病人的手腕部外侧脉搏跳动，左手摸病人的右手寸、关、尺脉，右手摸病人的左手寸、关、尺脉。摸病人的额头、手心，以诊寒热；摸病人的病处以辨虚实、轻重等。

畲医主要有五个特点：一是入药基本为草药，常用的有300多种，且草药药用部位独特，一般下身疾病、血症用植物花，头疾用植物根，中间用植物枝叶。二是土、简、灵，即药材就地取材、手法简单方便、疗法行之有效。治病往往外治内服相结合，采用针刺、针灸、拔火罐、挑血、放血、撮痧、刮痧等方法；内服采用一些草药验方。刮痧，是在背上抹上一些植物油，用一条弯弯牛肋骨或大碗沿在背上往下刮，刮得皮肤发红，直至皮下出血，当天不用冷水洗身。三是单味用药多，外治法多，针刺、针灸加外用法或加汤药多；内服法相对少于中医疗法。四是诊治时只需支付工夫钱，草药多数由患者或其家属自采自用，如用马齿苋治疗糖尿病，用狗尾草、金锦香鲜草煎汤治疗肺炎，用败酱草、鬼针草、田基黄、苦枳等鲜草煎汤治疗阑尾炎，用鳢肠鲜全草捣烂外敷止血，用瓜子苦鲜全草加食盐捣烂外敷治疗脓肿等；也有畲医将草药捣烂后交给患者，或将中草药制成丸、散、丹、膏提供给患者，以防祖传秘方外泄。五是依靠口传身授来传艺，安溪畲医没有教材，主要是家族祖传，绝大多数是父传子、子传孙，传媳不传女，女畲医人称“先生妈”。

畲医药品是以植物药为主的自然药物，且多为鲜品，一般是现采现用，也用干品，常以鸡、鸭、猪脚、猪肚、猪心、猪肺、猪肝、猪肉、糯米、红酒、红枣、红糖、白糖或冰糖等佐之，有的还用葱、姜等佐之，用药有的用单味的单方，也有用多味的复方。

(二)知名郎中

蓝树明(1930—2014) 畲族,下武村人。用祖传的秘方(草药)主治癫痫病,疗效显著。行医乡里四十多年,逝世后没有传承人。

蓝贤清(1884—1961) 畲族,下武村人。从小懂得中草药,擅长治疗痢疾。他边农边医,积累了丰富的临床经验。行医至龙泉、景宁、丽水等畲乡,深受畲民的欢迎。逝世后,把所学一些畲医知识传授于媳妇蓝美兰。

蓝乾兴 男,畲族,民间蛇医,严山村人。蓝延仁,女,畲族,民间蛇医,严山村人,两人系夫妻,现已逝世。

刘远山 男,汉族,2015 年时 77 岁,民间蛇医,木樨花村人,出身于蛇医世家。其祖父曾是远近闻名的蛇医。刘氏医术父传子,子传孙,传至刘远山已是第三代。刘氏蛇医采用自己采集的草药以传统的治疗方法施治。尤其是对被列为安溪境内四大毒蛇的蕲蛇、竹叶青、银环蛇、“蕲蛇舅”[①] 咬伤后的治疗有着独特的疗效。刘远山自十五六岁始,便跟随父亲上山采药,边农耕边跟父亲学习蛇医技术。行医五十多年来,被治愈的男女患者多达五六十人。每年正月,昔日被他治愈的患者登门拜年者络绎不绝。

凡是民间祖传医术如蛇医、伤科等,一般都是传内不传外,父传子承。患者求医时所敷的草药(秘方)都是经过暗中捶打,外人很难见其草药真面目(全草),尤其蛇医更是如此。

安溪畲族乡传统民间医生一览表

表 16-5-4-1

村名	姓名	民族	性别	主治疾病	主要药物
下武	蓝树明	畲族	男	癫痫	祖传秘方
下武	蓝贤清	畲族	男	痢疾	祖传秘方
严山	蓝乾兴	畲族	男	蛇伤	祖传秘方
严山	蓝延仁	畲族	女	蛇伤	祖传秘方
木樨花	刘远山	汉族	男	蛇伤	祖传秘方

(三)常用中草药及功效

安溪畲族乡常见的草药有:

① 一种比蕲蛇更毒的蛇,当地人称“蕲蛇舅”。

黄 连 清热燥湿、泻火解毒。主治:湿热痞满、呕吐、泻痢、黄疸、高热神昏、心火亢盛、心烦不寐、血热吐衄、目赤吞酸、牙痛、消渴、痈肿疔疮,外治湿疹、湿疮、耳道流脓。酒黄连善清上焦火热,用于目赤、口疮。姜黄连清胃和胃止呕,用于寒热互结、湿热中阴、痞满呕吐。萸黄连疏肝和胃止呕,用于肝胃不和、呕吐吞酸。禁忌:凡阴虚烦热,胃虚呕恶,脾虚泄泻,五更泄泻慎服。

甘 草 解毒、祛痰、止痛、解痉以至抗癌等。生用主治咽喉肿痛、痈疽疮疡、胃肠道溃疡以及解药毒、食物中毒等;蜜炙主治脾胃功能减退、大便溏薄、乏力发热以及咳嗽、心悸等。

金银花 清热解毒、凉散风热。主治:痈肿疔疮、喉痹、丹毒、热血毒痢、风热感冒、温病发热。

毛道士 清热利湿、解毒消肿。主治:感冒发热、外用治痈疖肿毒,根部用于风湿性关节炎。内服:全草水煮。外用:鲜全草捣烂敷患处。

白毛夏枯草 清热止咳、利胆退黄、凉肝息风、软坚散结。主治:气管炎、吐血、赤痢、淋病、咽喉肿痛、疔疮、痈肿、跌打损伤等症。内服:煎汤、捣汁或研末。外用:捣敷捣汁含漱。

杜 仲 性甘、温,归肝、肾经,有补肝肾,强筋骨,安胎的作用。本品善于补肝肾,助火壮阳,用于治疗下元虚冷、肝肾不足、阳痿、遗精、尿频,常与人参、巴戟天同用。杜仲补肝肾,肾强则骨强,肝强则筋强,而有强筋健骨的作用,可以治疗肝肾不足导致的经脉失养,腰膝酸痛,筋骨痿软。杜仲泡酒还可以治疗肾虚夹风湿导致的腰痛,也可以治疗跌打损伤,腰膝伤痛。本品补益肝肾,可以固经安胎,用于肝肾亏损、冲任不固导致的胎动不安,是补阳药中唯一可以安胎的药物。

半边莲 清热解毒、利水消肿。主治:毒蛇咬伤、痈肿疔疮、扁桃体炎、湿疹、跌打损伤、湿热黄疸等症。内服:煎汤或捣汁。外用:捣敷或捣汁调涂。

鱼腥草 清热解毒、排脓消痈、利尿通淋。主治:热淋、肺痈吐脓、痰热喘咳、喉蛾、热痢、痈肿疮毒等症。内服:水煮汤(煮沸即可,久煮有毒)或鲜草捣汁。外用:捣敷或煎汤熏洗。

天门冬 清肺抑火、滋阴润燥。主治:燥热咳嗽、阴虚劳嗽、热病伤阴、内热消渴、肠燥便秘、咽喉肿痛等症。内服:煎汤、熬膏或入丸、散。外用:治疮疡肿毒、蛇咬伤。

百 合 清火、润肺、安神。主治:心肺疾患,对虚烦、惊悸、神志恍惚或肺痨久咳、咯血等症比适宜。食法:作羹或煮粥。

半 夏 燥湿化痰、和胃止呕、消痞散结。主治湿痰冷饮、呕吐、反胃、咳喘痰多、胸膈胀满、痰厥头痛、头晕不眠等症,外消痈肿。用法:清半夏以白矾浸泡或煮,治燥湿化痰;姜半夏以姜、矾煮或蒸制,降逆止呕;发半夏以石灰制,止寒痰、湿痰;生半夏洗净、干燥、捣碎,外用(有毒,忌入口)以消肿止痛。

牛 膝 补肝肾、强筋骨、活血通经、引火(血)下行、利尿通淋,对多种疾病有治疗和改善症状的作用。主治:腰膝酸痛、下肢痿软、血滞经闭、痛经、产后血瘀腹痛、症瘕、热淋、血淋、跌打损伤、痈肿恶疮、咽喉肿痛等症。牛膝善于活血祛瘀,对妇科、伤科各种瘀血凝滞的病症,常和红花、桃仁、当归、延胡索等药同用,既可活血调经,又能祛瘀疗伤。牛膝性善下行,入肝肾二经,能补肝肾、强筋骨,又能通血脉、利关节,为治腰膝下肢病症常用药。用法(内服):煎汤或浸酒或入丸、散。外用:捣敷、捣汁滴鼻或研末撒入牙缝。

白菊花 疏散风热、平肝明目、清热解毒。主治:风热感冒、发热头痛、目赤昏花、肝肾不足、目暗昏花、眩晕惊风等症。

野菊花 清热解毒、消肿。对金黄色葡萄球菌、白喉杆菌、链球菌、铜绿假单胞菌、痢疾杆菌、流感病毒,均有抑制作用。主治:痈肿、疔毒、咽喉肿痛、风火赤眼等症。此外,内服并煎汤外洗,可用于皮肤瘙痒之症。

首 乌 养血滋阴、润肠通便、截疟、祛风、解毒。主治:血虚、头昏目眩、心悸、失眠、肝肾阴虚之腰膝酸软、须发早白、耳鸣、遗精、肠燥便秘、久疟体虚、风疹瘙痒、疮痈、瘰疬、痔疮等症。内服:煎汤,10—20 克。熬膏、浸酒或入丸、散。外用:适量,煎水洗、研末撒或调涂。注意事项:便溏及有湿痰者慎服;孕妇、哺乳期妇女、14 岁以下儿童及其他医生认定不适人群禁止饮用。忌铁、猪肉、血、无鳞鱼、萝卜、葱、蒜。同时要注意何首乌有制过和没制区别,没有制的何首乌有毒,慎用。

金钱草 清热利尿、祛风止痛、止血生肌、消炎解毒、杀虫。主治:急慢性肝炎、黄疸性肝炎、胆囊炎、肾炎、泌尿系感染、扁桃体炎、口腔炎及痈疔疗毒、毒蛇咬伤、乳痈、痢疾、疟疾、肺出血等。

金线吊葫芦 散结消瘿、清热解毒、凉血止血。主治:瘿瘤、喉痹、痈肿疮毒、毒蛇咬伤、肿瘤、吐血、衄血、咯血、百日咳、肺热咳喘等症。

白花蛇舌草 清热解毒、活血利尿。主治:扁桃体炎、咽喉炎、尿路感染、盆腔炎、阑尾炎、肝炎、菌痢、毒蛇咬伤、肿瘤。

金鸡爪 清热利湿、凉血止血、消肿解毒。主治:黄疸性肝炎、肠炎、菌痢、淋浊、带下、吐血、衄血、便血、尿血、扁桃体炎、腮腺炎、痈肿疮毒、湿疹等症。

千里光 清热、解毒、杀虫、明目。主治：各种急性炎症性疾病、风火赤眼、目翳、伤寒、菌痢、大叶肺炎、扁桃体炎、肠炎、黄疸、流行性感冒、毒血症、败血症、痈肿疖毒、干湿癣疮、丹毒、湿疹、烫伤、滴虫性阴道炎、风热感冒、目赤肿痛、泄泻痢疾、皮肤湿疹、疮疖等症。

桔 梗 清热解毒、祛风通络。主治：风湿痹痛、发热红肿、疮疡痈肿、热毒血痢、温病发热等症。

大 黄 泻热通肠、凉血解毒、逐瘀通经。主治：实热便秘、积滞腹痛、泻痢不爽、湿热黄疸、血热吐衄、目赤、咽肿、肠痈腹、痈肿疔疮、瘀血经闭、跌扑损伤、外治水火烫伤、上消化道出血等症。禁忌：脾胃虚寒、气血虚弱、阴疽，产后、月经期及哺乳期均慎服，孕妇禁服。

艾 叶 理气血、逐寒湿、温经、止血、安胎。主治：心腹冷痛、泄泻转筋、久痢、吐衄、下血、月经不调、崩漏、带下、胎动不安、痈疡、疥癣等症。内服：煎汤，1—3 钱；入丸、散或捣汁。外用：捣绒作炷或制成艾条熏炙，捣敷、煎水熏洗或炒热温熨。

厚 朴 厚朴具有行气消积，燥湿除满，降逆平喘的功效。用于治疗身体，出现食积气滞、脘腹便秘、腹胀、湿阻中焦、脘脾吐泻、痰壅气逆、胸闷、咳喘等临床表现症状。另外，它还具有煎剂口服以后对身体出现的葡萄球菌、链球菌、痢疾杆菌、巴氏杆菌、霍乱弧菌，都有较强的抗菌作用，而且对于身体出现的横纹肌强直，也有一定的缓解作用。还具有化湿导滞，行气平喘，祛风镇痛以及明目益气的功效，同时厚朴芽也是一种妇科常用药物，对身体也有良好的调理和治疗作用。

苦 草 别称蓼萍草，扁草。清热解毒。取 5—15 克煎汤内服，食用后能起到清热解毒、止咳祛痰、养筋和血等作用。还可治疗跌打伤、扭伤，加少量生姜、大葱，捣烂外敷，可以起到治疗跌倒造成的伤口。

民间草药效用歌诀：

毛大丁草一枝香，活血行气消腹胀。八仙拉拉猪殃殃，解毒消肿接骨良。
一枝黄花满山黄，感冒跌打蛇咬伤。连钱草即活血丹，利尿排石瘀肿散。
清肝明目千里光，清热解毒疖痈散。利尿排石过路黄，善治疔疮跌打伤。
白果止带还治喘，苎根止血把胎安。解毒消肿用马兰，痈疖扭挫蜂螫伤。
芳香化湿选佩兰，经闭腹痛效非常。胃溃疡用仙人掌，行气止痛青木香。
灯笼草治天疱疮，半边莲疗毒蛇伤。大蓟可治烫火伤，凉血止血有擅长。
小茴理气疗诸疝，散寒和胃止痛良。肝炎宜服田基黄，肝胆湿热用虎杖。

泻肝火须用龙胆，消疳积宜选爵床。半枝莲清热除疳，鹿茸草清肺平喘。
凉血降压臭牡丹，清热解暑西瓜霜。铃茵陈利湿退黄，朝天罐补肾益肝。
南五味和胃消胀，潮涨盐止咳定喘。红背羊蹄一点红，清热解毒亦消肿。
女菀野蒿一年蓬，清热助消治牙痛。土牛膝治经闭痛，引药下行小便通。
土荆芥杀钩蛔虫，苦温有毒量适中。乌蔹莓叫五爪龙，散瘀解毒消痈肿。
大粪蛆名五谷虫，消积导滞治疔痈。蛇舌草治阑尾肿，清热解毒将癌攻。
半枝莲治肝硬化，活血化瘀利湿用。红藤败毒治肠痈，活血消肿经络通。
月季调经月月红，活血消肿花根用。关节炎用八角枫，散瘀止痛能祛风。
类风癫痫用地龙，清热镇痉熄肝风。止咳定喘千日红，疏风散热水蜈蚣。
鼻衄止血宜瓦松，排脓消肿用芙蓉。石韦排石疗尿红，麦冬润肺养阴功。
疔疮疽疖苍耳虫，祛风通络路路通。预防流感宜贯众，疏肝理气香附崇。
强筋壮骨杜仲用，利胆退黄茵陈功。南蛇藤乃过山龙，痧胀风湿筋骨痛。
黄毛耳草地蜈蚣，清热除湿解暑中。忍冬解毒脉络通，半夏止呕痰湿穷。
桔梗止咳亦宽胸，大黄泻下还退肿。荆芥防风风寒用，银花连翘风热宗。
利湿退黄马蹄金，消食利胆鸡内金。消肿利水四叶萍，补中益气土人参。
牛筋草清暑养神，女贞子补养肝肾。祛风利湿觅白英，跌打损伤寻陆英。
蛇莓三叶疔疖平，蛇含五爪风湿灵。乌药行气疗诸淋，山药补肺益肾精。
小旋花名坭灯芯，泻火凉血治鼻衄。扶芳藤乃对叶肾，舒筋活络壮腰肾。
外科榔榆疗效灵，妇科益母不虚名。儿疳蝉蜕和灯芯，夜盲猪肝夜关门。
积雪草与满天星，行气利水疗石淋。蒲公英和紫地丁，清热解毒痈疽平。
荷叶莲房莲子心，解暑安胎心火平。竹茹竹沥竹卷心，止呕化痰暑热清。
鸭跖草高热可清，马齿苋泻痢立停。补肾益精鸡矢藤，肝肾双补菜头肾。
虚汗淋漓花麦肾，腰虚腿疼荔枝肾。劳倦红白对叶肾，补肾强身治根本。
寒者温之热宜清，虚则补益实泻应。地生百草要辨清，各样性能皆不同。
有毛清风止痛痒，有刺凉血解毒功。枝圆行血入内脏，茎方疏散淤滞通。
中空能通表里气，软藤横行筋骨中。叶滑黏腻多有毒，奇花异草莫乱撞。
开花颜色要观察，蓝黄赤白紫与红。黄花散气通积滞，赤花化瘀活经络。
白花清肺能润燥，紫花祛瘀血中通。红花破积消血肿，蓝花味苦属寒药。
泻火解毒有奇功，红黄酸涩性主温。赤花味辛性为热，白花味平降火功。
凉利之药生湿地，根生石缝治骨痛。破积之药产高峰，药生阳坡解郁滞。
生在阴坡祛湿风，春生之药入肝胆。夏生之药可胜湿，秋生之药可润肺。
冬生不死可延寿，瓣瓣向心和心气。

二、现代医疗

(一)农村合作医疗站

1970年,上村大队(村),建立了村合作医疗站。村合作医疗站配置不脱产(报酬记“工分”)“赤脚医师”1人(村民洪尚员)。1974年,每个大队都办起合作医疗站,配备1—2名“赤脚医生”。医疗站设备简陋,常以采集的民间中草药为群众治病,在当时的农村方便群众治疗小病小痛发挥了一定的积极作用。村合作医疗站于20世纪70年代末消失,原为“赤脚医师”的洪尚员在2015年仍然用草药为村民治病。

(二)安溪畲族乡卫生院

安溪畲族乡卫生院位于上村村, 始建于1958年。1998年,在实施“乡镇卫生院危房改造项目”中,对原卫生院旧房进行了拆建和改造,新建卫生院建筑面积387平方米,造价41万元。配备医师2人,药剂师1人。但卫生院医疗设施极其简陋,只有听诊器、血压计和体温计,只能应付一般的小毛病,老百姓看病一般都去县城医院就诊。2000年,新建乡卫生院大楼竣工,总投资37万元。2010年,为加强农村医疗卫生事业,卫生院配备医师6人(在岗西医师1人,药剂师1人,护士1人。未在岗在县人民医院定向培养的医师3人)。卫生院设全科门诊、外科门诊、抢救室、药房4个科室,治疗药品以西药为主。医疗工作由县卫生局、县人民医院、县妇幼保健所、县疾控中心、县卫生监督所联合组成“云和县城乡医院医防联动专家指导团”指导安溪畲族乡开展卫生预防保健工作。同时,建立乡公共卫生服务网络,并设立村责任医师制度。

2012年,对乡卫生院进行装修,改善卫生硬件设施。房屋建筑面积351平方米,4直3层。乡卫生院设药房、门诊室、输液室、治疗室、观察室、预防保健科、妇幼保健科、公共卫生科等。

2015年,乡卫生院有人员编制共5人,有卫技人员5人,年底在岗3人,其中领导职数院长1人。全年门诊共4321人次,平均日门诊12人。

三、卫生防疫

中华人民共和国成立前,安溪境内农村生活环境,受落后的生产条件和社会传统观念的制约,村庄随处都有露天厕所、粪坑,房前屋后就地建猪栏、牛栏和灰寮,牛羊放养沿路粪便,污水纵横,夏天蚊子成群。中华人民共和国成立后,党和政府十分重视农村工作,发动群众大搞爱国卫生运动,逐步改善农村的环境卫生。1978 年改革开放以后,政府通过改水、改厕、垃圾处理,农村卫生环境整治,预防流行病传染,安溪畲族乡农村面貌得到彻底改变。

(一)改 水

改水重点的五水共治,是指治污水、防洪水、排涝水、保供水、抓节水这五项。水是生命之源、生产之要、生态之基,改变农村"自流水"为干净清洁的自来水,让群众有安全卫生饮用水。五水共治是一举多得的举措,既扩投资又促转型,既优环境也是惠民生工程。

1996 年,县委统战部、乡政府投入资金 10 多万元,安装自来水。2011 年,全乡农村安全饮用水普及率 97%。

2014 年 9 月, 启动上村等 3 个村农村生活污水治理项目, 完成投资 200 多万元。加大养殖污水治理力度,拆除规模养殖场所 3 处,1269 平方米。全年建设渠道 21688 米,防洪堤 2393 米,亲水平台 1136 米,新建堰坝 17 座,修复堰坝 3 座。加大养殖业污水整治力度,拆除规模养殖场栏舍 3 处 1269 平方米。一年完成"五水共治"安溪流域整治项目三年目标。成为县"五水共治"办等多个部门相关工作考察点。

2015 年,完成上村、下村、下武 3 个行政村,近 1000 米的农村生活污水管网工程。投入资金 182 万元。完成东岱村和木樨花村饮用水管道工程。各河长、河段长、河道警长发挥作用,完成安溪流域上村至下村河道治理,全年清理垃圾 10 余吨,关停养殖场 2 户,拆除废旧沼气池 2 座,植树 125 株,雨污分流达 97%。

(二)改 厕

安溪畲族乡境内历史上,农户如厕都在室内放置便桶,在室外设置露天粪缸,蚊蝇滋生,既不卫生又臭气熏天,严重影响农户的身体健康和居住环境。1996 年,安溪畲族乡投入改厕资金 10 多万元,整治露天粪缸。

2005 年,县政府投资 21 万元,在黄处村、严山村、黄家地村、木樨花村、东岱村建造 5 座公厕。

2010 年,安溪畲族乡完成基础建设项目 3 项,计划总投资约 1080 万元,完成投资 1210.06 万元。占年度计划任务的 111.87%。全年危旧房改造完成修缮危旧房 61 户,落实批建新房 40 户,实际完成投资 428 万元,占年度计划的 107%。下村、黄家地村落实总投资 140 万元,占年度计划的 111.70%。

黄家地、严山两村庄整治工程完成 61.86 万元, 完成年度总投资 123.70%。其中,投资25 万元,进行村庄道路硬化 3100 米,投资0.5 万元,添置垃圾箱及垃圾池 27 个,投资 1 万元,植树 2100 株,投资 5 万元,安装路灯

15 盏，投资 4 万元浇灌污水沟 680 米，投资 6 万元新建公厕 1 座，投资 19.86 万元，修建标准卫生间 97 座，拆除露天粪坑厕所 108 座，清理简易等 45 处，改建栏舍 60 座。

2015 年，安溪畲族乡各村都新建公厕。农户新建造的砖混结构住房，都是有卫生设施。原有旧房大都进行卫生设施改造。

（三）垃圾处理

2005 年，在上村村建造一座垃圾焚烧炉。2007 年，在上村村、下村村、下武村、黄处村实施垃圾无害化处理工程。2008 年，实施卫生洁化目标，对生产和生活垃圾做到“户集、村收、乡运、县处理”模式，全面实现城乡垃圾构建一体化目标。2014 年，安溪畲族乡政府被县政府评为农村保洁工作先进单位。2015 年，全乡 8 个行政村，全部实现垃圾集中处理。

四、体 育

（一）体育设施

安溪畲族乡在上村建设的畲汉广场，全乡 8 个行政村都建有健身器材和休闲健身场地，共计 6850 平方米。各种健身器材由县体育局无偿提供，均由体育彩票中心赠送。2005 年，县体育局为乡中心小学安装健身器材。2011 年，安溪乡中心小学建成面积 1192 平方米的操场、篮球场。2014 年，在上村中心村建设体育休闲公园，投资 94 万元，建成 1500 平方米用花岗岩铺装的体育健身广场。投资 20 万元，建成塑胶跑道及卵石面两种体育健身步道 5×200 平方米。投资 15 万元，建成 400 平方米的灯光球场。投资 20 万元，建成 200 平方米的儿童娱乐设施场。投资 40 万元建成 800 平方米的上村门球场。投资 20 万元，建成两处 400 平方米塑胶地面的健身器路径。投资 20 万元，建成 13 盏灯光场地亮化设施。

安溪畲族乡中心小学，建有 400 平方米的篮球场 1 个，其设施有篮球架 2 个，可开展三步篮、一分钟投篮等项目。有 60 平方米的乒乓球场 1 个，其设施有乒乓球桌 3 张，可开展乒乓球训练比赛等项目。有面积 100 平方米的高低杠场所，有 5 件高低杠，可开展高低杠项目的训练考核。还有竹杠 6 件，可开展竹杠舞项目表演。上述场地共计 500 平方米，人均活动面积 12 平方米。

上村村体育休闲广场有 3000 平方米，有走木桩荡秋千等器材 15 件，可开展健身活动。还有健身点 5 个，总面积 920 平方米。有 120 平方米的健身点 1 个，有扭腰器等设施 10 件，可开展健身活动。有面积 700 平方米的健身点 2

个,有篮球架,可开展打篮球项目。有面积 50 平方米的象棋跳棋活动场所,有设施 5 件,可开展老年活动项目。有面积 50 平方米的活动点 1 个,有乒乓球桌 1 张,可开展打乒乓球、打腰鼓等活动。

下村村有健身点 3 个,总面积 220 平方米。有面积 100 平方米的健身点 1 个,有棋牌等设施,可开展下棋活动。有面积 70 平方米的健身点 1 个,有扭腰器等健身器材 7 件,可开展健身锻炼等活动。有面积 50 平方米的健身活动点 1 个,有乒乓球桌 1 张,可开展乒乓球训练比赛活动。

黄处村有健身点 4 个,总面积 600 平方米。有面积 350 平方米的健身点 1 个,有篮球架 1 个,可开展打篮球活动。有面积 100 平方米的健身点 1 个,可开展晨练健身活动。有面积 100 平方米的健身点 1 个,有扭腰器等器材 7 件,可开展健身活动。有面积 50 平方米的健身点 1 个,有乒乓球桌,可开展乒乓球活动。

下武村有健身点 3 个,总面积 250 平方米。有面积 150 平方米的晨练点 1 个,可开展健身锻炼。有面积 50 平方米的健身点 1 个,可开展象棋、跳棋等老年体育活动。有面积 50 平方米的健身点 1 个,有乒乓球桌 1 张,可开展打乒乓球活动。

东岱村有健身点 3 个,总面积 350 平方米。其中有面积 100 平方米的健身点 1 个,有扭腰器等健身器材 6 件,可开展健身活动项目。有面积 200 平方米的活动室 1 个,有棋牌桌 10 张,可开展娱乐活动。有面积 50 平方米的象棋、跳棋活动点 1 个,可开展老年活动项目。

严山村有健身点 3 个,总面积 250 平方米。其中有面积 100 平方米的健身点 1 个,有健身路径等器材 8 件,可开展健身活动。有面积 100 平方米的晨练点 1 个,可开展健身锻炼项目。有面积 50 平方米的象棋、跳棋活动点 1 个,可开展老年活动。

黄家地村有健身点 4 个,总面积 540 平方米。其中有面积 80 平方米的健身点 1 个,有扭腰器等健身器材 7 件,可开展健身等活动项目。有面积 350 平方米的健身点 1 个,有篮球架,可开展打篮球项目。有面积 60 平方米的活动点 1 个,有棋牌桌 5 张,可开展老年活动。有面积 50 平方米的健身点 1 个,有乒乓球桌 1 张,可开展打乒乓球活动。

木樨花村有健身点 23 个,总面积 220 平方米。其中面积 100 平方的棋牌室 1 个,可开展下棋等老年活动项目。有面积 120 平方米的健身点 1 个,有扭腰器等健身器材 10 件,可开展健身活动项目。

2006—2013年安溪畲族乡篮球场一览表

表16-5-4-2

序号	建设内容	建设位置	标准	年份	备　注
1	篮球场	安溪乡政府	标准2	2007	
2	篮球场	安溪乡安溪上村	标准2	2008	包括乡中心小学
3	篮球场	安溪乡木樨花村	标准3	2011	
4	篮球场	安溪乡东岱村	标准1	2011	
5	篮球场	安溪乡下武村	标准1	2011	
6	篮球场	安溪乡严山村	标准3	2011	
7	篮球场	安溪乡外村	标准3	2011	
8	篮球场	安溪乡外东坑头村	标准2	2011	
9	篮球场	安溪乡西山村	标准3	2011	
10	篮球场	安溪乡湖西弄村	标准3	2011	
11	篮球场	安溪乡山寮村	标准1	2011	

(二)体育项目

抄　杠　畲族古传农耕活动，最初起源于畲族在旱年水少时发生的争水育苗的争执。操杠运动有两人参加，参与者将拆下锄头的锄柄各持一端在田岸上以蹬蹲步双脚换步跳跃，能坚持者为胜，几人轮赛，评出一、二、三名。第一名放田水一昼夜，第二名放田水一天半，第三名放田水一个白天，以和谐方法取得放水育苗权。

稳　凳　起源于畲族传师学师仪式中的问师爷神，后逐渐演变为民间体育。该运动要用一块中间有洞的石磨，装上三尺高木棒，上方顶住板凳，四脚朝天，由两人各坐一头，背对背翘起而旋转，选手在飞旋中俯身捡起地面圈套向立杆投掷，圈多投准为胜。

堵　棍　又叫顶棍，源自畲族俗语“不做光棍打单身”，由两人用肚皮顶住两米长的木棍，开局时两人拼命往前推，地面中点划线放一物，谁先抢到此物谁赢。

打　铳　受畲族的狩猎文化影响，畲族男子爱好射击，将射箭同狩猎连在一起，俗称“打铳”。

打　拳　有的村庄农闲季节自愿组成若干人，筹集资金，聘请拳师教练拳术，俗称“打拳”。

竹 轿　少年儿童喜欢“竹竿秋千”,又称“竹轿”,以竹枝编扎环套,人坐在环套中,竹梢自然弯曲,有节奏地上下起伏动荡。

(三)体育活动

畲族民间体育活动具有悠久的历史,它与畲族人民日常生活、生产劳动以及传统的风俗有着密切的关系。境内畲族民间体育活动项目有传统的操杠和拉环。

1986 年春节,乡文化站举办联欢歌会、篮球赛、乒乓球赛、小学生书法比赛。

2007 年 11 月,乡政府组团 28 人,以畲族特有的祭祖节目,参加由中国轻工业信息中心和云和县政府共同主办的第三届中国木制玩具节演出。

2008 年 6 月 10 日,举办安溪畲族乡首届老年农民体育运动会,来自全乡 8 个行政村近 200 名老年人参加夹弹珠、托乒乓球等 6 个项目的比赛。同时,来自上村、下村等 4 个行政村 60 位新型农民参加施肥、包梨等 5 个竞技项目。举办机关干部、村“两委”干部乒乓球比赛等体育活动。是年 12 月,浙江省老年体育协会授予安溪畲族乡“浙江省小康型老年体育街道、乡镇”称号。

2009 年,十字拉环被云和县政府公布列入云和县第三批县级非物质文化遗产名录。2010 年 8 月,召开全乡小学体育运动会。9 月,组织上村、下村、东岱三个村 297 名老人开展健身走活动。2011 年,安溪畲族乡组队参加云和县人民政府主办,县体育局、县农办承办的“云和县首届全民运动会童话乡村杯趣味体育比赛”举行。2012 年,安溪畲族乡组织代表队参加“浙江省全民健身浙南赛区‘种文化’”比赛。5 月,由安溪畲族乡党委、乡政府主办,乡文体站承办,在乡中心小学举行“乒乓球比赛”。是年,云和县体育局批准上村村洪方胜、下村村洪方美、黄处村柳绍轩、黄家地村柳伟明、木樨花村赖建伟、严山村蓝建华、东岱村周乃威、下武村蓝春荣为三级社会体育指导员。

2013 年 8 月,乡文化站举办“走进安溪”艺术采风、摄影、雪梨采摘和云和县 12+1 山地车协会首届车友爬坡赛活动。是年,安溪畲族乡人民政府主办,乡文体站和乡中心小学承办运动会,邀请 8 个行政村 6 岁以下儿童参加,运动会除 2 月、12 月之外,全年每月在乡中心小学举行 1 次。

2015 年,组队参加由云和县政府主办,紧水滩镇、雾溪畲族乡、朱村乡、安溪畲族乡人民政府协办,县体育局承办的云和县首届全民运动会“创强杯”乒乓球比赛。

第五节 传统手工艺

畲族民间手工艺主要有刺绣、纺织、编织、雕刻等，种类不多，却很有特色。民国期间，安溪畲族乡境内传统的手工艺有制油、编织、裁缝等，从业人员20余人。

一、刺 绣

在鞋面、服装襟边、衣兜、肚兜、女子绑腿、拦腰（围裙）、扇心、小孩围涎、帽子等处绣花鸟、几何图案。此工艺较费时间，现在极少人乐为，往往以从商店买来的机织边镶贴代之。

二、纺 织

以往安溪畲族乡畲民织布供自己家人穿。先以手工将麻、棉捻成纱，或把蚕茧放在锅中边煮边挑出丝来，再用纺车纺成线，浆过后，用木制手工织布机（畲语称“暖锯”）织成麻布、棉布、生丝布，染青或蓝，裁缝成衣裤、拦腰（围裙）等。现在已无人穿家织布，只有少数地方人织麻布做豆腐袋、蚊帐、拦腰、孝服。大带也是用“暖锯”织的，织成长丈许、宽尺许的有花纹图案的布，两头留尺许经线结成花结与璎珞。有些男子，特别是学拳术的男子用来扎腰用，叫“扎包”，花纹较精细的常用以背小孩，叫“水巾”，如用来作扎嫁妆抬的绳时，就叫“大带”了。

中华人民共和国成立前，制作衣裳靠手工一针一线地缝制。制作衣裳的师匠称作“裁缝老师”。一般人家制作衣裳时，把裁缝老师请到家里来，工资按“工夫”（天数）计算。旧时，“裁缝老师”以男性居多。1920—1950年，全乡共有“裁缝老师”5人，其中女2人。脚踏缝纫机上市后，手工缝纫逐渐淡出了人们的视野，传统的手工缝纫技术也已消失。

三、编 织

彩 带 安溪畲族乡畲族妇女的传统手工艺品彩带，至今仍盛传。用三根尺许长的箬竹竿压在桌边牵好经线，提好综，一头挂在门环上或柱子上、篱笆上，一头拴在腰上，哪里方便就在哪里织。经纬线有棉质也有丝质，经线用多种颜色，纬线为白色。利用经线一层白一层黑挑织出花纹图案。织图案的为中间

部分，在图案的两边和带边上都放上几根彩色经线。边彩线与中彩线之间全白，经线多少由彩带的宽窄而定。由中间黑经线的根数而定带名，有“三双”“五双”“十三行”“十五行”“五十五行”等。太多了难织，少了花纹又不丰富，一般以“十三行”最多。彩带一般长两米，宽八分至一寸。初学者不织花纹的带，叫“直条柳”。彩带图案的粗细，是体现一个女子是否心灵手巧的标志。所以五六岁小姑娘就开始跟妈妈学织带。彩带既是裤带、腰带、拦腰带、刀鞘带等实用品，又是人们喜爱的珍藏品，妇女常以彩带作送人礼物。姑娘定亲时，不论男方送什么礼物，必回送一条自织彩带。2009年，安溪畲族彩带被云和县政府公布列入云和县第三批非物质文化遗产名录。

草 鞋 编织草鞋的稻草从头一年稻谷收割时便要开始准备，割稻时选取长而白净的稻草晒干备用(糯谷秆为上乘)。编织草鞋时，先捶打络麻、稻草，搓好鞋绳待用。编织草鞋使用的工具有简易式的“草鞋爬”，有特别制造的“草鞋床”两种，编织一双草鞋须经过四五道工序才能完成。自编自穿的草鞋在编织时可添入麻或破布条，这种材料编织的草鞋穿着要比纯稻草编织的舒适，且又经久耐穿。新草鞋鞋底磨损后人们习惯性地把草鞋翻过面再穿，直至鞋底磨透后才弃之，但质量好的草鞋鞋底磨透后可以修补后继续穿。编织草鞋一般在正月农闲时或下雨天进行，趁农闲时编织好四季备用。俗语说：“正月草鞋，二月柴(准备好柴薪)，三月下田慢慢挨。”自20世纪80年代开始，随着人们生活水平的不断攀升，市上价廉的解放鞋逐渐代替了草鞋。陪伴人们上百年的草鞋逐渐淡出了人们的视野。编织草鞋的工艺也将失之传承。

斗 笠 斗笠是古老的挡雨遮阳的器具，安溪畲族乡境内至今仍随处可见。安溪山上盛产的毛竹、野生箬竹叶，为编织斗笠提供了充足的材料资源。民国30年(1941年)间，上村残疾人(脚残)洪子根为维持生计，学会了编织斗笠技术，编织的斗笠销于县内。1970—1980年，东岱村村民廖发根利用当地丰富的毛竹资源，从事编织斗笠生产。其斗笠样式为尖顶式，产品销于县内。廖发根过世后，进入20世纪90年代安溪畲族乡境内无人再从事斗笠编织业。

四、雕 刻

安溪畲族乡畲汉两族民间有不少木匠是雕刻能手，古时在木头结构的民房、庙宇建筑及家具中体现出来。中堂的前梁、下檐马腿、窗门的栏栅等处都有各种花草鸟兽人物精细雕刻，仙桌、香火桌、太师椅、四面床、碗柜等家具也有雕刻。过去畲族祠堂中的灵牌就有龙纹和浮云，传师学师的祖杖刻有龙头图案。平时有些青年人喜欢在刀鞘上刀刻或火烙出许多花纹，把彩带系在花刀鞘上，融一对情人的工艺为一体，上山干活扎上刀鞘，心上人不在身边似在身边。

柚皮子雕，把碗形的柚皮套在木模上，等快干时用指甲卡出各种图案，干后用铜片镶口加盖，做成美观的烟盒，也是一种工艺品。随着现代工艺品逐渐进入农户，21世纪后，安溪畲族乡境内很少有人从事雕刻。

五、烧炭

安溪畲族乡每个村落村民基本上都掌握传统烧炭技艺。烧制木炭工序：一是先砍好木柴(选取硬木)，木柴有长短之分。二是在山上平缓处选好窑址筑好窑，烧制木炭的窑俗称"炭窑"。炭窑择靠坡(窑背面)半藏式就地取土夯筑，窑长3—4米，高约1米，夯筑成拱顶长卧式。窑有大有小，一般窑可烧制木炭上千斤。

烧制木炭，看似粗活，它却包含着一定的技术。它包括筑窑、砍伐技术(砍的木柴要求长短均匀)、"进窑"(装柴)、"火候"等。总之，一切全凭日积月累的丰富经验。木柴放入窑内点火任其自燃，约至48小时后即可"出窑"(出炭)。木炭有"乌炭"和"白炭"之分，"乌炭"松脆，不耐烧烤；"白炭"坚硬，耐烧烤。柴质好烧制的"白炭"，敲打时会发出"叮当"的清脆响声，两者有着不同烧制方法。"乌炭"待炭火完全冷却后出窑即成；"白炭"趁炭火红时出窑，出窑后即以泥土覆盖使其冷却。有经验的人烧制的木炭"柴头"(未完全成炭部分)少，出炭率高，反之，"柴头"多，出炭率低，因而影响了产量。

19世纪50年代，"大办钢铁" 运动烧制木炭时，东岱村人几乎个个都是"烧炭师傅"。而今天能掌握烧制木炭技艺的人则是寥若晨星。而且年龄都已在七八十岁。随着当今木炭用途退出了人们生产生活的圈子，在"烧炭"行业消失的同时，其技艺也将随之消失。

六、榨油

安溪畲族乡用山茶籽(油茶果)榨油，靠的是传统的人工打榨技术(俗称"打油")。油茶果采摘回来后到制成成品油，须经拣籽、翻晒或烘焙、碾粉、炊蒸、包箍(用稻草把油茶粉包成饼状)、打榨等6道工序。

"打油"使用的工具和方法：选取两爿面径60—70厘米，长约4米的松树段，每爿松树段中间挖凿成半圆形凹槽后，两爿松木上下吻合后即成，俗称"车轱”。把包好“箍”趁未冷却时置放于“车轱”的肚中(圆形槽),并使用长扁形木块(俗称“油针”)装实。然后用吊挂在约4米高的四脚架子(俗称“四天王”)上的一支长四五米、直径十四五厘米粗特制的木杆以3—4个强壮劳力不断地来回撞击“油针”。“油针”不断地添加,使“车轱”内的“箍饼”不断地受到高压后,油即源源不断地被挤压出来。

自1981年,油茶籽碾粉开始使用市上购买的电动粉碎机,木制“车轱”改用了半自动油泵手摇挤压式榨油机。采用半机械化后,既节省了劳动力,又提高了出油率。由此,传统的榨油工艺消失。2015年,安溪畲族乡已无榨油作坊。

第六节 社会保障

中华人民共和国成立前,以种粮为主的安溪山区农民在贫瘠土地上耕作,粮食生产常受旱、涝、虫、风等灾情影响,加上受国民党苛捐杂税的盘剥,人民生活极其困难。中华人民共和国成立初期,各级人民政府对境内畲族贫困户的扶贫方式,主要是赠送棉衣、棉被、单衣等,先改变畲民“蓑衣当被盖,火笼当棉袄”的状况。同时拨款帮助畲民发展生产,改善生活条件。1996年,在全省山区开发暨扶贫工作会议上,安溪畲族乡被省委、省政府确定为帮扶100个乡镇之一。云和县委、县政府多次出台扶持和发展少数民族经济和社会事业的决定,加大投资力度帮助当地水、电、路、通信、教育、卫生等基础设施建设。

2009年,安溪畲族乡政府被评为县级“农民增收六大目标先进集体”。在2010年,全乡列入最低生活保障52户106人。新农村医疗保险参保率达98.98%。2015年全乡有60周岁以上老人564人,90岁以上老人11人,其中472人已经享受养老待遇。2012年以来,安溪畲族乡全乡上下坚持“绿水青山就是金山银山”战略指导思想,以加快发展为中心,以项目建设为抓手,以改善民生为目标,推进全乡各项事业发展。至2015年,通过推行农村医疗保险,实行低收入农户生活保障,安溪畲族乡境内居民生活有了保障,改变以往因病返贫现象。年底,安溪畲族乡已全面完成“4600元以下低收入”农户消除工作。全乡共发放各类扶贫补助资金275.35万元。农民人均收入11998元。通过扶贫项目开发,人均纯收入比2010年的6065元,增加了5933元。

一、住房保障

中华人民共和国成立前,安溪畲族乡境内居民住房从四面透风漏雨的茅屋，逐步改变为土木结构房屋。民国38年（1949年9月30日止）3月，国民党自卫队烧毁了严山村2幢6户房屋30余间，一些畲民无家可归。

1994年8月，因受特大暴雨影响，山洪冲毁下村2幢民房，东岱外村2幢民房被山体塌方压毁，造成全乡58人，无家可归，只能暂时投亲靠友。进入21世纪，土木结构房屋逐渐消失，各村农户新建砖混结构、有卫生设施的住房。2008—2012年，安溪畲族乡境内白箬湾、东坑头、外东坑头等8个自然村，共53户192人，从偏远山区自然村，下山脱贫整村搬迁到中心村和县城居住。随着政府加大新农村建设力度，破旧房屋被拆除。安居工程的实施，解决境内中低收入居民的住房问题。2015年，安溪畲族乡境内已无人居住危旧房。

（一）住房建设

1972—1980年间，青石岩蓝谨传支族的众子孙对早年祖上盖的简易的矮房又陆续地实施了第二次改造工程，并对新建房屋的宅基地进行重新规划。把新村（建房新址）从始祖入迁后村落最早选址在“落山蛇”（地形）“七寸”（蛇颈）的地方（村落）往左移向垄上交通比较便利的中心点。根据2000年第五次全国人口普查资料，截至2000年11月，安溪畲族乡家庭户648户，常住人口2245人。平均每户住房2.61间，人均住房面积21.51平方米。

2000年安溪畲族乡按人均住房面积分家庭户数一览表

表16-5-6-1

人均面积	8平方米以下	9—12平方米	13—16平方米	17—19平方米	20—29平方米	30—29平方米	40—49平方米	50平方米以上	合计
户数（户）	65	103	131	30	140	84	31	64	648

2008年，安溪畲族乡政府投资4万多元，完成农村危旧房改造和残疾人安居工程。投资700多万元，进行村容村貌改造，使安溪境内生产生活条件得到改善。2009年，全乡危旧房改造任务185户，其中修缮81户。批建新房104户，其中上村41户，下村39户，黄处23户，下武1户。连片拆除危旧房29户，拆除面积3453.70平方米。2010年，第六次全国人口普查资料显示：截至2010年11月，全乡家庭户572户，常住人口1642人。平均每户住房4.60间，人均住房面积37.81平方米，人均住房1.60间。10年来，平均每户住房从2.61间，增加到4.60间，每户增加近2间。人均住房面积从21.51平方米，增加到37.81平方米，每人平均增加了16.30平方米。

2010年安溪畲族乡按人均住房面积分家庭户数一览表

表16-5-6-2

人均面积	无房户	8平方米以下	9—12平方米	13—16平方米	17—19平方米	20—29平方米	30—39平方米	40—49平方米	50—59平方米	60—69平方米	70平方米以上
户数(户)	2	5	21	40	15	132	89	74	50	38	106

2000年住房情况　2000年,第五次全国人口普查抽样调查安溪畲族乡境内69户家庭户,3户与他人合住,66户有独立住房。37户住平房,32户住6层以下的房屋。有1户为钢筋混凝土结构,10户为砖石结构,其他的58户为土木结构。69户有182间,面积5352平方米。1949年以前的16户,27间659平方米。1960—1969年建造的10户36间1060平方米。1970—1979年建造14户37间1063平方米。1980—1989年建造18户46间1460平方米。1990—2000年建造11户36间1110平方米。69户中有55户独立使用厨房,4户与其他户合用,10户无厨房。炊事燃料上使用燃气14户,使用电器1户,烧柴草54户。16户用上了自来水,53户没有自来水。63户为自建房,6户为其他。

2010年住房情况　2010年,第六次全国人口普查显示:安溪畲族乡境内家庭户572户1642人,平均每户住房4.6间,人均住房1.6间,37.81平方米。无住房2户,1间住房22户,2间住房127户,3间住房120户,4间住房91户,5间住房50户,6间住房42户,7间住房18户,8间住房37户,9间住房14户,10间以上住房49户。人均住房面积:2户无住房,8平方米以下的5户,9—12平方米21户,13—16平方米40户,17—19平方米15户,20—29平方米132户,30—39平方米89户,40—49平方米74户,50—59平方米50户,60—69平方米38户,70平方米以上106户。一代户中:1间住房22户,2间住房55户,3间住房36户,4间住房33户,5间住房以上的39户。二代户中:无住房1户,1间住房9户,2间住房54户,3间住房45户,4间住房34户,5间以上住房82户。三代户中:1间住房1户,2间住房16户,3间住房14户,4间住房17户,5间以上住房24户。四代户中:2间住房1户,3间住房1户,4间住房3户,5间以上住房4户。

2010年,下武村新拆除危旧房改造16户,安溪畲族乡全乡完成危旧房修缮31户。2013年,打造下武村畲族特色小区占地面积15600平方米,容纳43户,一期房屋结顶。2014年,黄处村启动特色村寨延伸工程,改造民房10290平方米。下武畲族村完成新建小区一期工程27户农户的12幢房屋。启动下村村级美丽示范村建设改造公路沿线农户 16 幢房屋，完成工程量的 80%。

2015 年，黄处村完成历史文化村落保护利用，被丽水市评为“十佳风情畲寨”。下村村完成省级美丽宜居示范村创建，投资 350 多万元改善道路。投入 245 万元实施上村村庄整治提升工程，改造农房 42 幢。

（二）移民下山

2001 年，安溪畲族乡全乡有 36 户农民住进农民新村。2008 年，下村行政村的东坑头自然村 9 户 23 人，整村迁移到下村。2009 年，下村行政村的底湾、白箬湾 2 个自然村，7 户 25 人整村搬迁至乡政府所在地下村居住。2010 年，下村行政村的外东坑头自然村 14 户 51 人，黄家地行政村后斜自然村的 4 户 14 人，整村搬迁到下村村居住。2011 年，上村行政村的佛儿岩自然村的 3 户 14 人，整村搬迁上村中心村居住，东岱村行政村的马蹄岗自然村 8 户 33 人，整村搬迁东岱中心村。2012 年，上村行政村的谷垟头自然村 8 户 32 人，整村搬迁到上村中心村。

（三）搬迁转移

自云和县委、县政府实施“小县大城”的发展战略目标后，畲汉两族“下山脱贫”（搬迁转移工程）进城购房人（户）数逐年增加。截至 2015 年，全乡进城购房人（户）数共计 146 户（含在安溪畲族乡境内购房），占全乡总户数的16.84%。其中，严山村 10 户，下武村 1 户，黄处村 5 户（汉族 4 户），东岱村 27 户，黄家地 34 户，谷垟头 8 户，下村村 16 户，木樨花村 45 户。其中畲族 20 户，占全乡总户数的 2.31%。是年，全乡在二期正式报名的 224 户农民中，初审确定 160 户，人口 640 人。

二、生活保障

2008 年，安溪畲族乡全乡 738 户 2701 人，全乡人均收入 5306 元。低保户 102 户，占全乡总户数 13.82%。2015 年底，全乡在册低保和重残补助 84 人，年收入 4600 元以下困难群众 300 人，残疾人 108 人，困境儿童 7 人，支出型贫困家庭 3 人，全年低保核查工作经费 502 人。

（一）孤寡老人供养

1956 年，农村“五保”对象系老、弱、孤、残的特困农民，既无劳动能力，又无经济来源，依据国务院《农村五保供养工作条例》，对农村孤寡老人由农村合作社在“吃、穿、住、医、葬”实行“五保”，享受“五保”待遇。1991 年，采取乡村统筹、县补一点的办法，确保农村“五保”对象的基本生活。

2011年，安溪畲族乡农村五保集中供养1人，支出0.45万元，农村五保分散供养7人，支出1.92万元。

2012—2015年，安溪畲族乡先后在上村、下村、黄家地村、黄处村建立居家养老服务照料中心，切实改善"五保"对象的生活条件。

2015年，安溪畲族乡亲友代管农村"五保"对象1人，每年享受政府生活补助6360元，全乡居家养老人员8人，每人享受3000元居家养老暖巢服务补助。

(二)城镇居民最低生活保障

自1997年7月1日起，安溪畲族乡依据《浙江省最低生活保障办法》精神，按照"应保尽保、应退尽退、动态管理、透明操作、便民高效"的管理机制，实施城镇居民最低生活保障制度，确定最低生活保障线，对村民中生活确实困难者进行适当救济，以保障低收入个人和家庭基本生活水平。10月1日始，全面执行城乡最低生活保障制度(简称"低保")，以改善城乡特困群体的生活状况。

2008年，安溪畲族乡全乡共有4个单位35名干部，参加结对帮扶，到位帮扶资金34万元，低收入农户117户410人实现脱贫。全乡至年底有低保118户172人享受低保政策。

2010年，安溪畲族乡解决农民低收入问题，在低收入农户中人均纯收入超过2500元的新增了277名，累计472名低收入农户年人均收入超过4000元。按照应保尽保原则，将全乡96户135人纳入农村低保，发放各类保障补助金22.5万元。是年，全乡顺利完成农村危旧房改造101户，批建新房40户，修缮危旧房61户。农村低保标准150%以下困难户改造26户。2012年，全乡纳入农村低保的92户135人，发放各类补助保障金22.50万元。2013年，全乡纳入农村低保的92户135人，发放各类补助保障金53万元。

2015年，安溪畲族乡全乡享受政府最低生活保障待遇52户106人。其中畲族14户30人，占全乡总人数的0.14%。是年，实现对全乡114户298人"4600元以下低收入农户"的"一户一策"精准扶贫。

(三)失地农民生活保障

2015年，黄处村杨柳河三期、程宅村公墓项目被征地0.41公顷。依据县人民政府〔2015〕14号会议纪要，安置农业人口钟美英、雷章田、雷凤菊、雷周旺等4人，列入被征地农民最低生活保障人员。下武村云景高速公路项目被征地0.88公顷，安置农业人口，蓝细妹、蓝程美、雷兴环、蓝海慧、叶丽慧、张秋香、蓝有娟、蓝明钗、赖少琴、蓝美娟、洪惠萍、蓝松梅、雷志英、雷满英等14人，列入被征地农民最低生活保障人员。下村云景高速公路项目被征地0.81公顷，杨柳河工地项目征地0.07公顷，安置农业人口王梅芬、张少英、张梅英、王海莲、官美兰、王善荣、柳少荣等7人，列入被征地农民最低生活保障人员。上村云景高速公路项目被征用耕地0.07公顷，安置农业人口柳多岳1人，列入被征地农民最低生活保障人员。

（四）城乡居民社会养老保险制度

城乡居民社会养老保险，简称“城乡居保”，是国家出台的实行个人缴费和政府补贴相结合，社会统筹和个人账户相结合的社会养老制度。安溪畲族乡根据县政府印发《云和县城乡居民社会养老保险实施细则》精神，于2010年1月实施城乡居保制度。参保人员个人缴纳居民养老保险费的标准设为每人每年100元、200元、300元、400元、500元、700元、900元七个档次，每年由参保人员自主选择其中任何一档次缴费。政府对参保人员个人缴费予以补贴，补贴标准根据本人的缴费标准确定，选择前六个档次缴费的，补贴标准为每人每年30元，选择最高档次的，每人每年补贴40元。参保人员年满60周岁、符合居民养老保险待遇领取条件的，可按规定办理居民养老保险待遇领取手续，领取养老金至终身。2010年，实施城乡居保制度时已年满60周岁，且未享受国家机关、事业单位、社会团体离休、退休、退职待遇和职工基本养老金待遇的本县户籍城乡居民，不用缴费，从2010年1月按月领取基础养老金。此项惠民政策的出台，逐步解决了农村居民老有所养的民生大问题。

2010年4月，云和县在浙江省率先完成当年度城乡居民参保缴费工作，被纳入国家新型农村社会养老保险试点。是年，实现基本养老保险农村全覆盖，确保60周岁以上农村居民按规定领到每人每月不低于60元的基础养老金，45—59周岁农民基本养老保险参合率99%。2012年，安溪畲族乡全乡城乡养老保险人员45—59周岁参保率100%，在职村干部养老保险金由县财政支付三分之二，自己支付三分之一，离任后全部由自己支付。

2015年，安溪畲族乡全乡参加居民养老保险1411人，发放社保卡2020张。完成被征地农民转保65人。60岁以上农民养老保险参保461人。

（五）农村养老补贴

自2010年1月1日年开始，政府给安溪畲族乡境内241位60周岁以上老人每月发放60元养老补贴，帮助他们安享晚年。2011年7月调整至70元养老补贴，2012年6月调整至80元养老补贴，2014年调整至100元养老补贴，到2015年1月调整至120元养老补贴，80周岁以上增加高龄补贴提至30元，90周岁以上提升高龄补贴提至100元，100周岁以上提升高龄补贴提至500元。

是年,安溪畲族乡境内60—79周岁老人有396人,80周岁以上老人82人。

2015年,安溪畲族乡残疾等级为一、二级的重残人员,纳入居民社会养老保险重残人员金额补贴有20人。

三、医疗保险

新型农村合作医疗,简称"新农合",是由政府组织、引导、支持,农民自愿参加,个人、集体和政府多方筹资,以大病统筹为主的农民医疗互助共济制度,采取个人缴费、集体扶持和政府资助的方式筹集资金。2002年10月,国家明确提出各级政府要积极引导农民建立以大病统筹为主的新型农村合作医疗制度,安溪畲族乡于2004年开始全面实施新型农村合作医疗制度。

根据云和县政府云政办发〔2004〕141号文件精神,基金筹集标准为每人每年40元,其中个人按每人每年20元标准缴纳,省、县财政给予每人每年20元补助,农村五保户、低保家庭、特困残疾人等对象个人缴费部分由县财政承担。参加新型农村合作医疗的人员在住院期间发生的医疗费用参照县城镇职工基本医疗保险的相关规定执行保险,每人全年累计最高可报销2万元。

2010年,云和县将"新型农村合作医疗"与"城镇居民医疗保险"整合为"城乡居民合作医疗",每人筹资标准为185元(个人缴纳50元,政府补给135元),其间筹资额提高4.60倍。是年8月,新型农村合作医疗制度与城镇居民合作医疗制度并轨运行,两制合一,建立城乡居民合作医疗制度,工作暂时由云和县卫生部门负责统筹管理和实施,条件成熟后,再归入云和县社保中心统一管理。是年,安溪畲族乡合作医疗参保率100%。2011年,安溪畲族乡全乡新型农村合作医疗参保人数0.27万人,参保率100%。2012年,安溪畲族乡全乡参加新型农村合作医疗参保率100%,新型农村合作医疗更名为"城乡居民基本医疗保险"。人均统筹标准和医疗保险待遇逐年有所提高。2012年,参保居民个人年缴纳130元,城乡居民中的"三老"人员、五保户、低保对象、特困重度残疾人、重点优抚对象等个人缴纳部分的资金由县财政统一安排,少数民族居民个人应缴纳的50%资金由县财政统一安排。2013年,安溪畲族乡全乡参保人员住院产生的医疗费用的报销比例提高至75%,年度内累计报销最高10万元,门诊医药费年累计可报销500元。此项惠民政策的出台,有效预防了农民因病致困、因病返贫的社会现象。

2015年,安溪畲族乡全乡参加新型农村合作医疗2598人,参保率99.8%。其中畲族700人,占全乡总人数的30%。

四、其他

协调建设乡残疾人综合服务中心 浙江省残疾人联合会（以下简称省残联）投入100万元在安溪畲族乡建成全省首个乡级残疾人综合服务中心。2015年，该中心的残疾人工疗站、康复室、阅览室、电商服务中心、文体室、办事中心等功能，已全面开放使用，运转顺畅有效。

创建安溪乡残疾人阳光家园 2015年，为进一步落实低收入农户帮扶工作，针对低收入残疾人的实际需求，安溪畲族乡克服人员、经费、场地等困难，在全县率先开办“乡残疾人工疗站——阳光家园”，每天中午阳光家园提供免费午餐，以满足全乡8名精神智力残疾人及15位重度残疾人日间照料需求。通过整合资源，乡政府抽调了乡农办、残联、党政综合部门组成扶贫攻坚小组，帮忙联系了来料加工，他们每天在管理人员的指导下从事简单的手工来料加工，每月除了能从家园中心领到300元的交通补贴外，每天还能根据自己的劳动得到10—25元不等的劳务费，使残疾人低收入农户实现了在家门口赚钱、在家门口就业，助其树立脱贫信心、实现真正脱贫。

黄处村残疾人精品雪梨基地 2015年，安溪畲族乡依托省残疾联结对黄处村的优势，建成占地60余亩的云和县首个省级残疾人扶贫基地——黄处精品雪梨基地，该基地吸纳村里的残疾人户就近就业，并给予基地分红。此外，建立首个安溪畲族乡乡级“残疾人关爱基金”，用于乡残疾人就业创业帮扶和重特大疾病补助。

残疾人关爱基金 2015年，安溪畲族乡政府决定利用茶山电站年5%的收益设立“残疾人关爱基金”，为全乡残疾人缴纳医疗、养老、意外、住房等保险，实现“四险”全覆盖。

2015年，安溪畲族乡共有残疾人108人，占全乡总人口的3.99%。6月，组织全乡16—59岁生活能自理，有小学以上文化程度的残疾人51人，参加全县残疾人职业技能培训。是年，安溪畲族乡纳入“云和县重度残疾人托（安）养人员”21人，每人每年享受居家养老补贴3000元。全乡一级残疾8人，二级残疾15人，年补助资金45816元。

来料加工 2008年，安溪畲族乡成立以乡长为组长、副书记为副组长的来料加工领导小组，以促进农民增收为出发点，重点抓好来料加工经纪人队伍建设和来料加工网点建设。2015年，全乡来料加工从业人员200余人，培育来料加工经纪人4人，来料加工收入达到353万元。

2009 年,乡政府组织开展新型农民培训,来料加工非正规就业培训 276 人次。

2015 年,安溪畲族乡成立残疾人来料加工帮扶中心,在乡便民服务中心设立来料加工点,组织乡内的残疾人统一到加工点从事来料加工。根据残疾人的劳动能力情况,由经纪人提供相对简单的货源,并统一进行技能指导。是年,在帮扶中心就业的残疾人共 8 人,每月人均可获得来料加工收入 400 元左右,有效促进了困难群体增收。

结对帮扶 自 2013 年起,宁波市经济和信息化局与安溪畲族乡东岱、下武、黄家地、木樨花、严山 5 个贫困村结对,先后捐赠资金 100 万元,完成了黄家地西瓜基地农耕路修复工程、严山陆沅头机耕路硬化工程、木樨花林斜自然村道路硬化工程、下武村畲族特色小区外立面扫尾工程、东岱外村至马蹄岗自然村连接公路分支至其他自然村路面硬化工程、东岱村马蹄岗至外村道路塌方挡墙修筑工程、木樨花村庄环境整治项目、严山村至龙角弯路面硬化及路边排水沟修筑建设项目、下武山寮坑综合治理项目、黄家地神塘坑—岭头古道修复项目等项目。

2015 年,浙江省少数民族发展专项资金实施畲汉同心广场提升工程文化保护发展项目,实施下武至木樨花(一期)公路硬化工程。

第六章　语言与口传文学

畲族是一个有着悠久历史和独特文化的民族。畲民在本民族统一讲畲话，又通晓当地汉族方言。随着时代的发展和文化的提高，大多数畲民也能流畅地讲普通话。在漫长的岁月中，安溪畲族创造灿烂辉煌的口传文学，包括畲歌、民间故事、谚语、谜语等，记载着畲族的过去与现在，并世代相传。

第一节　语　言

安溪畲族乡境内畲族使用的语言，称为“山哈话”，意为“客家话”。属汉藏语系、苗瑶语族，语支未定，类似汉语客家话。而境内汉族主要通用语言为云和话。

一、畲 话

入迁安溪畲族乡境内的畲民，分别属于蓝、雷两姓支族的后裔。居住在(云邑)境内的时间长达上百年，由于与汉族的长期交往，特别是中华人民共和国成立后，畲汉两族交往更为密切。畲族除了至今仍然保留着世代传承的畲族语言外，大多数人也精通当地汉语(云和方言)，因为不影响交流，汉族人精通畲语的并不多。

畲族语言是一种超地域的民族语言，不论居住何处，只要是畲族，使用的语言是相通的。但由于地域的关系在音调上稍有差异。例如，其他地方“姑娘”畲语语音为“布妮崽”，而云和县境内畲语语音为“布妮尊”。

(一)语 音

1. 声 母

安溪畲语声母一览表

表 16-6-1-1

声母	P	P′	M	T	t′	N
例字	风包布	平坟排	朱毛门	刀点底	头天贪	泥尿奈

续表 16-6-1-1

声母	L	Ts	ts′	S	K	k′
例字	来路椤	井煎子	春秋车	四衫松	讲过格	徛裙气
声母	G	Ŋ	H	ø		
例字	禾碗黄	牙耳牛	晓行横	圆县盐烟		

2.韵　母

安溪畲语单元音韵母一览表

表 16-6-1-2

韵母	A	E	ɔ	O	ʔ
例字	查 茶 雅	知 契 背	马 家 爬	做 歌 有	资 私
韵母	Ω	I	U	Y	
例字	驴 锯 佢	骑 耳 齿	布 姑 鼓	猪 女 煮	

安溪畲语复元音韵母一览表

表 16-6-1-3

韵母	Ai	Au	Eu	ɔn	ia	Io
例字	弟底睇	鸟饱了	口到偷	毛狗高	蔗蛇车	梳茄瓢
韵母	Iu	Iai	Iau	Ieu	Ua	Ui
例字	酒秋休	鸡快舔	猫爪箍	晓烧哭	花话瓜	醉跪贵
韵母	Uai	Uei	Yei			
例字	歪乖怪	盖辈杯	嘴吹蒸			

安溪畲语鼻音尾韵母一览表

表 16-6-1-4

韵母	Am	ɔm	Im	Iam	Iem	An
例字	衫添甜	三南淡	金针心	店尖签	占镰剑	天钱线
韵母	En	N	ɔn	In	Ian	Ien
例字	面轮清	根芹勤	炭难提	人新印	仙眼偏	变县烟
韵母	Un	Uan	Uon	yən	Aŋ	Eŋ
例字	吞裙军	搬弯盘	官碗昆	砖船漏	冷晴行	登藤生

续表 16-6-1-4

韵母	ŋ	ɔŋ	Iŋ	Iaŋ	Ieŋ	Uŋ
例字	宫龙用	江糠床	清绳称	轻响镜	瓶应亭凳	桶聋疼
韵母	Uoŋ	Yŋ	Yoŋ	ɱ		
例字	王皇黄	钟重种	香乡羊	五		

安溪畲语塞音尾韵母一览表

表 16-6-1-5

韵母	Ap	ɔp	Ip	Iap	Iep	At
例字	接碟叠	鸭合甲	粒十湿	夹蝶	劫叶眨	铁节裂
韵母	Et	ət	ɔt	It	Iat	Iet
例字	跌篾压	出歇许	割辣杀	日一七	切滑咬	血舌穴
韵母	Ut	Uat	Uot	yət	Aʔ	Eʔ
例字	骨窟屈	挖法活	阔袜钹	月决越	客麦格	德色黑
韵母	əʔ	ɔʔ	Iʔ	Iaʔ	Ieʔ	Uʔ
例字	菊虱	角落壳	力食嘻	尺石削	刻墨蜜	谷族古
韵母	Uoʔ	yʔ	yoʔ			
例字	镬划锅	竹熟树	脚药穿			

3.声 调

安溪畲语声调六个调类一览表

表 16-6-1-6

调类	阴平	阳平	上声	去声	阴入	阳入
调值	44	22	35	21	5	2
例字	加有价	时皮骑	起虎煮	地跪肺	客跌色	食石白

上声字与各调字连读时，作为前字的上声字调值变为 55，如“再起”这两个上声字连读，则“再”字读 55 调。

畲语部分语音举例（语音只能用相近的谐音字书写，括号为汉语之义）：

侔（肉）	裸徐（下雨）	虚（水）	亥（鞋）
食（吃）	目太（看）	佬（嬉）	找（跑）
热头（太阳）	酿头（早上）	日昼（中午）	暗布（晚上）
符生崽（后生）	布妮崽（姑娘）	腮崽伶（小孩）	代亘（岳母）

崽(儿子)　代公(岳父)　阿妈(奶奶)　公(爷爷)

(二)词 汇

1. 畲语常用词汇举例(括号为汉语之义)

禽、畜、昆虫、鸟类

猪牯〔雄猪〕　牛牯〔公牛〕　牛娘〔母牛〕　敖崽〔牛儿〕
鹟馁〔蜻蜓〕　吓哟〔蚯蚓〕　遭该〔蟋蟀〕　符溜〔泥鳅〕
羔色〔跳蚤〕　恰遨〔鹅〕　邻告〔穿山甲〕　捞孩〔河蟹〕
鸟〔刀〕　刀女冠〔翠鸟〕

自然类

鳞亘〔冰雹〕　高鳞〔彩虹〕　乌咚滩〔阴天〕
老公洋〔闪电〕　裸刷〔下雪〕

住房类

许礅〔屋柱〕　屋柱〔栳房屋〕　栳〔房屋〕　栳阁拽〔椽〕

人体类

嚼底〔下巴〕　秀拱〔拇指〕　仳懂〔鼻子〕

饰品类

妮酿〔耳环〕　给〔头笄〕

树木花草类

从爸拽〔松树〕　吓峻阀〔杜鹃花〕　鹟上哩〔黄枝〕

农作物类

首〔高粱〕

蔬菜水果类

菇雷〔梨子〕　囊脊〔丝瓜〕

劳作类

淋菜〔浇菜〕　留〔挖〕

其 他

卡哈〔边〕　伯沿〔旁边〕　好捎〔好笑〕　少〔乖〕
尻嗨〔更会〕　奈地〔那里〕　奚奈〔什么〕　靠〔更〕
捞劳〔常常〕　侬同〔和、与〕　绷〔被、给〕　乃西〔如果〕
欸久〔要么〕　总欸〔只要〕

2. 畲语保留的古汉语词汇

正奚(真是)　莫须(不要去)　赤(红)　禾(稻)

崎(陡)　　真皓(真亮)　　啮(咬)　　斫(砍)
走(跑)

3. 畲语形容词

弯丢丢(很弯)　水渍渍(很湿)　崎蹬蹬(很徒)　哑溜溜(很滑)
乌咚咚(很暗)　烘燎燎(火烧得很旺)　满西该(到处)　呸来水(痰)

二、方 言

(一)云和话语系

安溪畲族乡境内流行云和方言。老云和镇的语言素以柳、王、梅三姓先祖的话语为基础。南朝宋元嘉二十三年(446 年),柳姓祖元华从龙游转松阳徙居西阳里河上村。唐天宝初，梅姓祖陵公从会稽迁居丽邑采真里。宋天圣五年(1027 年),王姓祖惟孝迁居浮云柘野,后世移居全县各地。随着人口的不断迁徙、集聚,至今全县姓氏已达数百个,在漫长的历史进程中,逐渐形成云和的主流语言:云和方言。云和方言属吴语区丽衢片处州小片。在语音、词汇、语法等方面都有其特点。

由于邻县方言和人口迁徙等因素影响,云和境内各乡镇间之语言存在一定差异,大致可分县城、梅源、石塘、大源、雾溪安溪 5 个小点。雾溪安溪小点包括雾溪、安溪畲族乡,崇头镇的下垟、朱源,云坛乡的沈岸,沈村乡的苏坑,双港乡的坪地、叶村坪等乡、村,人口约占全县总人口 8.30%。通行畲语,兼通云和话。

(二)云和话构成

1.语 音

(1)没有翘(卷)舌音,如“资”与“知”“草”与“炒”“私”与“诗”同读。

(2)舌尖前音与舌面前音混读,因而形成“洗”“死”同音,“喜事”“死事”同音。

(3)复元音 ai 和 uo 完全转化为单元音 ai 和 uo,如“抬”读“da”,“来”读“li”等。

(4)uei、uan 往往丢失韵头 u,如“退”读“tei”,“光”读“gong”。

(5)前鼻音“-n”、后鼻音“-ng”区分不明,发音时舌头不会严格到位,而又往往偏后,所以发出的鼻音大多是后鼻音。

(6)鼻音尾韵转化为纯口韵现象,如“搬”读“be”,“耕”读“ge”等。

(7)一些在普通话里不能相拼的声母、韵母,在云和方言中能够相拼。如“去”拼成“ki”,“非”拼成“fi”等。

(8)云和方言有29个声母(包括零声母),51个韵母(包括自成音节的m、g在内)和8个声调。

2.组 词

云和方言的构词有如下四个突出特点:

(1)词序相反,义同。如,方言:欢喜、菜干、鸡母、牛牯、踏脚车;普通话:喜欢、干菜、母鸡、牯牛(公牛)、脚踏车

(2)词尾加“儿”,表事物小,如,方言:店儿、猪儿、梨儿、凳儿、衣裳儿;普通话:小店、小猪、小梨、小矮凳、小件衣服

(3)词尾加“头”,表部位、成分、光景等意。如,桌角头、肩头、手头、听头、苦头、尺头、一块头、日午头等。

(4)重叠形容词,增强形容程度。如:红红(很红)、红显红(极红)、包洞洞(很黑)、生好(很漂亮)、实搭实(很踏实)等。

3.句 法

与普通话相比,云和方言的句法有如下特点:

(1)不少形容词能与量词结合:

依张桌比阿张桌大张。(形+量)

细把刀。(形+量+名)

(2)数量词可在动词前面,构成“数—量—动”结构:

一记嘤(哭),一记俏(笑),花花街狗吠镬灶。

(3)表时间的状语可后置,也可在动词之前:

渠逃先。(他先逃)

我先开,你等记离咯。(我先去,你等一会儿来喽)

(4)表频率副词出现在动词或省略,动词后往往省去数词、名词,而加上补语“添”:

再吃(一)碗(饭)添(副+动+量+“添”)

唱(一)根(歌)添

(5)程度单音节副词作补语,不用结构助词“得”:

长显(长得很)

顶牢(顶得牢)

(6)表可能与否等补语,可放在宾语之后:

我讲渠弗过(我讲不过他)。

打死你容易显(打死你很容易)。

(7)重叠动词,表示动作的完成或强调。

饭吃吃再开呢(吃了饭再去吧)!

门关关好(强调)。

(8)表被动只有"给"一介词:

渠给我讲了两句(他被我说了两句)。

谷给鸡吃了(谷被鸡吃了)。

(9)"之"与语气助词"阀"连用,取法句子独立性:

渠调之我阀,依次肯定发了(他调成我,这次肯定发了)。

(10)在陈述句末尾加上文言否定词(否)表示疑问:

你开相戏否(你去不去看戏)?

你是老王儿否(你是不是老王的儿子)?

你笔给我得否(你的笔给我可以吗)?

第二节 口传文学

安溪畲族用本民族语言把故事传说、奇闻趣事、生存状态、风俗礼仪、知识经验、传统信仰礼仪乃至个人的喜怒哀乐,编成通俗易懂、易学易记的歌谣,广为传唱,世代传承。

一、歌 曲

(一)畲 歌

畲歌是畲族人民生活中的重要组成部分。他们以歌代言,沟通感情。以歌论事,辨别真伪。以歌传情,互表爱慕。以歌抒情,畅吐心声。以歌赞美,歌颂美好。以歌代哭,寄托哀思。若遇红事(嫁娶)白事(丧葬),山歌昼夜不停,"唠歌唠到天大光"。在各种节庆活动中山歌必唱。一村举办歌会时,往往会邀请邻村的歌手来参加。每当婚丧节庆活动,畲乡便是个"山歌的海洋"。畲歌在日常生活中广泛演唱的是婚嫁和丧葬活动。

2008 年,安溪畲族山歌作为畲族民歌的民间音乐类别,被列入云和县第二批非物质文化遗产名录,并入选省、市非物质文化遗产名录。

1.畲歌唱法

畲族民歌以口头形式流传,没有书面记载。一般都是清唱、男女都唱假嗓音。歌唱形式除独唱、对唱、齐唱外,还有二声部重唱,称"双条落"。基本上都是七字一句，也有第一句是五个字或三个字的。四句构成一首，一首称为“一条”；内容较长的，则十几乃至上百首连唱，称为“连”，每首歌词都有严格的韵律，第一、二、四句一定要同韵，畲民称不押韵为“拗口”。

几百年来，安溪畲民在生产劳动、闲暇休息中以歌为乐，在恋爱婚姻中以歌为媒，在喜庆节日以歌为贺，在社会交往中以歌代言，在丧葬祭祀中以歌代哭，在祭祀祖先中以歌代辞。任何场合，任何事情，无不可以以歌代言，特别在节日盛会上，青年男女歌手随编随唱欢迎庆贺歌，有“处处是歌海，人人是歌手”之谓。

安溪传统畲歌内容丰富多彩，上至天地神仙，下至少年儿童，内至生活琐事，外至朝堂政功，情至歌爱，理至明义。其中《高皇歌》追述了龙麟降生、征番立功、封爵成亲、生子赐姓、隐居广东、闾山学法、打猎殉身、安灵葬祖、思念故土、搬往福建、迁居浙江等内容，歌词“都是广东一路人”，点明各地畲族皆为一家。

安溪畲歌演唱习俗主要有以下六种：

拦路邀歌　当进村路上来陌生人时，唱起畲歌试探来者是否是本族人。如是本族人，便会相互搭话。如来者也会唱畲歌，便会出现对唱畲歌场面。双方如是男女青年，对歌场面就会更加热烈而浪漫。

劳作伴歌　男女共同参加田间劳动中或休息时，常常伴有学歌、对歌情形。即使一个人在劳作，也会一边劳动，一边唱着自己喜欢的畲歌，或者以歌抒发自己的内心情感。

婚嫁对歌　女孩出嫁前，到娘舅、姨妈家“做表姐”时，与村里男青年对歌；在临嫁“哭嫁”中，与父母、叔婶、姐妹之间对唱畲歌；在男方迎亲仪式中，难为媒人、难为“赤郎”、迎亲伯、“送贺”、“闹新房”或是“撬蛙”“借锅”，都约定俗成，戏谑对唱。

丧葬奠歌　畲族老人尤其是女性老人去世，派人报丧，娘家接丧，外甥跪接娘舅时唱《接娘家》，娘家人唱《做娘家》；在守灵中，亲人以歌寄托哀思、悼念亡者；做功德时，法师及参与的亲人按仪式唱祭奠歌。

男女嫽歌　畲族男女“嫽歌”，一般都是指男女歌手之间的情歌对唱或者盘歌活动。可分为唱“表姐歌”与唱“表嫂歌”两种，两者有不同歌俗。

节庆盘歌　畲民在二月二会亲节、三月三、九月九歌会等节庆日子里，都会自发进行对歌、盘歌活动。盘歌也称对歌，是畲族开展最普遍、最有特色的一项传统民间文化活动。相传畲族先祖最初唱歌是单唱，后来蓝念五郎一次在另一个村做功德到深夜才回家，独自走过深山密林，越走越害怕，就边走边大声唱山歌和功德经文，对面石壁回音很好听。回家后他自己唱一句，要求妻子回一句，妻子也觉得很好听，后来逐步演变成男女对歌。安溪畲族男女对唱有多种形式：男唱给女对或女唱给男对，如一首歌几十、几百条，那就同唱一首，女唱上一条男就接唱下一条。唱山歌最大特点是一唱一和，根据畲族风俗，在山川田野唱情歌，随编随唱对方要根据歌意来随编和上。男子或女子去其他村闲游做客，别处的女子或男子就会找上门来与他对歌，找对歌先唱什么歌、再唱什么歌有顺序，最后双方才对唱。歌名很多，一般从白天唱到黑，从晚上唱到天亮，什么场面唱什么歌。举行联欢活动在台上对唱，男女都要穿上畲族特色绣花衣；来客男左女右坐在大厅间两边对唱，或在山川田野对唱情歌。

2.畲歌种类

畲族民歌内容丰富、题材广泛，涵盖了畲族群众生产生活的方方面面。按题材大致可分为历史歌，革命歌，小说故事歌，劳动歌、时令歌，情歌，婚俗歌，风俗仪式歌，儿歌，新民歌，杂歌等。

(1)历史歌

历史歌主有高皇歌、长毛歌、串钱歌等。

《高皇歌》　是畲族最主要的一部历史诗歌。在世代流传过程中，因年代久远和居地不同，产生了不同的称谓，又名《龙皇歌》或《盘古歌》；同时也出现长短差别和情节变异，但基本内容都是记述畲族始祖不平凡的经历。相传畲族始祖征番取得丰功伟绩，后与三公主婚配，生儿育女，并率领全族子孙垦荒种山以及迁徙过程等，因而该歌在畲民中享有极高声誉。云和各畲村基本上都保存《高皇歌》手抄本。它对于研究畲族的起源、历史发展以及风俗习惯等具有重要的参考和研究价值。《高皇歌》现已被编入《中国少数民族古籍丛书》，并加国际音标注音。

高 皇 歌

盘古开天到如今，世上人何[①]几样心，
何人心好照直讲，何人心歹侩[②]骗人。

盘古开天到如今，一重山背一重人，
一朝江水一朝鱼，一朝天子一朝臣。

① 何：畲语称“有”为“何”。
② 侩：畲音读“海”，“会”的意思。

说山便说山乾坤,说水便说水根源,
说人便讲世上事,三皇五帝定乾坤。

盘古置立三皇帝,造天造地造世界,
造出黄河九曲水,造出日月转东西。

造出田地分人[①]耕,造出大路分人行,
造出皇帝管天下,造出人名几样姓。

盘古坐天万万年,天皇皇帝先坐天,
造出天干十个字,十二地支年年行。

天皇过了地皇来,分出日月又分岁,
一年又分十二月,闰年闰月算出来。

地皇过了是人皇,男女成双结妻房,
定出君臣百姓位,大细辈分排成行。

当初出朝真苦愁,掌[②]在石洞高山头,
有巢皇帝粪[③]人讲,教人起寮[④]造门楼。

古人无食食鸟兽,夹生夹毛血流流,
燧人钻木又取火,煮熟食了人清悠[⑤]。

三皇过了又五帝,五个皇帝前后排,
伏羲皇帝分道理,神农皇帝做世界。

---

① 分人:给别人。
② 掌:住。畲语称“住”为“掌”。
③ 粪:畲音读“侬”,意“与”“和”。
④ 寮:畲音读“姥”,意住房或家。
⑤ 清悠:舒服的意思。

神农就是炎帝皇，作田正何五谷尝[①]，
谷米豆麦种子好，百姓何食正定场[②]。

神农皇帝真聪明，教人采药医病人，
亲尝百草医毛病，后来成佛做灵神。

神农过了是轩辕，造出何车又何船，
衫衣亦是轩辕造，树叶改布着巧软[③]。

轩辕过了金天皇，何道何理坐天堂，
传位又分颛顼管，历书出在颛顼皇。

颛顼以后是高辛，三皇五帝讲灵清，
帝喾高辛是国号，龙麒[④]出世实为真。

当初出朝高辛皇，扮作百姓眔[⑤]田场，
出来游行天下路，转去京城做朝皇。

贤皇高辛在朝中，刘氏女子坐正宫，
正宫娘娘得一病，三年头晕耳又痛。

高辛坐天七十年，其管天下是太平，
皇后耳痛三年久，便教朝臣呙[⑥]先生。

先生医病是明功，取出金虫何三寸，
皇后耳病便医好，金虫取出耳不痛。

---

① 作田正何五谷尝：种田才有五谷尝。
② 何食正定场：有吃的才安定。
③ 着巧软：穿起来更软。
④ 龙麒：畲族始祖之名。
⑤ 眔：畲音读“太”，意看或望。
⑥ 呙：畲音读“祸”，意叫或喊。

取出金虫三寸长，便使金盘银斗装，
一日三时仰[1]其大，变作龙孟丈二长。

变作龙孟丈二长，一双龙眼荔枝相，
身上花斑百念点，五色花斑朗豪光。

丈二龙孟真稀奇，五色花斑花微微，
像龙像豹麒麟样，皇帝取名喎龙麒。

龙麒生好朗豪光，行云过海本领强，
人人眿见心欢喜，身长力大好个相。

当朝坐天高辛王，国泰民安谷满仓，
番边番王恶心起，来争江山抢钱粮。

番王作乱反过边，手下兵马无万千，
争去地盘几多郡，边关文书报上京。

番边大乱出番王，高辛皇帝心惊慌，
便差京城众兵起，众兵差去保边疆。

番边番王过来争，齐心去守九重城，
京城众兵无千万，众兵使力[2]守京城。

调去兵马十万人，打了一仗失了兵，
又差上将带去打，高辛皇帝是劳心。

番边兵马来的强，高辛兵马难抵挡，
打过几回都输了，退兵回转奏高皇。

---

① 仰：看。
② 使力：用力。

高辛接本心惊慌，便喎朝臣来思量，
奚个办法都使尽，挂出皇榜招贤郎。

皇帝准本便依其，京城四门挂榜词，
谁人平得番王乱，第三公主结为妻。

皇榜内里表灵清，谁人计高挂帅印，
收服番边番王乱，招为女婿再封身。

榜词挂在四城门，众人来眛闹纷纷，
千万人子眛过了，没人何敢揭榜文。

挂出皇榜三日正，龙麒得信近前仰，
随手便来收皇榜，收落皇榜在身边。

朝官带其见皇帝，龙麒自愿去平西，
领旨转身唔[1]见影，一阵云露去番界。

龙麒来到番王营，番王眛见快活仙，
带在身边实欢喜，时时刻刻藤[2]着行。

龙麒自愿去番边，服侍番王两三年，
何计何谋何本事，天地翻转是我赢。

番王出兵争江山，回回打仗都是赢，
喎拢将兵来请酒，营内食酒闹纷天。

兵营请酒闹纷纷，番王食酒醉昏昏，
一日连食三顿酒，散了酒筵就去困[3]。

① 唔："不"的意思。
② 藤："跟""随"的意思。
③ 困：睡觉。

番王酒醉眠高楼，身盖金被银枕头，
文武朝官唔随后，龙麒割断番王头。

割断王头过海河，番边贼子赶来多，
枪刀好似竹林笋，追其唔着无奈何。

番兵番将追过来，云露雾来似云盖，
番边番兵追唔着，其追唔着往后退。

割来王头过海洋，神仙老君来相帮，
腾云驾雾游过海，官兵接头使盘装。

带转王头上殿来，高辛眹见笑嗳嗳，
番王作乱都平服，龙麒公主结头对[①]。

官兵接头使盘装，奉上殿里去见皇，
皇帝眹见心欢喜，愿招龙麒做婿郎。

文武奏上皇帝知，皇帝殿里发言辞，
三个公主由你拣，随便那个中你意。

头是龙孟身是人，好度皇帝女结亲，
第三公主心唔愿，龙麒就讲去变身。

金钟内里去变身，断定七日变成人，
皇后六日开来眹，龙麒钟里变成人。

龙麒平番立大功，招为驸马第三宫，
封其忠勇大王位[②]，王府造落在广东。

① 结头对：结姻缘。
② 忠勇大王位：高辛帝封龙麒为忠勇王。

忠勇山哈人祖宗，列土分封在广东，
广东地盘归其[①]管，其管州府连衙门。

王府坐落在广东，忠勇平番显威风，
亲养三男一个女，带上殿里去捞封[②]。

亲养三子生端正，皇帝殿里去捞姓，
大子盘装姓盘字，二子篮装便姓蓝。

第三细崽[③]正一岁，皇帝殿里捞名来，
雷公云头响得好，笔头落纸便姓雷。

忠勇受封在朝中，亲养三子女一官，
招得军丁为女婿，女婿本来是姓钟。

三男一女封端正，好龚皇帝管百姓，
住在广东潮州府，留传后代去标名。

皇帝圣旨话难收，敕封龙麒掌潮州，
皇帝奈末你未末，你龚日月共同休。

龙麒自愿广东去，皇帝圣旨讲分你，
六个大仓由你拣，随便那仓中你意。

六个大仓共一行，金银财富朗豪光，
六个大仓都一样，开着一个是铁仓。

六仓都是金锁匙，皇帝圣旨交付你，
金银财宝使唔着，开来一仓是铁器。

① 其：他。
② 捞封：求封，捞："讨"或"求"的意思。
③ 细崽：小孩子。

问其纱帽爱唔爱，锁匙交其自去开，
纱帽两耳其唔敌，自愿拣顶尖尖来[1]。

龙麒自愿官唔爱，京城唔掌广东来，
自愿唔爱好田地，山场林土自来开。

龙麒自愿去作山，去龚皇帝分江山，
自耕林土没粮纳，做的何食是清闲。

龙麒起身去广东，文武朝官都来送，
凤凰山上去落业，山场地土由其种。

凤凰山上去开基，作山打铳都由其，
山林树木由其管，旺出子孙成大批。

龙麒自愿官唔爱，一心闾山学法来，
学得真法来传祖，头上又何花冠戴。

当初天下妖怪多，闾山学法转来做，
救的良民个个好，行罡做法斩妖魔。

闾山学法法言真，行罡做法斩妖精，
十二六曹[2]来教度，神仙老君救凡人。

香烧炉内烟浓浓，老君台上请仙宫，
奉请师爷[3]来教度，灵感法门传子孙。

灵感法门传子孙，文牒奉请六曹官，
女人来做西王母[4]，男人来做东皇宫[5]。

① 拣顶尖尖来：选一顶尖顶笠帽。
② 十二六曹：畲族祭祀十二名法师的统称。
③ 师爷：畲族老祖先人物，尊称为“师爷”。
④ 西王母：畲族祭祀的女法师称谓。
⑤ 东皇宫：畲族祭祀男法师中一个成员的称谓。

盘蓝雷钟学师郎，收师捉鬼法来强，
手把千斤天罗网，凶神恶煞走茫茫。

凤凰山上鸟兽多，奈好食脾自去捞，
手擎弓箭上山射，老虎山猪麂鹿何，

凤凰山上是清闲，日日擎弩去上山，
奈因岩中捉羊崽，龙麒跌落在岩前。

龙麒身死在岩前，寻了三日都唔见，
死体挂在树丫上，老鸦来喎正寻见。

崎岩石壁青苔苔，山林百鸟尽飞来，
吹角鸣锣来引路，天地灵感放落来。

龙麒放落安棺掉，大细男女泪哭燥，
头戴白帽两个耳，身着苎布尽戴孝。

龙麒落棺未安葬，功德日夜做得忙，
闾山法主来安位，又请三清师爷官。

河南祖师安两边，超度功德做你先，
天神下降来超度，超度龙麒上西天。

凤凰山上去安葬，孝男孝女尽成行，
文武百官送上路，金榜题名好田场。

金榜题名实是真，文武百官送起身，
铁链吊棺未落土，缴去①棺汗无官荫。

① 缴去：揩去。

龙麒坟安龙口门,一年到暗水纷纷,
又何真龙结真穴,荫出千万好子孙。

凤凰山上安祖坟,荫出盘蓝雷子孙,
山上人多难做食,分掌潮州各乡村。

当初掌在凤凰山,做的何食是清闲,
离田三丈没粮纳,离木三丈便种山。

凤凰山上一朵云,无年无月水纷纷,
山高水冷难作食,也无谷米粜何银。

今下唔比当初时,受尽阜老[①]几多气,
朝中无亲难讲话,处处阜老欺侮你。

一想原先高辛皇,四门挂榜招贤郎,
无人收得番王倒,就是龙麒收番王。

二想山哈盘蓝雷,京城唔掌出朝来,
清闲唔管诸闲事,自种林土山无税。

三想山哈四姓亲,都是南京[②]一路人,
当初唔在京城掌,走出山头受苦辛。

收倒番王何主意,京城唔掌走出去,
唔肯粪皇分田地,子孙无业奈怨你。
山场来粪阜老争,山无粮纳争唔赢,
朝里无亲话难讲,全身是金使唔成[③]。

---

① 阜老:畲族对汉族称“阜老”。
② 南京:不是指现在的南京,是指当时的都城。
③ 使唔成:没有用。

当初皇帝话言真，盘蓝雷钟好结亲，
千万男女莫做贼，莫嫁阜老做妻人。

当初皇帝话言真，吩咐盘蓝四姓亲，
女大莫去嫁阜老，阜老扳面便无情。

皇帝圣旨吩咐其，养女莫嫁阜老去，
几多阜老无情义，银两对重莫嫁其。

皇帝圣旨话言是，受尽阜老几多气，
养女奈去嫁阜老，好似细细[1]未养你。

当初出朝在广东，盘蓝雷钟共祖宗，
养女奈去嫁阜老，就是除祖灭太公。

广东掌了几多年，尽作山场无分田，
山高土瘦难做食，走落别处去作田。

走落福建去作田，亦何田地亦何山，
作田作土是辛苦，作田亦爱靠天年。

福建田土也是高，田土何壮也何瘦，
几人命好做何食，几人命歹做也无。

兴化古田好田场，盘蓝四姓掌西乡，
阜老欺侮难作食，走落罗源粪连江[2]。

福州大府管连江，连江罗源好田庄，
盘蓝雷钟四散掌，亦未掌着好田场。

① 好似细细：就像很小。
② 连江：福建省地方名。

掌在福建去开基，盘蓝四姓莫相欺，
你女奈大我寮度[1]，我女奈大你度去[2]。

古田　　是古田，古田人女似花千[3]，
罗源人子过来定，年冬领酒担猪爿[4]。

罗源　　是罗源，罗源人女似花丹，
连江人子过来定，年冬领酒过来扮[5]。

连江　　是连江，连江人女好个相，
古田人子过来定，年冬领酒担猪羊。

古田罗源㷶连江，都是山哈好住场，
奈因官差难做食，思量再搬掌浙江。

福建官差欺侮多，搬掌景宁㷶云和，
景宁云和浙江管，也是掌在山头多。

景宁云和来开基，官府阜老也相欺，
又搬泰顺平阳掌，丽水宣平也搬去。

蓝雷钟姓分遂昌，松阳也是好田场，
龙游兰溪都何掌，大细男女都安康。

盘蓝雷钟一宗亲，都是广东一路人，
今下分出各县掌，何事相帮莫退身。

盘蓝雷钟在广东，出朝原来共祖宗，
今下分出各县掌，话语讲来都相同。

---

① 你女奈大我寮度：你家女孩子长大后，我家来娶。
② 我女奈大你度去：我家女孩子长大后，你来娶去。
③ 似花千：形容容貌很漂亮。
④ 领酒担猪爿：结婚时男方给女方送酒菜和整爿猪肉等彩礼。
⑤ 过来扮：到女方摆酒宴。

盘蓝雷钟一路郎，祖亲和气何思量，
高皇歌是传世宝，万古流传子孙唱。

盘蓝雷钟念祖宗，高皇歌古是歌公，
出朝祖歌唱过了，万古千秋传子孙。

《长毛歌》 太平军在浙西南地区普遍受欢迎，并有劳苦矿工加入其中，流传的诗歌就是明证。清同治年间（1862—1874 年）由梅源东坑蓝三满创编，清光绪年间（1875—1908 年）雷福余笔录，长达 70 条。歌词以汉文记录畲族语言，叙述清咸丰八年（1858 年）太平军抵达云和后的事迹。民歌热忱歌颂太平军纪律严明、英勇善战，揭露咸丰皇帝施政不得人心和清军的作恶多端。当时，在清政府统治下，畲民不敢公开传唱，但在畲乡却是流传甚广，清末开始在景宁、丽水部分畲区流传，安溪畲族乡至今流传，畲歌本现由浙江省文物管理委员会保存。

长毛歌①

蓝三满

咸丰皇帝心不通，　出来理事人不容。
广东出了长毛王，　造反世界不富穷②。
长毛前年驻南京，　一心想打北京城。
三年反到顺天府，　府中兵马闹呼呼。
顺天府内人商量，　铳火雷烟成一条。
长毛看见亦不睬，　一时回头打东边。
一去便反东边上，　反了一年到浙江。
浙江反尽各州县，　不见官府斗战战③。
广东金田好风光，　出了一个长毛王。
长毛亦是天生子，　口出圣旨治百姓。
长毛来打大州城，　州府官员不敢近。

① 长毛歌：叙述咸丰八年（1858 年）四月太平军攻占云和的情况，表达当地畲族人民对清王朝统治者的痛恨与鞭挞和对太平军拥护的情感。
② 不富穷：是宣传太平天国的“均贫富”等土地政策。
③ 不见官府斗战战：指官军毫无斗志，望风而逃。

是我天下由我管，亦无官府敢来争。
州府县道人多福，有钱买田不自做。
富人买田作田主，只等冬来人担租。
一石田租分五斗，还讲无做痛心肝[①]。
州府县道人生恶，有钱买田不自耕。
无钱人子无田土，田土要我穷人耕。
穷人无钱好造反，反到州城来收你[②]。
长毛造反一个皇，一行兵马随身上。
兵马近前不离远，不怕坏人来战伤。
长毛来去人不知，日头来早转去迟。
离城还有两日路，官府即时便要行。
长毛造反到州城，州城官府心吓碎。
闲时又讲官为大，长毛反来官先逃。
长毛兵马好功夫，个个带兵几路去。
亦有总头管千拱，千拱手下几千人。
长毛造反一个头，好似皇帝坐京城。
坐入州府大堂内，是我天下我不愁。
富人若讲长毛来，家里男女早躲开。
缸里谷米担去藏，不知哪日长毛来。
长毛造反到州城，样样事情有安排。
明日出城去富家，看见谷米就担来。
长毛到来心不休，出城赶猪又赶牛。
猪牛赶进府城内，明日杀倒食日昼。
长毛造反到浦城，云和官府心中惊。
夜来眠倒仔细忖，不知走去哪路行。
长毛皇帝早有计，官府派兵去探听。
去了三日无音信，不知长毛哪日行。
长毛皇帝早有计，何时起身无人知。
无话通知长毛子[③]，一时讲去便就去。

---

① 无做痛心肝：不合算，心痛。
② 来收你：来整你，来报复。
③ 长毛子：指太平军。

长毛皇帝心是正，半夜起身无人声。
行去十里天色晓，行行歇歇又行行。
长毛造反到龙泉，云和官府脚手软。
夫妻半夜便起身，不知走近还走远。
长毛造反龙泉过，云和官府早逃去。
走出日头一日路，县里事情随凭伊。
长毛来到赤石街，云和百姓也走开。
走出山头山中住，一时想来无世界①。
长毛走落大港头，云和百姓心不愁。
一时避了长毛子，大细②男女再回头。
长毛住在大港头，不知望落是望上③。
若是望落处州府，若是望上县里来。
长毛造反人是多，坐轿骑马闹呵呵。
来到一县安排事，随你长毛怎么做。
长毛做官亦有印，亦有长毛几万兵。
亦有文书通知府，长毛造反一大群。
云和长毛来入城，百姓望见不敢仰。
长毛一时入城内，无人路头路尾迎。
咸丰来到八年过，长毛造反在云和。
云和亦无多衣食，住得不久就回去。
长毛造反正知时，来去不早又不迟。
来时田里正播谷，去时田里又割禾。
长毛杀人在西门，西门路上杀恶军。
恶人回转刀下过，长毛不来错杀人④。
官府景宁去抽兵，一寮一个几千人。
来到云和莫延迟，一人不去便罚死。
三日过了起身行，一共来了几千人。
来到云和温溪乡，带兵元帅徐登瀛。

① 无世界：无主意。
② 大细：大小或大家。
③ 不知望落是望上：不知往下还是往上。
④ 不来错杀人：不会错杀人。

三日过了起身行，一共来了几千人。
登瀛分兵做两路，一上一下去占城。
登瀛带兵到云和，云和长毛实在多。
等你登瀛兵子到，长毛杀来闹呵呵。
兵子来到文口岭，又要百姓路边过。
兵子来到黄水碓，长毛县里杀出来。
长毛赶来路里看，兵子捉石冲向前。
长毛不怕石来掷，兵马齐齐先开铳。
杀掉兵子做两边，景宁兵子都逃完。
杀掉带兵做两段，登瀛元帅也无见。
景宁登瀛做好汉，来我云和也无干。
去杀长毛未杀着，自己身死做两段。
长毛你是天生子，千里未来官吓死。
人讲人传人不信，今日看见真是真。
长毛住住起身行，半夜起身便烧寮。
等了五更天大晓，大户寮子都烧掉。
放火烧寮起身去，小户寮子都保牢。
穷人归家心欢喜，富人归家心里焦。
长毛起身也捉人，捉去人子也放心。
心愿随阵就走去，心乃不愿放你行。
长毛起身也捉人，家无爷娘好当兵。
家有爷娘放你行，人子走归也宽心。
人子走归也宽心，亦无长毛再寻你。
人子走归也安心，无奈官兵又来寻。
等到长毛起身行，官兵大人好高兴。
长毛住了一月多，不知官兵逃哪路。
等到长毛出城外，官兵大人好高兴。
声声夸自功夫好，我还未到长毛逃。
长毛去了官兵来，官兵心肠更毒恨。
男人捉去好挑担，女人捉去做夫妻。
担若不挑便打骂，不管老弱都怨心。
担了一程又一程，不知几时放我行。

姓周兵头是大兵，　带了几百几千人。
人讲耕田你闲嬉，　亦无事情加你身。
一年四季付你食，　食了官粮欺粗人。
官兵大人好名声，　食了官粮无寸情。
官兵心肠更毒恨，　云和人子都遭害。
人命杀死是柴头，　无人埋葬无人愁。
人世如在大乱年，　不及猪犬不值钱。
猪犬人买无价宝，　人命杀死在路边。
官兵长毛过番去，　州府县道人太平。
夫妻和合生贵子，　太平世界人宽心。
太平世界人好做，　大细男女快活多。
勤耕男女做田园，　贪懒人子莫怨人。
好年又爱好皇帝，　百姓又爱好官府。
世界事情管得好，　大家男女乐呼呼。
如今年老无事情，　造些闲话人听听。
世故也是原先事，　不是今天造得成。
如今年老无计谋，　亦无圣说无律条①。
住在东坑蓝三满，　无情无理被人笑。

《串钱歌》 又名《写缘歌》，清光绪二十九年（1903 年）由小窟（今云和镇山脚村）蓝火新②创编，光绪三十三年（1907 年）五月抄写成歌本，全篇 73 条。此歌以作者的亲身经历，叙述畲民同恶霸山主斗智斗勇，展开反阶级压迫和民族压迫斗争的事迹。

写缘歌③

白纸写字真了真，　造歌人儿聪明人。
串钱歌言谁人造，　是我小葛蓝火新。
白龙山下小葛村，　住的蓝雷二姓人。
租种客田自作食，　勤耕苦作度光阴。

---

① 圣说、律条：分别指圣旨、法律。
② 蓝火新：云和小葛人，清光绪间畲族民歌手。
③ 亦称“串钱歌”，讲述清光绪年间，云和小葛村畲民受到汉族山主的欺诈，畲族村民蓝火新和大家一起踏遍全县畲村，发动畲民合力抗争，终于打赢官司，云和县署为此竖起了“不得欺负畲民”的石碑，此碑至今犹存。

山客本是共祖亲，　当初广东一路人。
住落小葛年代远，　合伙租山养山林。
山场土名底庵岭，　立契纳钿十六串。
乃因山客不识字，　山主无良起恶心。
山客乃是本分人，　不料山主改契文。
十六串钱写六十，　介生事情怎甘心。
六十串钱拿不去，　山主告状打官司。
衙门争辩契见证，　口说无凭山客输。
官府山主一样心，　山客有理讲不清。
判落山租六十串，　苦了小葛一村人。
蓝雷二姓无主意，　个个总讲种田皮。
正经事情无敢讲，　闲事都争自己是。
胡里白空受人欺，　一心求官出冤气。
老爷坐在衙门内，　有理无钱难进去。
云和财主无良心，　欺侮山客一族人。
真金就是不怕火，　告了串钱正干心。
火新家堂虱样穷[①]，　愿荒田地出家门。
云和天下都走转，　为告串线写缘银。
起身写缘入三都，　生疏路程未行过。
行到栗坳食顿饭，　才苟[②]帮我出主意。
栗坳上去到板桥，　应魁留我食日昼[③]。
挨家缘银都写了，　带我上寨[④]去太楼。
暗布[⑤]食了到上寨，本地做法[⑥]闹采采。
我郎坐落太一阵，　蓝雷本家又留我。
第二仰头[⑦]起身行，山高路远都落岭。

① 虱样穷：很穷。
② 才苟：人名，姓蓝。
③ 食日昼：吃中饭。
④ 上寨：牛角山村，诗中提到的栗坳、板桥、下垟、吴坪、木路、柘园、高峰、阴岩、坳后、垟田、岩下、垵大、岗头庵、严山、黄处、坪垟岗、茶园、高路、外垟、雾溪、大仓、西坑、庄前均为畲族聚居或畲汉杂居的村庄。太楼：太，即看，楼，即吊九楼，一种风俗活动。
⑤ 暗布：晚上。
⑥ 本地，即本地汉人，做法，指吊九楼做法。
⑦ 仰头：早上。

行到下垟都未掌[①]，　一直行落到吴坪。
一直行落吴坪村，　阿姑[②]有情就来问。
阿姑做人情义好，　家堂老酒倒来温。
福兴姑丈好笑笑，　手拿秧把就扔掉。
叔孙商量讲句话，　布田[③]无闲过别寮。
叫声姑丈便商量，　一心要想告山皇[④]。
山皇欺侮我不肯，　告了串钱心正放。
孙叔二人寻讼师，　寻个讼师好功夫。
火新口念先生写，　介生事情未见过。
孙叔二人寻先生，　福兴开口讲其听。
串钱讼头要做好，　蓝雷官司要包赢。
呈乃做好便去抄，　抄了状文好笑笑。
六房打押又不敢，　我便转程去劝告。
明日批准我不愁，　行到木路食仰头。
章德做人情义好，　酒乃食了温壶凑。
木路写好起身行，　柘园丙兴出来仰[⑤]。
丙兴问我怎介事，　全头言语讲其听。
二人写缘到高峰，　高峰讲话真对同。
李贵开笔动手写，　张法凑来写一双。
高峰出村入山林，　阴岩本家真有心。
福兴心中仔细忖，　蓝雷钟姓都是亲。
阴岩下来坳后村，　兰光慌忙出来问。
带我通村缘写了，　还叫媳妇到酒温。
坳后落岭到垟田，　垟田表嫂讲无闲。
福兴借问东岩[⑥]路，　不知东岩在哪边。
东岩上岭岩下过，　岩下有穷也有富。
大户人家出洋钱，　小户人家钱出过。

① 未掌：未歇。
② 阿姑：姑母。
③ 布田：插田。
④ 山皇：山主。
⑤ 仰：望或看。
⑥ 东岩：即张源头村的畲族村名。

岩下行到垵大村， 天德有情走来问。
有茶有饭分我食， 家堂煮的好饭吨。
垵大写好转回家， 仔细想来心不花。
识理之人讲我好， 无理人子讲我差。
为告串钱心不安， 起身又到岗头庵。
大家坐落讲一阵， 日昼食了讲煮暗[1]。
岗头庵里好乡村， 兄弟姐妹都来问。
也有人家贴伙食， 也有人家出缘银。
缘乃写了到严山， 水妹同我说闲谈。
开口问我怎介事， 我写缘银告串钱。
一夜歇了起身行， 一直行到泗洲岭。
岭头树下坐一阵， 听知成元讲话声。
安溪过来黄处上， 黄处有人怕妻娘。
福兴动手开笔写， 仔细想来抽尽腔。
黄处小路过坪岗， 水进带头写缘上。
水进便说一句话， 日后拍串来相帮。
坪岗走落到雾溪， 坑水转弯听不知。
也无亲人双太着， 无处宿夜真过世[2]。
大仓出个剃头人， 名字叫作雷兰进。
留我火新歇一夜， 留我歇夜真有情。
亭家垵里好乡村， 论告串钱贴饭吨。
不论穷富有情义， 我拉食了过别村。
亭家垵里好村庄， 写缘贴饭不算账。
贴了饭吨不算钱， 村坊内里有贤郎。
土高也是村内人， 为告串钱亦作阵。
小葛山客受欺侮， 大家都要一条心。
土高听知心不放， 云和县里行几趟。
云和县里行几转， 告了串钱心正放。
串钱告准送万民[3]，土高走来亦作阵。

① 煮暗：煮晚饭。
② 真过世：叹气。
③ 送万民：即送万民伞。

姓范老爷办酒食， 桌上食酒三姓人。
石友家堂苦不过， 为告串钱出工夫。
为告串钱亦帮力， 无日无夜赶路铺。
石友正是聪明人， 为告串钱一条心。
为告串钱尽出力， 蓝雷钟姓一族人。
石友肚中计策多， 为送万民到云和。
姓范老爷亲交代， 请我山客交椅坐。
雷氏钟妹一条心， 上州落府贴饭吨。
贴了蓝雷多酒饭， 贴了一年又一春。
钟妹是个贤惠人， 讲出话言值千金。
为告串钱贴伙食， 分人食了不怨心。
火新写缘到茶园， 茶园人儿讲求官。
我讲写缘告串钱， 家家户户都出缘。
茶园人儿考秀才， 我来写缘不留嘴。
我告串钱告的准， 其考秀才考的来。
写缘走到高路过， 高路有穷又有富。
高路蓝家情义好， 少少缘银也出过。
高路过水到西坑， 西坑缘银写得轻。
西坑缘银写的少， 全头言语讲其听。
食了酒饭起身行， 出门兴乐苦亲情[①]。
出门食尽人酒饭， 缘银先写后来拿。
西坑出来过坞弄， 阿友讲话真对同。
好茶好饭双答待， 又出缘银不心痛。
缘银写到枯枝垄， 雨雪落来白茫茫。
承宗家堂借宿夜， 句句应郎无被床。
承宗无床我起身， 寒冬落雪冷真真。
两人路边仔细想。 我有姐丈有姐亲。
一直赶到姐丈家， 阿姐见弟笑哈哈。
阿姐问我怎介事， 怎介这冷到我家。
火才姐丈开口问， 今布这冷到我村。

---

① 出门兴乐苦亲情：出门高兴快乐，却打扰了亲戚朋友。

今布这冷到我洞，　为告串钱受雪风。
歇了三夜正起身，　雨雪落来冷煞人。
无亲借歇都不肯，　出门实在要亲人。
雨雪茫茫天不晴，　一直行到金村岭。
金村内里歇一夜，　身上无衣冷难当。
外垟缘银也写过，　明年正月下碧湖。
缘银写来送官府，　转来再走九都过。
火新写缘庄前去，　陈青家里杀年猪。
兄弟二人叫我食，　身中有病食不去。
姓范老爷坐大堂，　蜡烛点火光朗朗。
蓝雷跪落无胆讲，　火新跪落讲一场。
第一石养跪罪过，　火新跪落便帮句。
兰孙跪落讲句话，　福兴跪落加讲句。
官司翻赢放了心，　蓝雷三姓一条心。
各村山客都来看，　黄处坪岗人成群。
三月初三送万民，　蓝雷三姓来多人。
识理人子都来看，　无理之人眼睁睁。
蓝雷送去万民伞，　云和街路人班班。
中门开了山客入，　姓范老爷真喜欢。
光绪年代事情新，　串钱告了实在真。
当初串钱六十上，　今下十六真打真。
告示出来立石碑，　山客看着笑嗳嗳。
官府告示出得好，　串钱十六定出来。
便叫老司打石碑，　石碑打好字刻来。
石碑竖在城隍庙，　山主不敢再来要。
石碑竖了我不愁，　小葛山客苦出头。
山主串钱算不落，　立刻打其手指头。
串钱歌言都写上，　一头一尾写停当。
串钱话语都写了，　批语呈草未抄上。
山客要送子读书，　日后再莫受人欺。
识字人儿要学歌，　串钱歌言永远记。

光绪二十九年正月吉旦

(2)小说故事歌

采用移植小说、故事、评话等生动曲折情节，以畲语编成七言律句。有梁山伯与祝英台、孟姜女、卖花线、铁弓缘、白蛇传、唐僧取经、丁兰刻木、珍珠塔、桃园三结义、乾隆游江南、李三娘、刘智远、李彭其、李秋湖、陈十四等。

梁祝结拜

行到三叉路头亻，不知哪条去巧希(是)，
有人借问杭州路，放落伞崽歇一时。
等久有人娘心慌，等着山伯少年郎，
借问山伯杭州路，要去求学考文章。
山伯便讲英台听，我今同你共路行，
我也杭州去求学，求学孔子好先生。
英台便讲山伯听，二人同心结兄弟，
在生不愿相离别，归去阴府一同行。

朱元璋登基

元璋安平坐朝江，　帝号又讨洪武皇。
洪武皇帝讨朝号，　改做明朝久长长。

改做明朝久长长，　友谅嗝倒在南方。
左丞服降封官大，　后来退位转回乡。

回转柘洋来造城，　友谅嗝倒心不宽。
友谅嗝倒心不愿，　变做怨鸟报五更。

变做怨鸟报五更，　五更来叫声玲琅。
五更皇帝坐朝位，　句句都叫洪武名。

洪武听知心头怒，　即时就去问军师。
介色怨鸟因何事，　教我江山退还居。

军师开口答君王，　怨鸟原是陈友谅。

江山打来分你管，　变做怨鸟报君王。

变做怨鸟报君王，　五更来叫声玲琅。
玉笔旨去奴居讲，　你要江山分我养。

洪武玉笔正旨去，　怨鸟一时飞天去。
飞去半天不见影，　后来投胎永乐儿。

永乐大来实是碍，　洪武付来无智挨。
碍仔原是碍爷管，　拨去北京守河界。

永乐出门吩咐言，　洪武面前来双伴。
凤凰因风吹过海，　龙王掌水反江山。

明朝十八帝

洪武坐朝卅一年，　三十一年退江山。
龙位退分太子管，　建文皇帝管四年。

第三皇帝永乐王，　一心兴兵反靖王。
二十二年占龙殿，　建文无奈去修行。

第四皇帝是洪熙，　洪熙坐朝一年时。
龙位未曾坐下热，　天下百姓都不知。

第五宣德做皇帝，　连管十年乱世界。
宣德坐位年岁小，　枩天下平孬世界。

第六皇帝正统皇，　连管十四命不长。
一来天运无长久，　二来皇帝食贵粮。

第七皇帝景泰皇，　连管七年无久长。
退分第八天顺管，　天顺来管八年春。

第九成化廿三年， 廿三年前退江山。
弘治来管十八年， 退分第十弘治管。

十□皇帝正德皇， 正德管天十六春。
去游天下看世景， 后得嘉靖转回门。

十二皇帝嘉靖皇， 嘉靖坐朝城头上。
四十五年做天子， 吩咐天下管家堂。

十三皇帝隆庆皇， 连管六年无久长。
连管六年无长久， 后来退分万历王。

十四万历做皇帝， 四十七年乱世界。
那因百姓来造反， 官员兵士无智挨。

十五泰昌事卖同， 天下那是管一春。
一春天下就管了， 十六天启管七春。

十七皇帝是崇祯， 崇祯坐位卖安平。
崇被坐朝成造反， 州城造反不会平。

十八弘光未出名， 又送先生上墓山。
先生墓坟葬去了， 后来难转北京城。

咸丰年间地震

庚戌年间命归亡， 第七皇帝名咸丰。
咸丰元年闻八月， 年年造反乱纷纷。

年年造反闹嗔天， 咸字来写不像成。
丰字肚内两个主， 居管天下嫑平安。

咸丰三年三月中， 三月十六辰时中。

辰时天响地会动，　天晴日影雨叮咚。

天晴日影雨淋淋，　人讲地牛会转身。
地牛转身地会动，　后有灾难你不信。

后有灾难人难忖，　六月十六雨纷纷。
连连又落十日雨，　廿六辰时拔崩洪。

廿六辰时大崩山，　崩尽几多好洋田。
几多洋田都拔了，　穷人无食家清寒。

廿六辰时拔崩洪，　天下压倒几多村。
有命走出人惊倒，　崩泥压倒无信问。

崩泥压倒无信问，　有命走出眼有困。
要等廿七天大亮，　眼见四处大崩洪。

介色崩洪冇开交，　想起有位好起寮。
高山又分泥压倒，　平洋又要水来流。

水笔来写字来青，　造歌郎仔是少年。
清朝冇的郎不晓，　谁人那晓来造成。

帝号又讨是咸丰，　三年崩洪五年风。
三年崩洪人吓倒，　五年风灾拔树根。

咸丰九年做大旱，　田里禾苗晒成干。
求神问佛天无雨，　要请仙人落凡间。

九年过了十年透，　唐毛造反远遥遥。
唐毛营造建宁府，　官员知府都有愁。

帝号又讨是咸丰，　　年年造反又饥荒。
天下百姓多艰苦，　　十□年时命归亡。

清末三皇帝

第八皇帝同治皇，　　同治坐位少年郎。
一十三年居管了，　　平洋光景未饥荒。

第九光绪做皇帝，　　慈禧太后实是碍。
光绪叫居做阿娘，　　忠臣想来冇智挨。

慈禧娘娘又通番，　　番仔用居做丫环。
来转朝廷做碍事，　　江山败开不知天。

慈禧太后实是奸，　　即时又要起煤山。
花园起三十六，　　胜过皇殿一般般。

起了煤山正定当，　　皇帝又少番仔粮。
番仔又奴皇帝讲，　　三都分居起圣堂。

起了圣堂心不宽，　　八国联军闹嗔天。
香港澳门占去了，　　清朝江山歪平安。

中国未出好贤人，　　朝中无将会带兵。
朝廷文武多议论，　　后来有事居见真。

光绪管下廿八年，　　廿八年时做大旱。
三人共食一份米，　　穷人做食难了难。

谷米无法布落泥，　　布落田中日头晒。
十丘算来冇丘水，　　晒倒禾苗软犁犁。

晒倒禾苗谷无收，　　番薯晒去裘琉因。

人讲番薯生臭虫，　番薯臭虫苦溜溜。

当年不及去年多，　穷人无食不会做。
淳田改开种鸦片，　不插番薯不布禾。

传讲茶米真有价，　荒山掘园来种茶。
茶米种来通番界，　又教番仔进来查。

又教番仔开茶行，　中国钱财居捞光。
价钱高接由居讲，　农民败去因茶园。

光绪管三十四年，　三十四年退江山。
一来天分无长久，　二来皇帝命归天。

第十皇帝宣统皇，　宣统坐位少年郎。
三岁坐朝年岁少，　居管天下家难当。

清朝管下是朝尾，　讲来也是世界尾。
头毛剃开无髻把，　宣统坐朝是败尾。

宣统哪管二三年，　朝臣文武闹嗔天。
朝廷文武纷纷乱，　清朝江山保委成。

朝臣文武闹纷纷，　军师心内又有忖。
军师想来多无奈，　就骗皇帝转辽东。

宣统回转辽东城，　不管天下人百姓。
回转辽东不管事，　后来难得北京城。

顺治子孙那十个，　十个皇帝管世界。
内中事情写不尽，　写那无够莫怪我。

造歌人仔也有愁，　　几多事情写唔透。
知理少郎把笔写，　　民国歌言写来凑。

(3)劳动歌、时令歌

记述一年四季节气的变化，反映自然规律，提示人们按时劳作，是农事知识的百科全书，更是畲民生产生活的智慧结晶。主要的有种田歌、砍柴歌、种麻歌、牧牛歌、担水歌、种棉歌、纺纱歌、织布歌、织带歌、节气歌、月令歌、春耕歌、正月新春歌等。

春耕

正月立春雨水来，春满乾坤人添岁。
百草时时发新叶，处处花木正好开。
一年四季春当前，春分催人莫等闲，
求人不如求寸土，男女起早忙耕田。
男落田哩女落田，冬来冇食莫怨天，
节气不等人工紧，百种落泥要抢先。

尝新米

早　禾　黄，姐妹商量割来尝。
姐妹商量尝新米，大人尝掉细人尝。
早　禾　黄，姐妹商量割来尝。
寮寮都何新米食，几日割转谷满仓。

割　早　禾，姐妹商量割来多。
姐妹商量尝新米，大人尝掉细人何。
割　早　禾，姐妹商量割来多。
寮寮都何新米食，几日割转一厅各。

割　禾　记，姐妹商量割来记。
姐妹商量尝新米，大人尝了细人哩。
割　禾　记，姐妹商量割来记。
寮寮都何新米食，几日割转一大批。

田里割来田里排，路远田头慢慢唉。
一担担转几多路，等郎担转慢慢晒。
等郎担转慢慢晒，谷米亦是仙人个。
谷米亦是头样宝，食剩卖钱对世界。

田里割来袋里装，等郎担转慢慢上。
一担担转几多路，担转黄金装满仓。
等郎担转装满仓，谷米亦卖何银两。
谷米亦是头样宝，食剩卖钱对田垟。

田里割来田里记，等郎担转慢慢去。
一担担转几多路，担转黄金装满基。
担转黄金装满基，谷米亦卖何银器。
谷米亦是头样宝，食剩卖掉对地皮。

米乃碓了过风扇，风扇内里转连连。
你郎筛的好白米，又何糠粉粘郎面。
风扇内里转连连，一脚家私三般变。
一变二变都有用，就是三变白神仙。

米乃碓了就要筛，米筛卡下白梅梅。
你郎筛的好白米，又何糠粉粘身亥。
米乃碓了就要筛，米筛卡下白梅梅。
一变二变都有用，就是三变迪介个。

米乃碓了就要记，米筛卡下白眉眉。
你郎筛的好白米，又何糠粉粘嘴皮。
米乃碓了就要记，米筛卡下白眉眉。
一变二变都有用，就是三变迪介记。

砍柴歌

娘砍柴共个岗，你娘脚手会那快，

郎崽柴把未缚起，你娘缚起担过岗。
伴娘砍柴共坳拖，好问你娘何未何，
乃是未何无要紧，东杆堵杖算我做。

种棉歌

种棉也要好田场，棉籽放落粒粒上。
三道铲来四道大，大来开花白茫茫。

今晡种棉落田垟，小郎担灰叺贤娘。
你放种来我遮土，过了七夜苗生长。

七夜棉苗生出来，龚娘双叺太苗来。
双双来透田头太，满垟棉苗青苔苔。

棉苗生好青苔苔，傍紧加肥又加灰。
娘双双去加土，便等七月棉花开。

七月过了花结球，双双拎篮就去收。
去采花球连连转，汗水淋淋满身流。

棉球开花白茫茫，妯娌伯姆拎篮装。
妯娌伯姆拎篮捡，捡转家堂使箩装。

忙忙棉花收透寮，晒了三日花就燥。
花绞擎来绞花籽，白棉拿来籽甩掉。

姐妹双叺来车棉，脚踏车子转连连。
脚若软顺手也顺，一日又车三斤棉。

绞出棉花白絮丝，就叺老师上门篱。
老师又讲棉丝好，弹出床床好棉被。

弹棉郎子笑哈哈，上家弹了弹下家。
上家又讲感谢酒，下家又讲感谢茶。

白棉新被弹出来，分郎拿去床上盖。
夫妻同被又同席，共枕同眠笑嗳嗳。

弹好棉絮白如银，妯娌伯姆拿去分。
妯娌伯姆拿去纺，一冬又纺几多斤。

纺棉纺透九月头，耕布老师便来透。
楠椐侩响车侩叺，三日耕得布成兜。

布若耕好便上缸，染布老师染定当。
断了日期便拿转，拿转家堂老师量。

棉布拿来桌上排，尺子拿来量得快。
做好衫子着身上，又讲老师手艺快。

新做衫子新了新，娘女着去会六亲。
句句劝娘要净好，食酒田场好随阵。

勤耕歌

田地要作垟中心，打鼓也要打鼓心。
作田也要勤使力，勤耕苦种值千金。

田塍一丘连一丘，思量引水丘连丘。
勤耕人子做何食，懒做人子种没收。

田塍一行连一行，思量拦水引禾行。
算来作田是亦好，勤耕收转谷满仓。

畀娘作田上下界，娘禾侩大郎禾细。

小娘禾大做何食，我郎禾细欠人债。

㜺娘作田共个界，你娘做誓做得快。
去转作阵何话讲，明日起早再等齐。

好去作田过渡船，脚踏船板心头软。
作田辛苦为粮食，六月没水损田园。

六月大旱心里愁，田中没水损禾苗。
老人吩咐没要紧，雷公一声水就透。

人要勤耕莫偷懒，禾苗就怕秋来旱。
早做坝头来引水，没坝引水是也难。

天年若旱要修坝，坑塘屯水水满坝。
修好坝塘放好水，坑水流来荫禾花。

(4)情 歌

表现青年男女之间的纯朴、真挚、深切、忠贞、美好的爱情。有同心歌、有缘歌、红花歌、采茶歌、采花歌、念娘歌、手巾歌、带子歌、望妹歌、送郎歌、劝郎歌、度双歌等。

望妹歌

一望妹崽隔山坪，偷眼望妹实端正；
妹崽容貌生得好，好似仙女落凡间。
二望妹崽隔重山，夜里梦见在身边；
梦里㜺妹有缘分，醒来又隔九重山。
三望妹崽隔山林，唱条歌崽试妹心；
妹乃有意歌来回，心中言语要讲真。
娘若有心郎有意，隔片种竹连成林；
竹鞭生入泥土内，竹尾拖来结成亲。
五更鸡啼星子明，小郎有意我真心；
两人同种连理树，同心来结百年亲。

同心歌

同心同意好结交，同心小娘丢唔掉。
同心同意相交往，同心花纽好作寮。

同心同意有思量，同心娘女采花香。
同心同意作田土，同心小娘情意长。

同心同意共心肠，同心小娘爱着郎。
同心同意鱼共水，同心共寮鱼共塘。

同心同意共路行，同心花组生端正。
同心同意情义好，同心唔依别人评。

同心同意共厅堂，同心做事有思量。
同心同意共树鸟，同心姻缘花正香。

同心同意结同年，同心来采好花纤。
同心同意甜似蜜，同心唔被别人见。

同心同意共园花，同心小娘实唔差。
同心同意手牵手，同心娘女会理家。

同心同意共眠床，同心唔忖别人娘。
同心同意有话讲，同心夫妻笑语长。

同心同意好作笑，同心唔使别人教。
同心同意心托着，同心夫妻共被包。

同心同意好作阵，同心唱歌更有音。
同心同意有苦恼，同心做得土变金。

同心同意义来真，同心小娘真有心。

同心同意歌源好，同心缘语值千金。

同心同意似姐妹，同心姻缘好定对。
同心同意红花组，同心花组丢唔开。

同心同意讲端正，同心花组一样生。
同心同意结情义，同心花树永是青。

同心同意好唔过，同心结义正算数。
同心同意情义大，同心坐落讲一晡。

同心同意情唔断，同心小娘有打算。
同心同意同到老，同心百年心正甘。

同心同意讲得来，同心小娘分唔开。
同心同意花唔败，同心姻缘定百岁。

念娘歌

一念贤娘结夫妻，做亲也要两同意。
做亲唔是眼前事，俩人和合一生世。

两人心愿正同意，姻缘前世注定你。
前世修来双共枕，两人修好结夫妻。

二念贤娘结成双，何缘唔侩嫌郎穷。
鸟在青山树上叭，红花又对白花宫。

鸟在青山叭何音，郎子在生做单身。
叭你何缘相对着，对着你娘结成亲。

三念贤娘三姐妹，念娘成双结头对。
一是姻缘二是命，媒人来讲你莫推。

媒人来讲你莫推，姻缘前世注定来。
前世餐你姻缘分，今好叭你结头对。

四念贤娘是何缘，娘女想郎去做官。
做官郎子官为大，生好小娘眼仰穿。

娘女做人良心正，唔嫌我郎寮里贫。
算来也是多情义，贫穷唔是命生成。

五念贤娘千万千，千万留心等同年。
好等同年似明月，十五月明照满天。

十五月明照满天，照见娘女结同年。
何酒何肉共桌食，何话同讲在面前。

六念贤娘是何意，姻缘前世注定你。
五更鸡啼娘起早，起早煮饭又绩纪。

鸡啼唔早又唔退，正是娘女煮饭时。
男人起早田间誓，女人起早要绩纪。

七念贤娘你莫怪，水流平阳何高低。
十指排来何长短，山林树木何大细。

山林树木何高低，十指排来何大细。
十指排来何长短，人生何好也何呆。

八念贤娘是何心，服侍爷娘值千金。
娘女好似天边月，好似大旱水来淋。

言语轻细讲出来，言语轻轻蘖娘对。
好话莫驽别人讲，差话莫去传人咀。

九念贤娘好名声，郎念娘女生端正。
没好酒饭相招待，愿寮贤娘结同年。

娘女来透我郎家，郎家没酒又没茶。
没好酒饭相招待，劝娘回转要莫骂。

十念贤娘千万般，出世为人莫学懒。
勤劳去做正何食，勤力去做是好汉。

人讲没米又没菜，勤力去掘都侩来。
勤力去做做何食，何食何着笑嗳嗳。

有缘歌

一园竹叶浓了浓，竹叶浓浓笋葱葱。
竹叶浓浓侩生笋，待我掘菀转去种。
郎若何心娘何情，隔山种竹连成林。
竹鞭连在泥土内，竹尾盘来结成亲。

男日想娘夜想娘，日夜想娘来思量。
天上星子无缘女，唔随我来随月光。
日想郎　夜想郎，日夜想郎眼愁黄。
三顿食饭饭没味，夜里眠床想天光。

高岩石壁千百丈，壁上画眉叭朗朗。
上头丝线放唔落，下边楼梯铺唔上。

娘心切切奈想郎，想得何病眠落床。
肚中何病没定讲，床前眼泪滴成塘。

歌句好唱口难开，枇杷好贪树难栽。
人讲就算蜂蜜甜，黄蜂作蜜难采来。

女郎甥歌共个厅，好婇凳子移你前。
凳子移上又移落，黏着郎身结同年。

一桁丝线定枚针，唱歌唔怕情谊深。
做鸟唔怕山林大，鲤鱼唔怕坑塘深。

女娘付　郎心想，愁愁切切想同年。
日日许了天大愿，愁郎唔知还唔还。

两人相会同心意，娘讲话语郎信你。
我愁心肝挖唔落，心肝挖落送分你。

好花奈好带一蒲，莫来多带满头铺。
好酒奈好一杯食，千万莫做酒葫芦。

好花难得共一村，好酒难得共瓶温。
好想婇娘共寮掌，共个大厅共个门。

娘似坑边新抽辰，岁嫩唔佮管郎寮。
岁嫩唔佮做郎誓，做你姻缘你要教。

娘是上园嫩韭菜，郎是下园莆麻菜。
娘是韭菜油油嫩，郎是苦麻没人爱。

女苦麻菜嫩韭菜，多是共园种出来。
苦麻若苦佮转味，食了得味日日来。

茶情歌

今晡行透娘村来，一条大路通山背。
正是十五光明月，照见少娘我正来。

好落娘村过山栋，一阵雷雨一阵风。

路头生疏对唔着，感谢少娘出来问。

人人都讲少娘侩，一透娘村就接我。
擎凳我坐敬茶水，问郎兄弟何几个。

白碗　白茫茫，少娘泡茶是清香。
食茶唔侩唱茶歌，没好歌源唱还娘。

新炒清茶叶来红，红茶组组在山栋。
介碗香茶娘先食，等郎去转掘蔸种。

娘叭采茶是高兴，两人双双入茶林。
上春三月人工紧，叭娘傍紧采花芯。

采茶采透南山岗，南山大路等着娘。
倚在南山路叉等，唔知哪路茶巧长。

手拎菜篮好笑笑，龚娘采茶过山岙。
龚娘双双山上采，两人同采落郎寮。

采茶采透南山背，南山茶树叶开开。
茶树生高郎倚矮，手攀茶树叭娘来。

少郎采茶手脚快，害得我郎眼仰呆。
肚里心事没敢讲，摘个茶子抛过界。

采茶要拣茶叶长，少娘要拣贤惠郎。
今晡龚娘初凑着，唔知儿时再会郎。

采茶少娘是何意，茶园内里断日期。
青山唔老千年在，少郎永世记着你。

两人采茶转过山，西山茶米叶对尖。
好茶也要春时采，渡亲也要正当年。

两山吞下何口塘，两人树下好歇凉。
两人同太塘中鱼，成双游落又游上。

塘中游鱼成双对，奚娘相对难开嘴。
塘浅难养大鲤鱼，总怕少娘唔肯来。

深山清水流落坑，少娘话语中郎听。
蕉树抽芯一桁杆，松柏生叶永远青。

好话唔使挂在咀，好歌唔使几条回。
两人何情同心等，相等明年郎再来。

米茶采透北山垄，茶篮成担人成双。
采茶郎子好回转，明年三月再相逢。

变情歌

郎变黄云飞上天，黄云落水你身边。
变作阳鸟树上叭，句句叭你结同年。

郎变山林树木青，等娘上山好相见。
变作坑边杨柳树，分娘遮凉好洗衫。

郎变大树在山中，分娘遮水又遮风。
变作大路通娘垌，分娘行转结成双。

郎变花树在花林，等娘采花好作阵。
变作半天云露水，点点滴在贤娘身。

郎变黄蜂采花心，蜂蜜送娘表郎心。

变作井水娘担食，娘食郎水记在心。

郎变春笋生成林，等娘采去过清明。
变作红花生绿叶，分娘采去插花瓶。

郎变阳鸟叭朗朗，你相见何歌唱。
变作南风吹楼上，吹着贤娘心里凉。

郎变坑水流落塘，娘女洗衫碰着郎。
变作十五天边月，月光照入娘间房。

郎变江水转过湾，等娘过渡郎喜欢。
变作渡船娘过渡，别人讲是仙落凡。

郎变鲤鱼入深塘，䢺娘双双游水上。
变作燕子满天飞，歇落䢺娘共一堂。

郎变星子照高楼，照见娘女心唔愁。
变作鸳鸯双游水，䢺娘双双水面浮。

郎变白棉白茫茫，耕布娘著做新娘。
变作白米分娘食，䢺娘同食共一堂。

(5)婚俗歌

婚俗歌是畲族儿女结婚时所唱的歌。

赤郎送礼

赤郎担肢又担菜，担透亲家寮里来。
担透亲家寮里煮，六亲太着笑嗳嗳。
赤郎担肢又担菜，担透亲家寮里来。
亲家领酒是快活，女大总好结头对。

赤郎担酒又担鸡，担透亲家寮里摆。
赤郎担个鸡公息，问你赤郎哪怎排。
赤郎担酒又担鸡，担透亲家寮里摆。
我郎担个大鸡公，刀拜磨利薄薄排。

赤郎做人小打算，担个鸡公三斤半。
十桌八桌人食酒，问你赤郎哪怎扮。
我做赤郎何打算，担个鸡公三斤半。
十桌八桌人食酒，刀拜磨利薄薄摊。

赤郎担礼行得快，酒肉菜礼未拿齐。
太你担菜唔使力，桌面来多哪怎排。
主家度亲量码何，结亲菜蔬办得多。
今晡担来使大力，厨头扮了还何多。

赤郎担礼担透寮，主家领礼桌面交。
主家领礼连连转，赤郎嫐歌好作笑。
亲家领礼排桌中，领酒领肉闹纷纷。
唔管礼数是多少，奈讲何礼是成双。

请祖公

草鞋脱好便停当，收箸收碗桌刷光。
桌上四角都开好，太你什哪来摆上。
草鞋脱好便端正，亲家媒人动手拿。
亦何火炮连饼鱼，礼数来透也盃轻。

山哈度亲请祖公，好叭亲家来定双。
奉请家公连婆姥，筵中斟酒两三轮。
新做亲家来定双，奉请祖公酒几轮。
上祖流传古人礼，祖公请好饼来分。

食了点心好笑笑，世事莫来脱让掉。

上祖立落古人礼，奉请祖公歇唔掉。
一双饼鱼定饼包，一对蜡烛定连炮。
一个鸡公定刀胈，一壶老酒定红包。

一个鸡公似凤凰，歇刀尾丢未抹光。
肚屎未破肠未挖，乡风带来拿走堂。
仔细想来是好笑，鸡公尾丢来抹掉。
走堂行来举下礼，亲家便交杀鸡包。

蜡烛点火红了红，筵中斟酒何两轮。
隔壁公白来代请，度亲哪个来定双。
公白行来请祖公，点起红烛满堂红。
阿姨妻姆来斟酒，行前举礼媒人公。

六亲来多闹纷纷，亲家媒人来定双。
又何细患手上掺，问你什那拿来分。
一包饼子轮了轮，祖公请好拿来分。
细崽食掉又侩大，老年食掉牙痛。

亲家媒人饼分掉，一头食饼一头笑。
大大细细食饼子，还何炮仗未放掉。
双千炮仗声连天，打得厅堂火云烟。
阿姨双手捺耳朵，妻姆双手忙澎衫。

闹洞房

一踏房门一树花，一字一直十字加。
十字头上加一撇，千金女子到畲家。

二踏房门二得宜，二倒一直进士进。
士字肚底添一口，开门大吉看稀奇。

三踏房门横三横，三横一直就是王。

王字右手又一笃，玉女才郎得团圆。

四踏房门四个叉，四喜加维绫罗纱。
五湖四海同结谊，天下畲民是一家。

五踏房门五同堂，五字加口听吾言。
路边野花君不采，世上横财君莫贪。

六踏房门六甲丁，六字一直木成林。
木内一横人为本，为人行事食本心。

七踏房门七星是，人为绿化添花枝。
忠孝信用做实事，人要名声树要皮。

八踏房门两脚分，头上二横天地通。
天字出头夫为贵，邻里和好百年春。

九踏房门九久新，九字加日旭日升。
横财似雪惊晴雨，血汗流钱做家兴。

十踏房门一撇千，千金女子进房前。
新娘招财又进宝，一十进百百进千。

(6)儿 歌

歌词内容反映儿童日常生活、对自然环境的认识和对劳动的热爱等。吟唱韵脚流畅，易学易记。主要有月光姐、细崽细、石林花、赶牛哥、冷哩哩、两婆崽、脱牙耙、黄处石叮当，鸡公上岭尾拖拖、田螺养崽水缺头、佛生做人好笑笑等。

流鼻侬

揶济公，鼻浓浓，
爷担铁，崽担铜，

担到五步岭，跌倒紧喘响，
爷来太[①]，娘来仰[②]。

石林花

石林花，　　　灶头背来好人家；
佛生[③]出来光溜溜，布妮[④]出来头戴花。

赶牛歌

赶牛哥，　　　高高石鼓上头坐，
牛乃在此有要紧，牛若逃去叫阿哥。

冷哩哩

冷哩哩，　　　无柴烧火拆鸡箕[⑤]，
鸡母鸡公杀食了，人女听了吾嫁你。

鸡公上岭尾拖拖

鸡公上岭尾拖拖，鸭子下田衔草禾；
大人思量无钱使，细崽[⑥]思量钱儿多。

黄处石叮当

黄处石叮当，安溪大路上。
雾溪水滂滂，大岗笋食爽。

(7)新民歌

共产党领导好

东方日头出来红，中国出个毛泽东。
领导穷人打天下，穷人翻身歌来唱。

---

① 太：看。
② 仰：望。
③ 佛生：后生。
④ 布妮：姑娘。
⑤ 鸡箕：鸡窝。
⑥ 细崽：小孩。

公元一九四九年，正是浙江解放年。
处处荡荡解放了，穷人百姓快活仙。

解放炮火响连天，山哈人人多喜欢。
桶王擎来当鼓打，共产解放万万年。

解放了　出头天，农民分地又分田。
勤力郎子做何食，何食何使日子甜。

山哈翻身笑盈盈，分田分地分山林。
子归娘来田归主，锄头落泥是何劲。

好田没水秋难栽，好花没水是难开。
山哈若没共产党，永远难得翻身来。

山哈代代掌山乡，受尽欺侮苦难当。
共产党来领导好，山哈翻身家来当。

共产党　真英明，路线政策得人心。
人人拥护共产党，好似夜里党照明。

共产党来翻了身，山哈当家作主人。
民族政策规定好，哈老山哈一样亲。

高山流水水压断，山哈唱歌是喜欢。
感谢党来领导好，天下太平人心安。

歌颂党和毛主席

日头上山东边红，中国出个毛泽东。
社会主义光明路，全靠主席毛泽东。

久雨也何天晴时，山哈也何救命人。

全靠主席主张好，领导人民翻了身。

高山树木万年青，坑沟流水日日响。
山哈何了共产党，人人翻身得太平。

好田没水秧难栽，好花没水蕊难开。
山哈若没共产党，死竹难得生笋来。

党来领导翻了身，穷人翻身做主人。
各族人民都一样，民族政策真英明。

共产党　好盘算，建设国家唔吓难。
工农生产搞得好，经济稳定国平安。

共产党　得民心，办事实在讲认真。
都为山哈办好事，山哈翻身笑盈盈。

大树连根也连藤，山哈党心连心。
树木靠山山养树，山哈靠党得翻身。

松柏唔离大山乡，鲤鱼唔离深水塘。
山哈唔离共产党，细崽唔离亲爷娘。

共产党　恩情深，领导山哈大翻身。
日时没敢行城内，今时北京城来进。

山哈党　心连心，丝线彩带唔离针。
山哈一心行党路，建设四化日日进。

山哈歌句唱的真，句句唱来谢党情。
永远感谢共产党，永远难忘党英明。

三月阳鸟叭朗朗，百花开来喷喷香。
山哈来开唱歌会，党恩几长歌几长。

大路好行歌好唱，山啥歌源渺渺长。
歌源飞入京城内，条条歌句为党唱。

黄蜂花树采花蕊，百鸟树上好歇身。
山哈翻身全靠党，好似细崽靠娘身。

建设新农村

农村建设实是快，水泥大路是大街。
车辆来去实方便，人客来嫐俫沾泥。

盖起洋房三四层，电灯电话都相连。
电视电脑都装好，寮外瓷砖白棉棉。

装起路灯皓如天，夜间行路唔用仰。
防偷防灾都何利，寮寮游转何保证。

环境卫生都做成，垃圾日日倒光生。
村头村尾光生好，预防传染保太平。

自来水清煮饭香，生活用水是便档。
灶前灶后都装水，防火设施都用上。

党的政策搞建设，样样指标都齐责。
农村建设都随紧，城市农村有分别。

男女手机挂身腰，要紧事情马上到。
约到表妹作阵嫐，天下游转唔用愁。

手机台高十多丈，各头各耳听得着。

被内寮外都一样，移动联通都用上。

大伪用力一条心，抓牢机遇讲堂真。
社会安定真是好，共产主义行起身。

老屋盖草睇唔见，路边屎瓮移光生。
路头路耳水坭步，寮寮都是水坭滩。

党的民族政策好

共产党　好方针，领导人民大翻身。
党是人民好领导，条条政策得人心。

共产党　好路线，领导人民致富行。
党是人民好领导，句句话语何人听。

民族政策放光芒，畲汉团结万年长。
齐心协力搞发展，感谢政府党中央。

民族政策放落来，畲汉团结笑嗳嗳。
天下人民都一样，感谢政府记心背。

荫山竹崽笋生长，竹崽做笔写文章。
村村都何水电路，山哈寮里电脑唱。

荫山竹崽一蔸蔸，竹崽做笔写歌头。
村村手机何信号，山哈寮寮住高楼。

山里石榴花当开，三月三节搭戏台。
搭起戏台做戏睇，表兄下回还着来。

山里石榴叶青青，三月三节就排成。
排起节目演出睇，表兄下回还着行。

(8)杂 歌

杂歌包括字歌、谜语歌、对歌、花名歌、鸟名歌等，杂歌随编随唱，娓娓动听；内容广泛，难以准确分类。

对 歌

地　对　天，天下人女没万千。
天上星子对明月，男女对来在凡间。

田　对　禾，男人女人都要做。
春来动做做何食，几好世界尽娘做。

鼓　对　锣，锣鼓打来闹嘈嘈。
人丁财产都兴旺，桌上食酒笑呵呵。

牛　对　马，作田牛牯对犁耙。
垟州大路对田土，田中禾苗对禾花。

讲　对　笑，人家草寮对瓦寮。
寮里谷米对仓柜，秆扫又对赶箬寮。

打　对　斗，落水东蓑对笠斗。
灶头刀拜对铲子，锅底对柴火来烧。

叭　对　应，人家寮里桌对凳。
锅中白饭着对碗，桌上酒盏对酒瓶。

树　对　山，正月初一是新年。
贤郎又对贤惠女，夫妻对好相争。

火　对　柴，娘女烧火手脚快。
灶前烧火煮饭食，转身又要去养鸡。

狗　　对　　猪，官府衙门马对骡。
判官乌面对纱帽，官堂大板对穷夫。

盏　　对　　盘，盘中猪肚对猪肝。
男女相对来唱歌，众人食酒眼笑弯。

水　　对　　山，山里石鼓对硬柴。
百鸟又对凤凰叭，大坑对船水面撑。

讲　　对　　笑，山林老虎又对豹。
亦何山羊对黄鹿，麒麟对着凤凰笑。

秤　　对　　锤，人寮养牛又对猪。
角尺又对墨斗水，做木斧头又对锯。

油　　对　　灯，亦何秀才对学生。
文章若好对文字，笔头对纸字成连。

平　　对　　正，学生读书对先生。
天上星子对明月，贤娘对郎好作田。

地　　对　　天，地下山场对水田。
天上星子对明月，日月相照对人间。

衫　　对　　身，桌上食酒亲对亲。
朋友来好话对话，公婆来好心对心。

草　　对　　辰，贤娘家堂对布交。
贤郎田中对泥土，田中做荁个个刁。

板　　对　　桥，江水对船船儿摇。
桑叶对蚕蚕作茧，蚕丝手巾缚娘腰。

果　　对　　花，冬天梅花对山茶。
秋天厚朴对黄菊，六月莲子对荷花。

利　　对　　尖，海水对盐咸又咸。
胡椒对姜辣又辣，蜂蜜对糖甜又甜。

间　　对　　房，人寮天井对中堂。
温州草席对床板，贤人养女对贤郎。

酒　　对　　茶，田中犁田犁对耙。
种田人子对泥土，六月禾肚对禾花。

铜　　对　　镜，铜锣对鼓两样响。
黄蜂对花好采蜜，做官人女对先生。

货物成双

日月成双朗朗光，海水成双渺茫茫。
杉树成双造楼掌，起楼成双排成行。

笔墨成双手上排，夫妻成双造世界。
蝴蝶成双采花嫍，燕子成双嘴含泥。

南风成双半天过，岭头成双起云雾。
星子成双云头现，坑水成双落潭去。

松柏成双在高界，田土成双分牛犁。
米谷成双救人命，金鸡成双五更啼。

百鸟成双在山林，牛羊成双值千金。
蚕虫成双织绸缎，蜂子成双采花心。

坝头成双荫禾苗，米谷成双食无愁。

男女成双做家府，鲤鱼成双水面漂。

碗碟成双排桌面，石磨成双转连连。
镬子成双煮饭食，筷子成双对面钳。

日月成双好轮回，星子成双满天台。
夫妻成双同透老，天地成双几万岁。

凳桌成双在厅边，碗筷成双手上拿。
茶水成双有情义，老酒成双请亲戚。

百鸟成双报春时，花那成双中郎意。
人姐成双人来定，日月成双定了时。

变歌

变　　尽　　变，变作车子转连连。
变作镜子照娘影，变作面帕娘洗面。

变作鸡子啼纷纷，变作大树共娘村。
变作阳鸟树上叭，变作被子共床困。

变作杨柳在坑边，等娘坑边来洗衫。
变作伞子遮娘影，天晴落水手上拿。

变作黄云遮娘阴，变作月光照娘身。
水作半天云露水，点点滴落在娘心。

变作江水流娘乡，等娘担水路边上。
姻缘好似鱼共水，鲤鱼双双游在塘。

变作大路通娘乡，变作阳鸟来叭娘。
变作蝴蝶采花纽，变作南风吹娘凉。

变作大树好遮风，变作耳念结成双。
变作井水娘担食，食入肚内心相同。

变作黄蜂采花芯，变作阳鸟入山林。
变作红花山林上，等娘入山来作阵。

变作禾苗是大蔸，变作好柴等娘烧。
变作米饭分娘食，永世记在娘心头。

变作江水转连连，等娘洗菜来江沿。
变作山头芦丝草，分娘打席共床眠。

变作日头东山上，日头照入娘间房。
变作绫罗作衫子，分娘著来好太相。

3.传 承

畲歌传承主要有以下几种方式：歌场（婚丧场合）传承；家庭世代传承；听唱、自学、互学、教唱传承；手抄本传承；印刷本传承和创作传承。

歌场传承　不会唱山歌，不是畲族人，会唱山歌是畲族人的自豪。据调查，安溪畲族乡境内能歌者比例女性高于男性。女性约占总数的65%，男性约占总数的35%。而不会唱山歌的人群是少年儿童，畲族山歌的传承面临着即将失传的危险。因此，山歌传承的短板在于少年儿童。因为现在大多数少年儿童都进入了幼儿园、学校，而且这一部分人大多数长时间生活在汉族人群的圈子里，接受的又是现代教育，在日常生活中与父母接触的时间与旧时儿童相比要少很多。旧时的孩童大多数人伴随父母垦山筑田，或放牧牛群于山野，孤独、单调的山林生活环境和浓厚的畲族氛围反而自然地熏陶孩子们的歌喉。这是造成今天少年儿童不会唱山歌的主要原因。畲族语言的传承，情况同样如此。

为保护和传承畲歌，在乡文化站牵头下，1998年重阳节和2000年国庆节湖西弄畲族自然村举办了畲歌大会。大会分别邀请丽水莲都城西村、云和岩下村、坪阳岗村以及全乡各畲族兄弟村歌手参加。

2005年正月初五日、2012年1月31日、2014年农历七月初四，下武村3次举办畲歌大会，大会邀请云和岩下、阴岩、芝畈、大处、山脚、石塘镇下坑以及全乡各畲族兄弟村歌手参加。下武村老年协会在每年的重阳节都要举办畲歌演唱活动，形成畲村有畲歌的氛围。在云和梯田开犁节上，黄处山歌演唱应邀出山表演，歌手即兴演唱无伴奏原新山歌《开犁歌》：正月犁田是块金，二月犁田是块银。犁田犁到立夏边，有苗无谷莫怨天。

世代传承　在长期的演唱活动中各村涌现出一批经验丰富、优秀的男女歌手，为传承和繁荣发展畲族文化做出贡献。2004 年，下武村（长脚垄）72 岁畲族歌手蓝雷聪参加县老龄工委、县休闲养生（养老）促进会举办的云和首届“长寿之声·老年十佳”歌手总决赛获优秀奖。2005 年，下武村 42 岁的女歌手蓝松梅被申报为云和县“非遗”畲歌传承人。云和县《畲族志》记载，全县有 201 名畲族民间歌手，安溪畲族乡有 29 名。

安溪畲族乡民间畲族歌手一览表

表 16-6-2-1

行政村	歌手姓名	人数
下武村	雷金德　蓝呈美　蓝余明　蓝松梅　蓝石凤　蓝兴环　蓝秀凤　雷细良　蓝章女　蓝春英　蓝水花　蓝严英　蓝雷聪	13 人
黄处村	雷周旺　雷周聪　雷石满　钟友真　钟三奶　雷余玉　雷贵玉　雷堂花　雷堂翠　蓝海英　雷春玉	11 人
严山村	蓝桂英　蓝晓英　雷周英　雷林水　蓝林玉　蓝宝菊　雷良花	7 人

听、学、教传承　安溪畲族乡党委、政府十分重视民族文化活动。组建畲族歌舞队，畲乡每逢佳节都组织畲歌联欢，境内开展畲歌活动邀请兄弟畲族乡村歌手进来对歌，别的乡村有畲族赛歌活动走出去联欢学习，从不间断。2008年，乡文化站畲族干部蓝鑫玉（女），发挥自身优势，在下武村利用晚上畲民休闲的时间举办不定期的畲歌演唱学习班。参加学习演唱畲歌的年轻人 20 余人。辅导老师由村里的老歌手担任。通过学习，既为举办各种活动输送人才，又为畲歌的传承起到薪火相传的作用。

手抄本传承　畲歌是畲族人民在生产、生活中即兴而作、即兴而唱的歌曲。依靠口授心传和通过世代相传而传唱。而后经识字者用文字记录整理后成册流传于世，这便是今天存世的畲歌“手抄本”。有了“手抄本”可以不须请教老师进行自学，“手抄本”不但可以互相借阅，而且还可以转抄。“手抄本”为记录、传承、传播畲歌发挥着重要的作用。安溪畲族乡境内“手抄本”记录的畲歌摘录：

里青娘歌

一里青娘在长江，长江桓水洗衣裳。
何缘便在长江水，□婦便在水落塘。
二里青娘在长背，长背江水白道道。
何婦便做长江水，□婦便做水落磜。
三里青娘家王帝，四佯大官都来□。
寮上又盖□离□，地下又着绣花鞋。
四里青娘在书堂，天问地府对上王。
寮上又盖□离□，地下上金郎来光。
五里青娘红花林，红花抽笋好相心。
便好□娘甥一庆，路头来远亦难候。
六里青娘红花枝，红花抽笋叶相利。
乃好青娘□郎分，舟身郎□□四过。
七里青娘红花园，九重离内十何婦。
娘来有意郎有上，南风来□叶败了。
八里青娘路边上，路边井水奉怀上。
娘奈有意郎何详，□如畚食同心凉。
九里青娘路边行，路边井水白□□。
娘奈有意郎有谋，□□畚食同心□。
十里青娘十布花，十布花纽对山茶。
山茶开花对明月，□娘畚去采一把。

印刷本传承　中华人民共和国成立后，为繁荣和发展民族文化，广大研究畲族文化工作者在整理和挖掘畲族文化工作中，出版或内部发行畲歌集印刷本，在安溪畲族乡境内流传广为传唱的畲歌印刷本有：传统的《高皇歌》《二十四节气歌》等。

二十四节气歌

年若过了立春透，作田郎子心是愁。
山林树木都抽芽，下秧灰料还未烧。
立春过了雨水来，山里树木青苔苔。
百草抽蕊满地绿，人唔耕春罗饭坯。

雨水过了惊蛰前，雷公轰轰响战天。
一阵黄云一阵雨，山头垟下都耕田。
惊蛰过了是春分，满垟麦田绿葱葱。
一夜又长二寸五，夜里开花香喷喷。
春分一过清明来，田要犁来园要开。
莫来东游又西荡，荒了田地借唔来。
清明过去谷雨上，谷种落田秧抽长。
勤力少郎秧侩大，懒人秧苗巧难长。
谷雨过去立夏行，大小男女都没闲。
四月作食大忙时，莫荒田来莫荒山。
立春过了小满期，田头田尾铲清气。
田岩田塍要削好，田里禾苗青蔚蔚。
小满初过是芒种，芒种前后人勤工。
百样粮草种满地，冬下收转好过冬。
芒种过掉是夏至，夏至播田是过时。
田若播早禾就大，播暗无米食谷皮。
夏至转过小暑流，田中禾苗绿油油。
薅过禾草使肥料，草耙薅草百草浮。
小暑过去大暑轮，清水荫禾值千银。
六月日头似火热，禾若晒了饿饭顿。
大暑过了立秋透，丘丘田头要行透。
除掉禾虫禾侩大，冬来粮多唔使愁。
立秋一转处暑巡，老老嫩嫩铲田塍。
田塍铲光断老鼠，个个谷纽似秤锤。
处暑过了白露上，水崽喷喷天气凉。
若是天晴要赶紧，抓紧收割晒上仓。
白露过了转秋分，日夜平分定乾坤。
禾谷晒燥装仓内，若食唔掉粜出存。
秋分过去寒露上，天气转冷侩打霜。
山里番茹早掘转，烂冬蕃茹侩烂光。
寒露过了是立冬，糯米做酒香喷喷。
人客落寮酒招待，剩落一缸等耕春。

立冬过掉小雪透，雪花飘飘遮山头。
富人绸缎夹棉袄，穷人无棉日夜愁。
小雪过去又大雪，冷云北风吹唔散。
大雪过去冬至寒，猪牛受冻心委安。
栏内勤添垫栏草，六畜兴旺没困难。
冬至过了是小寒，床上被薄盖委暖。
唔怨爷来唔怨娘，乃怨共床夫妻懒。
小寒过掉大寒冷，人人准备办过年。
勤劳人寮货办转，懒做人家莫怨天。

创作传承 随着社会的发展，时代的进步，现代文明推动着畲族山歌的发展。20世纪70年代末开始，广大畲民在继续传唱传统山歌的同时，出现了许多歌唱共产党、歌唱社会主义、歌唱社会主义新农村建设等反映时代风貌，畲民自编自唱的新畲歌。例如近年创作的《重阳歌》。

重阳歌

九月里来是重阳，老人协会会议开。
热热闹闹搞活动，搞起活动闹嗳嗳。
九月里来是重阳，天高气爽菊花开。
开怀畅饮重阳酒，酒杯高举喜洋洋。
九月里来是重阳，山歌声声满山梁。
山也青来水也秀，畲乡处处变了样。
九月里来是重阳，山歌曲曲满田垟。
党员干部是模范，建设畲乡作榜样。
九月里来是重阳，山歌串串长又长。
感谢党的好领导，幸福日子万年长。
九月里来是重阳，山歌好比溪水长。
畲汉两族团结紧，凤凰展翅在飞翔。

（作者：下武村畲族女歌手蓝水花）

(二)革命歌曲

国内革命、抗日战争和解放战争时期，一些歌曲在革命根据地严山村、黄家地村一带广为传唱。

红军纪律歌

红军纪律真严明，
爱护老百姓，
处处都欢迎。
公平买卖不相欺，
保护小商业，
出发要注意。
样样要记清，
上门板，睡稻草，
房子打扫要干净。
借物要送还，
损失要赔偿。
大便找厕所，
洗澡避女人。
革命纪律要遵守，
违反纪律不能容。

一齐打东洋

你拿刀，我拿枪，
拿刀拿枪一齐打东洋；
别的事情你别管，
打倒东洋，心头开窍哟，
哎—那个窍，那个咙咚呛。

打倒日本

打到日本，打到日本，
杀汉奸，杀汉奸。
大家武装起来，
大家武装起来，
救中国！救中国！

延安颂

兄弟一条心来呀，

泥土变黄金哟。
从前延安苦伤心，
现在延安满地银。
哎个咙咚哟，
现在延安满地银。
太阳红光照来呀，
满身发红光来呀，
你从东边走来呀，
我从西边来哟，
问你何事急忙忙？
去到延安看亲人呀！
哎个咙咚哟，
去到延安看亲人哟，
看亲人。

十二劝

一劝同志们正月正，劝你革命要决心。
不怕艰难与艰苦，　任何艰苦不变心。
二劝同志们是花娇。不要赌来不要嫖，
赌博场中出奸贼哪，心中藏有杀人刀。
三劝同志们三月三，努力工作做模范，
上级领导声声叫，　努力勤俭求先进。
四劝同志们四月八，团结友爱像一家。
同志们好像亲兄弟，不要吵来不要骂。
五劝同志们五月五，革命不要怕吃苦，
为人民吃了苦中苦，日后可享革命福。
六劝同志们六月六，吃了野菜吃猪肉，
先吃猪肉你莫笑，　倒吃野菜你莫哭。
七劝同志们七月七，你来革命先学习，
不管前方呀与后方，都要努力来学习。
八劝同志们八月八，你来革命莫想家，
父母妻子莫牵挂呀，革命成功再回家。

九劝同志们九重阳，手拿枪杆上战场，
消灭敌人我胜利呀，革命胜利喜洋洋。
十劝同志们是立冬，上级命令要服从。
革命的纪律要遵守，调皮郎当不能容。
十一劝同志要真诚，希望同志们记在心，
不要天天说野话，　神话鬼话你莫听。
十二劝同志们都劝清，钢打肝肠铁打心。
万众一心干革命呀，最后胜利归我们。

民兵之歌

手拿枪杆就是兵，背起锄头就是民。
带路担架送茶饭，站岗放哨报敌情。
服从命令听指挥，配合部队杀敌人。
穷人翻身求解放，誓把敌人消灭光。

二、民间故事

讲故事，是安溪畲族乡境内畲汉两族群众的口头文学。畲语叫“说古老”，是以往农村除畲族对歌以外的第二大文化生活。两族群众有讲述本民族故事，也有讲述其他民族故事，有讲述畲族起源，也有讲述认识自然、改造自然，同自然作斗争的故事；还有讲述风俗传说等。

紫藤姑娘的故事①

在美丽的东岱峡中，有个名叫外村的小山村坐落在海拔 700 米高，四围群峰叠翠的半山坡上，村中的房屋依坡自下而上鳞次栉比而建。村前（底）的正中央有一株直径四五十厘米，高十多米，挺拔直上云霄上百年的柳杉枯木。柳杉枯木上缠绕着一根杯口粗的紫藤直到树顶，每年到四五月时，紫藤上开满一串串紫色的花朵，在斜阳的辉映下显得更加绚丽多彩。

紫藤姑娘的故事得从早年间说起。相传，村里原先居住着几户杨姓的人家，有一位猎人名叫杨大，为人忠厚，心地善良，因家里穷娶不起老婆，无儿无女孤身一人，常年以打猎度日。

① 东岱村村民讲述，赵海斌整理。

一天,杨大又背起弓弩刀箭上山去打猎,路过大均坑横路(云和景宁县交界处)时,看见一个衣衫破烂,蓬头垢面的小女孩奄奄一息地躺在路旁的草丛中。杨大见其苦可怜,便把她抱回了家。后来才知道小女孩名叫紫藤,是个外乡人,跟着父母逃难而来,不幸路上遇到了强盗抢劫,父母死于非命。后来杨大就把紫藤收留为养女,紫藤对干爹也十分孝顺。从此,父女俩相依为命,日子虽苦也甘甜。

稀奇的是,自从杨大收留小女孩之后,村前的那株高大茂盛的柳杉脚下不知何时长出一株紫藤来。紫藤茁壮地长啊长,缠满了整株树。柳杉长多高,紫藤也爬多高,并且年年开满了一串串的花朵。花朵把柳杉点缀成了一株花树,犹如一棵圣诞树高高地挺立在小村前,似乎祈祷着村坊国泰民安,风调雨顺,五谷丰登和太平。

年复一年,当小紫藤长成一个大姑娘时,不幸的是她干爹在一次打猎中摔落山崖下丧了命。从此,苦命的紫藤又成了无依无靠的孤儿。她三叩两拜告别了干爹的灵位后,只得又流浪于他乡。

未过多久,有人传说道:紫藤姑娘流落到嵊州时,被一位姓马的员外收留做了他的二房太太,她行善积德,善终到老。

过了若干年后,村里人为了纪念杨大的行善之举,在柳杉附近建了一座"杨大伯公地头庙"供人们祭祀。之后为弘扬紫藤姑娘的孝顺美德,人们又建了一座比"杨大伯公地头庙"大的"马夫人庙"。两座庙宇相对而立,历经沧桑300多年来,至今四时香火不断。

奇怪的是,那株原本茂盛的柳杉(树)不知何时起,逐渐趋于枯萎,最终成了枯木。但它却枯而不朽,至今依然挺立。然而那棵紫藤却照旧缠绕在枯木上不离不弃地生长,每年盛开的花朵一年比一年更加地花团锦簇,成为小山村里的一道亮丽风景。

神奇的东岱崖①

在神奇美丽的东岱峡里，上百年来流传着许许多多神奇的故事，神奇的"东岱崖"便是其中的一个。

"东岱崖"位于东岱上村。站在上村岙门往西南方向极目远眺,只见村前对面突兀耸立的山峰犹如品字形地障在村前。居中的一峰高而陡,在绿树半遮半

① 东岱村村民俞海友讲述,徐景舟整理。

掩、猴猿难攀的半腰中，一块远眺面积有二三十平方米如削的崖壁，它犹如悬挂在万绿丛中一幅无画的画轴，当地人称之为“东岱崖”。峡底升腾的雾气袅袅而上，使东岱崖时隐时现。风吹崖上倒挂的悬藤、崖边如须飘拂的岩草，使这块如削的崖壁披上了更加神秘的面纱，因而便在民间中产生了神奇的传说。

村中流传着这样一个传说：在早年时节，每当村里人在房前屋后的山坪上晾晒红色的衣衫或被褥时（总之是红色之物），神奇的现象出现了。只见村对面的东岱崖变成了朦朦胧胧的红色。反之，晾晒白色之物时，东岱崖却变成了朦朦胧胧的白色。

东岱崖这种神奇的现象，当地人称之为“见红”和“见白”。因此，当地人说：东岱崖会“见红”也会“见白”。但“东岱崖”“见红”和“见白”的神奇现象，在这几代人中谁也没有看到过。

陈夫人显灵拦土匪①

从安溪上村村头向左行，是一条长约 8 千米的大峡谷，峡内重峦叠嶂，群峰林立。它是 12.16 千米长安溪水的发源地。长长的安溪像一条蛟龙，自西游弋而来穿峡向东而去。峡内谷底、谷上，溪水两旁居住着东岱村大大小小 5 个自然村。

据说，早年峡口路旁建有一座夫人庙，庙中供奉着陈氏夫人，百姓遇事祈求她，有求必应。因此，庙中的香火四时不断。在陈氏夫人的庇佑下，东岱村风调雨顺，五谷丰登，百姓过着太平的日子。

转眼间到了民国末年，也便是 1949 年云和即将解放的时候。一个风雨交加的夜晚，土匪廖京、廖高兄弟俩带着一帮残匪向安溪逃窜而来。当逃至安溪上村时，又慌不择路地向东岱村方向而来。行至东岱村水口时，个个被大雨淋得好似落汤鸡一样。在闪电中，忽然看见路旁有一座庙宇，喜出望外便想进去避一下雨，喘一口气。推开庙门时，只见神坛上的一点烛光在风雨中摇曳着。众匪的脚刚踏进庙门，便听到一阵嗡嗡嗡的怪声随风而至，在黑夜中听起来格外的恐怖，令人毛骨悚然。原本是惊弓之鸟的土匪个个被吓得后背发凉。紧接着飞来一团团黑压压的野蜂直扑众匪，众匪个个被叮得嗷嗷直叫，鼻青脸肿，仓皇地逃出了庙门，跌跌撞撞地窜向深山老林。

事后，人们都说：蜂叮土匪是“陈夫人”在“显灵”，是“陈夫人”召唤野蜂来

① 东岱村村民俞海友讲述，徐景舟整理。

阻拦土匪逃往东岱的去路。虽然廖匪最后还是逃窜到东岱，而在公安部门和民兵的剿匪中，"陈夫人"又一次次地"显灵"，使东躲西藏的廖匪怎么也逃不出东岱去，被牢牢地圈在云遮雾罩的东岱峡中。

1951年冬，东岱村和上、下村民兵一起配合县公安部门，冒着大风雪一举捕获了躲在深山老林里的残匪廖京、廖高兄弟俩。

抬头湖的传说①

东岱的山高(海拔820米)，又坐于东向，因此村名得名东岱。在层峦叠翠，山峰林立逶迤的群山中有一条长约8千米的大峡谷，犹如一条翠绿的缎带从景宁方向飘然而至，轻轻地落在东岱源。安溪的源头水也回环于大峡谷奔流而去。

相传，溪水左边逶迤的群山原是一条巨龙，不知何年，这条巨龙从景宁方向顺着大峡谷飞腾而来。龙尾还在景宁县界时，龙头已经到了东岱外村。东岱旖旎的风光深深地吸引了飞腾中的巨龙，巨龙兴奋地抬起了头，欣赏着东岱源的人间奇境后，便化作了一道道重峦叠嶂、奇峰林立的山岗在峡中蛰伏了下来。后来人们把巨龙"抬起头"的地方称为"抬头湖"。"抬头湖"的土名，一直叫到今天。

"抬头湖"，坐落在东岱外村村下约0.5千米的半山岗上(现康庄路下)，面积约十余亩。后靠叠峦，前悬一陡峡，地形犹如筑在壁上燕窝，左有一绵延如臂膀的小山梁护住窝沿，燕窝面对的平排挺立的3座山峰十分形似一座笔架。不知何年，有一无名氏相中了"抬头湖"这块风水宝地后，便在这里拓土定居。年复一年，"抬头湖"逐渐变成了东岱峡中一个风景秀丽的小村。

在村口外不远处有一座陡峰，人称"寨崖岗"。相传，"寨崖岗"与对面相峙的一山，一到夜静时，两山便会像两扇大门一样合拢来，紧闭着守护村坊。

"抬头湖"村里耕读成风，家家户户诗书传家。而且家家户户都有为官之人，上至进士，下至县令，"龙抬头"便成了远近闻名的"官村"。

一天，一个云游道士路过"龙抬头"村，见一座豪宅门前坐着一位老妪在做着针线，便上前作揖道："老大婶，能否赠贫道一碗茶水解渴？"老妪进屋端出一碗泉水递给道士说："对不起，家里没有茶水，只有泉水，请原谅。"老妪见道士不解其意，随即解释道："村里的男人都上京城做官去了，一年三载不回

① 东岱村村民俞海友讲述，徐景舟整理。

家乡，村里只剩下我这些留守的老妪和妇女儿童。因无男人砍柴，常年烧饭的柴火便成了问题。所以，喝茶只好用泉水代之。”道士听后说：“这个很容易，你们只要把村前的那道小山梁挖出一道深深的横沟后，你儿孙和村里的那些男人不久便会返回家乡来。”道士走后不久，老妪便发动村里的妇女，依照道士所讲的方法去挖掘对面的山岗。可是白天挖掘好的深沟到了夜晚时，又会自然地愈合起来，仍然是老样子。人们盼啊盼，总不见丈夫和儿孙返回家乡来。

未过多久，云游道士再次路过“抬头湖”村时，向那老妪问起村里男人们返回家乡否？老妪告诉道士说：“按照你的说法我们去做了，可是，头天挖好的沟，不知道什么缘故，第二天它会自然地填平，任你挖多深，它依旧地会恢复原状。”道士听后笑着说：“这不是难事，你们只要在挖好的沟里洒上白狗的鲜血，沟就不会再满起来了。”且又对老妪说：“你们希望他们是骑着白马归来？还是做官归来？”老妪听后不假思索地答道：“当然是希望他们做官归来。”

道士走后，村里的人按照道士说的办法去做了。果然灵验，挖好的沟再也不会满起来了。岂不知那云游道士是个江西人，江西人因妒忌浙江人会做官，且都是朝上的大官，因此，便打扮成道士来到浙江四处云游，想方设法地破坏浙江各地的风水。

自“抬头湖”村前的山梁背被挖出一道沟后不久，村里在京城做官的男人们便陆陆续续地回归到家乡来。但并不是那老妪想象的那样美，坐着八抬大轿，衣锦还乡，而是一口口棺材发丧而归。因官与棺，方言是谐音，因此，凡是“抬头湖”村当官的人不是被罢了官，便是被问了斩。从此，“抬头湖”村风光不再，渐渐地走向了衰落，直至湮没。

不知何年，人们在传说中的“抬头湖”村的遗址上挖掘时，发现了多处古代村落的遗址，出土了盖房用的柱础和磉盘，舂米用的石臼等遗物。

木樨花村的故事①

在云和县城东南部，有一个以树木“木樨花”命名的村庄，还在民间流传着一个猎人打猎建设村庄的故事。

一个春暖花开、桃红李白的季节，我们迎着和煦的阳光，相约前往青山如黛，风景如画的木樨花村。汽车沿着弯弯曲曲的盘山公路，穿过崇山峻岭，层

① 木樨花村村民王庆尧讲述，陈水根整理。

峦叠嶂,很快就来到聚落在山岙呈块状分布的木樨花村。

早在明末清初,这里古木参天,渺无人烟,山中常有野猪、黄麂、鹿和狼等野生动物出没,是人们狩猎的好去处。山岙里有株百年木樨,每年八月开花时节,十里飘香。这一年也是木樨花开的时候,山脚大处村一个以打猎谋生的赖姓青年背着猎枪,带着心爱的猎犬,傍晚时分,打来一只黄麂和两只野兔,准备下山回家。可是,猎犬跑向那株木樨树,赖姓青年呼唤猎犬不回,只好带着猎物前往。在树下休息一会,猎犬还久久不肯离去。这时,闲暇下来的青年就开始仔细观察木樨树前的地形地貌。他发现山岙里土地平整、肥沃,岩壁下山沟里有涓涓细流,山坑里流水潺潺,很适合开垦农田,建造村庄。

赖姓青年回到大处村,就和家人说出自己准备在有株百年木樨树的山岙里,开基立业的想法。他的想法得到妻子和三个儿子的一致赞同。此后,一家人垦荒时总是把带来的干粮和开垦用的农具放在树下,雨天在树下躲雨,天热在树下乘凉,累了就躺在树下休息。全家人早出晚归,辛勤劳动,几年后,就在山岙里,开垦出农田,建起房屋。开辟出这个名叫木樨花的村庄。

当年的青年,若干年后成了太公。他的三个儿子,又分别在柘园、对门山自然村开垦土地,开辟新村。从此,赖太公三个儿子的子孙后代就分别在这三个自然村里繁衍生息。猎户人家的孩子都身强体壮,有的农闲时还练功习武用以防身。清咸丰八年(1858年),太平天国的翼王石达开带领部队,从金华转战永康攻下丽水南下温州,一路转龙游过遂昌经松阳抵达云和。到云和后,因为后勤供给跟不上,军粮不济,士兵就在当地巧取豪夺。太平天国的农民起义军不剃额发,不扎辫,散着头发,而清朝规定男子必须剃掉额发,蓄辫。因此,起义军就被云和百姓称之为“长毛”。

有一天,木樨花村来了5个长毛,强行要求村民给他们粮食,村民初见这几个穿着打扮奇形怪状的人都不敢上前。气急败坏的长毛找出斧子,就砍房屋的柱脚。赖姓兄弟中武功高强的那个,实在看不下去,顺手在中堂抓起木匠用的三脚马,抡起来就向长毛砸去,顷刻之间,5个长毛当场就有3个倒地。另外两人见势不妙,急忙跑出村子,在山头舞起太平天国的旗帜,引来在山脚小葛村一大帮同伙。村子里的人躲进山林,长毛抓不到人,就抢劫了村庄,点火烧掉赖家六个兄弟的房子。当年被长毛砍过的柱子,斧劈痕迹直到二十一世纪仍在。那棵木樨树,被挂上保护等级一级的“浙江古树名木保护牌”。

木樨花村小坑水自南流经村西,向北注入青龙潭,这里潭深水碧,曾经是龙母柳姑婆背着龙儿想安家的地方。

话说云和浮云街下街柳家有个姑娘，有一天和嫂子一起在浮云溪洗涤，看到上游流来一只滚圆的蛋。她看到非常喜欢就捞起把玩，等她把蛋放入口中时，那只蛋很快就滚到肚子里，柳家姑娘误食的是一枚龙蛋。十月怀胎，一朝分娩，一个未婚姑娘，生下儿子，在娘家自然就待不下去。在一个伸手不见五指的夜晚，龙母柳姑婆背着龙儿到了青龙潭，这里银链坠瀑布，深潭流碧水，潭两侧植被丰茂，浓荫蔽日，环境优美。可她感觉到这里虽然好，终究离县城太近。她犹豫了一下，又背着龙儿西行，到了高牙村鸡就叫了。龙母加快步伐继续西行，过赤石、进麻垟，再向南走，在夏洞天路边看到悬崖峭壁，双峙如门，中有石峡龙漱百尺，喷薄下注，岩下水深莫测，潭西侧有可容一人居住的石室。龙母柳姑婆拖着疲惫的身子，背着龙儿继续往山上爬，她终于发现相距夏洞天十余里处还有个山洞，非常适合龙子安身。龙母柳姑婆就在上面的那个洞安置好龙子，自己返回住在夏洞天石室里。从此，云和人就把上洞称为"龙儿"洞府，将下洞称为"龙母"柳姑仙娘宫殿。

天水窟、叮当岩和佛儿岩的传说

上古时期，天塌东南，地陷西北，玉皇大帝派遣女娲娘娘来炼石补天。女娲娘娘炼了七七四十九天，炼就一块数万斤的大石头，因为时间紧，忘了做一个嵌入天窟窿的榫头。她双手托着大石头补天，但竭尽全力也合不拢，嵌不牢。女娲娘娘累得汗流浃背、气喘吁吁，玉帝看在眼里疼在心上，随手拿过一只宝玉杯，接满一杯天水，派二郎神送给女娲娘娘解渴。

二郎神捧着一杯天水到了女娲身边，把天水递过去。不料，女娲接水时手不稳，石头就滑落了下来。二郎神有些慌张，手中的天水宝杯就落到黄处村前的山顶上，陷入山中，这就是"天水窟"。女娲那块巨石落到山上，飞速朝山下滚去。二郎神的"哮天犬"眼疾手快，像箭一般飞过去，在岩壁边沿顶住了巨石，二郎神最后使出"定石法"，才把巨石稳住，这就是"叮当岩"。

当这一切发生的时候，有一群仙人正在山上聚会。玉皇大帝十分生气，眼看大难临头了，他们却在袖手旁观，无动于衷，一怒之下将他们全都变成了石头，以示惩罚，这就是"佛儿岩"。如今，远看佛儿岩，石林直插云端，像是群仙欢聚，十分形象。

民兵抗击土匪

土匪廖金、廖高两兄弟，自幼习得一身功夫，占山为王，后由于各界力量共同围剿,流窜至安溪上村西山顶岩下,休养生息,以积蓄力量。被上村民兵所发现,众民兵积聚力量不断打击围剿,两兄弟无法只得向金钟后(今景宁畲族自治县境内,梅山自然村)方向逃窜,因一路没有补给,人困马乏,再加上民兵们一路围剿,终于在金钟后将两兄弟抓获,收缴金条数根。抓获土匪后移交上级法办,金条则作为安溪供销社的股金,用于造福乡里。至今西山顶岩下还留有当年廖金廖高二人盘踞时所用的器具,证明当年所发生的事情。

相公殿传说

相公殿,位于上村村,供奉的是周九相公,据村中老人说建造于清乾隆年间(1736—1795年),已经历了300多个春秋。

据传当年有一位老者,一日在村中闲暇踱步,偶然发现一处山石似有奇象,认为在此地可建庙宇一座,供奉神灵能造福乡里,随即取一长棍,向神明祷告:"若菩萨有灵,认为此地可建庙宇一座造福一方,望菩萨相助,赐予七分神力,助弟子以一根长棍翘落这扇浮石。"果真,扇巨石随着老者一声发力轻吼,只见一人一棍一翘,巨石应声而倒。

不久后,一人路过此处,于巨石边歇脚,突然俯降起(类似于神明附体),自称周九相公,知前后百年,可造福于众人,遂告知村民为其建殿,保上下三村百姓,风调雨顺,国泰民安。至此,相公殿流传至今。

买猪肉

民国24年(1935年),中国工农红军挺进师一路辗转路过黄家地村,当时正当除夕,黄家地村正在杀猪。村民见到"当兵"的来了,心想猪肉是吃不成了。没想到的是,这些"当兵人"却只是拿了两个银圆,按价切了几斤肉做了一锅肉汤。红军秋毫无犯的严明纪律,给百姓留下了深刻的印象。

一坛菜头咸

民国25年(1936年)初夏,中国工农红军挺进师第二次到达黄家地村。当时有一部分红军借住在柳恒章家的楼上。红军上楼时尽量不发出响声。晚上睡觉时,一名战士不慎碰翻了菜头咸坛。这位战士随即拿出2块银圆给他的祖母作为赔偿费。他的祖母死活也不肯收。那位战士说:"老人家,请你定要收下,损坏群众东西要赔偿,这是红军铁的纪律。"红军不拿群众一针一线,在当地传为美谈。

第三节　谚语　谜语

谚语，畲民称它"古来话"。大多以口头流传，其内容包罗万象，富有哲理，是一种流传于民间精练通俗有意义的语句。畲族谚语是畲族人民在长期生产生活实践中不断积累起来的语言精华，可分为时政类、事理类、社交类、修养类、生产类、生活类及自然类等多种。畲族谜语也是畲族的一种口传文学，从中可以看出畲族人民的智慧。

一、畲族谚语

谚语，畲民称它为"古来话"。大多以口头流传，其内容包罗万象，富有哲理。

（一）时政类

干部公直，农民出力。

人多注意多，百事都好做。

端人饭碗，由人所管。

吃官饭在眼前，种田饭万万年。

财主算盘响，穷人叫皇天。

（二）事理类

打蛇要打七寸，铲草要除根。

海深有底，人心无底。

田怕秋来旱，人怕老来苦。

恶人有恶计，贼人有贼计。

会叫狗不咬人，不叫狗咬死人。

姜越老越辣，人越老越稳。

好种出好粮，好母教好子。

种什么瓜，结什么籽；吃什么饭，讲什么话。

瘦猪拉硬屎，人穷志不穷。

自身行无正，讲话无人听。

真话有人信，真理服了人。

驼背人说直话。

竹园败出竹筒，人家败出蛀虫。

十指伸出有长短，山林树木有高低。

一人不知一人心，金用火炼才是真。

宰鸡教猢狲。

各师各法，各殿各菩萨。

过头饭多吃碗，过头话少讲句。

小洞不补，大洞叫苦。

(三)社交类

亲帮亲，邻帮邻，养狗认主人。

山哈，山哈，不是兄弟就是叔伯。

一代亲，二代表，三代认不了。

宁可灵帮人背包袱，莫帮呆人做军师。

相争无好言，相打没好拳。

天上无云难落雨，世上无媒难成亲。

一手难捉两尾鱼。

软绳缚倒人，好话讲服人。

钱财交易勤算账，亲戚朋友免失情。

路走错好改，话说错难收。

三分老实七分傻，过分老实人变傻。

(四)修养类

刀钝靠磨，人笨靠学。

刀不磨不锋利，人不练不成功。

学勤要三年，学懒在眼前。

未学走，先学飞，未吃三天斋就要上天。

做事莫大毛(老虎)头老鼠尾。

小时偷针，大来偷金。

肚饥不择食，穷人不择妻。

拖人落水，自湿半身。

做一行，怨一行，到老无一行。

有样照样，没样自己想。

人要脸，树要皮。

饥鸡不怕竹枝，饥人不怕脸皮。

有话当面讲，不要在后面做鬼。

好马不吃回头草。

好狗不挡路，好马不退步。

善有善报，恶有恶报。

莫讲别人一身疤，只讲自己一身花。

明枪交战，莫要暗箭伤人。

穷人讲义气，富人讲财气。

有话别乱讲，人心隔肚皮。

日场莫讲人，夜间莫讲鬼。

（五）生产类

土面好求，人面难求。

三分靠种，七分靠管。

人勤田出宝，人懒田出草。

春掘一锄头，冬收一碗头。

人穷力出，山穷石出。

牛歇四月八，人歇五月节。

孝顺田地有谷，孝顺大人有福。

六月立秋紧紧收，七月立秋慢慢游。

有牛莫嫌慢，有饭莫嫌烂。

冬天没牛活神仙，春天没牛喊皇天。

日头天上过，事头手中过。

一天捉鱼，三天晒网。

（六）生活类

人勤总怕没事做，人懒总怕没凳坐。

学勤要三年，学懒在眼前。

人越嬉越懒，越吃越口淡。

天上会掉落宝，也要捡起得早。

送佛送到殿，帮人帮到底。

饿死莫做贼，气死莫跳河。

细时不教，大来不孝。

有食没食，待人中直。

喝水不忘挖井人，肚饿难等挑饭人。

一天省一口，一月省一斗。

会省省过年,不会省省播田。

作田哪怕秋来旱,做人哪怕老来难。

养鸡也差一把米。

大人生日一臼粿,小孩生日一个蛋。

十个缸九个盖,掀来掀去缺一个。

树大分杈,子大分家。

做成风水画成龙,村边无树唔像样。

多子冤家多,无子莲花坐。

执扇不如风吹凉,骑马不值坐轿爽。

好女不值好女婿。

扫帚无同柄,夫妻无同姓。

无灰莫种麦,无肉莫过年,无(新)衣莫外行,无酒莫请客。

二、汉族谚语

(一)时政类

家中无财不经商,朝中没人莫当官。

人情似铁,国法如山。

穷没穷山,穷秀才无穷官。

“大帽”是假货,戴戴真好过。(大帽,指说别人好话。)

(二)事理类

冤家宜解不宜结。

拖人落水自己湿半身。

鼓在内,声在外。

一条腿走不远,一个巴掌拍不响。

要打当面鼓,勿敲背后锣。

风头霉头两隔壁。

道理不过众,气死过路人。

半斤对八两,拳头对巴掌。

上山看景致,入门看人意。

有志不在年高,有理不在声高。

(三)社交类

多个朋友多条路,多个冤家多堵墙。

在家靠父母，出门靠朋友。

一个篱笆三个桩，一条好汉众人帮。

桥归桥，路归路，多个朋友多条路。

亲朋好友一把锯，你送来我送去。

贫居闹市无人问，富在深山有远亲。

人在人情在，人亡人情亡。

凶拳不打笑脸。

牵你牛，还你马。

有借有还，再借不难。

土面好求，人面难求。

画龙画虎难画骨，知人知面不知心。

（四）修养类

树有树皮，人有面皮。

好马不吃回头草，好蜂不采落地花。

学坏一时，学好一世。

江山易改，本性难移。

有姑有姑替，无姑嫂也会。

生无带来，死不带去。

未到六十六，莫笑他人双脚共双目。

心坚不怕路遥远，过江渡水弥何难。

水过碗变少，话过嘴变多。

十赌九输，九赌神仙输。

十分势头七分用，要留三分给儿孙。

人望高，水往低。

人比人，会死人。

知理不怪人，怪人不知理。

人懂事，十八九；稻成熟，夏至后。

落水要命，上岸要财。

秤锤虽小，能压千斤。

（五）生产类

早上工，早上工，起早三朝顶一天。

穿不穷,用不穷,算计不到一世穷。

大生意,小算盘。

不怕不识货,只怕货比货。

一分钱一分货,三分钱娶个放尿货。便宜没好货。

千赊不如八百现,八百现不如六百便。

无赊不成店,赊了店不成。万般生意开头难。

有心赚大钱,敢上阎王殿。

偷鸡蚀把米,做生意要本钱。

七算八算,不如天一划。做把戏是假,卖膏药是真。

十个缸,九个盖,罩来罩去罩不合。

九艺十不精,赚米无半升。

三年水流东,三年水流西。

勤是摇钱树,俭是聚宝盆。

春不种,冬无收,鞋袜拖脚啥风流。

春分谷种桶内温。早清明,迟浸种。

未到惊蛰先响雷,插松柏不用锤。

小满不满,芒种要赶。

(六)生活类

一分钱要挣,一百钱要用。

大吃大喝,讨米结局。

人无千日好,花无百日红。

一张眠床不睡两样人。

夫妻同心,黄土成金。

家富不如家和,妻美不如妻贤。

电风扇不值自然风,新男人不值旧老公。

巧媳妇天破会补,蠢婆娘屋漏叫苦。

女怕嫁错郎,男怕入错行。

才女配才郎,妖精配鬼王。

子不嫌母丑,狗不嫌家贫。

子孙自有子孙福,莫为子孙做马牛。

一男一女一朵花,三男四女是冤家。

女婿同半子。

子不亲孙亲。

不教母不孝儿，檐水滴滴无差异。

亲兄弟，明算账。

打虎抓贼亲兄弟，上阵莫如父子兵。

在家千日好，出外一时难。

会省省谷仓，不会省省米缸。

分钱难倒英雄汉。

天上无云难下雨，世上无媒难成亲。

学问学问，不懂就问，不怕笨，就怕问。

活到老，学到老，一生一世学不了。

不怕人老，只怕心老。

好事不出门，恶事传千里。

吃什么人饭，讲什么人话。

男求女隔座山，女求男隔层纸。

出门看天色，入门看面色。

（七）气象类

立春天气晴，万物好收成。

一年交双春，三年两头闰。

春无三日晴，夏无三日雨。

清明断霜，谷雨断雪。

久雨现呈光，明朝雨更狂。

天热人又闷，雨来不用问。

早雨早晴，晚雨连绵。

久晴来雾雨，久雨来雾晴。

山青要晴，山白要雨，山顶戴帽，天气不好。

烟囱不冒烟，一定是阴天。

早起霞，晚上雨；晚上霞，早上露。

早霞不出门，晚霞行千里。

白云东北起，必定有风雨。

鸡鸭早回笼，明日太阳红。

母鸡背子，蚂蚁搬家，近期暴雨。

久雨闻啼鸟，不久天放晴。

燕子低飞蛇过道,大雨不久就来到。

蜻蜓织布,大水漫路。

蜜蜂出窠天定晴,鸡不归窝夜雨临。

蚂蚁走直线,天气晴得久。

三、畲族谜语

四四方方一拼墙。谜底:灶。

中央开出大龙潭。谜底:大锅。

铜镜双双对月光。谜底:锅盖。

金鸡洗浴海中央。谜底:木勺。

三脚落地火焰山。谜底:风炉。

两耳朝天喜洋洋。谜底:二耳锅。

青龙引泉茗茶香。谜底:茶壶。

仙女点香来洗塘。谜底:竹刷。

第七章 民间文献

安溪畲族乡民间文献主要有手抄本、宗谱、匾额、碑刻、契约文书、文学作品等，记录境内的人文历史。旧时，宗谱均为手抄本或刻字、活字印刷本，随着社会的发展，改为电脑排版印刷本。宗谱需择日阅读，不得随意示人。匾额均为木制，由名人书写，悬挂在大屋厅堂，用于表彰为人做事，事迹突出的乡贤人物。碑刻大多在古井、古道、坟墓上出现，古井、古道碑刻用于记载建造过程及禁止事项。契约文书由手抄本发展到电脑打字文印本，再由当事人签字、按指模。古代乡规民约均用毛笔写于纸上张贴在村中心，或刻于石碑之上，立于路口、井口等人流过往较多处，以引起人们重视。现代乡规民约有用毛笔写于纸上张贴在村文化中心或人流密集处墙壁上，也有用电脑打字印刷，再分发各家各户，文学作品则散见于报纸诗刊。

第一节 书 籍

安溪畲族乡境内由于地处偏僻，文化相对落后，遗存民间的古代书籍，数量相对较少，保存最完整的为各代宗谱，其他民间书籍却不多，有柳氏宗谱、洪氏宗谱、王氏宗谱、赖氏宗谱和周氏宗谱流传于世，还有明嘉靖知县吴炳、窦絟等古代诗人和当代本土诗人抒写安溪，见诸诗刊媒体的格律诗词。

一、手抄本

在安溪畲族乡境内民间书籍调查中，发现畲民中有旧时遗存的道教书籍《上位》《具记亡师设灵》，毛笔书写手抄本各一本，以及民国年间《笔记本》一本。安溪境内民间收藏的唱本（畲歌）有《畲歌哀歌选集》[1]、刻写成小册子的

① 浙江省畲族民族民间文艺学会古籍组编：《畲歌哀歌选集》，1986 年 11 月出版。

《高皇歌》等,大多为现代印刷品。

畲歌《山歌集》 纸质,宣纸,毛笔书写,20厘米×11厘米开本,每本约20页(每页纸张对折),采用纸捻绳装订或纱线装订,封面已缺,破损严重。从书法上看,系多人抄写。其中一本内页书有“光绪甲辰年(1904年)雷有凤置用”的记号。2015年夏,发现山寮自然村畲民蓝章元收藏有祖上遗存的畲歌手抄本(山歌集)6本。《山歌集》里共抄录(收集)旧时传唱的畲族山歌21首,其中有《里青娘》等歌名的8首,无歌名的13首。内容为情歌、智慧歌等,而情歌居多数。从歌词内容上看,基本上是早已失传的畲族山歌。手抄本的发现,对今天研究畲族山歌具有很好的参考价值。

《上位》 手抄本系山寮自然村畲民蓝周元收藏。纸质,宣纸,20厘米×15厘米开本,线装。内容为逝者做“功德”开场时请诸神或祖先亡灵莅临现场(入座)等各种程序的经书,系道士的工具书。

《具记亡师设灵》① 纸质,宣纸,毛笔书写,20厘米×30厘米开本,线装,封面采用桐油纸装订。内容为逝者做“功德”开场时请诸神或祖先亡灵莅临现场(入座)等各种程序的经书,系道士的工具书。同时,在《具记亡师设灵》手抄本底页中发现了极为罕见的、畲族神秘的祖先原始图腾“龙麒”的印记。印记为红色,系雕刻作品。

民国年间蓝章元笔记本② 纸质,宣纸,毛笔书写,20厘米×11厘米开本(每页纸张对折),采用纸捻绳装订,封面已缺,破损严重,现存19页。笔记本系服役于国民革命军某部的蓝岩福在部队学习的笔记(时间缺)。记录内容为政治学习(国民革命军纲领)、汉阳造“七九”式步枪结构、使用知识、射击要领、训练要领、士兵常识、中国东南西北地域划分、抗日战争爆发时间、鼠疫病知识,以及学习书写请假条等内容。笔记本中还抄录了注明是C调的《还政于民》歌曲一首。

二、祖图

汉族人尊称为“金颜”。“金颜”中的人物为一世或两世始祖画像(夫妻合影),为古代画师绘画作品,采用描金饰彩,裱制成条幅挂轴。

洪氏“金颜” 安溪上、下村村洪氏支族裔孙原收藏有祖先的“金颜”1幅,

---

① 《具记亡师设灵》手抄本系山寮自然村畲民蓝章元收藏。

② 笔记本系山寮自然村畲民蓝章元收藏。

在“文化大革命”时期被视为“四旧”之物烧毁。

柳氏“金颜” 黄家地村柳氏支族裔孙绍益收藏的2幅祖图，是安溪境内民间现存唯一的祖图。祖图第一幅人物为黄家地村柳氏支族第七世先祖长富公、八世先祖承再公夫妇，第二幅人物为黄家地村柳氏支族第九世先祖应璧公。服饰皆为官服，每幅祖图绘以童男童女陪衬。柳氏“金颜”画轴长170厘米，宽92厘米。手工彩绘，裱褙。两幅祖图上轴柱皆已缺失，画像边缘虫蛀严重。

三、谱牒

（一）畲族宗谱

畲族宗谱采用汉文撰写，其编修方式、体裁，基本上与汉族宗谱类同。谱牒开篇首先溯源，记述祖居地广东潮州府的盘、蓝、雷、钟四姓皆为一脉相承；高辛皇帝对始祖的敕封、凤凰山宗祠坐落方位；始祖墓葬、历代祖宗画像、繁衍与迁徙等。

安溪畲族乡境内畲族唯有黄处村雷氏支族有过修谱之举。但其收藏的《雷氏宗谱》（修谱日期不详）因历史原因而流失，至今未重修。严山、下武、东坑、长脚垄、西山等村蓝、雷、钟各支族均无宗谱。

（二）汉族宗谱

安溪畲族乡境内柳、洪、王、赖、周姓有宗谱留存，都被各姓氏视为“传家至宝”。早期宗谱都为木活字排印本，记载着修谱名录、始祖铭志、迁徙过程、始祖遗像、历代名人、传赞诗词、增修谱序、族规凡例、世系繁衍、祖坟图案等。

《洪氏宗谱》 历史上经清嘉庆癸亥年(1803年)桂月、清道光庚子年(1840年)小阳月、清光绪丁丑年(1877年)夏月、清宣统二年(1910年)仲秋、民国28年(1939年)五次修谱后，1999年秋，在洪扬伦、洪扬隆等18人的洪氏宗族管理委员会主持下，对上、下村洪氏族谱进行第六次修谱。

民国28年（1939年）《洪氏宗谱》是木活字排印本，封面上书“传世之宝”上列高曾祖考下及子孙曾元，左联叔伯兄长右传弟侄孙儿；立世系以光前哲，明宗法则立后昆。洪氏宗谱包括：谱跋，重修宗谱序，修谱首事题名，受姓序，原序，洪氏宗谱诗，诸公传赞，编谱凡例，祠规（附排行字式），春秋祝文，祠堂祭田，古金炉歌，舆图志，地舆志，四景诗，偶感兴怀诗，新增传赞，遗像、坟图，告成歌，谱竣跋，合族世系等。

《河东柳氏宗谱》 清道光己亥年(1839年)菊月续修的黄家地村《河东柳氏宗谱》,为安溪境内遗存最早编修的手抄本宗谱,但之后未重修。黄家地村《河东柳氏宗谱》已经虫蛀破损。谱录有原序、重修世系图序、宗谱序、宗谱志、祠堂志、祠租、祠山、规条、凡例、家话等内容。

该族谱记载老谱世袭原序。有清道光十九年(1839年)候选训导金居洲所作的重修宗谱序。眷晚庠生金坚所撰的序。裔孙庠生应莲所作的重修谱系图序,重修宗祠志。裔孙庠生学韩、甘棠作的序。

《太原郡王氏宗谱》 1999年,在太原郡河边王氏重修宗谱理事会,族长永林,主修世衡,总理事连旺,房长连元、育兴(坛步)、蘭旺(木田)、吉明(木西花),理事连升、育永(坛步)、联金(木田)、世聪(木西花)倡议下,《太原郡王氏宗谱》进行续修。宗谱记载了姓氏源流、家训、家传、艺文著作、家谱图像等内容。

王氏宗谱有历次修谱时所作序。明洪武十年(1377年),三世孙寿桂所作王氏受姓源流序。明成化二十二年(1486年),嗣孙庠生王制所作太原王氏修谱序。清乾隆四十三年(1778年),云和县知事中州窦絟所作谱序。清康熙元年(1662年),碧溪梅国源撰的王氏修谱序。清道光三十年(1850年),南溪生员壹心氏张志华为王氏宗祠作的太原王氏修谱序、太原裔孙祖融公徙居河边记,是年,眷侄廪膳生叶利晋撰的王氏太原修谱序。清光绪十年(1884年)裔孙庠生望成、望缙、望经、望缤作的王氏宗祠志,是年望缙重修宗谱告成跋。民国7年(1918年),丽西协和乡发蒙校长清国学生叶桂撰写的王氏重外科宗谱序。

《赖氏宗谱》 2015乙未年春,木樨花村赖氏支族在赖氏裔孙金友、庆满、建荣、金平、庆树5位理事的倡议下,续修木樨花村《赖氏宗谱》工程启动。2016年底,木樨花村《赖氏宗谱》续修工程完成。

《周氏宗谱》 2015年,东岱村周氏支族在周氏裔孙斌全、学仁等理事的倡议下,完成东岱村《周氏宗谱》续修工程。

据重修宗谱序记载,明弘治间景宁平坑十世周进谷公徙居云和,迄今已历五百余年。明嘉靖三十二年(1553年),进谷公迁云近六十年时首修谱牒。清康熙四十六年(1707年)周春发、元龙、元飞公二次修谱。清光绪十六年(1890年),周锡璜公三次修谱,距今已有一百二十五年。况且前三次所修之谱刊本已失,无可追寻,诸多人事因年代久远,已湮灭成谜。

四、诗 词

安溪岭二首

吴 炳①

一

夜来雨不绝，山溜②欲成河。
高悬云度响，长逝海增波。
木杪③行人见，岩阴飞鸟过。
贤劳吾岂敢，从事竟何多。

二

石岭连峰起，巉巉似斗奇。
宿云晴不去，落叶路先知。
稻尽秋塍阔，樵归野径迟。
山居无别况，丛菊满疏篱。

笔架巉岩

窦 絟④

卓立三峰分外妍，萦青缭白几经年。
凭谁架著如椽笔，挥洒烟云落九天。

笔架巉岩

王宸正⑤

岝崿疑削成，云漈三峰出。
谁是凤池人，许架如椽笔。

---

① 选自魏裕安选编《云和历代诗词选注》。吴炳，字用晦，江西庐陵人，举人。明嘉靖二十三年（1544年）任云和知县，任期三年。
② 山溜：山涧。诗摘自魏裕安选编的《云和历代诗词集注》。
③ 木杪：树端。诗摘自魏裕安选编的《云和历代诗词集注》。
④ 窦絟，字素文，号纯斋，河南柘城人。清乾隆三十八年（1773年），由举人授云和知县。与教谕方宏模纂辑县志十卷，未及付梓，调任镇海，仅留底本。诗摘自魏裕安选编的《云和历代诗词集注》。
⑤ 王宸正，云和沙溪人，清嘉庆戊辰（1808年）岁贡。尤工辞赋著述，身殁后，多散佚。著有《顾庐吟稿》一卷。此诗为作者《箬溪八景》之四。诗摘自魏裕安选编的《云和历代诗词集注》。

笔架巉岩

王树英①

谁将笔架矗遥天，峠崿成形不计年。
欲把闲毫长搁此，峰头日日写云烟。

笔架山②

王宰正③

笔架峰峨莫比肩，高擎一掌势撑天。
凌云浑似千军扫，列峙还如五老莲。
风雨可惊何处落，壁奎堪爱此中缠。
分明瘦削芙蓉秀，敢说诗成欲驾椽。

笔架五峰

周锡璜④

青送门前翠影联，五峰高耸势撑天。
遥看绿筱长松里，掩映云霞落讲筵。

百丈岩⑤

洪有孚

悬崖百丈竖太空，仰望银河一线通。
映日倚云灵秀聚，登临恍入画图中。

笔架山⑥

洪有孚

卓立三峰插极天，萦青绕翠物华鲜。
凭谁架着如椽笔，淡墨抡魁正少年。

---

① 王树英（1770—1817）字毓才，号竹溪，别号烟霞啸客，后更号兰琴。云和城内人，清嘉庆丙子（1816年）恩贡。长于诗、古。著有《古槐书屋诗稿》六卷，《删诗存稿》。现存《诗文书稿丛残》。此诗为作者《箬溪八景》之四。诗摘自魏裕安选编的《云和历代诗词集注》。

② 笔架山：在县南十五里，安溪岭之巅。诗摘自魏裕安选编的《云和历代诗词集注》。

③ 王宰正，云和沙溪人，王宸正之胞弟。

④ 周锡璜，又名蓉生，字立津，云和西村人。清道光二十九年（1849年）拔贡。摘自魏裕安选编的《云和历代诗词集注》。

⑤ 摘自《洪氏族谱》。

⑥ 摘自《洪氏族谱》。

村 景[①]

洪为榕

峻岭丛山草色妍，平原旷野陌连阡。
三峰笔架傍不竖，百丈岩头向左旋。
居室闻看佛儿立，出门装束马头先。
潆洄水抱绕成幅，仿佛桃园洞里天。

村 景[②]

洪锡铭

旷野平原一望中，潆洄绿水绕长虹。
佛儿岩秀亘千古，笔架峰高耸太空。
更有马头山作镇，还观狮子石玲珑。
地灵奚须问人杰，于斯聚族乐自融。

盛世公佳城图[③]

王望缙

百隔树名属平岗，公祖佳城在此方。
回身后脉同狮子，对面前屏是凤凰。
右虎辰山环吉穴，左龙甲水入明堂。
南方向壬千古迹，永望慈孙荐馨香。

第二节　铭　刻

安溪畲族乡境内遗存古代和当代的铭刻的牌匾、匾额、楹联和碑石共计有25块(处)，现存21块(处)。

① 摘自《洪氏族谱》。
② 摘自《洪氏族谱》。
③ 摘自《王氏宗谱》

一、匾额

在20世纪60年代，安溪上村汉族的洪氏老屋中堂，仍然保留并悬挂着祖上遗传清光绪年间，云和县知县倪玢等人褒奖洪氏家族五世同堂题词，采用香樟板镌刻的匾额共计4块。其匾额在“文化大革命”期间被视为“四旧”所毁。各匾额题词：

1.友爱可风（倪玢题）

2.正谊明道（常山学训道梅榕题）

3.年登杖朝　瑞应九如

五世一堂　德全福备（增广生郑福臻题）

4.荣膺五世[民国8年（1919年），县杜知事题赠洪氏太婆陈氏]①

5.旭照含辉（楷书，石浮雕，系上村村洪氏旧居大门匾额）

6.紫气东来（楷书，砖浮雕，系下村村洪氏旧居大门匾额）

7.北屏拱秀（楷书，石浮雕，系下村村洪氏旧居大门匾额）

二、楹联

峰岩云生缀神奇黄处　畲汉和至建秀美山庄（行书，阳刻。黄处村门楹联，无落款）

泗洲古道幽间处　岫壑奇石世外天（行书，阳刻，下村村“识安亭”楹联，无落款）

三、石刻

泗洲岭路碑　立于泗洲岭头午阴亭北向石拱门口右侧。左角线连碑座高约1.60米；右角线连碑座高约1.00米，碑宽约0.80米，厚约0.20米，花岗岩石材。残碑被石拱门倒塌时敲破，敲破后上段成了尖刀状。

路碑遗存碑文共计18行，断续的句子依稀可辨。共计约187个字，楷书，阴刻。碑文书法厚重健实，遒劲有力，镌刻技术与书法相媲美。

竹　韵　系镶嵌在泗洲岭头午阴亭北向石拱门上，扇形石刻匾额上的题字，楷书，阴刻。抬头题记“同治庚午年秋立”。落款已被风化，难以辨认。石拱门

① 摘自安溪上、下村洪氏民国27年（1938年）续修宗谱。

倒塌后，石刻匾额现堆放在午阴亭内。

松 声 系镶嵌在泗洲岭头午阴亭南向石拱门上，扇形石刻匾额上的题字，楷书，阴刻。抬头题记“同治庚午年秋立”。落款已被风化，难以辨认。

缘租碑 坐落在泗洲岭头的“泗州大仙殿”的天井左侧。碑高约 1.60 米，宽约 0.80 米，厚约 0.20 米，花岗岩石材，有基座。碑文风化十分严重，唯碑名“缘租碑”3 个字依稀可辨。

缘 碑 坐落在泗洲岭头的“苏州大仙殿”的天井左侧，与“缘租碑”并排而立。碑高约 1.90 米，宽约 0.80 米，厚约 0.20 米，花岗岩石材，有基座。碑文风化十分严重，惟碑名“□租碑”两字和题记日期“大清光绪丙子六月”依稀可辨。

行宫缘碑 碑高 1.55 米，宽 0.82 米，座高 0.43 米，宽 0.87 米，花岗岩石材。碑文镌刻捐资建造夫人行宫的各乡众名录及银钱数目，碑立于清道光十一年（1831 年）。“行宫缘碑”保存完好，现收藏于上村村夫人行宫里。

篆竹木碑 为保护森林所立的禁约碑。碑高 0.84 米，宽 0.55 米，花岗岩石材。清光绪年间（1875—1908 年），境内畲汉两族乡众洪正澜、项敦仁、洪水贤、洪杨井、洪玉山、洪宏悟、洪才良、洪复昌、魏土山、蓝成元、洪复章、洪复芝 12 人，共同发起保护竹木（森林）的倡议，并把倡议勒在碑石上，名曰“篆竹木碑”。初时，“篆竹木碑”镶嵌在上村村夫人行宫对面洪姓人家的墙体上，由于墙体破损，“篆竹木碑”现收藏于上村村夫人行宫。

飞凤山碑 碑高 1.30 米，宽 0.75 米，座高 0.40 米，宽 0.80 米，花岗岩石材。碑文镌刻清光绪年间（1875—1908 年）云和县衙的《告示》。碑石保存完好，现收藏于上村村夫人行宫。

修建村老人活动中心碑 碑高 1.45 米，宽 0.8 米，座高 0.50 米，宽 0.80 米，均为花岗岩石材，2002 年立。碑文镌刻修建村老人活动中心捐款的单位和人名录。“修建村老人活动中心碑”现收藏于上村村夫人行宫。

修建村老人活动中心碑 碑高 1.50 米，宽 0.80 米，座高 0.50 米，宽 0.85 米，均为花岗岩石材，2004 年立。碑石镌刻修建村文化活动中心捐款的单位和人名录。“修建村老人活动中心碑”现收藏于上村村夫人行宫。

安溪抗日战争阵亡将士名录碑 为铭记历史，缅怀先烈，纪念南（安）溪乡先后奔赴抗日战场而阵亡的将士，2005 年，由村老人协会出资勒碑石一块以纪之。“安溪抗日战争阵亡将士名录碑”碑高 1.50 米，宽 0.80 米，座高 0.50 米，宽 0.80 米，均为花岗岩石材。碑文镌刻着抗战阵亡将士共计 29 人名录。现收藏于上村村夫人行宫。

黄处村路碑 立于黄处村村门背后康庄路右旁，花岗岩石材，1997年立。碑上阳刻时任云和县委书记刘秀兰题词：

坦途通畲乡
黄处石叮当 （刘秀兰题）

村名景观石 立于安溪公路旁。高3米，宽1.53米，花岗岩自然石，石上阳刻楷书“上村”两字，2015年立。

东岱路碑 立于东岱村口康庄路旁。碑高1.36米，宽0.68米，花岗岩石材，1998年5月立。正面阳刻“东岱路”3字，背面阴刻云和县委书记刘秀兰题词：

苦干开出幸福路
勤劳培育幸福花 （刘秀兰题）

东岱村碑 立于东岱村口康庄路旁。碑高1.75米，宽0.85米，花岗岩石材，2008年12月立。正面阳刻“东岱村”3个字，背面阴刻《村碑序》。

铭志碑 坐落于东岱村马蹄岗至外村公路旁。碑文隶书，阴刻（电脑雕刻）。2015年10月为纪念修通东岱村马蹄岗至外村公路而立。

勒石永禁(碑) 碑高0.98米，宽0.68米，花岗岩石材。系村里乡民彭火友等8人为董首于清嘉庆十五年(1810年)十月立。

碑文镌刻有关保护森林等4项内容(《村规民约》)，碑石现收藏于隔溪自然村(水口村)的“玄天真武上帝”庙里 。

第三节 文 书

契约文书对民间社会日常生活进行原始记载，农村常见的有出卖房产、土地、山场等方面内容。安溪畲族乡境内现存的契约文书，立约时间较早的是山寮自然村畲民蓝章元收藏的祖上遗留的6份有关山场、茶籽林买卖的契约。

一、契约

程榆芬卖田契 1纸。民国6年(1917年)11月云和程榆芬撰。文内记载：程榆芬因缺银应用，将祖手遗下水田1处，托中立契出卖给钟和余亲边为业，三面言定时值田价英(银)洋17圆正。其银即日收讫无短，其田既卖之后任凭钟边管业。本色草纸，楷体墨书，纸幅23厘米×32厘米，立契人及在见、中人、代笔一并画押，左上角斜书彩语“立卖断截契吉利”，契中盖有方形朱印1处及左边斜向骑缝印 1 处，印迹不清。云和县安溪乡雷氏存。

吴石生卖田契　1 纸。清宣统元年（1909 年）十二月云和吴石生撰。文内记载：吴石生因缺钱应用，愿将祖手遗下田产 1 处，凭中立契卖给雷日成兄边为业，三面言定时值足价英（银）洋 60 圆正。其洋随契亲收足讫，其田任凭雷边管业。本色草纸，楷体墨书，纸幅 22 厘米×34 厘米，17 行 24 字。立契人、在见、中人、代笔等一并画押，左上角斜书彩语“立截契吉”。契中盖有方形朱印 2 处及左右斜向骑缝印 1 处，印迹不清。云和县安溪乡雷氏旺存。

程吉芬卖田契　1 纸。清光绪二十九年（1903 年）十二月云和程吉芬撰。文内记载：程吉芬因缺银应用，愿将父手遗下田产 1 处，经中立契断截出卖给雷玉光、雷日成等亲边为业，三面言定时值田价铜钱 78000 文正。其钱即日亲收足讫无短，其田任凭雷边管业。本色草纸，楷体墨书，纸幅 21 厘米×25 厘米，16 行 21 字。立契人及在见、中人、代笔一并画押，左上角斜书彩语“立截契吉利”，契中盖有方形朱印 2 处及左右斜向骑缝印各 1 处，印迹不清。云和县安溪乡雷氏存。

邓福宝卖田契　1 纸。清光绪二十一年（1895 年）十一月云和邓福宝撰。文内记载：邓福宝因缺用，愿将祖手遗下水田 1 处，经中立契卖给雷日成亲边为业，三面言定时值断截田价铜钱 13000 文正。其钱亲收足讫，其田之后任凭雷边管业。对研究清代畲族农村社会经济活动有参考价值。本色草纸，楷体墨书，纸幅 25 厘米×39 厘米，21 行 19 字。立契人及在见、中人、代笔等一并画押，左上角斜书彩语“立契大吉”。契中钤盖满汉两种文字的云和县方形朱印 2 处及左右边同款骑缝印各 1 处，另盖有“民国某年某月某日云和县验契所验讫”长方形朱印 1 处。云和县安溪乡雷氏存。

雷日成买田契纸　1 纸。民国 3 年（1914 年）2 月浙江国税厅筹备处出具。文内记载：雷日成向邓福宝买田 8 分，时值估价钱 13000 文正，将旧契呈请验契注册并缴注册费银圆 1 角，与定章相符，将该契登入私有不动产册，合将此联截给以为管业证据。可略知彼时畲民买田纳税情况。本色草纸，刻板印刷格式文书，行体墨书填发，纸幅 41.5 厘米×35 厘米。四周有粗细双线边框，契纸顶格横印“浙江新契纸”5 字，正文为直排竖印，上面盖有“浙江国税厅筹备处关防”长方形朱印，左边框上盖有同款骑缝印 1 处，右边框盖有同款及“云和县知事”骑缝印各 1 处，中间有云和县知事名章，还有一款“遵章免收查验费”长方形印章。云和县安溪乡雷氏存。

钟有元同弟卖山契　1 纸。清道光七年（1827 年）十二月云和钟有元、有全撰。文内记载:钟有元同弟有全,自愿将父手置有山场1处,托中立契卖给雷进生兄边为业,三面断价钱2800文正。其钱即日收足,其山自卖之后任凭雷边管业,日后伯叔兄弟子侄不得异言。本色草纸,楷体墨书,纸幅20厘米×36厘米,18行16字。立契人亲笔具文并与弟、见中一并画押,左上角斜书彩语“立卖找断截契大吉”(稍有残缺)。契中盖有方形朱印2处及左边斜向骑缝印1处,印迹不清。云和县安溪乡雷氏存。

二、收据与票据

蓝水才完纳西应庵租谷执照 1纸。民国3年(1914年)10月云和县知事出具。文内记载:云和县知事赵,今收到佃户蓝水才本年份西应庵租水谷2石2斗5升,合给执照为据。本色草纸,刻板印刷格式文书,行体墨书填发,纸幅27厘米×10厘米。四周有双细线边框,右边框上部钤盖“云和县知事印”骑缝章,执照中央有一斜向小方印,印迹不清,印迹上写有编号。云和县安溪乡蓝氏存。

蓝水才完纳温溪小学租谷执照 1纸。民国4年(1915年)9月云和县知事出具。文内记载:云和县知事今收到佃户蓝水才本年份温溪小学租谷7斗5升,合给执照为据。本色草纸,刻板印刷格式文书,行体墨书填发,纸幅27厘米×10厘米。四周有双细线边框,右边框外有“额租7斗5升”字样,并钤盖“云和县知事印”骑缝章,执照中部及左边框钤盖“云和县知事印”。云和县安溪乡蓝氏存。

蓝根旺完纳学捐执照 2纸。民国25年(1936年)11月云和县政府出具。文内记载:1纸为“佃户执照”:云和县政府收到佃户蓝根旺缴纳民国24年份学捐燥谷肆升,合给收据为凭。另1纸为“业主执照”:记载内容与前1纸相同,不同点只是将有“佃户”两字均改为“业主”二字而已。本色草纸,铅字印刷格式文书,行体墨书填发,纸幅25厘米×7厘米。四周有单线边框,2纸相连,两框中间有“教字第壹零九六号计燥谷肆升”字样,上面钤盖云和县政府斜向骑缝方形朱印2处。执照上部还盖有“民国25年份应征学谷捐依照民国24年份应征捐额一并收讫”字样的长方形印章。云和县安溪乡蓝氏存。

蓝根旺完纳保卫团新增亩捐收据 1纸。民国22年(1933年)11月云和县政府出具。文内记载:本县民国21年份保卫团经费原有亩捐9分,新增亩捐3角1分。蓝根旺按新增数计算,合共征银1角5分3厘,业经如数收讫,合填收据给执。本色草纸,刻板印刷格式文书,行体墨书填发,纸幅25厘米×10

厘米。四周有单线边框，右边框钤盖云和县政府骑缝方形朱印。云和县安溪乡蓝氏存。

蓝根旺完纳住户捐收据　1纸。民国24年（1935年）7月云和县政府出具。文内记载：本县奉令编组保甲，应需开办经费，请将住户捐提前半年征收。兹查户主蓝根旺共有动产及不动产银200圆，每月应缴住户捐银8分，自民国23年1月起至23年6月为止，共银4角8分，业经如数收讫，合给收据为凭。本色草纸，铅字印刷格式文书，行体墨书填发，纸幅27厘米×10厘米。四周有单线边框，右边框钤盖“云和县政府印”斜向骑缝章。云和县安溪乡蓝氏存。

蓝根旺完纳自治户捐收据　1纸。民国26年（1937年）云和县政府出具。文内记载：蓝根旺缴纳民国26年7月份至9月份3个月自治户捐国币3角，合制收据为证，给蓝根旺收执。本色草纸，刻板印刷格式文书，行体墨书填发，纸幅24厘米×9厘米。四周有单线边框，左边框有云和县政府骑缝方形朱印，收据上部另有一长方形印章，字迹依稀可辨。云和县安溪乡蓝氏存。

蓝根旺缴纳国民抗敌自卫团经费收据　2纸。民国27年（1938年）云和县国民抗敌自卫团县司令部出具。文内记载：收到蓝根旺抗敌自卫团队十月份经费国币1角正；11月份经费国币1角正。本色草纸，刻板印刷格式文书，行体墨书填发，纸幅5厘米×18厘米，四周有单线边栏，框内有经手人私章红印及收据编号，右边框上有“照额加收三成”字样的长方形骑缝章。两纸上下相连，中间印有编号，并钤盖长方形斜向官方大印，字迹不清。云和县安溪乡蓝氏存。

蓝根旺合作社股金收据　1纸。民国27年（1938年）3月云和县新溪乡合作社出具，浙江民间经济文书。文内记载：社员蓝根旺认购股数1股，每股金额法币2角，已缴金额法币2角正。本色草纸，刻板印刷格式文书，行体墨书填发，纸幅25厘米×10厘米。四周有单线边框，有社长、经理、司库等人的姓名并盖有私章。云和县安溪乡蓝氏存。

蓝根旺完纳乡镇自治户捐收据　1纸。民国27年（1938年）12月云和县政府出具，浙江官府经济文书。文内记载：兹据新溪乡第三保第十一甲第九户蓝根旺应缴民国27年半年乡镇自治户捐银9角，业已如数收讫，合给收据为证。本色草纸，铅字印刷格式文书，楷体墨书填发，纸幅27厘米×9厘米。四周有单线边框，右边框钤盖云和县政府斜向骑缝方形朱印，收据上有征收员私章。云和县安溪乡蓝章元存。

蓝根旺缴纳救国公债款收据　1纸。民国29年（1940年）11月救国公债劝募委员会浙江省分会出具，浙江官府经济文书。文内记载：收到蓝根旺缴来救国公债款国币 3 圆正。本色草纸，宋体赤色印刷格式文书，行体朱书填发，纸幅 20 厘米×9 厘米。四周有单线边框，左边框上钤盖“救国公债劝募委员会浙江省分会”的骑缝章，收据上部盖有长方形大印，印迹不清。云和县安溪乡蓝氏存。

云和县公署传单　1 纸。民国 3 年(1914 年)5 月云和县公署撰，浙江官府经济文书。文内记载：云和县对本县各佃户所种公产租田要进行详细核查登记，发传单给下武(村)佃户蓝水才，要他照传单所列 6 项要求详细查明先行开单，限 10 日内亲送县公署自治办公处填写仰字方准承种。如有查填不清及有隐匿侵占等情弊，一经查出，除将该佃撤换外，须按律严惩。本色草纸，刻板格式文书，行体墨书填发，纸幅 29 厘米×34 厘米。四周有单线边框，文中盖有“以前三年兑租手携带交核对”字样的红色长方形印章。文中有一些字迹已不清。云和县安溪乡蓝氏存。

三、法律文书

法律文书采用纸张书写，或张贴，或保存，十分常见。而勒之于石的官方文书，较为稀少。安溪畲族乡境内有一块现收藏于上村村夫人宫(村文化礼堂)里镌刻着旧时县衙关于处理民事案件终结批文的“飞凤山碑”；另一块是现收藏于东岱村村口“玄天真武上帝”庙里“禀请在卷，县主批准示谕”的“勒石永禁”碑。两碑是在境内发现较为少见镌刻着具有法律效力条文的碑石。

(一)飞凤山碑全文[①]

署理处州府云和县正堂加三级记录四次，魏(□)，为勒石示禁杜争端以垂久远。事照得耆民洪润琪、润球，生员锡钧、武堂复昌等，上控族人洪瑞然，将故兄张然棺木抬之伊家契管飞凤山麓，希图占葬一案奉。

经本县提集讯明亲诣勘明四址，查该处山场总名曰，佛儿岩□，左为百丈岩，又左为通天岩，岩下坐四向东二岭，北曰交塘，南曰飞凤，两小顶对峙，西面俱与项姓山毗连，中有拆之横路，西至山顶外与项姓山相连，东以横路吴姓坟山为界，南以水归西弄为界，北以洪姓山顶下路为界，即交塘山西顶，下有西去之路，勘毕填单附卷，当即谕令洪瑞然，将张然尸棺迁葬并详明 。

学府二宪核销各在案，深恐代远年湮复有争占之事，合将界址撰字勒石，晓谕为此示，仰洪姓合族暨地邻人等知悉。自示之后，务宜照界管业，尚有棍

① 原碑文为竖式。

徒图占，许即禀请提究，决不宽贷。其各凛遵毋违，切切特示道右仰之。

光绪二十年十二月初三日给告示

（二）勒石永禁（碑）全文[①]

切以官有禁条，民有私约。兹一都东岱内外三村，居民耕农为业。置有山场养箓松竹木，原期长大成材，以备所用。近有无知之徒，私自登山盗砍，或在山傍田堪种竹，纵火焚烧毁坏杂木，兼之又纵放鹅鸭下田践食禾苗。种种贻点，情实难堪。众等目观情伤，曾以叩恩示禁，禀请在卷，蒙县主批准示谕。禁嗣后情恐未尽周知，再议勒石协禁。惟愿同人共相劝谕，毋致有蹈前辙，正所谓同井相守之意也，是为序。

今将条规列后：

——议纵火烧山如烧及松竹木者，照树头数赔价。烧及空山者，罚钱壹仟文。

——议盗掘竹笋者，查出者，罚钱伍佰文。

——议偷担稻草者，查出者，罚钱壹佰文。

——议放鹅鸭下田践食被获者，捉回罚钱壹佰文取赎。

嘉庆十五年十月吉旦立

禁约董首：彭火友　彭朱龙

周友郎　彭水友　　众立

祝德郎　周陈瑞

周柏寿　钟雷喜

① 原碑文为竖式。

第八章　习俗与信仰

安溪畲族迁至云和后，沿袭诸多本民族特色传统习俗。安溪畲民的服饰、婚嫁、饮食、劳作、生活、民族舞蹈、畲族山歌与人生礼俗等均有特色。安溪畲族乡最早的三月三乌饭节活动于清宣统二年(1910年)由安溪畲族乡与雾溪乡畲族民间联合举办，至2015年，畲族三月三活动内容不断丰富、形式逐渐多样。畲族民间信俗主要表现为自然崇拜和世俗崇拜。畲族的祖先崇拜体现在传师学师与做功德上。尽管畲族以宗祠为标志的宗族管理出现时间较晚，但其形式与当地汉族宗族管理相似。安溪畲族乡境内祠堂已无遗存，建于清嘉庆二十三年(1818年)的柳家祠堂于2001年倒塌。至2015年，随着社会经济发展，文化的交融与交流，畲族与当地汉族的习俗、信仰等没有多大差异。

第一节　习　俗

畲族是一个勤劳智慧的农耕民族，男女同耕，家家采集，户户畜养。在生产劳动中，经常要祈求神灵保佑风调雨顺、农业丰收。农忙季节或家有大事，有送工换工习俗，大家相互帮忙。畲家流行的节日，与当地汉族大致相同，只是对某些节日的重视程度有差异。至于祠堂祭祖、做福等民间信俗活动皆有规定时间。

畲族的衣食住行方面自有自己的一套习俗，特别是女装方面与汉族有较大区别。畲族女装主要有凤凰装、八角罗裙、绣花鞋等，花带是畲族妇女的常用装饰。畲族的食俗与众不同，喜欢自己采集、加工食品；酒俗也与汉族有所不同，有客人光临，家家户户拿出自己的酒菜参与宴请，十分热情好客。

畲族人生老病死都有一套习俗，这些习俗既与汉族有些相似，又有自己民族独特的风格。汉族崇尚“父母之命、媒妁之言”，而畲族男女青年历来有通过对唱畲歌等形式进行自由恋爱的习俗。

一、生活习俗

畲族有自己的语言，有不同于汉族、能体现自己民族特征的服饰和生活习俗。民国22年(1933年)12月6日，云和县政府布告：畲妇不得穿着异饰与戴头冠，畲民不得说畲语，若依然固守旧习，政府就要强制执行。民国26年，又重申此令。这些排斥和干扰畲民的正常生活和生产的民族歧视政策，引起畲民的强烈不满。中华人民共和国成立后影响民族团结的做法自动废除。

(一)服 饰

清光绪三年(1877年)《处州府志》描述畲民衣着云："麻布单衣着两层，爇来茅草蓬蓬火，促膝团坐温如春。"同治三年刊本《云和县志》"畲民"篇载："俱麻衣，畲妇戴布冠，缀石珠……"又，《陈治策·畲民诗》云："山谷有畲民，装饰与常殊。"

旧时，安溪畲民男女老幼一年四季所着的衣衫，皆是自家土织的麻布，质地粗厚，经久耐穿，适宜劳作和狩猎。

畲民出门、上山皆穿草鞋，裹绑腿。夏日，在家时赤脚或穿木屐。寒冬里脚穿自制土布山袜，遇雪天穿草鞋时，采用毛棕裹脚保暖。冬天，没有棉袄保暖，靠的是"灼火"御寒。

畲族各支族入迁安溪境内后，相当一段时期仍然维持着传统的服饰，服饰底色为传统的藏青色或黑色。20世纪50年代前，汉族男子服饰的颜色在民间中也是同样地选用青、黑两种颜色。

1.头 冠

畲族称"笄"，为畲族妇女传统的头饰品。头冠用小竹筒制作，长约10厘米，直径约4厘米，两头斜为菱形，筒身下部饰银片，蓝、白色石珠串串一字排列。戴头冠时，将发髻盘于脑后，头冠置于头顶发间固定，竹筒前端略向上翘成凤鸣状，然后裹一小方块红布覆之。入迁境内后，妇女们仍然头戴凤凰冠维持着传统的习俗。至20世纪50年代初期，少数中老妇女仍然头戴凤凰冠。

银 簪　畲民称"银花"。一套银花共3枝，盛装时，1枝"拦头花"插在额头，2枝"凤花"分别插在左右两侧。每枝银花的正中上方都有1个红色绒球，几十根细软银丝末端做有八仙人物和祥瑞动物凤鸟、狮子、麒麟等。"拦头花"较"凤花"宽大，位于银花最下层的12只凤鸟，每只凤鸟嘴里叼着1串做有吉祥图案的银片链子，组成一道飘动的漂亮银帘。

银 花　除了上面式样外，还有一种俗称“金针花”的银花，一端用5条弹簧状的银丝连着5朵银豆花，稍有晃动就琳琅作响。这种银花是以装饰为主。另一种以固定发髻为主要功能的插件，俗称“银针”，呈四棱形，针状，大头一端的颈部，有3根银链子分别连着1只银豆。当“银针”插在发髻上时，3只银豆就自然垂下，头部稍有晃动，便会发出声响。以上2种银饰，多为殷实人家所用，或是盛装时用。

银 插　一般畲族妇女头饰常用一种最普通、最实用的银插，长七八厘米，呈U字形。挽成发髻后，在外面扎上发网，分别在发髻左、右、上3个方位各插进一根银插予以固定。用这种方法固定的发髻，妇女上山劳动，甚至头背压上几十斤重的柴草，也不会散乱。

2.女 装

20世纪50年代前，女子传统的穿戴较为讲究，头戴畲族凤冠，饰银质项圈、耳环、手镯、戒指。身穿沿襟和袖口绣以粉红为主调的宽度不一的彩色花边大襟上衣，围拦腰，束彩带，不裹脚，裹三角形绑腿，在家穿木屐。

畲族女子绣花边的传统服饰并非人人都有得穿，只有家境稍好的人家才拥有，一些挣扎在贫困线上的人家妇女，只穿普通的服饰(无花边的上衣)。清光绪三年(1877年)《处州府志》记载当时的畲民衣着云:“麻布单衣着两层。”

畲族女装可分礼服和便服两种，礼服有凤凰装、钉花衫、长裙等，便服有便衫等。改革开放之前，畲族女青年结婚之日，要将辫子改梳成“簪”，头上插银“拦头花”3朵，还有“金针花”等银器，上衣是绣有八仙图案的“大襟衣”，下身配上一件绣有双龙头的四开罗裙，腰系1条宽33.33厘米、长400厘米、两端用手工搓成的巾须各1尺(用蚕丝织制成的手巾)，脚穿自制绣花鞋。有钱的畲家姑娘出嫁时除了穿凤凰装、头上戴凤冠等银饰以外，还有一项不可缺少的是“红头盖”，其大小与现今所用无异，刺绣图案略有差别。但畲族新娘的“红头盖”并不盖在头上，因为头上已有凤冠等装饰。于是新娘就把它对折再对折，双手拇指、食指和中指捏住2个角，平举在与自己眉毛差不多高的地方来遮脸。

畲族传统服饰女装较男装有特色，主要在于头冠、衣裙、拦腰和花鞋。20世纪50年代，在畲村和附近集市上还经常看到畲族妇女穿着民族服装。改革开放后已难得一见。21世纪后只有极少数畲家仍珍藏着女装上衣、裙、花鞋和头冠。原因是旧时畲家姑娘结婚制作一套完整的头冠、礼服价格不菲，一般家庭制作不起，陪嫁时向别人借用;有陪嫁的，也大多按风俗在去世时作随葬品了。

中华人民共和国成立前，畲民穿的衣服大多请裁缝师傅制作，以妇女盛装大襟花边衣和新娘凤凰装最具代表性。古时大襟绣花衣刺绣工艺广泛流传于畲乡各个村落，裁缝师傅还兼刺绣工艺，妇女大襟花边衣刺绣比较引人注目的是大襟上绣有八仙图案。裁缝师傅多为男性，一般手艺都是家族世代相传，有的也带非家族徒弟。到了清代至民国时期，妇女穿的花边衣的花边多由妇女自己刺绣。当时妇女刺绣工艺水平如何，几乎成了笨拙与灵巧的重要标志。特别是姑娘嫁衣裳上的花饰，有些甚至不惜花上半年时间精心刺绣。中华人民共和国成立后，随着编织花边机的问世，畲族花边衣逐步改为贴花边，刺绣工艺逐步走向衰落。在节庆活动中所见的畲族服饰绣花装饰，绝大多数是采用工业化生产的花边纹饰。其中仍保留着传统服饰的一些主要特点和风格。

凤凰装刺绣　又称“绣花”，多用彩色丝线刺绣在绸缎布面，常用针法有手针、锁针、打籽针和盘金绣等，绣品五彩缤纷、艳丽明快、风格独特，充分体现畲族女性对美好生活的追求和对凤凰的崇拜。凤凰装是畲族妇女礼服中的主要装束，历史悠久。传统凤凰装分上衣、下衣和头饰（银饰）三部分。上衣俗称大襟绣花衣，刺绣技艺精湛。有钱畲家在女儿出嫁前几个月，都会请几位裁缝师傅到自家制作一套凤凰装和几套陪嫁服装。新娘出嫁时，通常穿绣有八仙或者七仙女图案的上衣。仙女图案表示逍遥、快乐、幸福，凤凰表示如意、吉祥，牡丹表示年轻、美丽。

凤凰装衣料以自织的苎、棉、蚕丝土布为主，刺绣分为“插花”和“挑花”两种。“插花”是在描好图案的衬底布上用绣花针穿引彩色线，穿插出半凸的各种实体形象。“挑花”是根据图案颜色，编织成彩色图案。这些图案构图严密、配色协调、色彩斑斓、鲜艳夺目，富有民族特色：卷镶在凤凰装领口、襟边的布料颜色要根据服装的布料来调配，如蓝配黑或红，看起来特别鲜艳。最精致的还是右胸口上的一块梯形似的画面，上下底和高分别为 13.33 厘米、16.67 厘米和 26.67 厘米，边沿有直、斜、弯形围绕的栏杆，有“米芽儿”等三种刺绣装饰。刺绣题材有传说人物，如八仙、金童玉女、七仙女、老寿星等；有动物图像，如梅花鹿、凤凰、鸳鸯等；有植物图像，如牡丹、梅花、菊花、荷花等；还有云朵、小桥流水等吉祥物。配上一条绣有精美图案的飘带挂在右边襟，其长度须和衣服等长。

除了婚礼，畲乡各村落每逢喜庆佳节，畲族青年妇女歌手也要穿上凤凰装上衣，戴上特色头饰登台演唱。非歌手青年妇女也要穿上凤凰装上衣，戴上头饰，打扮得漂漂亮亮去捧场。

钉花衫　也是畲民礼服，一般是畲族姑娘结婚时娘家作为陪嫁礼物，在婚礼、迎宾、做客、参加对歌或者节日活动时穿着。上衣为黑色大襟右衽，有衬里，面料大多是绸缎、呢类等优质布料。胸前从中线至右侧部分，沿衣襟边缘有一幅色彩鲜艳的图案，绣花图案为四边形，宽13.33厘米，右边长衣在13.33—16.67厘米，与上边斜沿衣襟边缘而做；左边顺胸前中线延伸至领口，长20—23.33厘米。图案内容，或花鸟虫鱼，或吉祥动植物，或人物，周边围一道及至数道齿状或其他几何图案的花纹。衣领为中、高竖领，领上通圈绣有动植物花纹，领根处围以彩色细布条和多色齿状花纹；衣领布色或用衣服本色，或与袖口所镶彩色布条相同。颌下领口有1个布扣或银、铜衣扣，左右各镶钉1个直径约2厘米红绒球。衣襟右侧腋下处无衣扣，但缝有一对布条供穿着时固定之用。上衣后裾长于前裾，衣襟两侧开衩，右襟开衩处缝有1只布扣，有的还在右侧两襟缝1个口袋。袖口绣有数色花纹图案，袖端向外翻折，并缀以数道宽窄不一的红边或红缘相间之布条做装饰。

八幅(角)罗裙　1978年改革开放之前，安溪畲族青年女子在出嫁时除了穿着凤凰装外，还要围1件八幅罗裙。裙长73.33厘米，加上包腰头横布11.67厘米，总长85厘米。横布颜色与裙面颜色有所不同，腰头长3.5尺，上沿缝着一条长200厘米多的丝花彩带，用于缠腰固定。裙面分4幅围布，每幅围布宽38.33厘米，每幅腰头对中折8.33厘米缝成两层，再把每两幅缝连在一起两边对称，围布边沿用几种不同的花纹花边或者用彩色线刺绣。最引人注目的是加缝在当中的那幅宽26.67厘米、长85厘米的牌面，它用花边或刺绣隔分为5个大小不同的正方形、长方形，每个方格内用彩色线刺绣着不同的图案，如双喜、牡丹、凤凰等吉祥物，而且各吉祥物呈对称布局，表示善良、勤劳、聪慧的畲族兄弟姐妹心连心共同创造美好的家园。牌面两边还配上刺绣着各种花鸟图案的飘带。

长　裙　也是畲族妇女一种礼服。1978年改革开放之前，畲族妇女尚穿长裙，在结婚时也穿素面长裙。这种长裙作为礼服，是加穿在裤子外面的，穿着素面长裙后还在腰间扎1条彩色丝巾，在腰间扎两圈后结于腰前，丝巾两头垂于素裙外面，作为装饰。

便　衫　是畲族妇女传统便装，在日常生活中穿着。上衣也大襟右衽式，一般用苎麻布制成，胸前右侧也有与礼服相类似的绣花图案，但是比较简单，低领或无领，低领的衣领一般没有绣花，袖口镶缝彩色布条，较少而单调，除肩和衣襟边缘外，其他无衬里。

围　兜　畲族传统女装都搭配围兜，而且做工精细。在20世纪六七十年代，畲民的围兜是用白纱和青纱纺织而成的，只有经纱与纬纱自然织成的本色简单图案。长（高）约40厘米，宽约46.66厘米，上沿镶有织花带，主要用于劳动时束腰和擦手，便于干活。

拦腰裙　普遍为蓝布裙头，青（黑）布裙身。裙头13.33厘米，双层（26.67厘米对折），上沿镶有织花带；裙身66.66—80厘米，总长80—93.33厘米。有的人束上拦腰裙时，裙身下沿与裤脚几乎平齐。拦腰裙主要在从事家务时使用。“拦腰”和“拦腰裙”是过去畲民随身系带之物，上山、下地时都会扎上“拦腰”，让手脚格外利索；畲族妇女挑柴、背草下山，用它护头；天寒地冻时，老人、小孩用它束身保暖，或以扎在腰间的“拦腰”与“拦腰裙”掩盖火笼取暖。

罩头巾　为方形或略长方形，边长33.33—40厘米，两头留有缨穗，有的在四个角上镶上铜钱和锡制饰物，用以压重，防止人行走时飘落。头巾多在上山背扛柴草时，罩头护发，老年妇女在冬天也用它罩头保暖。有的畲族妇女盛装时还在脖子上悬挂银锁（银牌），银锁上有多样吉祥纹饰，下面垂挂银短链和银铃，显得雍容华贵。

花　带　花带是早年畲族妇女重要装饰物，少女有时作为礼物赠送情人，也是畲族出嫁姑娘的随嫁必需品，以多者为荣，图案新颖的更受称道。花带为畲乡妇女独特手工工艺制作，早年是测试畲家姑娘心灵手巧、本领高低的重要标志。编织花带是畲族妇女人人皆会的工艺，编织绣花彩带时间一般是在春节前后及农闲季节和雨雪天。学习织带工艺一般以家庭传教为主，亦有邻亲帮教。工具只需简单的织带架，或几支约20厘米长、直径5厘米左右粗的圆竹扦（称织带竹），一块20余厘米长，2厘米宽，平板光滑尖刀形的竹片（称织带摆），织时牵挂房柱、门环、野外树丫均可。原料：有的用自养蚕丝，以土绫线机绞成丝线，再用染料染成所需颜色。有的用自种棉花以土纺车纺成的细棉纱。编织各式彩带品种繁多，工艺精湛，大多自用。

绣花鞋　畲族妇女出嫁或重大节日活动时穿绣花鞋，样式不尽相同。村里女性以前穿方头、单鼻2种绣花鞋，畲民俗称“四角花鞋”或“龙船花鞋”，色彩鲜艳，工艺精美。鞋底白棉布是用土制苎麻线纳成的“千层底”，下面数层用白布包边，上面5层用红布包边。鞋头正中缝一条中脊，但无红缨装饰，鞋口镶花边，鞋面两侧绣有对称的花形图案。后踵部位两侧绣云彩纹饰。古代畲族男鞋样式未见到实物，据说为圆头圆口素面布鞋，与汉族无异。畲族家庭男女平等，妇女下地干活居多，畲族妇女不缠足脚比较长，汉族人称之为“天足”，所以鞋子也比较长。

3.男 装

男子传统服饰有两种:一种是大襟无领短衫,为普通服饰,近似汉族男子服饰。另一种是结婚礼服,青色长衫,襟或胸饰绣龙花纹,红顶黑缎帽,青色白底布鞋。男子结婚流行衣着传统礼服至民国年间始,后逐渐褪去传统的色彩。

4.鞋 袜

畲民穿的鞋子是自家缝制的布鞋。新鞋一般要在过年或做客时才穿。鞋帮和鞋底穿破了后,缝了又缝,补了又补,直至穿烂为止。男女老少常年穿鞋的人是很少见的。一般人夏天穿木屐、草鞋或赤脚。

20世纪60年代始,塑料凉鞋面市,男女老少夏天穿市场购买的塑料凉鞋或塑料拖鞋。解放鞋面市后,男女老少都穿解放鞋,解放鞋是20世纪80年代农村人最时髦、最流行的穿戴之物。自解放鞋面市后,自家缝制传统的布鞋逐渐退出人们的视野。

20世纪90年代始,各类鞋子上市后,特别是皮鞋受到人们的青睐。各种款式的皮鞋又成了男女老少一年四季穿的鞋子。尔后各式旅游鞋上市,旅游鞋又成了人们普遍的穿着。冬有暖鞋,夏有凉鞋,雨天有雨鞋,在家休闲时有市上购买的各类拖鞋。当年时髦的解放鞋现在却成为人们上山下田的“草鞋”(劳保鞋)。

旧时,畲汉两族男女老少别说常年穿袜子的人很少见,即使是寒冬也不多。尔后市上机织袜上市(长筒纱袜),随着生活水平的上升,穿袜子逐渐流行。20世纪60年代始,尼龙袜面市,由供销社经营,但按计划分配,凭票购买。

改革开放后,常年穿袜子已是十分普遍的现象,而年轻姑娘不穿袜子则是一种时尚。

(二)食 物

由于畲汉杂居,互相影响,互相学习,取长补短,在饮食风俗上,畲族形成一些带地方性的特点,畲族与汉族基本相同。

畲族住在山上,旱地多水田少,有的人家甚至无田种,只好以种山过活,以吃旱地作物玉米、番薯等为主,缺少食油,普遍辣椒调味。把大米和番薯丝放在锅中煮胀后,捞出来放在甑内蒸熟叫番薯丝饭,纯大米的白米饭,中华人民共和国成立前,只有宴客或逢年过节才能吃一点。

由于畲乡的粮食作物以稻谷、番薯为主,麦子很少,所以在食品制作上多在大米、番薯上下功夫。番薯除直接煮熟吃外,主要是刨丝洗淀粉晒干,踏实于仓或桶内供全年煮饭吃。番薯淀粉用蒸糕的方法蒸熟晾硬刨成丝，叫番薯面，为畲家常菜。番薯挖回过一个来月，等上糖后，切条煮熟晒成半干，用甑蒸一遍，再晒成八成干，可长期存放，味甜易嚼，可作为出门干粮与小孩零食，生番薯切片，放入滚水中煮半熟，捞出晒干，用黄砂或铁砂炒松，放在坛中防潮，叫番薯片，当孩子的饼干用。有的人家油较多，把生番薯切片刨丝炸松，味道更是香甜，孩子大人都爱吃。

马铃薯(俗称“洋芋”)、大小麦是过去的度荒作物。青黄不接时，穷苦人家常以马铃薯杂苦马菜、大麦粉杂麻叶做大麦果或大麦炒熟磨粉(称麦焦粉)拌糖水、小麦粉做面带或捏面筋团等当正餐。现在马铃薯只做菜，有不少人家还把它煮熟去皮切片晒干，用油炸松当配酒菜；发展杂交稻后，麦子已无人种，要吃面条到商店买。

玉米(方言俗称“苞罗”)是“刀耕火种”的主作物，黄粟(小米)次之，80年代后已无人烧山种植。玉米主要是磨粉调糊吃，是种山者主食。也有人家磨成粗粉拌大米蒸饭，叫苞罗饭。平时多连棒煮熟啃吃，打猎者和小孩会连壳放在火堆内煨熟再去壳明火烤焦啃吃。小米都为烧粥吃。过去，农家还家家在菜园间种小玉米和向日葵，以爆玉米花和葵花籽当小孩零食，花生也有种植当零食。

畲家种的水稻也分成籼、粳、糯三大类。煮饭的来看，糯米强于粳米，粳米又强籼米；从同样重量的米煮出的饭量来看，籼米强于粳米，粳米又强于糯米，所以籼米用来煮饭吃为主，粳米用来做糕点为主，糯米用来酿酒为主。

1.特色饮食

年　糕　年糕俗称粿，是安溪农户逢年过节必备食品，也是迎亲待客桌上佳肴，更是春耕大忙季节用作点心最佳食品。季节性消费量大些的是年糕，过年时人口多人家要消费大米100—150千克，小户人家也要35千克左右。年糕用精粳米制成，味道清香，色乳白雅观，性柔软。可用炒、蒸、汤等可以炒、蒸、做汤等。传统舂年糕，先将粳米用水浸12个小时，将米捞起放入米篓里用清水冲洗净米浆，然后抬到村头的水碓或踏碓里加工成细粉，回家后将米粉放在大木桶里，加入适量清水调和成团粒结构，放进铺有蒸巾的饭甑里，大锅水沸时放入饭甑，待饭甑冒出蒸汽时再盖上盖子，数分钟后甑里的大量蒸汽冲出时年糕就熟了。将蒸熟的米粉(俗称“粿花”)放进石臼里，一个年富力强的青年人用7字形的木柄夯锤先“擂”后“舂”，另一个人配合着“拔”和“翻”年糕，使年糕能舂得均匀，一直舂到有弹性、有黏度。然后取出放在粿板上制成大小适中的圆形的粿团，再放进用木板制成的粿印中用手压紧后就成有花纹的粿。也有搓做成每根500—1000克的粿条。晾干后保存，大多数用水浸在大缸里，可保持至端午节味道不变。

麻 糍　是安溪畲族农家特色食品，也是畲汉两个民族庆典与待客的最高规格传统食品，只有逢年过节、婚嫁寿庆或者招待贵宾，才会做麻糍。畲民认为，糯米是当地最好的米，用最好的米加工成麻糍来招待客人是最诚挚、最热情的。再说香甜的麻糍，有美好、甜蜜的寓意。麻糍制作方法是：将糯米用清水浸12个小时后，放进饭甑蒸熟，趁热放在石臼里，与舂年糕一样，直到把糯米饭舂到看不到饭粒为止。捞上放在已铺好芝麻粉或黄豆粉的板床上，麻糍糊上芝麻粉或黄豆粉时，自然就不粘手了，用手把它捏成小圆饼状，放在簸箕上晾凉就可食用。晾干后为防止干裂，要把它放在木桶里盖上盖保存。现在人们把它用食品袋包装起来放到冰箱里，保存时间更长一些。食用时先把锅擦干(不能粘水滴)，把糯米糍放进锅里用文火慢烤，锅热在60℃左右最合适，20分钟后即出锅食用。这种麻糍含糯米、芝麻、黄豆粉等香味，白花花、香喷喷，软绵绵又不粘手，口味极好。

九层糕　九层糕是安溪畲汉两族七月半必备食品。每年七月半，村民就要提早两天蒸九层糕。选上好大米用水浸12个小时后，捞上来放入篓篮里用水冲净米浆，然后再放入大盆里加上清水。如果要蒸咸糕，要在盆里放入适量食盐；要蒸粳糕须加入“粳水”。“粳水”制作：选新鲜干净的稻草若干斤烧成灰，待草灰凉后放入篮子里，把篮子放大盆上面用开水冲淋，需要多少水就淋它多少水，让大盆里“粳水”澄净后加入盛米的盆里用勺拌匀即可。然后用石磨磨成米浆。完成后，炉灶升大火把大锅里的水烧开，蒸笼铺上蒸巾放进大锅上预热2分钟，等蒸笼冒气，再用碗或者勺子把米浆倒入蒸笼里，盖好笼盖，加大火力，五分钟后第一层熟了，陆续加第二层、第三层，一直加到蒸笼八分满为止，九层糕就可以出锅。以前只有咸糕和粳糕两种。进入21世纪，妇女们用桂圆肉、葱头油、精肉布丁、鸡肉布丁、枸杞等加入九层糕，使之别有风味。

2.主 食

日常除大米、面粉主食之外，常吃番薯、玉米、马铃薯等杂粮，还吃大米和面粉经过加工的米面、粉干和面条等。

米 面　米面也是村民过去经常加工的食品，尤其是逢年过节家家户户都有制作。米面的加工方法很简单：首先将大米浸透后，用石磨磨成浆，大锅里放入半锅水，把煎盘架在大锅里，当锅里的水烧沸时，在煎盘内擦上一些食用油后倒入一小碗(适量)的米浆,并用专用木梳把米浆理平,盖上锅盖。待一二分钟后蒸汽将米浆蒸熟时,把煎盘里的米面拎起一个角,搭在一根一尺多长的小管上,再将整片米面挂到竹竿上晾,按以上方法一层一层地蒸制。冷却后便可切成细条,回锅煮食。如不在近日食用,也可晒干后保存。

粉 干 溪村民叫“米粉”,用早稻大米加工而成,耐贮存,可炒、可煮,十分方便,主要用于烧点心招待客人或者给家中劳动力作餐间的点心。如果加上用甘薯淀粉制作的番薯粉,这两项逢年过节时家家户户都要储存百十斤以上。安溪早年有粉干加工户,20世纪后没人加工粉干,村民主要到县城集市上购买,番薯粉则是用自己种的甘薯加工而成。

3.菜 肴

三餐菜肴主要是自种的蔬菜,如萝卜、毛芋、豇豆、白菜、南瓜、蒲瓜、黄瓜、丝瓜、洋芋等,曰“锄头菜”。什么季节吃什么菜,储备的咸菜(萝卜咸、笋咸、菜干)为常年饭桌上的主菜,猪肉要逢年过节时才能尝到。其次是吃豆腐泥(也称豆腐娘、豆腐儿)。豆腐泥是传统的一道菜,可作为待客之佳肴。黄豆用水浸泡后,磨成浆,煮熟即成。配以青葱或蒜苗、辣椒等佐料,老少皆宜。特别是新豆收获后,吃豆腐泥盛行。大多数农家的菜肴仍然以自种的四季蔬菜为主,但提倡食用的是无污染(施用有机肥)、无药害(不施用农药)的“绿色食品”。 改革开放后人们吃肉不须再等待逢年过节,鸡鸭、禽蛋、海鲜等想吃就上市场购买,物资种类齐全,供应充足,非常方便。

豆 芽 黄豆芽是村民最喜欢的食品。首先把黄豆用水浸泡几小时,捞在竹篮里,上面盖一层纱布或软草,每天浇水两三次(冬天用温水),经过五六天便可长成豆芽。这种黄豆是村民自己种的“田埂豆”,粒大味香。

豆 酱 先将黄豆或者豌豆、蚕豆(须去皮),用水浸透、煮熟,放在晾壶上自然发酵,等豆坯长毛后,放到陶质酱壶里,配以适当食盐,摆在露天场地上,白天在太阳下曝晒,晚上让它自然冷却,通过1个月的发酵自然成酱,味道鲜美异常。畲民晒制豆酱主要供自用。

豆 腐 一般只在过年或者农家有红白喜事用量较多时才会做,制作方法与汉族同。

菜 干 是把青芥菜切成1—2厘米大小的碎段,晒1天,揉捻1次,次日再晒,再揉捻,直至晒干即可。

瓮 菜 先按晒菜干方法进行, 在菜尚未晒干时, 加入适量盐和姜或辣椒,装进瓮里压紧。瓮菜微酸,可做很多菜品佐料,如烧鲜鱼、烧粉干与面条等。用芥菜腌制咸菜有两种做法：一种是腌“水菜”，先将芥菜在太阳下晒，使茎叶变软，然后用手工揉捻，加入适量盐腌制。此种“水菜”微酸，口感较脆，不能保存太久。另一种是将芥菜用腌制“水菜”的方法腌制(稍少加盐，可不揉捻)，六七天后择晴天“回菜”。“回菜”时把“水菜”捞出来，放搭好的竹竿架上晒1—2天，除去水分而成“咸菜坯”，再把每一株“咸菜坯”缠成一长形菜卷，一层菜坯一层盐地腌入陶缸内，并压上石块。两三天后，即泛菜卤。如菜卤不能浸没菜坯，则需调制盐汤补充菜卤，此“咸菜”味香异常，能够长期保存。

萝卜、九头芥(雪菜)　也是农家的重要蔬菜。萝卜多被晒成萝卜丝、萝卜条，便于较长时间食用。有的还将萝卜烧熟后加盐腌存放，作为夏季解暑防病的食疗佳品。“九头芥”主要用于腌制水菜，方法与腌制芥菜相同。

加工野菜　山间野菜是农民食物的重要来源，除了自己食用外，多余的便随行就市。春夏季间最普遍的是蕨菜、苦菜、青草芯和野竹笋等，蕨菜用沸水焯过后，或者鲜炒，或者稍事腌制后凉拌，都是很好的时令菜品。有的人家拿蕨菜用沸水焯烫后，加盐腌制，能保存较长时间不变质，食用时再把盐分淡化，或炒，或拌，鲜香如初。尤其是经过揉捻的蕨菜，口感特好。采用相似加工方法的还有苦菜等，先用沸水焯烫，拿清水漂洗后烧食。山间的小竹笋，同样在采摘后去壳，沸水焯烫，再烧煮食用或者晒干保存。

喜吃热锅　家常菜蔬喜欢热吃。旧时，家家户户备有风炉，置于桌中，生以炭火，架上小铁锅，边煮边吃。全年约三分之二时间用火锅。酒席也不例外。喜磨豆做菜，家家有副小石磨，豆浸胀磨成浆煮熟既成，调上辣椒、葱、蒜，放在火锅上边煮边吃，又热又辣，吃得满头大汗，十分舒服。

4.酒 俗

酿　酒　畲族男女多有饮酒习惯，这与畲民居处山高水冷、劳动繁重艰辛有关，逢年过节招待客人、饮食烹饪、滋补入药等，都要用黄酒，自酿黄酒显得更方便、更经济。晚稻收成后，农户在农历十月酿制黄酒。一般配料比例为：糯米1斗(即10升，约3.5千克)，曲3—3.5升，水5.25—8.75千克，即5千克米下7.5—12.5千克水。水少则酒浓，水多则酒淡，有特殊要求的配比可以调整。如酿“月里酒”(供产妇用)，大多是5千克米下6.25—7.5千克水。酿酒方法：先将糯米用清水浸透、洗净，把水淘干，再将糯米装入饭甑蒸熟，倒出后让糯米饭晾凉到一定温度，装入缸中和曲拌匀。曲也可以事先按比例配水浸于缸中。糯米饭温度要根据所处季节不同而变化。冬天气温低，糯米饭温度在40℃—50℃时入缸；夏天气温高，糯米饭晾凉后入缸。糯米饭与曲入缸几小时后即开始发酵，发酵期间要用铲把缸内“酒饭”拌匀，每日数次，待发酵期（一般5—7天）过即将缸口封固，约1个月即酿成酒。密封到除夕开酒缸，以便来年正月初接待贵客。有些畲民还从山上挖来山龙（南五味子）、红刺桐（棘茎楤木）等十几种乃至几十种祛风湿通筋活血的草药，洗净、晒干、切碎后，用大锅煎出药汤，通过过滤、晾凉后当水酿酒。这种“山草补酒”颜色橙红，香醇可口，有着特别的风味，有治疗风湿、冷胃等功效。

饮　酒　畲族除红白喜事酒宴待客外，平时请客，特别是正月初二至十五逢有客人来访，不管谁家客人，都要叫来凑成一桌，同幢或同院邻居都烧出一道菜肴，提来用锡壶温好的黄酒接待客人。客人依长幼顺序就座，然后品尝菜肴，表示对主人家的尊重。会唱畲歌的客人和主人会对上几首畲歌，主人唱招待不周意思的畲族山歌，客人唱表示感谢一类的山歌。在畲乡一户人家来了客人，同住一座房子的几户人家都会烧点心招待。主家招待客人时，邻居家都会烧上一盘下酒菜，烫上一壶酒，端到主家桌上来，轮流给客人敬一杯自己带来的酒，或称添菜送酒，或称送酒助兴，便形成畲族“合筵待客”的独特风俗。添菜送酒者，或早或迟，不受拘束。

5.茶　俗

喝茶，是安溪畲族乡村民的传统习惯。山区茶叶都是烘青即杀青、揉捻、焙干三道工序制成的青茶。村民十分好客，客人一到，或隔壁邻居串门，都以茶相待，烧水泡茶以示敬重，不能够以原先泡好的茶给客人喝，否则视为不敬。泡好了茶，要待茶稍微凉时，双手端给客人，不能只用一只手端茶。喝茶一般要喝两道。有种说法：“喝一碗是无情茶。”还有种说法：“一碗苦，二碗补，三碗洗洗肚。”所以只要接过主人的茶就要等喝了第二道才能走。如果很口渴，就先声明，可任意喝，再沏过也行。不然，第三道就不会冲了。

6.炊　具

旧时，畲汉两族日常中煮饭使用的是传统浇铸的大铁锅，烧菜使用的是浇铸的小铁锅（汉语俗称“铜镬”。大小锅一般为永康、缙云两地产品）。烹茶使用的是碧湖产陶制茶壶，好人家使用的是紫铜制茶壶。自19世纪60年代始，电饭煲、机制小铁锅、铝制电茶壶、电热水壶上市后，除传统的大铁锅保留使用外，传统的陶制茶壶和紫铜制茶壶逐渐退出厨房。而且电饭煲等产品不断地更新换代，迎合着人们的需求。烹茶不再使用柴薪而改用电，烧菜使用的是液化石油气，三餐烧饭、烧菜节约了时间。

7.餐 具

旧时,人们吃饭用的是“白碗”和“花碗”(两种碗专用于吃饭,面径约 10 厘米)。1978 年改革开放后,随着人们生活水平的提高,“白碗”和“花碗”逐渐退出餐桌,改用精美的小碗。盛菜的“碗头”(比饭碗大而深)改用了各式精美的盆子。

(三)居 住

历史上,畲民住于山间,聚族而居,自成村落。早年,多数住茅寮,以竹木为架,顶盖茅草或杉树皮,篱笆或泥墙为壁。茅寮通常分隔为三间。当中一间谓中堂,竖照壁、摆香火,两边分别为卧房和伙房。伙房筑泥灶,灶口上面悬竹丫,蒲筒贮种子挂之。通节竹筒约五尺,串以铁钩,下端套环卡住,茶壶悬灶口或火塘,灵活移动,谓“溜筒”。灶前有火炉塘,燃火取暖,有的在火塘边挖口洞,上铺木板,贮藏薯种。

畲民随着生活条件的改善,逐步从茅寮改为与汉族人无异的土木结构房屋。汉族人基本上居住条件较好的房屋,大都居住在单层或两层的土木结构、砖木结构房屋。中华人民共和国成立后,住宅大有改观,茅寮逐渐消失,多数瓦房与当地汉人没有差异。1978 年改革开放畲民下山脱贫,走向致富,住进新楼房。

1.建 房

在安溪农村,建房算是头等大事,早早就要做好准备。平时都是省吃俭用,农作物收成,如瓜果、蔬菜、豆类,自己都舍不得吃,都卖掉一分一厘积储起来,一生奋斗,梦想建一座房子。有的人想建间房子,白天去打工,晚上回家加班加点,拼死拼活地干。农村人建房,90%家庭透支,如家有 5 万元,就想建 8 万元房子;有 10 万元,就想建 15 万元房子。但他们有计划,房子建好后,会努力拼搏,把账债还清。尤其山区村民困难很大,有的物资车子拉不到,都要自己挑、扛。当地俗话称:“一年辛苦,百年安。”

择 基 改革开放前,村民笃信“风水”,哪怕是建草房也要请阴阳地理师选址定向,同时勘定房前屋后另建厕所、猪栏、牛栏、灰寮位置,房前台阶、出入口构筑都有讲究。如周围环境或视野内有某处不合“风水”时,要通过开挖水池或者填土造林等方法营造风水。如有某种犯忌,则设置“石敢当”来化解,等等。先看好一块地,自己觉得满意,便请风水先生带上罗盘来测定,风水先生要确定新建房屋坐向,如坐北朝南、坐东朝西、坐东北朝西南或坐东南朝西北。还要根据房主家人的生辰八字,会不会犯冲,不犯冲就可择日开工搭建。因而村民都充分利用自然地理条件,选择依山临涧相对宽敞的风水之地营造居所,村落都处山腰、山坳之处，既能避风、朝阳，又可防灾，同时又临近水源，可在源头筑井，或是把毛竹对半破开去节后作槽引流入宅，解决人畜饮水问题。一些畲民选择住户较少、处于林木环抱之中，或是具有丰富山地资源的高山僻壤之处筑屋栖身，既便于放牧、垦荒、耕作，又能安全生存。畲族特别喜欢在房前屋后种植竹木、茶叶及各种水果，以营造一个良好的居住环境。

破 土 村民凡开山、挖基、垦荒等动土行为，一般事先请风水先生选定“宜动土”的吉日良辰，举行“破土”仪式后方可动工，以防“煞气”伤害主家与劳作者。破土时，主家要给风水先生红包。如涉及古墓、古迹的开山挖石活动，除事先选吉日、请法师设供举行“破土”仪式外，还要在工地立符案，并逐日上香。

基 建 平整宅基地时，一般每间地基土石方少的要十天八天，土石方多的要一两个月，多数人家全家男女老少齐上阵，挑的挑，抬的抬，不分昼夜干，舍不得请人帮工。有的请亲朋好友帮忙，可以不用工资，给饭吃就行，这次你请他帮忙，下次他请你帮忙。请帮工则要一日三餐，下午还要安排点心，另加香烟 1 包，一天算下来也要几十元钱。宅基平整后，石块、砖块、瓦片、木材陆续运来，以前都用人工挑或者抬，有户人家建房，整整挑了两个月。接着请泥水匠砌墙脚、“定磉分金”(“磉” 即房柱脚下石基础，分金是定座向)，请木匠切木、做梁，泥水匠给墙壁安放窗户、木匠立柱都要选吉日进行，主家都要给师傅红包。

上 梁 农村上梁，意味着房屋已经落成，要选好日子中好时辰举行十分热闹的仪式上梁，以选卯时或辰时较多，这两个时辰都在上午，表示“早发”“吉利”。上梁之日，要请两位父母双全，有兄弟姐妹，福大命好的青年抬栋梁，畲民称“抱梁”。然后用背小孩的背带缚好梁的两头。檐前摆三张八仙桌，两张放栋梁，一张放供品。阴阳先生将下方中间贴有红纸的栋梁平架在两张八仙桌上，扎上红布，设供祭请毕，栋梁从新建房子后门进入。阴阳先生喊声“进梁”，“抱梁”者抱着栋梁，两头柱上木匠和帮工拉着背带慢慢把栋梁平行拉到柱顶(一幢房子要同时升梁，寓意各家都发财)，这时鸣放鞭炮，木匠把栋梁放入梁位，阴阳先生“呼龙”讲吉祥话，亲朋好友接着贴对联，女主人娘家“压梁”后，将两只红色小布袋，分别挂在栋梁两头，栋梁挂杉树顶，寓意万年青。挂毕，主人家给阴阳先生、“抱梁”者、木匠送红包，给现场围观乡邻分汤圆和糖果等。上梁仪式完毕，房主人请泥水匠、木匠、帮工、亲朋好友来喝上梁酒，畲民叫“办上梁酒”。亲戚、朋友多的办十几桌乃至几十桌，亲戚、朋友少的办三五桌。前来的亲戚朋友要给主人家挂红，旧时都是买布匹，现在用现金红包较多。

2.房 式

观音厂 畲民入迁安溪境内之初,择傍山临涧之高处,割茅(山野的芦苇叶,当地汉人称"大叶纹干")搭"厂"(人字形的草寮,当地汉族人称"观音厂")为栖身之所。安定后,即伐木割藤搭建了比"厂"高级的茅寮(棚)。初时,寮的四围和顶上取用芦苇叶遮盖,尔后改用了杉树皮遮盖,杉树皮能承受住大风雨、冰雹和大雪的积压。茅棚的门扇用芦苇叶编成或用杉树皮代替。人睡的床用树杆搭建,用藤把树杆绑架在寮中的柱子上,以木棍平铺作床板,然后铺垫上茅草便为床。寒夜里,薄被难御风寒时加盖稻草或蓑衣,冻醒后,只得起来灼火熬夜待天明。

清光绪三年(1877年)《处州府志》记叙当时畲民居住状况云:"朔风吹,壁寒若冰";民国14年(1925年)4月《浙江省史地纪要》也描述了当时畲民居住状况云:"畲民皆未开化,傍山结茅,自结村落,汉人称之'畲客寮'"民国20年(1931年)《浙江省人文地地理概况》云:"畲民生活,同汉人同者少而异者多,茅屋矮小,卧室牛栏互相连接,臭气熏天亦以为常。"这是旧时地位处在社会底层的畲民生活基本状况。

寮棚改造 畲民定居后,逐渐把茅寮(棚)四壁改成由土夯筑的泥墙。并且进行扩建,建成一进三开间的能挡风雨和御寒的简易房屋(泥间)。房屋隔成3间,居中为中堂,置放祖宗香火,左右两间为卧室和厨房。屋顶仍用芦苇叶或杉树皮遮盖。为了使杉树皮能经久耐用,有的人在杉树皮上均匀地撒上一层桐箍粉(油桐籽榨油后的渣),树皮吸收后能起到防潮、防腐、排水快的作用(此法汉族类同)。畲民搭建的茅棚,称之为"寮"。因建于山上,所以称之为"山寮"。

寮,是众畲民入迁境内定居后中期最普遍的住房。《教尊(子)歌》唱道:大人教子莫放松,要教子女勤耕种,莫去东游又西荡,寮里没食难过冬。下武村蓝美兰讲:始祖入迁安溪之初,搭茅棚(寮)于灰寮岗(土名)傍涧之地。繁衍后,再卜地移居于横山下(现下武村)。在青石岩依山傍水搭寮居住,繁衍生息,久而久之,"山寮"便自然地成为该地方的村名而沿用至今。

汉族人入迁之初,大多数人情况基本与畲民相似。据东岱村村民廖建华讲,其始祖入迁东岱之初,搭寮棚栖身,寮顶以野生箬竹叶覆盖。定居后日子宽裕时,才住上了简易的泥瓦房。

泥瓦房 约于民国末期,入迁境内定居的各支族畲民繁衍的众子孙,安居后为了改变居住条件和环境,家境稍有一点宽裕之后,在原居住区域便实施

“山寮改造工程”,陆续地盖起泥木结构的瓦房。畲民“山寮改造工程”的实施,它既标志着畲民各支族从此在安溪境内永久定居。同时,它也奠定入迁境内之后畲民的发展历史。

(四)出 行

旧时,人们一出门便是山路。山路随山挖掘,高低不平,崎岖的小道俗称“山头路”。 人们走出山外和进城购物,靠的是步行和肩挑、背驮。安溪畲民白天外出时,不论男人女人一般都随身腰缚草刀,行路时可顺手劈去路旁碍人的荆棘、茅草,草刀也可作为防身武器使用,回家时还可顺带割一些茅草喂牛。人们夜行时,燃火篾或松明照明。手电筒上市后,火把改为手电筒。20 世纪 90 年代始,手电筒改用市上购买的光线亮而长、方便、充电式的多功能手提电瓶灯。

二、生产习俗

(一)耕作习俗

1.炼 山

种山砍后的柴草焚烧时,择取属水日进行,意为水可以克火(五行)。在属水日里进行“炼山”可防止引起山林火灾。这一习俗畲族与汉族类同。

2.播 田

汉族人称“插田”。插秧是农活中较高的一项技术。旧时,会插秧技术的男女均被尊称为“播田老司”。插秧季节,“播田老司”常被人请去。

开秧门这天,村民备办三牲、豆腐、米饭、酒等,点烛焚香、烧纸,拜五谷神、土地神,保佑禾苗生长旺盛,没有虫害。祭祀完毕,才可拔秧插秧。

插秧日这天,播田老司天未亮就到主人家吃点心。旧时,还要由十几岁的孩子举着松明火把,带播田老司到秧田去拔秧,每人拔一担秧后才回去吃早饭。饭后,挑秧到田里插秧。插秧之前,由负责照明的孩子站“插竹”蹚平水田,使田平水深,有利秧苗落泥发根。插秧之前,插秧的人先坐在田头休息一会儿。俗话说:“到田头不坐一坐,土地公要打屁股。”遇到大丘的田,要由插得又直又快又均匀的播田老司先下田插“开头手”,余者跟着插第二、三手。插“开头手”者若被其余的人赶过了头是很倒霉的,他就称不上“老司”了。

插秧期间,村民有不同往日的食俗。首先是吃饭的时间。饭前,不管是谁,都要等干活的人齐后一起回家。其次是吃饭时的座位。播田老司吃饭的座位,一日三餐必须固定,不可移动或调位。否则,主人就不高兴,认为播田老司吃饭座位变动了,所插的秋株要漂浮。所以懂得插秧习规的人,吃饭时要先让播田老司坐定之后，方可入席。

插秧这天，主人备酒添菜，款待播田老司，晚餐特别丰盛，曰“播田饭”。主人还把一个熟鸡蛋和两方块猪肉用秧秆串起来，分给播田老司每人各一串带回家。插秧这一天，好客的畲族人要请长辈和老人及左邻右舍吃“播田饭”，来客多了，主人会特别高兴，认为“播田加一口，田头加一斗”。有些人家没养牛，租别人的牛犁田，插秧这一天，要请牧童吃饭，称“牧(看)牛饭”。

3.农事禁忌

立春、立夏、立秋、立冬不种植农作物，作物才能获丰收。

太阳上山后一个时辰(2个小时)内不播谷种，防止谷种蠕动整块秧田。

在秧田周围压烧纸，防止秧瘟侵袭。

忌在秧田开水出口处开始拔秧，防止秧鬼伤害。

下雨天不耘田，防止肥料流失。

割稻前，不用镰刀敲稻桶，不用手摸镰刀口，以防镰刀割手。

自家种子未落泥，不赠他人，以防自家绝种。

种花生时不吃花生种子，防止鸟兽糟蹋。

立夏日用牛耕田，牛蹄会蛀虫；夏至、冬至用牛，牛会瘫痪。

收好早稻，摘完油茶籽，要做糯米粑，酿酒庆贺，称洗稻桶，洗茶子篓。

未过清明，下雨天牛不耕田。

不得跨越猎枪、猎物，不得用鞋板敲打猎物，否则猎神不保佑。

丙丁日不酿酒，这几天酿酒会酸成醋。

初一、十五不许挑粪。

(二)畜养习俗

畲族户户养猪和养鸡，大多数人家还养兔，养羊的也不少。1978年改革开放前，在畲族家庭中，小孩在大人带领下，五六岁时就参与拔兔草，八九岁时单独或与邻家小孩结伴放牛、放羊，或者拔猪草、割甘薯藤作饲料等；畲族老人也参与放牛、养猪等。

畲族酷爱耕牛，平时除白天上山放牛，割草带回家垫栏外，夜间还给牛添加草料。农忙耕田季节，要在牛草料里添加精饲料，并送饲料到田头给耕牛做“点心”，还用米酒、鸡蛋、米饭汤等营养食品慰劳耕牛。

(三)狩猎习俗

狩猎习俗是一种比农业民俗更为古老的生产民俗。随着人类最初的社会大分工的出现，农业从采集业中分离出来，畜牧业也从狩猎业中分离出来。但原始的狩猎活动并未因此而终止。一方面是人类肉食来源的重要补充，另一方面也源于它与原始畜牧业及原始农业之间的广泛联系。

畲族长期居住于山区，狩猎经济比较发达。狩猎不仅可以消除兽害，保护庄稼，获得丰收，还可以弥补农业生产收入的不足。所以，畲民代代狩猎，曾有过"家家皆猎户"的时代。旧时云和各畲村几乎家家户户都有猎枪，猎捕野猪、山羊、山禽等。明清时期，狩猎生产在畲族生产习俗中具有重要的地位。民国时期，由于农业生产的发展，野兽的减少，狩猎已不是一种主要的生产活动，但仍作为生产习俗保留下来，家中保存有鸟枪等狩猎工具，狩猎组织结构也逐渐变化，以个人独猎为多。中华人民共和国成立后，狩猎主要是捕杀野猪等危害农作物的野兽，已成为为民除害活动。

狩猎方法和工具依野兽的种类而采定。弩矢敷毒药，射击野兽无不立毙；设陷阱，捕捉野猪、山羊；制作木笼，内设机关，以羔羊为诱饵，置虎豹出没处捕捉之；或以绳索穿竹筒，一端圈套绕于灵活机关，一端吊于弹弓竹尾，埋入土中，伪装表层，野兽经过脚踩机关，毛竹弹直即拴住，俗称"长脚吊"。通常还采用以铳猎飞禽走兽，烟火熏洞捕捉狐狸、刺猬等方法。

狩猎的方式有个体行猎和组织猎队围捕两种。采用机关、毒饵、熏挖和打夜猎者，多为各自单独活动。捕获猛兽、大兽、群兽，则组织规模不同的狩猎队伍。有时围追猛兽、大兽或群兽，赶过数村地界，各村猎手闻讯也会自动赶来加入，捕猎队伍就会越来越大，多的竟至上百人。

猎手们出发前先要校验枪弹，备好刀器和干粮，扎好腰带绑腿，有的"枪头"(也称"打铳头"，狩猎队自然领袖)还备有哨号。并备三牲、香烛祭猎神，进行问卜，追寻兽踪。有的村庄附近设有猎神庙，祷告"保佑弟子上山铳头落火，铳尾发财"。祈毕，鸣枪数响，由一猎手拔取明香插于枪尖，即带队出发。猎神除射猎师爷外，有的地方还有"蓝大爷""吴三公""七耳猎神"及"××元帅"等。

狩猎成员分为"赶山""守靶"，各尽其职。一村或数村联合的集体狩猎活动，在搜索追寻出猎物行踪后(如辨足印、放猎狗嗅气味等)，枪头即凭丰富的经验判断野兽活动、躲藏或逃跑的范围或去向，即指派老练的神枪手数人预先守候在野兽可能经过的一个或几个山坳、崖脚等把口，并通知其余赶山人一定要把野兽逼入预先设好的包围圈。如野兽漏网从非把口通过，则要马上报信，使枪头好重新组织人马确定战略战术。人多犬猛，野兽惊怕乏力，虽猛兽也在劫难逃。

猎物抬回后，须向猎神祭拜，表示感谢神灵护佑助力。接着鸣枪数响，以庆贺胜利。最后再分配猎物。

猎物分配遵循规矩。第一枪击中者谓打头铳,打头统者得兽头兽皮,不剥皮的野兽则加一部分内脏和一只后腿弯回之处的半爿躯干的肉(约野兽躯干肉的四分之一);野兽未立毙而补上二铳的得兽颈;打三铳的是按其余部分所有的人均分的两份;野兽打倒而四肢尚未捆起前赶到的人也可分得一份。猎狗也参与分得一份。村中有孤寡老弱、丧失劳动能力者也分给一份。谁打头统、二铳,还要剖取猎物身上的铁弹验证。若是头统铁弹擦皮而过,兽身找不到他的弹头(不构成致命伤)则不算数,二铳则为头铳。若是猎得较小的野兽,则头铳得头,二铳得颈,其余均分,不取第三铳。内脏烧好大家共吃,但要割一些喂猎狗。头铳和二铳还可分得一份。若是小野兽,一般都是头铳割一斤左右的兽肉烧好大伙同吃,俗称"散野神"。畲族的猎物分配方式,还带有若干原始公有的痕迹。

打猎最好的季节是冬季。冬季农事少,人们较空闲,而且禽兽长膘,皮毛值钱。此时常可见个体的夜猎活动和集体的狩猎队伍。如发现或闻悉野兽伤害人、畜或糟蹋农作物,猎手们迅即丢下手头活不召而来,也无须祈神、无分冬夏。他们是畲乡的义务保卫者,深得畲民敬仰。若是有人在行猎中被野兽所伤,众猎户都会出资出力为伤者治疗分忧。

三、岁时习俗

(一)节日习俗

过 年　早在阳春十月逢甲子日,畲汉两族村民以糯米红曲酿酒,称"过年酒",年前做"黄粿"和"麻糍",以备招待客人。除夕称"三十晚",供奉香火称"辞年"。吃年夜饭叫"食隔岁"。年夜饭后,要捞蒸一甑米饭,叫"煮隔年饭"。晚上,灶前火炉塘焖一根大而干燥的柴头,昼夜不熄,谓"隔年火种",又说预兆来年养得大猪,故称"煨年猪"。将"麻糍"吃去一部分,剩余进仓锁好,元宵取出,预兆"有吃有余"。

新年初一,祭祀香火称"做新年"。三牲供品先祭天神,后再朝里点香祭祖先,谓"奉祖宗"。也有除夕夜半点香烛,鸣鞭炮,迎新年。上午不扫地,家中忌来外人。天蒙蒙亮,有的孩子争先跑出去摇毛竹,据说"有如竹笋一样快长大"。有的男子天未亮就敲着竹响板绕屋前屋后"呱呱呱"驱逐瘟神,除病消灾。初一下午开始,男子搓草鞋,女子织彩带。如果天晴,户主亲自放牛出栏,按吉利方向,东出西回或北走南归,谓"游乡"。

除夕过后，至正月初四、初五日这两天为“年满”日，意为年已经过完了。畲族人要举行“送年”活动。届时，家长早起扫地，燃香烛，放鞭炮，将家里从初一日至初五积起的所有垃圾送至路口或路头等安全僻静处焚烧。有些人则口念道“新年过了，初四过了初五来，人人都讲年驾开，送你年神上西天，凶神五鬼出远乡，伤风咳嗽不转口，一年四季太平清洁”等吉祥语（此类吉祥语有些人念，有些人不念）。

正月，畲民作兴同来客对山歌，称“唠歌”。以此作为娱乐活动。

三月三　逢农历三月三，畲民家家取松针和糯米蒸煮之，饭乌黑色，叫“染乌饭”。认为吃了乌饭上山不被蚂蚁咬，格外有力气。俗称“乌饭节”。

四月八　谓“牛生日”。旧时，牛生日这一天，天刚蒙蒙亮人们就把牛放出去吃嫩草。这一天，牛不耕田，以示对牛的爱护和敬重。

清明节（祭祖节）　畲汉两族清明节民俗活动基本相同，主要是踏青采集与扫墓祭祀。妇女、小孩走向田间地头采集“蓬草”，摘取其嫩茎叶洗净晒干或青拌入米粉放甑蒸熟再放臼舂制成“清明粿”，作为清明节特色食品。也是清明节扫墓，祭祖所用的“冥斋”。清明节的祭祀有两个场所：要在老屋厅堂祭祀已合入所供香炉的列祖列宗，也要在扫墓时祭祀入葬该坟的祖先。扫墓祭祀时间可灵活安排，可以在清明日前三后四这 8 日进行，既要清扫坟墓表面的杂草异物，又要祭祀神明与祖先。要备办牲礼与香、烛、金、银、魂衣纸钱。扫墓还要在坟山围圈上挂上纸钱，并用小石头压上，这是标志坟地四至范围，也是表明该墓已祭扫过。中华人民共和国成立后，开展祭扫烈士墓活动，进行革命传统教育。

立夏节　立夏时节，安溪农家一般都吃“立夏羹”（配以精肉、墨鱼干、豌豆等佐料的米糊）。

五月节（端午）　畲族与汉族基本相同。人们认为菖蒲代表门神剑，艾草散发清香，故每年端午节，人们都会购买或采摘菖蒲和艾草扎成一束，挂在厅堂大门的门神处用来避邪祛秽，买些雄黄掺入白酒，相传饮后可解百毒、强身祛病。小孩子不喝酒，大人会把小孩子额头涂上雄黄，传说抹上雄黄，可避山林蛇虫侵害，保持体魄强健。粽子是端午一家人聚餐必备食物，当地村民把草木灰用沸水淋出碱水用来浸米制作粽子，以箬叶包粽子，以染卵草（一种清热解毒草药，汁红色）煮蛋给小儿吃，谓之“赤卵”。给小儿吃后，能预防生疖子。汉族人煮蛋则用“野烟”（一种清热解毒草药，煮蛋之俗畲汉两族延续）。畲族人还用龙须草编织成网袋，挂于小儿胸前避邪（此俗消失）。

旧时，畲族有“人歇五月节，牛歇四月八”之俗。劳累一个春天的人们趁端午节放松一下，因此，一般人都在家里休息不劳动。

六月六　六月初六俗谓狗生日，当地民间传说："六月六土地公晒银。"这一天，若是晴天，挨家挨户都翻箱倒柜，暴晒冬服、棉被、书籍等物品，以防虫蛀。

尝新节　20世纪80年代以前，安溪畲汉村民在小暑和大暑之间，都要过尝新米这个特殊的节日。村民在早稻收割前，将八九成熟的稻谷收割少许，脱粒、晒谷、碾米。择个黄道吉日，用碾好的大米煮尝新米。五月"辛卯"日，六月"甲辰"日都是新米节，也有的人家不择日子，何日有新谷登场就何日尝新。"六月天天人尝新，十二月天天人娶亲。"旧时，畲族人过尝新米节时，若是新媳妇人家，届时，新媳妇回娘家去把长辈和同辈都邀请来品尝新米饭。夫妇栽种的瓜果豆菜，都等到新米节收获，供娘家人品尝。娘家人到得越齐，新媳妇越体面。倘若届时新谷未黄熟，煮新米饭则以三株谷穗和老米煮之。新米饭奉天神后，得请长辈或家长先尝新。有的送米汤喂牛，认为新谷收成有牛的功劳。

七月七　农历七月初七是乞巧节，又称七夕节、女儿节，传说牛郎织女此夜在鹊桥相会。晚上，大人教小孩指认牛郎星和织女星。此节，外公、舅父给外甥孙、外甥送"巧舌"，俗称送"七月七"。巧舌是舌形面制甜饼，外粘芝麻者为"麻巧"，制成薄片者称"烘烧"。首次送最隆重，须送足十二种：椒盐巧，以椒盐为佐料，属巧舌中最美味者；珍珠巧，细而小，撒满芝麻；松巧；麻巧，较粗；双麻；马跟酥，一种菱形油炸面食，上撒芝麻；油酥，又称小儿巧，制成小孩状；饼干；菊花饼，形似八瓣菊花；杏圆饼干，以蛋为主料，一面平，一面半圆形；薄脆；炒米糕；白糖炒；玉兰片，俗称丰收，用年糕切片油炸，略透明。此日，家长剪去小孩手脚腕上"五色长命缕"，缚于巧舌，掷于屋顶，说是让喜鹊衔去搭鹊桥，供牛郎织女夜间相会，称"换巧"。又有女孩在月下穿针赌赛的"乞巧"习俗，向织女乞巧，希望成为能织善绣的"女红妙手"，此习俗今已消失。

中元节　即农历七月十五日，俗称"鬼节"。汉族人有炊米糕(千层糕)，摆香烛祭祀祖先之俗(俗称"做祭神")，世代延续。但畲族没有此俗。

中秋节　八月十五畲族俗称"团圆节"。届时，全家老少相聚，若无故不到，要做"失踪"论处。旧时，外公或舅父要给外甥孙或外甥送月饼，谓送"八月十五"。小孩把小的月饼先吃了，最大的月饼留到中秋节晚上祭月。把月饼放在茶盘里，插上3炷香，捧到自家门口埕放在围墙顶上月光下赏月。等香燃焚完再切分全家人吃。现在过中秋节全家人团圆，要烧一桌好菜聚餐。

重阳节　农历九月初九重阳节，是中国传统节日。畲汉两族人民在这一天出游赏景、登高远眺、观赏菊花、遍插茱萸、吃重阳糕、饮菊花酒等活动。旧时，重阳节畲族人家捶麻糍吃麻糍，以示庆贺丰收。畲族人把农历九月十九日，称为“重阳儿”。把农历九月廿九日，称为“重阳孙”。逢“重阳儿”时节，开展村邻亲友互帮收种活动。至“重阳孙”时，趁秋收后稍有一点农闲的时间去走亲访友，共话桑麻。1989年，中国把每年的农历九月九日定为老人节，倡导全社会树立尊老、敬老、爱老、助老的风气，因此重阳节又多一层新含义。

冬　至　汉族人称“过小年”。旧时，把过冬至节视为过年。冬至节要买猪肉、做豆腐。除了晚餐丰盛外，还要举行祭祀祖先活动。畲族人则要进行捶麻糍活动，以示庆贺“小年”，此俗畲汉都至今延续。

（二）生育习俗

畲族妇女有传统的勤劳美德，在家庭中地位较高，所以畲民遗弃女婴的现象极少。畲族认为不一定要有亲生儿子才叫传宗接代，有女儿，招个儿子来（招婿）也一样，儿女都是领养的也可以，只有无儿无女的孤老才叫“绝后”。境内汉族也有相同习俗，洪氏宗谱就明确禁止溺女婴作为族规记载。

畲族对生儿育女非常重视，从怀孕到孩子长到十六岁（叫“出花园”）都有一系列的习俗活动。一旦知道妇女怀了孕，家人就对她加倍尊重和照顾，并有许多禁忌。如忌孕妇看戏，因戏服五彩斑斓，动作缭乱，怕会动胎气；忌看丧葬出殡，怕相冲；忌正面朝裁缝师傅剪布，怕生出婴儿兔嘴样豁口；忌入别人产房，戒污秽；忌坐门槛，怕出生婴儿会抽筋等等。产妇都要休息一个月，月内产妇忌吹风，忌吃生、酸、冷食物；三餐主食是白米饭，忌食红薯和竹笋；菜以鸡肉、瘦猪肉、鸡蛋为主，一日三次点心，都是鸡蛋或鸡肉，要用菜油煮，认为菜油祛伤，少放盐，加红糖、姜和上等红酒，注重热性带补，忌食寒性食物。在这个月内，亲戚朋友村邻都给产妇送鸡蛋、红糖，一般是鸡蛋20—30个，至亲还要送嫩鸡等，给产妇送食物叫“送生母”，体现了民间互助精神。

怀孕断定　在旧时没有B超的年代，一个女人怀孕出怀（有肚子）后，人们往往会猜测她怀的是男还是女时，流行着一种说法：只须看她挺的肚子，若是肚子挺得高高的，且略显尖状者，怀的一般是男孩。肚子挺得低者，怀的一般是女孩。

催　生　旧时，女儿怀孕足月后还未出现临产的征兆时，为娘的即送“催生饭”（米饭一碗，加菜和煮熟剥壳鸡蛋2个）去给女儿吃。到了女儿家时，若进门时见女儿在走动着，说明女儿临产期在即。若进门时见女儿在凳上坐着，说明临产期还是个未知数。

接　生　孕妇到足月时一旦阵痛，丈夫就要赶去叫接生婆，邻舍妇女都来陪产妇。过去,接生婆都用土法接生,生男用笔杆断脐带,意为长大后会读书;生女用破开的吹火筒竹片断脐带,意为长大后会管家理财。扎好脐带后,用温水将婴儿洗净。以往有给婴儿缚手的习俗,产妇用红头绳将婴儿手往背后扎一个时辰,意为缚过手,孩子长大了不会糟蹋别人的东西,所以畲村对手孽的小孩有句骂话:"你娘生你未缚手!"

报 生 孩子出世后,女婿挑上一壶酒和鸡蛋去丈母家报喜。若是男孩,酒壶嘴则用红纸塞住,丈母娘一见女婿挑去的酒壶便知外甥是男是女了。届时,丈母娘烧煮女婿挑来的鸡蛋招待各位亲房,意为向大家报喜。吃了鸡蛋的各位亲房即做好了去贺喜的准备。畲汉两族类同,此俗延续。以往,婴儿出生后,一般人家都行"请夫人",就是请产妇保护神——陈夫人保佑产妇和婴儿安全,也是告知祖宗先人本日某时出生了男孩或女孩。有些人家还向陈夫人许愿,那么,就要在"出花园"前某年还愿,叫"谢夫人"。

洗三旦 孩子出世后的第三日称"三旦日"。旧时,在"三旦日"时,接生娘用艾叶、菖蒲草(两草芳香,杀菌,可入药)煎煮的水给婴儿进行人生第一次沐浴,谓之"洗三旦"。"三旦"这一天,主家设酒宴宴请前来贺喜的诸亲好友。酒席时间逐步改为产妇满月之后的"满月酒"。

坐月子 女人生小孩俗称"做生母"。女人分娩后要在家里眠床足不出户调养一个月时间,谓之"坐月子"。在"坐月子"时间里不能刷牙,不能洗头和洗澡,以免患上"生母风"(一种妇科病)。食物一般三餐一点心,营养品以鸡肉、蛋丝(红)酒为主。调养一个月后,谓之"满月"。"满月"后,方可走出房门自由活动。

满月时,给孩子第一次剃头,剃完头要给剃头师傅递上早就准备好的红包。母亲用煮熟的鸡蛋在婴儿头上滚动,意为希望孩子头能长得鸡蛋一样圆平饱满。滚过头的鸡蛋给邻舍孩子吃,期望孩子今后气量大,会分吃。到周岁前,忌食猪油或肥肉,主要是怕拉肚子,有的人家还忌食鸡蛋,说是怕孩子以后讲话不囫囵。周岁时杀鱼等荤食给孩子吃,叫"开荤"。

满月后,带孩子出门,兴用自家织的水巾(背带)背。水巾为一丈来长尺把宽以精纱织的长带,染蓝色,两头经线留尺余长结璎络。没有织水巾的人家买块蓝土布代替。冷天还加大人衣服或棉袍披上保暖。

小孩会站立之后,吃饭时有专用站桶,下大上小中有隔板的圆木桶,冬天可在站桶隔板下置火盆保暖。大人边吃边给小孩喂饭喂。等小孩会坐着自己吃了,桌靠壁的位作为小孩吃饭专座。

每年端午要用茜草根染红鸡蛋给小孩吃，茜草有防止睾丸损伤作用；经常会用啪啪籽根（草药）熬乌豆给小孩吃，以活血防肝炎；有蜂蛹、蚕蛹、葛藤虫都炒给小孩吃，以祛风消食。

认亲娘　为了让孩子能一帆风顺健康地成长，在孩子长到两三五岁时，择“七巧日”摆全鸡等祭品、点香烛，孩子叩拜神女、大树、巨石为亲娘。祈祷它们会给孩子带来好运，庇佑孩子健康成长。而畲族人还有拜太阳的习俗，认为太阳是万物之神。当孩子年满16周岁成人时，要给“亲娘”还“愿”，以报答庇护的恩情。还“愿”日子择在“七巧日”，届时，祭品的全鸡要用两只供之。认亲娘之俗，汉族大同小异，此俗延续。

（三）人生礼俗

人生礼俗在民国以前比较盛行。中华人民共和国成立后，特别是1978年改革开放后，畲汉两族同样，婚姻形式旧俗逐步革新，婚姻礼仪只有部分保留，畲族婚礼只在表演时出现。

1.婚庆礼俗

（1）婚姻制度

族内婚　辛亥革命（1911年）前，安溪畲族乡境内畲族族内同姓尤其是同宗祠不婚，蓝、雷、钟姓可以互相通婚。严禁与异族通婚曾是畲族内部族规，故旧谱上记载的畲民婚配关系都在蓝、雷、钟、姓之间。个别嫁入女性有汉族，那是因为这些人属于既有汉族血缘关系，也有畲族血缘关系的契亲，从畲俗，讲畲语，也被认为是畲族。畲族青年男女素有自由恋爱传统，对歌成婚是畲族先民习俗，男女双方婚姻有绝对自由权。只要两相情愿，父母便托媒人说亲。婚礼宴请来宾之后，新婚夫妇便相携入山，至极幽邃之处恣情谈笑，尽一天之欢而归，夫妇名义始告成立。民国前后，男女双方对婚姻只有相对自由权，如父母不予赞同，婚约即告无效；即使父母同意，若生辰八字不合，仍不得婚配，至于唱歌入山风俗，除居深山者外，均已不复存在。中华人民共和国成立后，通过《婚姻法》的贯彻执行，由赛歌而建立感情的较多，父母包办、媒妁之言相对减少。在对歌互相了解基础上，男方父母托媒人到女方讲亲，女方父母提出相应要求。如双方父母都同意，女方就到男方“看人家”，然后通过媒人决定礼金，男方选吉日“下定”“送日”。到了双方都合结婚年龄，男方再择日结婚。

族外婚　辛亥革命后，破除这个族内婚习俗。中华人民共和国成立前，受传统观念影响，畲族婚姻父母包办现象比较严重，仍然有少数人与汉族通婚。中华人民共和国成立后，随着民族平等团结和谐政策的执行，畲、汉两族之间通婚渐多。改革开放后,畲汉两族青年男女基本上都是自由恋爱,婚姻自主,已革除父母包办婚姻状况,畲汉两族间通婚已经十分普遍。因中国共产党和人民政府在畲族升学、就业等方面有诸多优惠政策,故汉畲联姻者子女既可从畲族为畲族姓,也可以为汉族姓。

(2)婚姻形式

童养媳　早年贫穷的人生女儿无能力抚养，就送给有儿子人家当童养媳。待孩子长大成人婚配为夫妻。中华人民共和国成立前,童养媳风气较盛。此俗畲汉相同,中华人民共和国成立后,人民政府颁布"婚姻法",童养媳风废止。

子媳缘亲　父母皆无生育,抱来女儿招弟,姐与弟年龄相隔一二岁,长大两者同意,结成夫妻,这样叫子媳缘亲。

嫁 女　女子嫁于男方,男方出聘金给女方,凡嫁出者,女方父母留给在家的兄弟姐妹照顾,此俗畲汉相同。

嫁 男　由女方出聘金财礼,男入赘,谓"当儿",俗称"招子婿"。改革开放前,某家只有女儿、没有儿子,便选招一位家有多个兄弟、经济条件差、无钱娶老婆的男青年与自己女儿成婚,男方无需改名换姓,只暂时帮助料理女方目前家事务,婚后有男孩出生,便留在女方牵自家家谱"红基线",继承本家遗产。此俗畲汉相同。

两头家　婚后男女双方轮流居住,共同担负双方家庭生产,共同赡养双方老幼。此俗只在畲族盛行。

旧时,汉族重男轻女,妇女地位低,男人有一夫多妻现象。而畲族妇女一般都能参加劳动,自食其力,比汉族妇女地位高,家庭都是一夫一妻制。

(3)婚姻礼仪

合 双　为旧时最简单的婚礼仪式。不择所谓的吉日良辰,不排酒筵请客,趁除夕夜时举行婚礼的称作"三十寐(夜)完亲"。届时,新郎新娘着新衣,同坐一席,各吃一碗面。家主鸣鞭炮祝贺,宣告婚事办成。左邻右舍闻声前来闹喜,新娘泡茶、新郎敬烟,并端出干薯片、瓜子、花生、炒黄豆等当"新娘饼"招待客人。 热闹一番后,婚礼结束。此俗仍因旧时畲民生活贫苦而行之,且盛行。中华人民共和国成立后,生活逐渐富裕,此俗也逐渐消失。

说 亲　旧时,畲族男女青年不受"父母之命,媒妁之言",却以歌为媒,双方产生爱情后结婚的不乏其例。但大多数人仍是受于"父母之命,媒妁之言"。男方(父母)经过察访看准了某村某个姑娘时,请媒人到女方家去提亲。经过媒人去三次之后,女方父母才会做出同意或不同意表示。谓之"成不成,三转(次)成"。

定亲 旧时，经过媒人的说合，女方家长表示同意后，媒人受男方之托再次到女方家议定迎娶时女方所需的聘金、衣物以及酒筵菜肴的数量等。双方议定后，男方即择吉日按女方亲房中叔伯等人的户数各敬送一份“定亲礼”(旧时，每份礼品为白鲞、索面、饼干各1斤)，然后女方家长将女儿的“年庚”(出生年月和“八字”)交给男方，以便择日完婚。

送日子 男方按照女方的“年庚”挑选好结婚的吉祥日期后，即由媒人带领婿郎(女方未来的女婿)亲自到女方家送上结婚的日子的婚帖，并送上糯米和红曲以供女方家酿酒之用。返回时，未来的岳母赠送一个拦腰(围裙)以示回敬。

迎亲 畲族人在婚期前一天，由男方家邀请来畲族中的山歌手担任“赤郎”，一起组成的迎亲队伍挑着礼担来到女方家迎娶新娘。迎娶时，要进行许多传统的礼俗活动。例如，拦赤郎、脱草鞋、杀鸡罚酒、借镬、举位、见新、唠赤郎等一系列令人捧腹，充满喜气的热闹场景，为姑娘出嫁的节日增添极其浓厚喜庆的气氛。

拦赤郎 作为领队的赤郎一般走在迎亲的队伍前头。行至临近女方家门时，早早等候在大路两旁的一群姑娘手拿杉树枝(刺)列队堵住道路，如果赤郎不给众人散红包儿(小钱)，迎亲的队伍就别想通过。一路走，一路拦，几番嘻闹后，赤郎把早已准备好的红包儿撒给众人后，迎亲的队伍才能够“顺利”地进入女方家大门。

脱草鞋 旧时，迎亲队伍的人脚穿的是草鞋，到达女方家之后，女方家首先向客人除了先敬茶、递烟招待外，即以点心荷包甜蛋款待。意为客人可脱去草鞋小憩一下，以解路途跋涉之劳顿。请刚入门的迎亲队伍的人吃点心，谓之“脱草鞋”。

杀鸡罚酒 男方迎亲时，带有一只供新娘出嫁时祭祀其列祖列宗的公鸡来，公鸡须由“赤郎”来宰杀。宰杀公鸡时(鸡血要用碗盛着)，女方家的众姑娘和旁观者又要进行一番嬉闹。众姑娘故意你推我撞来妨碍“赤郎”杀鸡，想方设法使“赤郎”宰杀公鸡的血溅到碗外去。如果鸡血溅到碗外一滴，“赤郎”须罚喝酒一碗。

借镬 借镬(锅)是畲族传统婚嫁中的重头戏，内容丰富，活动时间长，为婚嫁活动增添了极其浓厚的喜庆气氛。迎亲的队伍到达后，女方家的亲朋好友当天要吃一席由男方送来的菜肴所烹饪的喜筵(晚餐)。但是，晚餐烹饪所需的一切炊具须由“赤郎”出面向女方家借用。因此，迎亲的队伍在女方家午餐后稍憩，借镬便活动开始。活动地点：女方家厨房。

在借镬活动中，男(方)女(主家)双方所有问和答的语言都以畲歌来沟通，以歌代言。“赤郎”端着桶盘，盘中置放一对点燃的红烛，一包索面，一刀猪肉，一双绑腿布和一只鸡，恭敬地站立在女方家的灶前，女方家的一群女人则站在灶后。“赤郎”向她们行三次作揖礼后，借镬开始。先吟诵借镬歌和词(白)。歌词须吟诵两遍，谓之“好事成双”。

歌曰：

阿姨嫒母灶前坐，食酒人客亦来多。

借问元(原)先古人礼，元(原)先古礼是亦何？

词曰：

古礼在先，浅学赤郎，多在山林，少见书堂，口源来短，礼难周全，若没借着，多多见谅！

又：各处各乡风，各处礼俗不相同，今日来到亲家乡，亲家住的好田场。

门前麒麟对狮子，寮后金鸡对凤凰，
龙虎相会对寮场，观音坐莲对中堂，
金字门楼八字开，赤郎借镬上门来。

以上念毕，然后念借用各类所需炊具略带谜面较为形象的谜语句子：

四四方一拼墙(锅灶)
中央开出大龙潭(大锅)
铜镜双双对月光(锅盖)
金鸡洗浴海中央(木勺)
三脚落地火焰山(风炉)
两耳朝天喜洋洋(两耳锅)
青龙引泉茗茶香(茶壶)
仙女点香来洗塘(竹刷)
鲤鱼扳白凑成双(菜刀)
黄龙载水东海上(水桶)
山林落木四角方(切菜板)
凤凰伸腰五味香(锅铲)
丝网落海捞珍珠(爪篱)
九龙高山云雾迷(饭甑)
金童举掌开火路(火铳)

玉女吹箫笑眯眯（吹火筒）
锡做将军坐木台（酒壶）
五龙载水落凡来（饭捞）
江西兰花金玉盏（碗、杯）
象牙银钗成双对（筷）
又借一对光明树（蜡烛）
人客常来好安宿（床铺）
使用家伙都储落，食饱好唱哩啰乐（对歌）
请我阿姨领花盘，新生儿子中状元。

“赤郎”吟诵借镬歌和词（白）时，围观的人群故意推来撞去，使“赤郎”歌词吟错或遗漏。吟错或遗漏一句，那么（炊具）就少借一件。吟时如果灶后女人们不接应，还须再吟第二遍。灶后嬉闹的女人们听到长辈说“礼俗周到”时，才会接过“赤郎”手中的桶盘。此时，“赤郎”迅速地把一刀猪肉放入锅里盖上锅盖。如稍有迟疑，女人们便会将砻糠或纸屑等撒入锅里。如果锅里被撒进了东西，无论多少次，“赤郎”都须将锅清洗干净重来。“赤郎”在灶前生火时，女人们故意把柴草用水淋湿，使“赤郎”生火时被烟熏得直流泪，众人乐得直至“赤郎”把灶火点燃烧旺为止。（此俗现今有些人家延续，有些人家就简。）

举盘说花　婚嫁的宴席设在午时，俗称“正除酒”。“赤郎”在宴会上手捧内置猪肉一刀、鸡一只、银镯一对、红烛一对的桶盘，唱起吉祥的山歌穿梭于宴席间。此时，席间的各位长辈、亲朋好友把早早准备好的给新娘的“红包儿”放入“赤郎”端的桶盘里，结束后，再由“赤郎”去“见新”时交给新娘。

“见新”习俗现已基本消失，现今大多数人家改新娘由父母、伴娘陪同与筵席上的宾客见面，并选一歌手端桶盘兼唱山歌来收红包。

举　位　即安排席位。旧时，按照畲族传统习俗，新娘在出嫁的前天，除大排喜筵外（午餐正厨酒），还要举行晚宴请祖父母、伯父母、外公、外婆、舅父母、叔公、叔婆等长辈。晚宴开始前，先由“单门赤郎”手捧花盘恭恭敬敬地上场请各位长辈按大小辈分的席位入座，念道：

奴人是奴人，奴人出来倚中厅，蝴蝶采花团圆闹，桌上食酒会六亲，礼是原先古人立，一女上门九代亲，先请上辈公白又公白，舅公又姑公，姨公又伯公……请诸位筵上就座。

见　新　晚宴中，新娘由一群姑娘陪伴，端坐闺房等待“赤郎”前来敬送午宴上诸亲送给她的红包儿。此时，“赤郎”同两个“赤郎子”（赤郎的陪伴）一道

把在宴席上"举盘说花"时客人送给新娘的红包送来。至门前时,恭敬地向新娘施礼后吟道:

见新人,见新,感谢各位好六亲。

乃好竹生好笋,三年过了竹成林。

桃花红、李花开,金银财宝进门来。

四角罗裙八面开,八幅罗裙结成对。

开的好花结好籽,洞房花烛夫妻一百岁。

念毕,单门赤郎 腰系好大手巾,两个赤郎子拉住大手巾,房里的姑娘们即刻冲出房门抓住赤郎往房里推,赤郎用脚抵在门槛上不肯进门,两个赤郎子拉住大手巾配合往外拉。你推我拉嬉闹一番后,赤郎礼让愿罚酒认输,然后给新娘送上红包,"见新"结束。此俗现已消失。

唠赤郎　赤郎一入席,便传来女方家客人唱响的阵阵山歌,催促赤郎赶快对歌。赤郎即回唱道:

罗亲唠歌坐厅堂,赤郎食饭无闲唱,

等我赤郎饭食饱,饭乃食饱再来唱。

晚宴一结束,双方即摆开阵势长夜对歌。对歌时,赤郎既要做到谦虚礼让,又要使歌声能征服人们,如果歌唱得好,女方家的客人便不敢为难他,以礼相待。如果既不谦虚,歌也唱得不好,便会受到女方家的客人奚落和戏弄,给他脸上抹上锅墨。一起一落地对歌唱至新娘"出门"的时辰为止。

行嫁　旧时,畲族姑娘出嫁时,按照地理先生择取的出门日子和时辰出嫁。时辰一般都选择在凌晨天未亮之时(主要原因是:旧时无车辆要徒步,并且须按照既定的入门时辰赶到夫家,同时行嫁所经过道路干净,无过路人冲撞,一路行走顺利。此俗汉族类同,行嫁时,新娘撑伞,脚穿串铜钱新草鞋,行路叮铃作响,新郎同行,迎亲的队伍一路山歌。

民国中期,因官府禁止畲民穿戴传统服饰,因此,新娘出嫁也只能是着便装而行。但随着时代的变革,新娘出嫁改徒步为坐轿之俗兴起。坐轿时,轿前左右灯笼各一盏,轿子后面悬挂八卦或铜镜或剪刀尺子忌邪。此俗延续至20世纪40年代末止。

20世纪50年代始,提倡移风易俗,新娘撑伞徒步至新郎家。"文化大革命"期间,婚礼一切从简。1978年改革开放后,迎新娘用小轿车,而且用车档次不断地攀升。

嫁妆　旧时,畲族人给女儿的嫁妆一般人家是箬帽、蓑衣、柴刀、锄头、刀鞘等生产用具。家境好的人家除此之外，还有木犁和铁耙，甚至还有耕牛。

陪嫁的耕牛俗称“踏路牛”。牛头披红挂彩，走在迎亲队伍的前面开路，谓之用牛踩踏去路上的所有一切“晦气”。（此俗汉族类同，但早已消失。）

随着时代的变革，给女儿的嫁妆也随着时代而变换。20 世纪 60—80 年代嫁妆的大件是缝纫机、三门柜等。改革开放后，富裕起来的畲汉两族人家给女儿的嫁妆的大件是彩电、洗衣机、冰箱等。有的人家则是小轿车。

2.丧葬礼俗

畲民各支族入迁安溪境内定居后即入乡随俗，同当地汉族人一样实行土葬法。例如定居于青石岩的蓝谨传，死后便安葬在青石岩垄上土名“落山蛇”的山脚下。但葬仪畲汉两族有着较大的差异。

（1）丧葬准备

墓地选择　境内汉族人历来有建造“生基”（生前做的坟墓）的习俗。畲民各支族入迁境内后，一些人也效仿当地汉族人的习俗，在生前建造“生基”。不管临时选择墓地或建造“生基”，事先都须请地理师看风水选墓地，方位、五行必须与逝者年命相吻合，切忌“山头”克“年命”等。

筑　坟　墓穴，俗称“圹洞”。旧时，墓穴一般人采用泥洞穴，富裕人家为防止泥洞坍塌另加砖块拱筑。现在人们生活水平提高，建造“生基”时泥洞内都另加砖块拱筑。墓有单穴和双穴之分，单穴俗称“单腔”（墓），夫妻合葬墓俗称“双腔”（墓）。

墓　碑　一般采用不易风化的青石（花岗岩）打造。碑体造型有大有小，小的尺寸为 0.45 米×0.70 米（俗称“小五块”或“立支香”）。大的尺寸为 0.80 米×1.10 米（俗称“大五块”）。豪华型有“小八字”和“大八字”（墓面碑体附加建筑）两种。“小八字”占地宽度约为 2.80 米，“大八字”占地宽度约为 4.60 米。有简朴有豪华，根据其家境承受能力所定。

旧时，“小八字”和“大八字”（墓面碑体附加建筑）只有富裕人家才拥有，一般人家常见的是“小五块”或“大五块”。不论是“小八字”还是“大八字”的夫妻合葬墓但墓碑同立一块，碑文上男书某某公，女书某氏或“妣”之墓字样。碑文正中一行字必须通“黄道”。黄道是用“道远几时通达，路遥何日还乡”这十二个字去套，轮回循环，最后一字落在带“走之底”的字上才妥。

墓碑石 20 世纪 90 年代前，以人工打造。90 年代始，逐渐流行采用机割造型、碑文电脑雕刻工艺后，出现了夫妻合葬墓双方各立碑一块之俗。

碑　文　“大、小五块”“大、小八字”墓碑碑文书法皆楷书，直排式。而“大、小八字”墓碑主要内容(逝者名讳)则用横排式。无论“大、小五块”或“大、小八字”字体雕刻均为阴刻。20世纪90年代始,墓碑采用机割造型、碑文电脑雕刻工艺后,字体采用电脑中的楷体行书或隶书。

旧时,封建社会重男轻女的思想也同样表现在碑文上。祭祀墓的人物碑文上只款男丁名字(祀男),不款女子名字,意为女子无权享受祖上的庇佑和“风水”的传承。如果逝者膝下无子,只能书以侄子等人之名。

20世纪90年代始,墓碑采用机割造型、碑文电脑雕刻工艺后,一举打破人们上千年来封建社会重男轻女的观念,碑文落款时,男女平等。

(2)丧葬程序

报丧 大人(父母)死了,首先向娘舅及亲房叔伯报丧,其次报土地神(畲族)。请地理先生挑选殡殓的时辰,选择坟地和出葬日期,然后即向远亲报丧。

长辈逝世后,晚辈要将上衣反面穿,以示戴孝。长子向村邻报丧,见村上所有大人不论男女均要下跪,村邻马上来帮助操办丧事,并送柴、米、油、盐、菜、豆等。有娘家的要由孝子去报丧,穿麻布孝服,头戴白帽,腰扎稻草绳,急步赶路,叫“赶娘家”,以便为死者穿寿衣,防止死者死亡时间过长尸体硬化,难以穿上。

买水洗浴 逝者穿寿衣前,邻里相帮敲锣打鼓,放鞭炮,哭歌,放路纸。孝子撑伞抬水桶,孝女若干人各燃一炷香,跪在河边,由一位老者对“水河神”念咒,舀水五勺,倒入水桶,并将五个铜钱丢入河中,意为“买”来五方清水。回来沿路哭歌,其中一首是:“子孙买水落坑门,捶锣打鼓叫纷纷,买水洗浴好殡殓,洗了干净见祖宗。”然后上锅烧热水,孝子提盆用白布或毛巾浸水拧干给死者象征性洗浴。边揩边念:“上身洗了下身光,干干净净见阎王。上身洗了洗下身,干干净净见大人”。“浴”洗好后,再给逝者穿上寿衣。(此俗延续,汉族之俗大同小异。)

殡殓 殡殓前,先在棺底铺上木炭后再铺上篾帘和寿席。尸体放入棺内后,盖上寿被。然后将十只炉灰粽,一株桃枝,一个钱包置于棺旁。认为人死后到了地府过黄泉岭和奈何桥时,用粽子骗狗,以免被狗咬。桃枝则是驱狗之用,以免被狗咬。入殓后,若是春夏响雷季节,在棺材背放一块带泥的草饼以防雷。

灵堂 棺材置放在中堂,棺材头前置香烛、篾做纸糊灵屋或画屋“灵堂”。或棺材头前竖一竹帘,贴上大位名,榜头男写“望乡台”,女写“安乐宫”。功德道场设“师爷间”,师爷间正壁挂三清玉皇老君及师爷像,两边挂左右营兵马图，前廊柱挂金鸡、玉兔，廊楣挂长幅“祖图”，大门挂守门将军。在天井竖一支有枝叶的毛竹，毛竹上挂一条与亡者寿数一样长的白布(一岁一寸)，贴上黄纸书写的诏书，称“装诏竖壁”。

接娘家　畲族人母亲逝世后，其娘家接到报丧后，即组织队伍前来悼念。孝子孝女等人人秉香一支聚集在大门口前或路口迎接，并在迎接地用桶盘摆上一碗肉，一壶酒，点燃香烛恭候。娘家的队伍到达时会先鸣鞭炮通报。届时，孝子孝女即哭歌跪迎。谓之“接娘家”。

娘舅或娘家代表接过孝子递上的酒，洒地后念道：“孝男孝女，跪在金地，啼啼哭哭，侧耳听明，今因××省××县××村×××堂上家父(母)大位×××郎(娘)福寿完满，保佑孝男孝女：

一进人丁兴旺，二进财富归门，三进房房发富，四进金玉满堂，五进五谷丰登，六进子孙有官做，七进寿比南山，八进八仙过海，九进九子十三孙，十进十子中状元，荣华富贵万万年”。

念毕，上前一一收起孝男孝女等人所持的香，并扶起跪着的孝男孝女。娘家队伍进入灵堂后，即把刚才收集的香插入为逝者所立的香炉碗中，在灵前作揖后围棺哭歌。

接娘舅　汉族人母亲逝世后，告知(报丧)的第一人应是娘舅。娘舅闻讯后赶来时，孝子披麻戴孝须跪在家门前路上恭迎娘舅的到来。有俗话说：爸死抬去葬，妈死抬去“圹”[方言：藏之意。意为父(亲)逝世可以稍缓，母(亲)逝世大似天]。

人死后，死者建造有“生基”的，就要请人去把坟墓打开。

出　殡　出殡前一天，死者主家要用黄纸在行棺所经过的路线放帖，帖即在黄纸条上书“借路行棺”张贴在村口。行棺队伍路过村庄时，村民事先就会准备捆一把稻草在自家门口烧，以烟驱秽气。出殡前在灵堂摆供品菜蔬点香烛祭祀，儿孙亲属下跪向死者敬酒。然后，分成男女两队，每人持香绕材，正反各三圈。出殡开始鸣锣开道，魂幡、死者遗像、放纸钱的走在棺材(或骨灰盒)的前头，4 人或 8 人抬着棺材，一路燃放鞭炮，乐队跟随奏乐。孝子头戴麻纱孝帽，身穿麻纱孝衣，腰系草绳，长子捧着亡者骨灰盒(或扶棺木)，其他孝子跟随(或扶棺)而行，后跟随亲戚、朋友、族亲等。送葬时，亲属按辈分不同，头所戴孝帽孝衣各有不同：子女披戴麻纱孝帽孝衣；其他辈为白洋布孝帽孝衣；其余人按与死者关系的亲疏，或腰系白带，或胸戴白花，或臂佩黑纱。

送葬时,男宾送到坟地,女宾只送到出门第一座桥的桥头,不过桥即返还。

回 龙　棺木或骨灰在坟内安放好,要在棺材前面点上香烛,泥水匠封墓穴到一半时,要把棺材头的烛火点到“风水灯”里,等风水先生读“山契”完毕,快要封口结束时,主家要递给泥水匠一个事先准备好的红包。坟墓口封毕,立了墓碑。孝子等送葬人脱掉孝服,肩或臂缠绕红布或红绒线,俗称“挂红”即可回程,称“回龙”。孝子孝孙1人双手捧亡者遗像走在最前面,接着是提“风水灯”和“风水鸡”的人和乐队。队伍回到家门外时,鸣放鞭炮,晚辈的儿媳、孙媳,把遗像和风水灯接回家,供奉在中堂上。风水鸡要养一年后才能杀。

(3)祭祀礼仪

做功德　做功德是畲族、汉族的传统习俗,是请法师(道士)对逝者亡灵进行超度举行的一种祭奠活动。

做 七　20世纪50年代前本地汉族习俗,人死后,丧家以七日为一周期,每“七”都要哭奠,或请禠公做法事。灵堂用纸扎成冥屋,金山、银山、轿马等,金童玉女侍立两侧。至七七四十九日,又要大做法场,以乐奏送冥屋等至野外焚化。一般人家都于三七设奠,以结束对死者的悼念。20世纪50年代后,大多数人家葬后便撤去灵堂。安溪畲族有些人家仅做一次“头七”,仪式非常简单。亡者家里人在第7日晚上,只煮蛋酒或粉干之类1碗,放在厨房锅内,碗面上放1双交叉筷子,把桶盖盖上,再在灶旁地面上撒一层炉灰。第2天早晨,家人小心地把桶弇打开,仔细观察筷子是否并拢在一起。假如有齐拢在一起,粉干掉在锅里和灶面,炉灰有脚印,说明死者阴魂已经回家。按习俗规定做“六七”,包括柴米油盐一切费用由死女者女儿负担,祭祀后,要请娘家兄弟及亲属吃饭。死者没有女儿的由其姐妹,或者下辈女眷代替。

(4)其 他

捡骨之习俗　实行土葬时,逝者葬后,例如家人遇上灾厄或病痛或门庭不振等,便疑是逝者(父母或长辈)的坟墓“风水”不好而损于子孙。因此,对原坟墓进行迁移,请地理先生勘测新的墓地,安放逝者(父母或长辈)的遗骸。对原坟墓进行迁移时,请乡里专事丧葬业的人员进行“捡骨”。捡骨时其骸骨须用炭火烘焙去其湿度后,涂抹菜油(境内俗称伤油)按人体骨架顺序依次装入特制的陶制罐(俗称“金罐”),然后安置于新墓地。坟墓迁移、“捡骨”活动,都须择取黄道吉日。安置“金罐”的活动俗称为“小葬”,安置“金罐”的坟墓俗称“小葬墓”。“小葬”结束时的祭奠活动与“大葬”(初葬时)基本上相同。

殡葬改革　2002年始，云和县农村殡葬制度改革实施（不分民族）。凡是通车的乡村，人死后实行火化制度（俗称“火葬”）。安溪境内最先实行“火葬”的人是下村村洪氏××（男）和徐氏××（女）两位老人。自此，流行上百年人死后采用棺木殡殓后实行土葬之俗消失。但火化后的骨灰人们仍然采用土葬法，丧仪、葬仪之俗依旧。

自从实行“火葬”制度后，畲族人也效仿汉族之俗在骨灰安葬前举行祭奠活动后再送至墓地安置。2005年，由乡政府出资在安溪畲族乡境内的“马屁股”山上建造“安溪畲族乡生态公墓”。

第二节　民间信俗

安溪畲族乡境内畲汉两族信奉的神灵有传说中的历史人物，包括宗族远祖和族内英雄、能人；民间俗神，主要是与当地汉族村民共同信奉的神灵；道教与佛教神灵，尤以道教神所占比重为大；石神、树神等自然物体演化的神灵等四种类型。安溪境内仅有少数人信仰基督教，信仰佛教比较普遍，但皈依居士不多。2015年，除“禹王殿”等民间信仰场所外，安溪畲族乡境内无宗教活动场所。

一、自然崇拜

自古以来，安溪畲族乡畲汉两族居民对大自然十分的敬畏和崇拜。历史上，处于社会生产力低下、科学技术落后的状态中，由于无法驾驭自然力量，不能解释变幻莫测的自然现象，对自然产生迷惘、神秘和恐惧，他们便把各种自然物加以崇拜。早期信仰的自然神有山神、树神、石神、土神、谷神、猎神等，其中他们特别笃信与耕猎经济生活关系密切的农耕神和狩猎神。随着科学知识的普及，1978年改革开放后已基本上消失。

（一）地头殿

畲民在农业生产中，从浸谷种、“开秧门”（每年插秧的第一天）直到谷物丰收，都要备办供品，焚香叩拜，祭祀“五谷神”“土地神”。所谓“五谷神”，就是神农大帝，俗称“五谷先帝”，畲族农民同汉族一样也奉它为农业的守护神。所谓“土地神”，就是福德正神，俗称“土地公”，畲族乡间到处可见小型的土地公庙，每年农历二月初二，为土地公生日，都要进行祭祀。畲民祭祀这两位神明，在于向它们祈求风调雨顺、五谷丰登。

旧时,"土地公"(庙)是山区农村常见的一种现象。无论居住人家多或单门独户,凡是有人居住的地方,都建"土地公"(庙)。其实"土地公"(庙)是在村口或田头地角的傍山处用三块石头叠成一个"门"字形的"小庙",庙里并无土地公公塑像,仅仅是人们心中的意象而已,却四时供奉。人们供奉他的初衷是祈求他庇护山场林茂,田园禾丰。但是,"土地公"的"权威"越来越大。单门独户的人家杀猪时,猪肉应先供奉给他尝。阉割小猪时,应告知他,这是阉割小猪的叫声,不是杀猪,否则就要怪罪于你。

久而久之,有的人偶尔突患小疾时(例急性腹痛等),竟迷信地认为可能是某处得罪了"土地公"所致。因此,人们即以鸡、肉、饭等供奉他,祈求他给予宽恕。

安溪畲族乡境内遗存大小庙宇共计 14 座,其中 4 座为"禹王殿",1 座被列为县文物单位。庙宇基本上为清代建筑。

(二)猎 神

为猎手(方言俗称"打铳人")所设。一般人家(牌位)设在楼上或其他偏间清净的隐蔽处。每逢出门打猎时,在"猎神"面前焚香祷告,祈求庇佑狩猎时人身安全。并且能获得可喜的猎物。如果获得猎物后,归来首先祭祀"猎神"。

(三)接 龙

有的畲民村子依山而建,坐落在山岗或傍于溪涧。有的宅基地则是在陡峭处填土而筑,或是整个村子地处于地质灾害地带。旧时,遇上自然灾害时,村坊某处出现山体塌陷,或村里发生非正常死人现象,甚至死牛死猪时,却怀疑是村坊的"龙脉"断了,村坊的"风水"跑了,应尽快采取"接山龙脉"的补救办法,以保村坊平安。

"接山龙脉"的做法:首先在村口的"地头殿"里的神灵位前点香起"神头",然后在村后山岗背选点立起"龙头"(起点)接上红线往下向村子方向牵,每隔 6 步点一灯、香 3 支,谓之"六六顺"。从"龙头"接来的红线一直牵入至村口的"地头殿"里。这时全村各户去"地头殿"里分香火,各人把分得的香火接回家中后插入中堂的香炉上,迎接平安。

二、世俗崇拜

畲汉两族奉祀的道教神有三清、三宫大帝、真武大帝、福德正神、将爷公(黑白无常)、三仙大师等。畲族对道教尊神的接纳首先表现在始祖与三清尤其是太清关系的理解上。畲族认为三清与始祖同样尊贵，在重要的祭祀场合要挂三清画像和祖图。畲族对太上老君有特殊的情感，并冠之以“日月紫微星”的尊号，奉为本民族的保护神。无论是畲族的法师作法，还是普通畲民唱山歌，都有道教的痕迹。

佛教虽然也渗透在畲族信仰民俗中，但真正的僧尼或居士很少。广大畲民在历史上所受的苦难深重，他们梦寐以求能遇上一个拯救众生的神灵来解脱他们的苦难，因此他们十分信奉佛教中的救苦救难的观音菩萨。在畲族地区都建有观音庙，有的还在自家厅堂神龛旁摆上观音菩萨神像，把它作为救苦救难、除灾祛病的万能神加以供奉。

（一）祖先崇拜

祖先堂　畲家中堂照壁上贴神榜，榜文中间一行也要过黄道“天地君亲师××郡堂上香火一脉宗亲之神位”为吉，左边为“招财童子”，右边为“进宝郎君”。神榜两边贴一副对联，如外联“清香常篆平安字，彩烛凝成富贵花”；内联“金炉不断千年火，玉盏常明万载灯”；中间摆一个总香炉，谓“香火堂”。逢年过节和初一、十五，或婚、丧喜庆都点香灯祭奉。老人去世做完功德道场后，把死者香炉的三炷清香插上总炉，法师念：老人退一位，新故亡魂进一位，俗称“上位”。小孩葬后也要在香火堂点香，祈祷祖宗爷把死者带在身边，俗称“安位”。

家　祭　为了缅怀和纪念先辈的功德，父母过世后，子孙们即为父母立香炉（碗）一个，用香炉（碗）代表父母的灵位（灵牌），以备逢年过节在香炉上插香祭奠。列祖列宗的香炉（碗）又俗称“香火”，且不能随便碰触，人们都是心存敬畏地远而避之。列祖列宗的香炉（碗）置放的地方是在中堂的香火桌上，置放时须按大小（辈分）摆放，不可无序。无香火桌的人家在中堂上首或右侧墙壁上，设一块简易的木制小高台置放祖先香炉，既安全，又不占地方。

父母逝世后，为其设置“香火”的传统习俗，畲汉两族上千年来传承至今而延续。蓝谨传支族入迁青石岩（今山寮自然村）初时，因居住在寮棚，祖先的香炉（碗）无处置放，只好置放在离山寮后面不远处的一个岩洞中，小小的岩洞便成了青石岩蓝氏支族先祖的“香火堂”。尔后也成为蓝氏子孙逢年过节祭祀祖先的地方。例如，最重要的“排行”祭典活动也在这个岩洞前举行。

旧时，一般人家在中堂设置香火桌外，在中堂壁上贴上用大张红纸书写的“神榜”。 榜文正中书：“×××之神位”字样，左侧书：招财童子，右侧书：进宝郎君等。神榜左右贴:香烟常篆平安字,烛彩凝就富贵花。或“金炉不断千年火,玉盏常明万载灯”等吉祥对联。例如,下武村蓝氏支族中堂神榜正中书:“冯翊郡、汝南郡一脉宗亲之神位”。长脚垄自然村蓝氏支族老屋中堂神榜正中则书:“汝南郡一脉宗亲之神位”字样。

“神榜”的书写有严格的要求,正中的神位字数同样必须符合“过黄道”。汉族人家的“神榜”书写较为规范,且内容与畲族人家略有不同,畲族简单,汉族复杂。旧时,汉族人家书写神榜须择取吉日进行。书写时焚香点烛,并请乡里有字墨、书法好的先生执笔,事后送上“红包”致谢。列祖列宗的香炉(碗)置放在“神榜”下一张长形、高脚、雕花精致、饰彩、特制的香火桌上。

中堂,又俗称“香火堂”,云和方言俗称“丈间”。中堂是畲汉两族人在缅怀和祭奠先祖活动的重要场所。贴“神榜”和置放香火(香炉碗) 也是畲汉两族人民共同的传统习俗。旧时,列祖列宗的香火逢年(除夕)、(正月)初一、十五(元宵节)、清明、中元、冬至节都要祭祀。其中清明、中元、冬至三节尤为注重。祭祀时,焚香点烛,摆上酒肴等供品以飨列祖列宗。

20 世纪 50 年代,姑娘出嫁时也须向列祖列宗的香火叩拜后而行(此俗畲族延续)。进入 21 世纪,人们建的新房中堂虽然失去了某些旧时的功能,但下武村旧村改造后畲民盖起的小洋楼中堂上依旧张贴着“神榜”和设立着祖宗的香火,采用的是用木板制作的小高台代替香火桌安装于中堂壁上,而汉族人建的新房中堂基本上不再贴“神榜”和设立着祖宗的香火。贴有“神榜”和置放香火(香炉碗) 的中堂,在 1978 年改革开放前的老屋里十分普遍。

墓 祭　人们纪念祖先除了逢年过节开展祭祀活动外,在每年的清明节开展扫墓活动是纪念祖先的重要活动内容。人们逢年过节祭祀活动可做可不做,但上坟扫墓活动不可不做。不管祖先的坟墓路途是近是远都得去。扫墓时,子孙们携带香纸烛和供品来到墓地后,先清除长在墓地上的杂草,然后点香烛、摆供品,祭祀完毕后,烧送纸钱,并在坟头上压上烧纸以示追悼。上千年来清明节开展扫墓活动之俗,畲汉两族延续至今,世代相传。

(二)传师学师

畲族法师向弟子进行传师的活动。内容是东道主带领弟子以边歌边舞的形式“学法”,克服重重困难的故事情节。有的地方叫“做阳”,有的地方甚至叫“祭祖”,实际上是畲族法师向学师的“弟子”进行传师的活动。

学师者先把“游祖”挑回家,“游祖”即两只扁桶或竹箱。内置祖图、祖杖、香炉、龙角、龙刀、铃钟等。中堂设立香案,祖杖放在香案旁,祖图悬挂在中堂两边板壁上，凡从这“担”祖学师的每一个人的法名和学师的时间用条红布条写上系在祖杖上。

“学师”由十二人主办，他们是东道主（主持师公）、证坛师、引坛师、度法师、监坛师、净坛师、保举师（有几个人同时学师就有几个，相当于介绍人）、哈老师、东皇宫、本师公，十人均是男子，除保举师戴“相古帽”，穿乌兰衫外，其余戴头冠，穿“赤衫”；西皇母（女，又称西王母，保举师的妻），高髻垂缨，戴头笳，着绿衣红裙，脚穿图案花鞋，围拦腰，束花带；双伴（女）服饰与“皇母娘”相似，是皇母娘的伴随者。

学师仪式分三个段落，要三天三夜才能完成。第一段落是学师“弟子”祝拜天地、祖师爷、本师公，表示自己具备了学师条件。然后给“弟子”取法名，向祖师爷烧奏学师文牒。其中有接神、三拜、取名等仪式。法名以“法”字为头，第二个字随编，例如法祥、法通、法吉等。

第二段落是设坛学师传师。在中堂设法坛，在法坛上把神水、头冠、衣衫、龙刀、龙角、笏板、锣鼓等传给学师的“弟子”。其中有洗坛、置坛、坐坛、传度、折坛、坐筵等仪式。

第三段落是学师坐龙坛，过九重山、五岳山，打杖（行乞）回家。过九重山即在中堂地面上插上九枝绿叶茂盛的竹枝，象征九重山，由法师领“弟子”肩背包袱，脚穿草鞋在竹枝间穿插行走，边走边舞边唱，像是在登九重山似的；在五岳山时，用猪头祭拜五岳山神，猛虎衔走猪头，动作场面表现紧张惊险气氛。在学师回来时，到家时与乡亲们互不认识等惊奇情景。

畲族年达十六岁男子，须学师方为人。按规矩学师后要代代相传。没有传给儿子的叫“断头师”。学过师的人称“红身”，没有学过师的人称“白身”。认为学过师的人，活着不受人欺侮，死后会骑马当官受阎王优待，拨有兵马由他管带。学过师的男子和当过西王母的女子，死后都要做功德，多者三天三夜，少者一天一夜，不做是不行的，认为不做功德子孙不会平安。没有学过师的人，死后功德可做不可做，做的话叫“白身功德”，只能做一天一夜。学师未传代者死后穿红色寿服，已传代者死后穿青色寿服，未学师者只能穿蓝色寿服，学师以传代为荣。

学师活动有一本《款头本》规定其内容及仪式。学师活动不像其他宗教活动那样定时或不定时经常活动，而是一辈子就是一次，加上死后做功德也就是两次，是一种一劳永逸的特殊活动，比起原始社会民族的图腾崇拜已发展了。凡是宗教都是以一定的活动仪式，幻想求助神的力量来支配自然、社会以及求得来世的美好生活,都是唯心的、迷信的。是不是宗教活动,不是以活动的思想内容来分析,而是以是否长期在民间盛行来判定。“学师”活动历史上曾在畲族民间盛行过,可说是一种带有道教色彩的畲族原始性宗教。

学师和做功德都开支比较大,穷苦农民往往开支不起,所以学师活动还没有在畲族中全民族铺开。解放后,基本上停止活动。

传师学师必须具备两个条件:上一代人(包括叔伯亲房)祭过祖传过教;净坛师需向本姓宗祠挑来“祖担”(祖图、祖宗香炉、祖杖等)。同治元年(1862 年)蓝姓有祠堂在沈岸村口,“祖担”到处流传,称“游行祖”。挑祖担时,当地本姓主家提供茶酒、蔬菜焚香,为祖担送行。

传师学师有传统的形式,学师者家中悬挂“三清玉皇”“太上老君”“历代祖宗”“打猎师公”“射猎师爷”和左、右营神兵画像及祖先长幅画卷(宽约二尺、长约五丈),门前悬挂骑虎赵元帅,骑麟马元帅、金鸡报更、玉兔槌药等,虔诚而崇敬。学师活动主要程序有如下 60 项:

1.请师爷;2.造寨;3.造老君殿、造井收师;4.本师公接神;5.拜神;6.学师弟子拜天地;7.学师弟子拜师爷;8.学师弟子拜本师公;9.为弟子取法名;10.子弟落秣;11.变身;12.开桃源洞;13.做微尘;14.把盏入门;15.六曹拜师爷;16.排衙泼花;17.人客当茶;18.造水洗坛;19.子弟接神;20.变锣鼓;21.保罡头;22.敕头冠衫衣;23.行灵道罡;24.告神占酒;25.告神宣鬼牒;26.收神捉鬼;27.拜神;28.告神分更;29.招兵排兵;30.置界坛;31.前三三、后三三;32.告神参牒;33.四哥兄做师 ;34.本师度香气水;35.本师度豆兵米兵;36.本师度符本交杯;37.本师度龙角、铃刀;38.本师度头冠衫衣;39.本师度鸣锣战鼓;40.东道请角;41.六曹度诀教诀;42.唱柄歌;43.告神出门斗五营;44.官兵出门斗五营;45.沿门等接赏兵粮;46.团兵;47.告神置红楼;48.过九重山;49.置龙坛;50.奏申度牒;51.归坛拜衙;52.坐龙坛;53.度水;54.坐筵唱高皇歌;55.引坛打仗;56.五岳山老虎抢猪头;57.送鬼;58.送神;59.团兵做酒令;60.拆寨。

三、民间方术

安溪畲族乡境内,畲汉两族居民在民国以前盛行民间方术,中华人民共和国成立后,科学知识普及,很少有人做问神等活动。

(一)问 神

安溪畲族乡境内东坑头自然村有一“黄老仙翁”,俗称“黄老仙”,香火甚旺,“享誉”云邑境内。仙翁的“神位”安于村里王某家中。仙翁为早年王某父亲所“请”。因此，王某便成为能代表神说话“神体”。王某过世后，传承于子。据说，仙翁能未卜先知，若遇疾病、凶祸，求之，能告知人们疾病之“根源”、祸起于何方，能给予你“良方”去化解；拜之，能佑你居宅吉祥，家人平安。登门祈求仙翁者，焚香点烛，将所求之事禀告，“仙翁”便一一道来。此举谓之“问神”。

农历十月初一日，说是仙翁的诞辰日子，每年的这一天，都要举行仙翁诞辰纪念的谯事活动。活动时间从即日下午始至翌晨止。前来参与活动的善男信女络绎不绝。

（二）夫人煞

畲族人在正月初一早上，拿一根长竹竿站在楼上屋檐处，对着空在中划几下，说是可以忌掉“夫人煞”（小儿惊厥），可保孩子们一年四季平安。（此俗延续。）

（三）请寮沿

汉族称“竖阶沿”。旧时，家里的孩子患“小儿惊厥”症后，说是“犯天吊夫人”所致。即请法师在屋（寮）檐下（阶前）立“三界”设祭坛。上置剪刀、尺、镜子、五色线、茶、酒和“三牲肉”等祭品，叩求“三界夫人”恕罪。法师用小儿的内衣收取小儿的“三魂七魄”后，内衣给小儿穿上，“三魂七魄”即归还原体，小儿便会自然康复。

（四）收惊 捉吓

收惊、捉吓是对小孩子采用的民俗仪式。收惊，境内俗称捉吓。1—6 岁小孩受到惊吓，夜夜啼哭，睡眠不安，抱在手上会发抖，由其父母或亲人抱着，收惊先生站在小孩面前，口念符咒，双手在小孩头上比画。收惊结束，回家后小孩子当晚就不会啼哭。还有的人家在一张红纸写着“天皇皇，地皇皇，我家有个夜哭郎，来往君子读一遍，一觉睡到大天光”张贴路口、桥头、墙上或者电线杆上。

（五）扬 神

过去，安溪、黄处、湖西弄等村，每年春都赴丽水十八都夏庄抬“马氏天仙”菩萨，旌旗旗幡，锣鼓唢呐，沿途乡村点香摆祭，县城西街、司前、县前、中街、东街各铺“拦路祭”。各村杀猪祭祀。其时，各户宾客和挑贩、点心如至，谓“扬神”。一村祭毕，又过一村，曰“过纽”。立冬送菩萨归殿。20 世纪 50 年代此俗消逝。

四、禁 忌

禁忌是一种民间不成文的习惯性行为规范。往往贯穿着迷信思想。有的可以用现代科学解释根源,那将继续支配人们的行为;有的纯属迷信,那种禁忌一旦被人看透,就不再成为禁忌。中华人民共和国成立后,安溪畲族乡境内畲汉两族居民对禁忌,基本上已经成为历史,无人遵守。

出 门　1.七不出门八不归:旧时,正月里畲族人走亲访友时(俗称"出门"),往往避开逢"七"的日子。离开亲戚家时,而又避开逢"八"的日子。"七"有人死后的"七"之意。因此,有着所谓"七不出门,八不归"的习俗。此俗自20世纪60年代始,逐渐消失。2."黄沙日"不出门:认为"黄沙日"(历书所注)是个不吉利的日子,不宜出门(指去做客,或出远门,下同)。言"出门犯黄沙,壬财不归家"。因此,出门时尽量避开"黄沙日"。此俗畲汉类同,延续。老年人注重,年轻人不注重。3.正月初一不出门:正月初一日,人们不出门。新的一年出门时应挑个好日子,例三、六、九的吉祥日。在平常日子中,初一、十五日也在忌讳的范围中。(此俗畲汉类同,老年人仍然注重,年轻人不注重)

过 年　1.初一不喝汤。喝了汤整年出门要打伞;日间不睡眠,睡了田坎会崩塌。2.五日年内不扫地,不到别人家点火种。3.初八是谷生日,不煮饭,只能吃头天煮好的饭。4.初五前不洗衣,不然鹰会抓鸡。

播 种　1.种子自家未落土,忌送人,不然会绝种了。2.午后忌下种,潮水时辰下种,谷会爬田岸,豆会爬山坡。3.月末忌点豇豆。

劳 动　1.出门时忌讲不吉利的话。2.出门、上山忌遇蛇相交、鳖相驮,遇到的话不是死爹娘就是自己病半载。3.看到崩塌在上方,要把"拦腰"提起以示接住。4.酒醉后忌存薯种,存薯种会烂;忌剥棕,剥棕,棕树会死;忌做年糕,做年糕,年糕会发红点易烂。5.砍竹忌用篾刀,篾刀砍竹,竹林会绝;砍杉树忌用木匠斧,木匠斧砍了杉树不发芽。6.忌在田水出口处开始拔秧,不然会被秧鬼打去,整年不是腰痛就是背痛。7.割稻前忌手摸镰刀,不然会割手。8.立秋日不下田,下田有鼠害。9.分龙日忌挑粪、忌晒衣。10.忌挖竹鞭笋吃。

造 屋　1.屋向忌朝水源,白水如刀插胸,家庭不安;2.栋梁忌指山岙,岙刹人家定败;3.筑墙、架梁时忌小孩哭;4.八月忌筑墙;5.楼梯忌朝前放,落水梯家主败。

出 嫁　新娘忌遇孕妇,孕妇不接不送。

孕 妇　忌坐门槛;忌坐布袋;忌看木偶戏;忌摘水果,摘了果树三年不结果子；忌酿酒，酿酒会酸；做产时忌看血地。产妇忌吃生、冷、酸食物。

日常生活 1.喜事送礼忌用白布；2.平时忌衣服反面穿，反穿为戴孝；3.中堂对正忌晒衣，拦路处忌晒衣，人忌走晾晒、悬挂的衣裤下过；4.忌用筷子打猫，打了猫会把蛇背回来；忌用筷子打小孩，打了小孩每遇饭餐时就哭；5.小孩忌吃鳝、鳗，吃了认不着秤花，忌吃鸡肾，吃了记忆力差；6.忌吃鳖、蛇、狗，秽三日，鳖秽七日，属龙人吃了会眼瞎；7.吃饭不端碗，一辈子挣不来吃；8.吃饭时忌打人，打了嗝食；9.“三旦”礼品小孩忌吃，吃了会十八漏；10.忌坐别人的热板凳，坐了会得传染病。

第三节 宗 族

中华人民共和国成立以前，乡绅在治理畲汉两族事务中发挥重要作用。宗族内部组织松散，主要用亲情、互助、团结、勤劳、诚实、勇敢与善良诸美德来感染他人。在畲族群体里平日相处，无论蓝、雷、钟，均亲如骨肉；不拘熟悉与否，相爱若家人。各畲村均为多支族混居，房族、氏族观念淡薄，家族、支族、民族观念在一定状态下才有所表现。在畲民家庭遇到问题需要帮助，或是属于村落公共事务，才由家族出面处理。畲族把祭祖、建祠、修谱列为族中三件大事，以支族为单位建祠堂、修宗谱、祭祖先，目的是增强宗族凝聚力。支族在建祠、修谱时组织专门班子，修订族规，筹措经费，安排各地轮流祭祖，平时无常设机构。畲民结社行为主要有谷会、吹打班，其中谷会多是互助作用、又带计息性质的“楼梯会”，以此来凝聚人心。世代族内婚，使很多畲民亲上加亲，“山哈山哈，不是亲戚就是叔伯”的口头禅便是真实写照。进入21世纪，宗族事务管理在维护当地社会安定团结方面仍然发挥积极作用。

一、宗 祠

宗祠或称祠堂，除了用来供奉和祭祀祖先或先贤外，还具有多种用途。旧时，祠堂是族长行使族权的地方，族人违反族规，则在宗祠里被教育和处罚，情节严重者，则被驱逐出祠堂（除去族籍，不再承认是本族之人）。安溪境内居住畲汉两族的各姓氏，有黄家地村柳家祠堂和洪氏曾经在上村建造过宗祠。

（一）祖 担

在畲族艰难困苦的迁徙生活中，各支族用“祖担”代表宗祠。“祖担”仅用竹箱2只，内置1只香炉和红布、龙头祖杖、笏板、铃刀、龙角、铃钟、神鞭等及一套20条幅彩色祖图。“祖担”没有固定存处,谁家用后即由谁家保管,支族内某户要举行传师学师或老人去世后做功德时需用“祖担”,要请本族一名褫公备办祭品到存放“祖担”之家祭祖,褫公祭请通辞后,把“祖担”接回家,用后即由这家保管。“祖担”只供本支族使用,其他支族不能相借。以“祖担”代表祖祠的支族老人去世后不设灵位牌,只设1只亡灵香炉,通过做功德后,即把亡灵香炉炉灰并入本家供奉的历代祖先香炉,称送亡灵上祠堂。现“祖担”已无存。

(二)洪氏祠堂

安溪境内上、下村洪氏入迁安溪定居后,约在明万历年间,洪姓子孙即在今上村村择地建造洪氏宗祠(即现安溪畲族乡小学的校址)。清宣统元年(1909年),祠堂被新创办的“云和县公立温溪初等小学堂”借用为学堂用房。尔后洪氏宗祠先后被作为“温溪初等国民学校”“温溪小学”“温溪完全小学”等用房,直至20世纪60年代初。1962年,拆建宗祠中堂,改建教师宿舍2个,办公室2个,面积150平方米。1963年,又将宗祠前厅改建为教师寝室,计10间。1964年新建教室3个。1978年,又建造教室2个、生活用房1幢。几经拆除不断完善安溪乡中心学校,“洪氏宗祠”已不复存在。

(三)柳家祠堂

据《柳氏族谱》记载:自太祖崇标公迁徙黄家地,数世单传。及遇春公乃得长寿、长印、长富、长贵祖辈四人。清嘉庆十六年(1811年)始建河东柳氏宗祠,因次年开始连岁荒歉,家资匮乏,至嘉庆二十三年建成。1980年,在柳氏宗祠设黄家地小学。2001年,村校撤销,房屋空置后倒塌,原址建设村委办公楼。

二、族规家训

(一)组 织

房 派　祠堂支族组织成员有房派之分, 凡是始祖儿子几个就叫几房系。神龛按序排列:始祖居中央,左边排1、3、5房,右边排2、4、6房,裔孙属那一房永远不能改变。派是聚居一地为一派,有时会有变动。1978年改革开放后,境内畲民居住地不断变迁,后裔子孙只能说现居住地派,不再说旧地派。

族 长　辈分高、年纪大、懂族规、有威信、办事公正者,村人自然地公认其为村落之长,族内纠纷和外务均由族长调解处理,相当于现在的村民委员会主任,自清代开始实行保、甲长制后开始消失。畲族每一祠堂设一族长,主要负责宗祠修建、宗祠公共财产保管、宗谱修编和保管、扫墓祭祖、内外矛盾调解等事宜，其中族内矛盾由族长来裁决。若支族居住比较分散，非族长一人力所能及，则各村自然产生一两位头面人物，一起协调解决。畲族家族、房族和支族（宗族）族长多为自然领袖，即那些辈分高、德高望重、办事公正的老人，或是热心公益事业、维护群众利益的贤能者。近代，当村落贤能者成为地方政权认可的村务管理者时，无形之中就与族长角色合二为一，其双重身份强化管理者权威。中华人民共和国成立前，族长是当地首领，亦为解决当地一切纠纷的权威，畲民对族长命令均极服从。外人前往调查，非先与族长接洽，殊难奏效，其他事情也是这样。中华人民共和国成立后，由于畲民享有与汉民同等的权利和义务，随着时间推移，家族、支族观念逐渐淡化。若出现畲民合法权益受到侵害而通过正常渠道又得不到合理解决时，事主会主动要求家族中的贤能者出面联络、敦促。

（二）族规

安溪畲族与当地汉族一样，历来重视宗族教化，谱牒中的谱序、跋、族规、家训是宗族教育的主要内容。早年，宗族家法教育往往借助宗祠完成，家谱载有教育后代如何做人行事的族规家训，族规开头便讲如何为人，如"为人以孝悌为本，不可做忤逆事。倘有人面兽心，灭伦乱行者，谱内削名""子孙不许犯奸为盗、开赃聚赌及恃众逞凶、顽害宗族，违者鸣官究治"。同时重视睦族与互助："族中无论支派亲疏，而以祖宗视之，均同一体。纵有忌疑，应听族中理处，不许恃强逞凶，以致讼控，违者攻之。"对为数很少的畲族官绅也有所约束："族中绅衿，上重朝廷，下耀闾里。不许刀笔唆讼，恃势凌人。"族规对无嗣者如何承祧、祖坟保护、族产管理等都有明确规定。

各地族规、家训虽内容各异，但目标一致，目的是教育族人形成良好的生活和工作作风，乐善向上；教育子孙确立明确的志向；教育如何待人，包括善待父母，兼用一颗真心善待他人；培养勤奋好学的品质，提高个人的道德修养和精神气质；教育养成勤俭节约的作风。现存族谱多载有对违规成员的惩罚机制。凡是族人争吵或为田业纠纷等事，均由族长裁决。平时处理忤逆不孝、伤风败俗、欺凌弱小者，由族长召集议事，擂祠堂鼓，开祠堂门。族中如有人败坏全族名誉，于宗祠中处分之，或罚金钱、酒席，或责以杖；严重的谱中除名。重大案件经宗族调解不了，才诉之于官，但官府判决时仍须听取族绅意见。现族规均已废除，仅行辈称呼基本照旧。宗族还经常通过祭祀、演戏等活动进行宗族教化。

（三）事务

分　家　20世纪50年代前，安溪境内分家，按例要等幼弟结婚后举行分家仪式。也有一个或几个兄弟成婚、因家庭不和而先行分家,其未具备独立生活能力的幼弟仍和父母一起生活。也有父或母死后即分家的。分家一般选农历二月、四月、八月、十月的好日子,特别是二、八两月,以示公平,民谚称:"二八月,两中平。"分家前几天,长辈选好筑灶和分家日子,先请泥水匠筑好各家灶台,配好柴仓、铁锅、火钳等。分家时请娘舅或叔伯等长辈到场,先议定分担赡养父母等办法,然后提出分家意见,如有争议由娘舅或叔伯等长辈裁定。分家时,要将父母财产按兄弟人数平均分;因长子担负家庭义务较多,长子、长孙分家时往往多得半分或多分一点,俗称"抽长子""贴长孙";若有未婚小弟,要"抽讨亲本",具体数额协商解决。之后请一位或几位有文化的亲属长辈来写分家书(又称"分家簿")、做公证,分家书内容包括房子、田地等不动产,以及家具、农具、现金等,还有赡养长辈的义务等内容。分家书1式数份,户均1份,作为凭证,分别保管。参与立契约、做公证者均要在上面签字、盖章,文盲要画押。之后祭祖、燃放爆竹,各家分别从老灶中抽出1块旧砖砌入新灶,再从老灶引火点燃新灶柴草,生火出烟,象征兄弟同沾祖辈福泽。分家那天,各小家要摆发财酒,娘家要送脐橱、饭桌、米桶、盘碗等厨房用品,还要送1桌烧好的8种菜肴,以及汤圆、金团(一种外粘红糖熟米粉的大汤圆)、南瓜(俗称金瓜)、谷物等,以资助其成家立业。分家后不再吃大锅饭,兄弟各自奋发图强,有"分了家三年不见天"的说法,就是说大家埋头苦干。以前分家,除招女婿的女儿外,外嫁女儿无权继承财产。改革开放后分家,越来越多的家庭依照《中华人民共和国财产继承法》规定,实行男女平等政策。

赡养　大家庭分家后,兄弟自立门户,但须奉养上辈。父母仍有劳动能力,可自己做饭,儿子们每月或每季定期定额供给谷米与买薪买菜钱,或留给供养田,俗称"父母田"。父母无劳动能力,则由兄弟轮流安排吃饭,叫"吃轮家饭",三五天或半月、一月一轮,轮到日子里,父母要到那家去,并帮助料理一些轻微家务事,如带孩子等。此俗今仍沿袭。

过继　是指某人无子,而由其多子的兄弟姐妹将儿子送给他做嗣子,以继承香火的传统习俗。过继首选同胞兄弟儿子,其次是堂兄弟儿子,再次是姐妹儿子。过继要请人为证,立下契约,过继者名字入家谱时要注明"承祧"或"兼嗣"(人丁不旺的往往1人兼嗣多人)或半绍(半过继,即所生儿子一半姓养父姓,一半姓生父姓),如果是外甥给舅舅做儿子还必须改姓。继子有权继承财产,但必须承担赡养、送终、祭祀的义务。1978年改革开放之后,安溪境内男女平等观念深入人心,过继现象逐渐减少,宗族接纳更加宽容。

结干亲　自古至今，安溪境内多有认拜干亲习俗，一些汉族人家尤其喜欢与畲族乡邻认结干亲。改革开放前，结干亲一般仪式是：家人置备猪腿、长寿面和2套衣裤布料，带小孩到畲家拜认干亲；畲家视该小孩如同己子，给小孩做新衣，认为穿上畲家衣服能辟邪，使其平安成长。以后每月朔望之日，义母（干娘）清早做1碗白米饭和1碗有肉、蛋、五香豆腐的菜肴送给干儿子，希望其食用畲家饭菜后能健康活泼。干儿子家还礼，并热情招待，一直延续到小孩上学为止。每逢春节，干儿子要向义父母拜年，礼物通常是二三斤猪肉放在红色瓜瓣桶里，上放年糕、长寿面。义父母回赠压岁红包。端午节，干儿子要向义父母"送鱼"。义子结婚、生子都要向义父母送谢礼，酒席请义父母坐上宾位，礼遇与舅父同等。一些重情义者甚至几代人都当亲戚来往。

互　助　"送工""盘工"是畲族世代流传的、纯朴的劳动互助习俗，是互助精神与善良品格的体现。在畲村，如果某家造房子、建坟墓，除雇请的木匠、泥水匠或其他技工需支付工资外，粗劳杂工都由亲邻帮助。这种出工帮助形式，畲民称"请工""送工"，即主家"请工"，提供膳食、点心和烟；亲邻"送工"，不收工钱。日后亲邻有事时，主家也以同样方式给予帮助。从主观上说，"送工"者并不指望"请工"者回报。

另一种情况是农忙季节需要劳动力帮助时，尤其是犁田、插秧这些不一定人人能做的农活，或者是山地翻耕、挑肥上山等需要多人劳作的农活，亲邻之间"盘工"互助。这种"盘工"带有换工色彩，这次我帮你，下次你帮我；但不一定要做同样农活，也不要求做相同的天数，膳食、点心由主家提供。一些有特殊困难的家庭，农忙季节也有"请工""送工"情况，亲邻都会施以援手，送工帮助。

畲族老人过世，主家因悲伤，丧葬仪式程序又十分繁杂，大小事情都托族内邻里帮忙，并在房亲叔伯兄弟中选1人当理事，帮助料理丧事。前来帮助料理丧事者往往连续工作几天，直至丧事料理完毕，从不收取任何报酬。

三、宗谱

1.畲族宗谱

畲族宗谱采用汉文撰写，其编修方式、体裁，基本上与汉族宗谱类同。安溪畲族乡境内畲族唯有黄处村雷氏支族有过修谱之举。但其收藏的《雷氏宗谱》（修谱日期不详）因历史原因而流失，至今未重修。严山、下武、东坑、长脚垄、西山等村蓝、雷、钟各支族均无宗谱。

2.汉族宗谱

安溪境内有柳、洪、王、赖、周姓有宗谱留存,都被各姓氏视为“传家至宝”。早期宗谱都为木活字排印本,记载着修说名录、始祖铭志、迁徙过程、始祖遗像、历代名人、传赞诗词、增修谱序、族规凡例、世系繁衍、祖坟图案等(参见第七章第一节第三目“谱牒”)。

第九章　人　物

自明景泰三年（1452 年），周氏支族春盛从云邑水竹垟村入迁东岱村，明正德年间（1506—1521 年）蓝敬华从福建福安迁徙到安溪开始，在 560 多年历史长河中，广大畲族同胞与汉族群众一起，为开发这片富饶的土地付出辛勤的劳作；为反抗封建势力的剥削与压迫进行不懈的抗争；为云和的解放事业做出巨大的牺牲。其中，也涌现了许多在云和发展史上做出较大贡献的安溪畲、汉两族代表人士。

第一节　人物传略

本节对自明景泰年间（1450—1457 年）以来，安溪畲族乡境内各村的畲汉两族先祖生平和迁徙路线进行简要介绍。同时，记载安溪籍革命烈士事迹、抗日战争时期阵亡烈士生平，以致对先贤先烈风范的缅怀和景仰。

一、畲族人物

（一）畲族先祖

蓝敬华　生卒年不详。安溪境内蓝姓始祖，系福建福安县髻蓝村蓝氏支族蓝相益长子。于明正德年间（1506—1521 年）入迁安溪境内。

蓝谨传　生卒年不详。下武村蓝姓始祖，系福建罗源县西南乡蓝氏支族。于明嘉靖二十四年（1545 年）入迁下武行政村山寮自然村。

明嘉靖二十四年（1545 年），蓝谨传支族在青石岩（今山寮自然村）定居之初，先是在笔架山脚左面一带结庐栖身垦山筑田。后来站在远处眺望，竟然发现青石岩四围的山川地形有着独有自然风光，只见笔架山下如铺的扇形山垄中，左侧一道山梁犹如一条巨蛇翘首自笔架山下起游离而下，远看，其山十分雄姿。心想，此处定是块宜人宜居的风水宝地，若居住于此，日后子孙一定会兴旺发达。日子稍有宽裕后，即携众子孙在巨蛇的“七寸”（蛇颈）上（岗顶）卜地盖房定居，并把那片山岗的土名称作“落山蛇”。果然，那地方真是一块风水宝地，不但使青石岩（蓝谨传支族）繁衍了众多的子子孙孙，而且还出了人才。[1]

蓝统成 明万历四十六年(1618年)生，系福建省罗源县南峰蓝氏支族。于明崇祯十二年(1639年)入迁云和一都谷垟头(安溪上村行政村)。

蓝凤进 (生卒年不详)系福建古田县十八都小茶岭蓝氏支族。于明万历三十六年(1608年)入迁安溪。

蓝念一郎 (生卒年不详)系福建麻寮蓝氏支族。于明万历四十四年(1616年)入迁梅树下(今下武村)。

蓝法东 (生卒年不详)系福建连江县安定里三斗醮坪半山支族。明天启六年(1626年)，二月初九，迁居云和一都谷垟头。

蓝法增、蓝法章、蓝秀徽、蓝石养、蓝阿十 (生卒年不详)系福建连江县三都醮洋半山蓝氏支族。于明天启六年(1626年)入迁安溪谷垟头。

雷法顺 (生卒年不详)系福建罗源县永远村雷氏支族，于清康熙年间(1662—1722年)迁居林斜村。

(二)畲族名人

雷根聪(1917—1988) 男，中共党员，西山自然村人，1958—1960年，任中共上村大队(村)支部书记。1959年9月，畲民雷根聪和雷陈高(雾溪坪阳岗人)、雷木森(景宁人)3人作为云和县少数民族代表应邀赴京参加中华人民共和国成立10周年国庆观礼。

雷五奶(1891—1972) 安溪畲族乡下武畲族村严山自然村人。民国27年(1938年)加入中国共产党，她和丈夫雷元昌同时参加革命，夫妻俩对党忠诚，机智勇敢，斗争性强。那时，云和县委领导人经常到严山一带活动都隐蔽在她家里。民国36年(1947年)9月，云和县建立了武工队。这时，雷五奶的丈夫雷元昌任城北区委书记，她家成了武工队员的家。国民党云和政府对毛登森和陈江海非常憎恨，悬赏100石稻谷和120块银圆通缉夫妻二人，并扬言要当场处死。1948年3月和1949年初，自卫队先后两次到严山“清乡”抓人、烧房子。当时50多岁的雷五奶抛弃一切，跟随队伍上山打游击历尽千辛万苦，练就了双铁脚板。她赤脚走山路，披荆斩棘，一直坚持到解放，才回到自己的老家。因此，人们都叫她铁脚板雷五奶。

雷李翠(1880—1955) 安溪畲族乡严山村人。1949年4月12日，国民党调集云和、景宁两县自卫队共300多人到严山畲族村“清剿”。自卫队一进村，就把地下党员统统抓到黄家地村，又把全村男女老少赶出村外，不准他们进

---

[1] 根据蓝氏裔孙雷聪口述整理。

村。敌人找来箩筐、扫帚等引火之物，到处点火烧房子。这时，雷李翠一个弱女子不顾敌人横刀阻挡，冲入村中拼命泼水抢救。敌兵点燃了这头，她泼灭了那头；敌兵点燃了那边，她又泼灭了这边。直到敌军离开，村民赶回村里才扑灭火焰。敌人的暴行，使严山村损失惨重，全村 6 幢 19 户人家被点火烧着，雷李翠救下 4 幢 13 户，可是自家房屋被烧成白地。

蓝为玉(1929—2014)　女，下武村人。1958 年加入中国共产党，曾任下武村支部副书记、下武村妇女主任等职。20 世纪 50 年代，畲家姑娘蓝为玉参加“云和县首届农民运动会田间插秧比赛”活动。比赛中，她手插秧苗如金鸡啄米，一路遥遥领先，随即把众人抛在身后，保质保量地第一个到达终点，一举夺得全县第一名，获“插秧能手”的光荣称号。

二、汉族人物

(一)汉族先祖

洪良远　(生卒年不详)安溪畲族乡境内洪姓始祖，芝田阅历关山(今青田县温溪镇)人士，于明万历十六年(1588 年)入迁后塘，为安溪畲族乡上、下村洪氏开基始祖。

洪良远入迁安溪至今已经有 420 多年历史，至今繁衍子孙 16 世(代)，包括分迁各地的支族子孙上万人。①

(二)汉族名人

洪有孚(1873—1917)　男，上村村人，附贡生，为乡里热心兴教办学人物。民国初年，主持和创办了温溪初等小学，并亲自执教。

洪有芳(1877—1942)　男，下村村人。系安溪洪氏第十一世裔孙。在乡里期间，设私塾，广收弟子。民国 8 年(1919 年)，奉县知事之命，系主持对泗洲岭、午阴亭、茶堂实施维修工程人员之一。

柳振兴　男，生于清宣统年间(1909—1911 年)，黄家地村人，拔贡生。恪守“忠厚传家”的家训，施德行善，美誉乡里。在村里设学馆，民国 20 年(1931 年)，云和县县长赵天河题赠柳振兴“积善余庆”牌匾一块，以示褒奖。

洪正荣　男，上村村人士，庠生，墓葬位于如今后塘青田凸。住宅为四面屋，走马楼。曾被当时处州府知府赐予“友爱可风”“荣膺五世”“义方教子”“德全福备”等牌匾，死时子孙共计 56 人一家，家训如今暂被云和县档案局收藏。泗洲岭

① 根据洪氏裔孙东明口述整理。

古道部分由洪正荣一人出资兴建。其创办了安溪乡初级学堂,甄挑地方学子入学。

柳根土(1922—2006) 男,黄家地村人。民国35年(1946年)参加游击队,同年加入中国共产党。1947年9月,加入云和县武工队任队长。1948年9月,云和县武工队改编为浙南人民解放军第三支队独立中队,任队长,直到云和县解放。1958年5月,响应党的号召从仙居县兵役局回到云和县勤俭大队务农,先后担任副书记、队长职务。柳根土为云和的解放事业出生入死,回乡务农无怨无悔,终身辛勤劳作,一生淳朴为人。

三、烈士名录

(一)革命烈士

柳良芝(1907—1949) 男,汉族,黄家地村人。民国27年(1938年)10月秘密加入中国共产党,历任黄家地村民兵队长、村支部组织委员等职。民国38年农历三月十三日,在敌人对黄家地村进行"清乡"中不幸被捕。被捕后坚贞不屈,表现了一个共产党员的铮铮铁骨。柳良芝于当天被敌人杀害于云和大操场。柳良芝牺牲时,年仅42岁。

中华人民共和国成立后,1982年3月25日,柳良芝被民政部批准为革命烈士。2014年9月21日,浙江省民政厅又对其遗属再次颁发柳良芝同志烈士证明书("革命烈士证明书"1982浙烈字第023157号)。

(二)抗战牺牲将士名录

根据1996版《云和县志》"云和县抗日阵亡将士人名录"记载,安溪籍抗日牺牲将士13人(不包括云和原籍不详的抗日阵亡将士)。

安溪畲族乡抗日牺牲将士一览表

表16-9-1-1

姓名	职别	年龄	番号	阵亡时间	阵亡地点
叶细雷	二等兵	—	—	1937年8月	上海
马金根	—	—	—	1937年9月	上海
洪尚东	—	—	—	1937年10月	上海
徐益卿	列兵	—	—	1938年6月	—
魏坤长	上等兵	23	67师40团2连	1939年6月	江苏
王正朝	上等兵	26	16师46团1连	1939年12月	安徽
程宝隆	—	—	—	1941年2月	—
余仁均	列兵	—	—	1942年9月	—

续表 16-9-1-1

姓名	职别	年龄	番号	阵亡时间	阵亡地点
刘仕新	上士	28	58 师 173 团 8 连	1943 年 11 月	湖南
何乾均	一等兵	32	—	—	—
王正相	一等兵	26	16 师 46 团 8 连	1940 年 12 月	安徽
徐途昌	二等兵	27	75 师 6 团	1938 年 10 月	鄂东
洪尚高	二等兵	20	57 师 152 团 3 连	1938 年 10 月	鄂东

根据安溪上村夫人宫里村老人协会所勒《抗战阵亡将士纪念碑》人名录，抗战阵亡将士共有 28 人：

蓝火根（畲族，谷垟头自然村人）

蓝章土（畲族，山寮自然村人）

蓝福元（畲族，谷垟头自然村人）

蓝明根（畲族，下武村人）

蓝马财（畲族，长脚垄自然村人）

蓝陈旺（畲族，下武村人）

洪方良 洪尚竺 洪应桃 洪厚芝 洪周生 洪武生 洪尚初 洪尚荣

洪新根 洪尚高 洪尚礼 洪尚德 洪蒋德 洪有溥 洪明昌 洪昌其

洪金昌 柳富勋 魏存根 魏张川 张雷富 吴春成 毛太堂 柳克儿

柳良坤 柳良梅

根据县离休干部，黄家地村柳恒章的《黄家地村革命斗争回忆录》，尚有为革命牺牲烈士 14 人，未列入有关史料：

雷进旺（严山村人，有妻儿，自愿报名参军）

歪口嘴（绰号，名不详，严山村人，有妻儿，自愿报名参军）

雷阳朋 蓝堂根 王正相 赖 ×× 柳恒仲 柳恒邦 柳保龙 柳良福

毛太堂 柳克儿 柳良坤 柳良梅

据云和县档案馆藏“云和县出征军人统计表”记载，民国 28 年至民国 33 年，南溪乡（安溪，包括国民党部队）出征军人就有 339 人。

第二节 人物名录

一、畲族老党员名录

严山村：雷春花 民国 28 年（1939 年）1 月入党。

蓝于隆 民国 38 年（1949 年）1 月入党。

黄处村:钟章土　民国34年(1945年)6月入党。

　　　　雷　英　民国35年(1946年)1月入党。

二、模范个人名录

蓝世根　1999年9月被国务院评为全国民族团结进步模范个人。

蓝金玉　安溪畲族乡乡长,2009年被国务院评为全国民族团结进步模范个人。

钟海燕　安溪畲族乡乡长,2010年被省委省政府评为民族团结工作省级个人。

三、副处级、副高职称以上人员名录

蓝世根　男,畲族,1946年3月出生,安溪畲族乡下武村人,在职大专学历。1967年7月加入中国共产党。云和县政协第二至第五届政协委员,第四届、第五届副主席、党组成员、提案审查委员会主任,丽水市首届政协委员。1964年至1965年任云和温溪公社半脱产干部、团委书记,1965年12月入伍,历任战士、班长、通讯修理所技师、司令部参谋。1982年转业后历任:景宁畲族自治县委统战部副主席、组织部副部长,第一届党代会上当选为县委候补委员、第一届人大代表、第一届政协委员。云和县工作期间,历任县委组织部副部长,县人事局副局长,县纪律检查委员会副书记,县委统战部副部长、部长,县政协副主席县级调研员。云和县第十一届人大代表,1998年当选为县委候补委员。

洪尚仁　男,汉族,安溪畲族乡上村人,1951年10月出生。职称:主任医师。1975年3月,加入中国共产党,是年7月,毕业于温州医学院,在云和县人民医院工作。曾任云和县人民医院副院长。

柳笑仙　女,汉族,1956年6月出生于仙居,安溪乡黄家地村人,在职大学学历,高级讲师。1993年10月加入中国共产党。1977年丽水师范毕业后,在沙湾中学等地任教。云和景宁分县后,调往中共景宁畲族自治县委党校任教。从教以来,坚持教书育人,为人师表,多次被评为优秀教师。数十篇科研论文分别在国家、省、市级有关刊物发表或被有关理论研讨会采用获奖。2013年4月在中共景宁畲族自治县委党校退休。

柳笑伟　女,汉族,1963年4月出生,安溪乡黄家地村人,在职大学学历,高级政工师,1992年4月加入中国共产党,云和县第十届人大代表,云和县第六届政协常委。1981年7月毕业于浙江银行学校,入职云和县农业银行,之后一直在丽水农业银行系统工作。在农行工作期间,先后从事会计、信贷、计划财务、工会等工作,先后担任农行云和县支行营业部主任、计划信贷股股长、副行长、行长;2000 年 2 月调农行丽水分行,先后担任财务会计部总经理、工会办主任等。

洪丽敏　女,汉族,上村人,1972 年 5 月出生。浙江大学毕业,硕士学位,副教授。就职于浙江旅游职业学院,任形象塑造系列课程——礼仪、形体、语言专任教师。具有高级礼仪指导师(CVCC)、国家一级形体健美塑身指导员、国家级普通话水平测试员、注册国际高级职业培训师(CISPL)、浙江大学特聘讲师、浙江省普通话水平测试首批专家委员会委员、中国大学生体育协会健美操专项委员等任职资格。曾荣获浙江省高职高专院校教师说课比赛一等奖;教育部全国高等职业院校教师说课比赛二等奖;浙江旅游职业学院"教坛新秀""奖教基金"优秀教师,教学技能大赛一等奖;荣获全国第八届残运会志愿者"先进个人"和"先进工作者"等多种荣誉和称号。指导学生多次获得全国导游大赛一等奖。

蓝敏俐　女,畲族,1973 年 5 月出生,安溪畲族乡下武村人,硕士学位,副教授,高级工程师,2004 年 1 月加入中国共产党,福建船政交通职业学院机械与智能制造学院教师。毕业于福州大学机械系热加工工艺及设备专业,主要从事材料成型与机械制造方向的教学和研究工作。曾任福州大学产业处总工程师,福建省流体传动与控制学会常务理事、福建省铸造学会理事,中华人民共和国第一届职业技能大赛"工业设计技术"赛项国赛裁判,福建省职业院校技能大赛"工业产品设计(CAD)技术"赛项技能竞赛评判专家。多次指导学生参加全国职业技能大赛,获国赛三等奖、省赛一等奖。先后主持福建省教育厅科技项目 2 项,参与福建省交通厅、福建省教育厅、福建省科技厅、福州市科技局区域发展专项等科研项目的研究,参与发明专利和实用新型专利共 21 项,发表科技论文 10 余篇。

俞　伟　男,汉族,安溪畲族乡东岱村人,1973 年 8 月出生。职称:副研究员,2008 年 11 月,加入中国共产党,云和县中等职业技术学校教师。1991 年 7 月,毕业于浙江省龙泉师范。2002 年 6 月,浙江大学汉语言文学专科(自考)。2008 年 1 月, 函授丽水学院教育学本科。20 余篇论文分别在省市县获奖,10 余篇论文或课题发表。

蓝伶俐　女,畲族,1976 年 2 月出生,安溪畲族乡下武村人,在职研究生学历,1995 年 4 月,加入中国共产党。1995 年 7 月,在杭州电子管理学校毕业后,任云和县电力实验总公司主办会计。其间,参加浙江省财政学院财务会计专科自考。1998 年 6 月,任共青团云和县委副书记,1999 年 10 月,任共青团云和县委书记,党组书记。2001 年 4 月,任共青团丽水市委副书记、党组成员。2006 年 10 月,任龙泉市委常委、宣传部部长。其间,参加省委党校中青一班学习,挂职省委办公厅信息处副处长,参加省委党校在职研究生班政治经济学专业学习。2009年9月,任共青团丽水市委书记、党组书记,丽水市青联主席。2011年11月,任中共景宁畲族自治县委副书记、代县长,2012年2月至2015年12月,任中共景宁畲族自治县委副书记、县长。丽水市第二届人大常委会委员,全国十二届人大代表。

四、安溪畲族乡籍畲族科级以上干部名录

安溪畲族乡畲族科级以上干部一览表(至2015年)

表16-9-2-1

姓名	性别	籍贯	原工作单位职务
蓝培荣	男	下武村	中共雾溪畲族乡纪委书记
蓝建华	男	下武村	中共朱村乡纪委书记
蓝宝章	男	黄处村	云和县检察院正局级检察员
蓝义荣	男	严山村	处州晚报采访中心副主任,丽水援疆指挥部综合信息组副组长

五、安溪畲族乡汉族科级以上干部名录

安溪畲族乡汉族科级以上部分干部一览表(至2015年)

表16-9-2-2 (排名不分前后)

姓名	性别	籍贯	原工作单位职务
洪广斌	男	上村村	云和县纪委任第三纪检组组长
洪广美	男	上村村	云和县档案局局长
洪方普	男	上村村	云和县残联副理事长
洪方勇	男	上村村	云和县紧水滩镇人大主席
洪尚仁	男	下村村	云和县人民医院副院长
洪为平	男	下村村	云和县统计局局长
柳恒章	男	黄家地	温溪乡原乡长,离休
柳恒贵	男	黄家地	龙泉市公安局原政委
柳万兴	男	黄家地	十里丰监狱原监狱长
柳绍和	男	黄家地	景宁畲族自治县检察院退休
王生根	男	黄家地	温溪乡原代乡长
毛朝告	男	黄家地	温溪乡原乡长
柳笑伟	女	黄家地	云和县农业银行行长

续表 16-9-2-2

姓名	性别	籍贯	原工作单位职务
洪美英	女	上村村	云和县卫计局副局长
洪广秋	男	上村村	云和县卫计局(副局长)
洪丽华	男	上村村	丽水市审计局(办公室主任)
洪夏俊	男	上村村	丽水军分区(参谋)
洪永波	男	上村村	云和县水投公司(总经理)
严伟平	男	黄处村	丽水市市场监管局办公室主任
严伟锋	男	黄处村	丽水市委组织部干部一处副处长
洪尚平	男	下村村	云和县发改局纪检书记
洪尚程	男	下村村	丽水市质量技术监督局办公室副主任

六、安溪畲族乡各行政村支部书记名录

1939—2015年各行政村历任党支部书记一览表

表 16-9-2-3

村名	姓名	性别	民族	职务	出生年月	任职起止时间	备注
下武村	蓝周旺	男	畲族	书记	—	1939年春—1949.10	
	蓝新礼	男	畲族	书记	—	1949.10—1969.8	
	蓝方永	男	畲族	书记	1935.9	1969.8—1984.5	
	雷章新	男	畲族	书记	1946.12	1984.6—1996.4	
	蓝春荣	男	畲族	书记	1960.2	1996.5—2015.12	
上村村	洪陈兰	男	汉族	书记	—	1948—1949.5	
	雷根聪	男	畲族	书记	—	—	
	洪尚田	男	汉族	书记	1928.3	1978—1982	
	洪尚诏	男	汉族	书记	1949.7	1982—1986	
	洪尚田	男	汉族	书记	1928.3	1986—1993	
	王一平	男	汉族	书记	1953.6	1993—1999	
	洪方益	男	汉族	书记	1950.3	1999—2008	
	洪广平	男	汉族	书记	1971.5	2008—2015.12	
严山村	雷元昌	男	畲族	书记	—	1938.10—1939年春	
	蓝明进	男	畲族	书记	—	1939年春—1949.5	
	蓝忠兴	男	畲族	书记	—	1949.6—1952	

续表 16-9-2-3

村名	姓名	性别	民族	职务	出生年月	任职起止时间	备注
严山村	雷章根	男	畲族	书记	—	1961—1985.11	1952至1961年之间与黄家地、木樨花等村合并为一个农会)
	蓝堂田	男	畲族	书记	1936.7	1958.11—1993.6	
	雷章告	男	畲族	书记	1957.10	1993.6—2015.12	
黄家地村	柳世贤	男	汉族	书记	—	1939年春—1945.8	
	柳正根	男	汉族	书记	—	1945.9—1947.9	
	柳恒章	男	汉族	书记	1928.9	1947.10—1949.2	离休干部
	柳正根	男	汉族	书记		1949.2—1952.6	
	柳源根	男	汉族	书记		1952.7—1974.6	
	毛朝告	男	汉族	书记		1974.6—1984.5	
	毛盛荣	男	汉族	书记	1948.4	1984.6—1990.5	
	胡永开	男	汉族	书记	1945.5	1990.6—1993.5	
	柳二岩	男	汉族	书记	1959.8	1993.6—1996.5	
	柳伟明	男	汉族	书记	1962.8	1996.6—2015.12	
东岱村	彭　英	男	汉族	书记	—	1948.11—1949.5	
	周福祥	男	汉族	书记	—	1949.2—5	
	吴雷清	男	汉族	书记	—	1949—1952	
	俞正根	男	汉族	书记	—	1952—1957.12	
	俞岩芝	男	汉族	书记	1935.7	1957.12—1976.7	
	彭　英	男	汉族	书记	—	1976.07—1979.12	
	俞岩芝	男	汉族	书记	1935.7	1979.12—1984.7	
	周学仁	男	汉族	书记	1943.12	1984.8—2005.12	
	俞宗元	男	汉族	书记	1962.5	2005.10—2010.12	
	周乃威	男	汉族	书记	1973.6	2010.12—2015.12	
木樨花村	王福友	男	汉族	书记	—	1947年冬—1949.2	
	刘长奎	男	汉族	书记	—	1949.2—1956.3	
	王老三	男	汉族	书记	1930.8	1956.3—1981.3	
	赖庆旺	男	汉族	书记	1942.8	1981.3—1996.3	
	赖金友	男	汉族	书记	1962.4	1996.3—1997.3	
	王长荣	男	汉族	书记	1962.1	1997.3—1999.3	
	王林申	男	汉族	书记	1965.4	1999.3—2002.3	

续表 16-9-2-3

村名	姓名	性别	民族	职务	出生年月	任职起止时间	备注
木樨花村	赖建华	男	汉族	书记	1962.4	2002.3—2008.3	
	王吉明	男	汉族	书记	1956.9	2008.3—2011.3	
	赖建伟	男	汉族	书记	1976.5	2011.3—2015.12	
下村村	洪坤兰	男	汉族	书记	—	1948 年春—1949.10	
	洪友帮	男	汉族	书记	—	1949.10—1951	
	吴奶古	男	汉族	书记	—	1951—1954	
	洪黄兴	男	汉族	书记	—	1954—1976.10	
	洪为河	男	汉族	书记	1934.12	1976.10—1985.5	
	洪为金	男	汉族	书记	1949.6	1985.5—1993.5	
	洪雷坤	男	汉族	书记	1942.11	1993.5—1996.5	
	洪方美	男	汉族	书记	1964.7	1996.5—2015.12	
黄处村	钟马旺	男	畲族	书记	—	1939 年春—1944	
	钟文荣	男	畲族	书记	—	1944—1949.5	
	雷新富	男	畲族	书记	—	1949.5—不详	
	钟马福	男	畲族	书记	—	不详—1986	
	钟龙金	男	畲族	书记	—	1987—1989	
	钟金生	男	畲族	书记	—	1990—2013	
	雷年春	男	畲族	书记	—	2014—2015.12	

注：本表包括主持党支部工作的副职。

七、各村村民委员会主任名录

1978—2015 年各行政村历任村委主任一览表

表 16-9-2-4

村名	姓名	性别	民族	职务	出生年月	任职起止时间	备注
上村村	洪方炎	男	汉族	村委主任	1942.1	1978—1982	
	洪方益	男	汉族	村委主任	1950.3	1982—1990	
	王一平	男	汉族	村委主任	1953.6	1990—1993	
	洪方柳	男	汉族	村委主任	1955.3	1993—1996	
	潘昌华	男	汉族	村委主任	1957.8	1996—1999	
	叶守忠	男	汉族	村委主任	1962.4	1999—2002	
	洪伟波	男	汉族	村委主任	1979.1	2002—2002	

续表 16-9-2-4

村名	姓名	性别	民族	职务	出生年月	任职起止时间	备 注
上村村	洪广平	男	汉族	村委主任	1971.5	2002—2006	
	杜保平	男	汉族	村委主任	1959.11	2006—2011	
	洪方胜	男	汉族	村委主任	1970.6	2011—2015.12	
严山村	蓝余隆	男	畲族	村委主任	—	1961—1976.5	1961 年建立
	蓝兴法	男	畲族	村委主任	1949.4	1975.6—1985.1	
	雷章告	男	畲族	村委主任	1957.10	1985.2—1993.5	
	雷周富	男	畲族	村委主任	1960.5	1993.7—1996.4	
	蓝堂花	男	畲族	村委主任	1948.4	1996.5—1999.4	
	蓝雷兴	男	畲族	村委主任	1961.8	1999.5—2002.4	
	雷金旺	男	畲族	村委主任	1973.10	2002.5—2008.4	
	蓝雷兴	男	畲族	村委主任	1961.8	2008.5—2011.3	
	蓝建华	男	畲族	村委主任	1977.10	2011.4—2015.12	
黄家地村	柳源根	男	汉族	村委主任	Θ—	1949.10—1952.6	
	毛朝告	男	汉族	村委主任	—	1952.7—1955.6	
	柳恒兴	男	汉族	村委主任	—	1955.7—1958.6	
	柳恒坤	男	汉族	村委主任	—	1958.6—1964.7	
	柳恒宝	男	汉族	村委主任	1931.10	1964.7—1971.6	
	张岩水	男	汉族	村委主任	1939.12	1971.6—1981.6	
	胡永开	男	汉族	村委主任	1945.5	1984.7—1990.5	
	柳二岩	男	汉族	村委主任	1959.8	1990.6—1993.5	
	柳森林	男	汉族	村委主任	—	1993.6—1996.5	
	柳恒森	男	汉族	村委主任	1961.8	1996.6—2002.5	
	柳金法	男	汉族	村委主任	1962.1	2002.6—2005.4	
	许华玉	男	汉族	村委主任	1958.9	2005.5—2008.2	
	柳绍轩	男	汉族	村委主任	1973.4	2008.3—2015.12	
东岱村	罗章法	男	汉族	村委主任	Θ—	1949—1952	
	吴马福	男	汉族	村委主任	—	1952—1957	
	周加祥	男	汉族	村委主任	—	1957.12—1964	
	俞正林	男	汉族	村委主任	—	1964—1984.9	
	罗章旺	男	汉族	村委主任	1940.6	1984.9—1990.3	

续表 16-9-2-4

村名	姓名	性别	民族	职务	出生年月	任职起止时间	备注
东岱村	俞宗元	男	汉族	村委主任	1962.5	1990.3—2005.10	
	周乃威	男	汉族	村委主任	1973.6	2005.10—2008.9	
	廖水成	男	汉族	村委主任	1975.6	2008.9—2011.3	
	俞海东	男	汉族	村委主任	1977.12	2011.3—2014.5	
	廖建华	男	汉族	村委主任	—	2014.5—2015.12	
下村村	蓝　明	男	畲族	村委主任	—	1949.1—1951.1	
	洪兴隆	男	汉族	村委主任	1929.3	1951.1—1964.2	
	洪方宋	男	汉族	村委主任	1935.12	1964.3—1985.12	
	洪雷坤	男	汉族	村委主任	1942.11	1986.1—1993.5	
	洪方余	男	汉族	村委主任	1954.7	1993.5—1994.6	
	洪友文	男	汉族	村委主任	1960.7	1994.7—1996.6	
	柳张荣	男	汉族	村委主任	1953.3	1996.6—1999.5	
	洪方明	男	汉族	村委主任	1963.9	1999.5—2002.5	
	洪伟荣	男	汉族	村委主任	1969.9	2002.5—2005.5	
	洪尚尧	男	汉族	村委主任	1948.11	2005.5—2008.5	
	洪方良	男	汉族	村委主任	1977.1	2008.5—2013.5	
	洪广敏	男	汉族	村委主任	—	2013.5—2015.12	
木樨花村	赖庆章	男	汉族	村委主任	1932.2	1956.3—1965.3	
	赖庆旺	男	汉族	村委主任	1942.8	1965.3—1981.3	
	赖建荣	男	汉族	村委主任	1955.9	1981.3—1990.3	
	官丰根	男	汉族	村委主任	1952.5	1990.3—1993.3	1990年，从黄家地析出，建立行政村
	赖金友	男	汉族	村委主任	1962.4	1993.3—1996.3	
	赖庆旺	男	汉族	村委主任	1942.8	1996.3—1999.3	
	王吉明	男	汉族	村委主任	1956.9	1999.3—2005.3	
	赖建伟	男	汉族	村委主任	1976.5	2005.3—2008.3	
	赖建平	男	汉族	村委主任	1975.3	2008.3—2011.3	
	赖伟华	男	汉族	村委主任	1973.5	2011.3—2015.12	
黄处村	彭长兴	男	汉族	村委主任	—	1949—1983	
	彭满堂	男	汉族	村委主任	—	1984—1991	

续表 16-9-2-4

村名	姓名	性别	民族	职务	出生年月	任职起止时间	备 注
黄处村	钟金生	男	畲族	村委主任	—	1991—1996	
	雷水尧	男	畲族	村委主任	—	1997—1999	
	钟有进	男	畲族	村委主任	—	2000—2006	
	雷水旺	男	畲族	村委主任	—	2006—2008	
	雷建松	男	畲族	村委主任	—	2008—2010	
	彭少玲	女	汉族	村委主任	—	2011—2014.5	
	彭陈玲	女	汉族	村委主任	—	2014.5—2015.12	
下武村	雷月昌	男	畲族	村委主任	—	1972—1981	
	蓝雷福	男	畲族	村委主任	1947.6	1981—1999	
	蓝细元	男	畲族	村委主任	1951.2	1999—2002	
	蓝贤昌	男	畲族	村委主任	1963.4	2002—2011	
	蓝华平	男	畲族	村委主任	1972.2	2011—2015.12	

注:本表调查内容为村委会主要干部:村委会主任和主持工作的副职,其中包括农会主任、初级社社长、高级社社长、村革命领导小组组长、大队长。

八、曾任职乡党委、乡政府工作人员名录

(排名不分先后)

王生根　胡灶根　柳恒坤　宋有梅　柳德兴　王文星　陈叙斌　蒋仁富
叶金贵　刘增荣　齐永坤　陈正隆　夏长松　练　习　陈关贤　刘奕春
林金木　蓝国坤　项宏林　林妙庭　叶子洪　陈玉丰　蓝新田(畲族)
梅贤兴　蓝培荣(畲族)　雷文星(畲族)　吴元福　王瑞龙　钟世荣(畲族)
李光信　蓝建华(畲族)　李小鹏　雷秀梅(畲族)　洪方余　刘少华
雷震天(畲族)　陈宋荣　雷汉才(畲族)　何建英　项秀梅　季银环　徐建军
吴细信　徐迅雷　雷乾进(畲族)　赵文清　练月红　李云伟　武　燚
蓝金玉(畲族)　余火亮　项晓晖　周金宝　魏　斌　余火亮　刘顶友
钟海燕(畲族)　李禄伟　陈德华　蓝呈清(畲族)　柳恒章　毛朝告
雷公顺(畲族)　程宝林　洪为贵　赵章根　张章富　蓝余玉(畲族)
刘增荣　朱献庭　叶火亮　董云皎　梅友青　潘深村　潘培忠　项希茂
洪裕生　华福明　梅贤兴　蓝鑫玉(畲族)　杨柳群　李建法　朱　伟
李小鹏　叶建华　杜向农　蓝玉奇　钟小雄　朱可耘　张启平　张　健

赵文清　董丽云　符达利　王月英　蓝利华(畲族)　董益禄　楼海东
梅友青　项仁来　赖庆满　刘小荣　蓝月英(畲族)　洪方普　蓝刘星(畲族)
雷汉雄(畲族)　雷华兴(畲族)　吴巧红　周永红　季　剑　魏太德　郑成平
项秀梅　王雪岳　叶雪飞　罗香凤　江佳杰　郭丽莉　林　煊　刘海鑫
蔡志林　何丽军　丁显洲　吴巧红　钟　骅　郑成平　滕　霄　林建明
华罗京　俞海娟　蓝张蔚(畲族)　罗香凤　赵雪华　黄妙琴　林永球
汤巧慧　杜欢欢　王小庆　王璐璐　叶利军　徐伟军　林彤辉　赵乐群
魏晓玲　赵海斌　廖微微　蓝伟国(畲族)　洪尚元　蓝海东(畲族)
魏跃平　李慧君

九、历任乡中心小学校长名录

历任安(温)溪乡中小学校长一览表

表 16-9-2-5

姓名	性别	民族	籍贯	出生年月	任职时间
洪有芳	男	汉族	安溪畲族乡	—	1919 年
林国英	女	汉族	云和镇	—	1939 年
洪尚忠	男	汉族	安溪畲族乡	—	—
柳　樊	男	汉族	云和黄水碓	—	1954 年
陈星让	男	汉族	—	—	—
林巧秀	女	汉族	—	—	—
叶大模	男	汉族	—	—	—
洪为宋	男	汉族	安溪畲族乡	—	1988.8—1991.7
洪方文	男	汉族	安溪畲族乡	—	1991.8—1994.7
蓝华生	男	畲族	安溪畲族乡	1972.9	1994.8—2002.7
雷汉良	男	畲族	云和崇头	1971.1	2002.8—2004.7
陈　君	男	汉族	云和	1979.9	2004.8—2013.7
雷良云	男	畲族	云和崇头	1975.9	2013.8—2014.7
倪　操	男	汉族	云和	1986.9	2014.8—2015.7
徐　琳	男	汉族	云和石塘	1983.1	2015.8—2015.12

十、大中院校毕业人员名录

安溪畲族乡大中院校毕业部分人员一览表

表 16-9-2-6

姓　名	籍贯(村)	性别	民族	毕业院校	学历	工作单位
蓝敏俐	下 武	女	畲	福州大学	硕士学位	福建船政交通职业学院
蓝伶俐	下 武	女	畲	省委党校	在职研究生	景宁畲族自治县政府
蓝洪燕	下 武	女	畲	西南民族学院	本科	浙江科泰电气有限公司
蓝翔翔	下 武	男	畲	丽水学院	本科	景宁畲族自治县公安局
蓝伟融	下武	男	畲	丽水学院	专科	嘉兴自办淘宝公司
蓝海云	谷垟头	女	畲	温州医学院	大专	畲族,云和县人民医院
洪尚仁	上村	男	汉	温州医学院	大专	云和县人民医院
洪丽敏	上 村	女	汉	浙江大学	硕士学位	浙江旅游职业学院
俞伟良	东 岱	男	汉	浙江大学	本科	云和县政府办公室
俞　伟	东 岱	男	汉	龙泉师范学校	在职本科	云和县职技校
俞海波	东 岱	男	汉	温州经济学校	在职本科	云和县公安局
吴必周	东 岱	男	汉	辽宁省医疗器械学校	中专	浙江瑞新药业股份有限公司
俞海友	东 岱	男	汉	浙江广播电视大学	大专	云和县广播电视台
俞伟钰	东 岱	男	汉	浙江旅游职业技术学院	大专	杭州盛萃艺佳科技有限公司
吴必军	东 岱	男	汉	浙江邮电职业技术学院	大专	奥光动漫股份有限公司
柳笑伟	黄家地	女	汉	浙江大学(浙江省高等教育自学考试委员会)	本科	云和县农业银行
柳笑仙	黄家地	女	汉	中共中央党校函授学院	本科	中共景宁畲族自治县委党校
柳程扬	黄家地	男	汉	浙江交通技师学院	大专	广汽丰田永康安邦有限公司
柳含笑	黄家地	男	汉	浙江农林大学	本科	杭州柯莱特科技有限公司
柳张婷	黄家地	女	汉	杭州职业技术学院	本科	杭州大势至网络科技有限公司

续表 16-9-2-6

姓 名	籍贯（村）	性别	民族	毕业院校	学历	工作单位
柳文君	黄家地	女	汉	浙江邮电职业技术学院	大专	浙江义乌市露彬档案技术服务公司
柳俊男	黄家地	男	汉	北京工业职业技术学院	大专	云和县人资源和社保局
柳俊杰	黄家地	男	汉	浙江交通职业技术学院	本科	丽水鼎暖通工程有限公司
柳国东	黄家地	男	汉	丽水职业技术学院	大专	云和嫁日婚庆有限公司
柳文杰	黄家地	男	汉	丽水职业技术学院	大专	云和沐鱼小屋网商店
柳晓荣	黄家地	男	汉	江西科技学院	大专	云和香格里宾馆
毛晶晶	黄家地	女	汉	浙江理工大学	本科	杭州塔夫教育学校
毛雅丽	黄家地	女	汉	山东青岛农业大学	本科	浙江恒盛商贸有限公司
柳国平	黄家地	男	汉	温州大学	本科	云和县工商局
蓝义荣	严山	男	畲	国家开放大学	本科	丽水日报社
蓝松青	严山	男	畲	温州职业技术学院	专科	浙江宏昌水利设计有限公司
雷扬凯	严山	男	畲	丽水职业技术学院	专科	宁波悟能企业管理咨询有限公司
钟园园	黄处	女	畲	宁波大红鹰职业技术学院	本科	云和县信用社
钟贝贝	黄处	女	畲	中南民族大学	本科	龙泉市上洋镇政府
钟陈波	黄处	男	畲	浙江树人大学	本科	浙江屹立建筑装饰有限公司
钟陈飞	黄处	男	畲	浙江万里学院	本科	中国平安保险公司
钟海芬	黄处	女	畲	华北水利水电大学	本科	广州检验检测认证集团有限公司
雷 鸣	黄处	男	畲	嘉兴职业技术学院	专科	杭州电梯公司
洪 霞	上村	女	汉	丽水学院	本科	云和县实验幼儿园
洪珊珊	上村	女	汉	温州职业技术学院	专科	云和县行政服务中心
洪 潇	上村	女	汉	嘉兴职业技术学校	本科	云和县农业农村局
洪广鹏	上村	男	汉	金华职业技术学院	本科	云和县赤石乡卫生院
洪海玲	上村	女	汉	衢州职业技术学校	本科	丽水市中心医院
杜弘康	上村	男	汉	浙江农林大学	本科	云和县人民医院
王镜茜	上村	女	汉	杭州师范大学	本科	莲都区老竹镇中学
胡一平	上村	男	汉	丽水地区卫生学校	中专	云和县人民医院
洪楷越	上村	男	汉	浙江广播电视大学	专科	云和县人民医院

续表 16-9-2-6

姓　名	籍贯(村)	性别	民族	毕业院校	学历	工作单位
洪正文	下村	男	汉	湖北民族大学	本科	中共云和县委宣传部
洪君媛	下村	女	汉	浙江万里学院	本科	云和县人民政府办公室
魏洪蕾	下村	女	汉	金华职业技术学院	大专	丽水市智和文化传媒有限公司
洪　丽	下村	女	汉	浙江中医药大学滨江学院	本科	中国平安人寿保险股份有限公司丽水中心支公司
洪　剑	下村	男	汉	华东理科大学	专科	云和县供电所
朱洪鑫	下村	男	汉	浙江农林大学	本科	杭州同花顺公司
洪 茜	下村	女	汉	浙江农林大学	本科	丽水市自然资源规划局
洪俊康	下村	男	汉	杭州师范大学	本科	云和县梅源中学
洪林芬	下村	女	汉	浙江旅游职业技术学院	大专	浙江盛世前程外包服务有限公司
洪金梦	下村	女	汉	浙江医药高等专科学院	大专	云和维康大药房
叶苗苗	上村	女	汉	浙江农林大学	大专	云和县老百姓大药房
杜小娜	木樨花	女	汉	山东中医药大学	本科	云和县消防救援大队
洪　阳	下村	女	汉	浙江交通职业技术学院	大专	丽水爱学文化有限公司
洪　巍	下村	男	汉	浙江工业职业技术学院	大专	云和县电力公司

从　录

一、安溪畲族乡籍部分学者主要论文与专著一览表

名称	刊名与出版社	作者	民族	发表时间
液压盾构机管片拼装装置设计	现代商业工艺	蓝敏俐	畲族	2015.4.1
复合淬火高性能ADL曲轴的研制	福建工程学院学报	蓝敏俐	畲族	2015.8.25
铁模覆砂铸造合成球铁(QT600-3)凸轴本体性能分析	重庆科技学院学报	蓝敏俐	畲族	2015.12.15
硅含量对球墨铸铁耐蚀性能的影响	黑龙江生态工程职业学院学报	蓝敏俐	畲族	2014.12.20
合金元素含量对球墨铸铁耐热性能的影响	机电技术	蓝敏俐	畲族	2013.12.30
装载机工作臂液压缸参数辨识	液压气动与密封	蓝敏俐 郑明辉	畲族	2012.2.15
共建高职院校校企合作实训基地的探索与实践	实验室科学	蓝敏俐	汉族	2011.12.28
装载机工作装置动臂油缸的工作特性分析	机电技术	蓝敏俐	畲族	2008.6.30
RJ355液力变矩器原始特性曲线的建立	工程机械文摘	蓝敏俐	畲族	2008.6.15
液压齿轮泵产品顾客价值评价研究	工程机械文摘	蓝敏俐	畲族	2007.10.15
装载机驾驶室视野设计及前方视野校核	机电技术	蓝敏俐	畲族	2007.9.30
XM60型加力泵的研究与改进	福州大学学报	蓝敏俐 郑明辉	畲族	2002.2.08
立足地方产业探索特色专业实训基地内涵建设——木制玩具制造实训基地建设的实践与探索	丽水学院学报	俞　伟	畲族	2011.4

名称	刊名与出版社	作者	民族	发表时间
电子电工类专业实践教学体系构建的探索与实践	北京电力高等专科学校学报	俞伟	汉族	2011.3
中等职业学校专业教师队伍建设的实践与思考	新一代	俞伟	汉族	2011.3
谈形体教师个体良好形象对课程效率的强化影响	北京电力高等专科学校学报	洪丽敏	汉族	2012.1
旅游专业学生身体自尊与职业认同关系研究	浙江旅游职业学院学报	洪丽敏	汉族	2012.12
体育赛事对城市旅游品牌提升的研究—以浙江省内城市为例	2013年浙江省旅游科学研究项目	洪丽敏	汉族	2013.6
大学生身体意象评估与职业选择认同的关系研究—以旅游专业为例	运动	洪丽敏	汉族	2013.4下
浙江省旅游从业人员职业认同和敬业精神的关系研究	边疆经济与文化	洪丽敏	汉族	2013.12
大学生身体意象认知与职业选择认同的关系研究—以浙江旅游职业学院为例	浙江体育科学	洪丽敏	汉族	2013.10
音乐表象对大学女生800米健康体测焦虑缓解的效应	2014年院级科研课题	洪丽敏	汉族	2014.1
体育赛事文化的创建对城市旅游品牌提升的战略研究—以浙江省内城市为例	体育时空	洪丽敏	汉族	2015.10
旅游专业大学生休闲参与对幸福感的影响研究	决策与信息	洪丽敏	汉族	2015.10
高职院校体育教师心理资本与工作满意度的关系研究	科学与财富	洪丽敏	汉族	2015.12
《形体训练与形象塑造》修订版	清华大学出版社	洪丽敏	汉族	2015.12
立足畲乡特色　发展旅游事业	《奔向二十一世纪》（重庆出版社）	柳笑仙	汉族	2002.5
加快劳务外移内转　促进农村经济发展	《共产党人》（人民日报出版社）	柳笑仙	汉族	2004.6
对景宁县农民异地转移工作的调查与思考	中共景宁县委《决策参考》	柳笑仙	汉族	2010.10

名称	刊名与出版社	作者	民族	发表时间
关于加快千峡湖景宁库区经济发展的调查与思考	中共景宁县委《决策参考》	柳笑仙	汉族	2011.11
实施文化惠民工程 共享公共文化服务	丽水党建交流	柳笑仙	汉族	2012.10
弘扬畲族茶文化 发展畲乡茶产业	丽水研究	柳笑仙	汉族	2012.12
对领导班子中女性领导比例低状况的思考	处州论坛	柳笑仙	汉族	1994.6
辅导站学籍档案的归类与管理	中央党校函授学院《教学与管理导报》	柳笑仙	汉族	1995.6
景宁县企业职工社会保险的调查	丽水党建交流	柳笑仙	汉族	2000.1
山区农村居民消费信贷不旺的原因及对策	浙西南山区研究	柳笑仙	汉族	2000.6
旅游业礼仪	杭州出版社 2008 年 5 月第一版	洪丽敏	汉族	上村
旅游服务形体训练	浙江大学出版社 2008 年7 月	洪丽敏	汉族	上村
形体训练与形象塑造	清华大学出版社 2008年 9 月	洪丽敏	汉族	上村

资料来源：编辑部人员采访当事人记录。

二、现代诗词

戊戌羊日游畲山黄处

傅　瑜①

雨蚀霜摧出自然，盘旋幽径彩云连。
满坡翠竹迎嘉客，抖翅黄鹂贺大年。
风动石前飞笑语，佛儿岩畔悟禅缘。
晴空忽见烟花绽，秀美畲山别有天。

① 傅瑜，男，1943 年 4 月出生，浙江淳安人。中华诗词学会会员，著有《傅瑜作品选》《心路屐痕》《诗路心语》等。

卜算子·畲乡安溪

傅　瑜

云气漫层峦,喜鹊喳喳叫。碧水潺潺跃锦鳞,遍野梨花俏。
德政惠三农,大地春来早。畲汉同心绣彩屏,圆梦康庄道。

一剪梅·畲乡安溪赏梨花

傅　瑜

一夜春风翠欲流。路转峰回,雨霁云浮。
摇红缀绿畅吟怀,哑了歌喉,乐了朋俦。
雪海无涯惹醉眸。几许清淳,几许温柔。
此情此景怎堪描?花绽枝头,诗绽心头。

过佛儿岩

陈水根[①]

岭上松涛奏梵音,和风翠竹抚瑶琴。
危峰一缝穿岩腹,峭壁悬空秀石林。

春龙节游安溪

陈水根

芳草铺青迷醉眼,深山蕴玉沐和风。
春浓雾绕奇峰翠,秋尽枝垂硕果丰。
梨树千株侵鬓白,桃花百里染霞红。
畲乡绿谷丹心映,筑梦兴邦夙愿同。

春到黄处

陈水根

人勤春早备耕忙,树影婆娑油菜黄。
山哈婵娟歌唱美,汉家靓仔舞狮狂。

① 陈水根,1954年5月出生,景宁人,退休公务员,国土资源部作家协会会员,中华诗词学会会员。

亭台楼道佳宾涌，玉佩新娘深阁藏。
花好月圆游客醉，迎亲纳彩品茶香。

畲乡风情文化节

陈水根

梨花竞美漫坡栽，疑是寒冬飞雪来。
村里畲姑编彩带，堂前歌舞演高台。
风摇巨石叮当响，人挤山岩夹缝开。
百鸟齐鸣月光曲，沉迷画境不思回。

行香子·登佛儿岩

陈水根

小径通幽，翠竹遮凉，漫山欢笑激情张。众人发力，巨石叮当。峭壁天窗，抬望眼，续诗章。

峰奇峦秀，风光旖旎，山路高远又何妨。石林矗立，云绣霓裳。畅我柔肠，春色美，醉畲乡。

梨花节

何尚清[①]

古道盘开泗洲岭，诗歌竞诵佛儿岩。
梨花尽解游人意，装点清香济嘴馋。

畲乡采风

何尚清

揽胜追风任着迷，登高承露上安溪。
潇潇细雨梨花径。霭霭幽泉杨柳堤。
畲寨苍墙秀山色，新村青瓦嵌云梯。
疏林入望斜阳外，白鹭成行隔岸栖。

① 何尚清，1954 年 2 月出生，景宁人，中华诗词学会会员。著有《诗情墨韵》等。

长相思·咏安溪

何尚清

过箬溪,咏安溪。叠涧摇枝白鹭栖,梨花山野飞。
伴夕晖,借朝晖。慕仰佛儿萌翠薇,畲谣迎客归。

安溪泗洲岭

张彦良①

探查修葺僧伽庙,枫阵参天庇路人。
山道沙沙秋色语,石亭落落古时尘。
松声依旧敲残壁,竹韵愈加雕玉身。
岁月沧桑无可逆,文明遗迹却能春。

下武村

张彦良

栉比新居溪枕畔,墙腰彩带户前花。
水轮尽踏欢歌律,廊座轻笼霁月纱。
畲族舞姿呈璀璨,泗洲岭道思繁华。
振兴需有殷民业,五德之禽立树丫。

记严山村

张彦良

静僻壬山只见山,寥萧房舍众门关。
百人村落多分赴,一曲红歌不减删。
何惧毒刑忠勇士,愈坚堡垒暴残间。
荒芜田野曾葱郁,滋育丹心至朴颜。

黄处村

钱小林②

簇石满山呈异容,枫涛竹浪掩云峰。

---

① 张彦良,1983年6月出生,云和人,公务员,中华诗词学会会员。
② 钱小林,男,1957年7月出生,云和人,中华诗词学会会员,著有《驿路吟风》等。

畲乡长咏康庄曲，陇上梨花香正浓。

下武村

钱小林

扼守南溪千万年，廊桥流水绕村前。
畲家古宅成新寨，凤满坡山赋巨篇。

黄家地村

钱小林

云景边陲古道旁，大枫村口送清凉。
漫山翠竹环瓜地，一树红杉掩庙堂。

安溪雪梨

廖思琴①

圆球硕果挂枝颠，淡绿橙黄映碧天。
细嫩丰盈招喜醉，润滋松脆惹垂涎。
晶莹剔透称金品，可口芳香喻蜜甜。
欲问仙桃谁造赐，畲农智慧胜仙贤。

安溪风情旅游节

廖思琴

梨花遍野漫清芳，溪水潺潺奏乐章。
车马接龙狮劲舞，歌喉惊座崽欢狂。
醇香玉液醺酣客，粉黛佳人美煞郎。
且问桃源何处有？叮当岩下凤凰翔！

齐天乐·游安溪

魏裕安②

黄鹂婉转韶光好，山乡白云怀抱。雨后残英，明前嫩叶，齐把清香来报。流泉啸傲。喜骀荡和风，莫说春老。未减佳辰，梦中情绪细寻找。

① 廖思琴，女，1947 年 2 月出生，云和人，退休教师，中华诗词学会会员。
② 魏裕安，1942 年 6 月出生，浙江云和人，浙江省诗词学会会员著有《南薰韵语》《云和魏氏诗集》等。

畲家新屋幢幢,缀丹青对写,遥向辉耀。笑语浮云,香尘载路,桃陌梨阡凭眺。村姑窈窕。正一曲长歌,古音缭绕。醉倒诗翁,叹烟笼八表。

安溪黄地村

章焕如

一面旌旗碧谷中,燎原星火势正熊。
艰难岁月初心定,困苦年时壮志雄。
刘粟严山传马列,红军黄地建丰功[①]。
古枫树下长征路,激励后昆兴业风。

走访严山畲村

章焕如[②]

身游山寨净无尘,刘粟传承主义真。
振臂高呼民响应,元昌[③]首举执旗人。
白天劳作庄稼种,黑夜访贫雇农亲。
不怕牺牲多壮志,浙南历史记畲民。

看安溪畲族文化风情旅游节表演

吴素萍[④]

畲乡迎客双狮舞,更喜春风花满路。
桌上麻糍甜又香,杯中绿茗情连趣。
广场满座远来宾,屋外山坡梨挂树。
一曲高歌醉妪翁,千般美景诗情赋。

安溪乡黄处畲族村

陈可富[⑤]

垄峁梯田诗画景,农家木屋酒旗风。

---

① 刘粟即刘英、粟裕,黄地即黄家地。
② 章焕如,1944 年 1 月出生,安徽桐城人,浙江省诗词学会会员。著有《滴水集》等。
③ 元昌即雷元昌。
④ 吴素萍,女,1941 年 9 月出生,浙江庆元人。中华诗词学会会员,著有《素萍吟草》等。
⑤ 陈可富,1948 年 3 月出生,浙江景宁人。浙江省诗词学会会员。

美眉舒袖歌喉放，帅崽纵情技艺攻。
千亩梨园新韵境，春霖尽润贯长虹。

访安溪上村古民居有感

陈可富

旧容别致见精工，土木情深念祖宗。
阶石罕稀名大宅，楼门典雅记宏功。
群房雕斗文光灿，九宇连廊气势雄。
珍爱先公凝汗水，裱修遗画拂春风。

三、报告文学

东岱精神①

——毛人则②

东岱，一个只有80户的山区行政村。321人，居住在海拔600多米的高山的坡上沟底，散散落落分成6个自然村，其中一个叫湖里的自然村，只剩下一个60多岁的老太婆了。东岱村，藏身洞宫山脉腹地，处在云和、景宁的交界处。与外交相通唯有一条山间小路，每年春季，山洪暴溢，小路往往淹没，甚至冲毁。222亩山垅田、一年只能栽种一季；7500多亩山地，虽有丰富的毛竹、用材林、药材林，但难以外运，经济实现率很低：浮云溪的支流之一安溪从这里发源，平时十分温顺，但也偶尔发怒。1994年8月21日，一场特大的洪灾，给东岱造成了280多万的惨重损失。

穷山恶水，恶水穷山。这是人们对东岱毫不夸张的描述。一个贫困的山村，1994年人均收入只有170元。但是，贫困的山民却十分勤劳。十一年来，在村党支部的带领下，他们与恶劣的自然环境搏斗，与贫困抗争着，谱写了一曲曲自力更生艰苦奋斗的乐章，抒唱了一首首感人肺腑的脱贫致富奔小康的歌谣。

东岱，这个目前还相当贫困的山村，十一年来所做的几十件业绩。不仅使旧东岱的面貌有了大的改观，更使东岱人坚定了一个信仰：自己的家乡自己建，贫

① 载于1995年12月30日《云和报》第三、四版，编者作了个别字的增删。
② 毛人则，笔名董树荣，1963年生，浙江桐乡人，浙江师范大学中文系毕业。1990年入籍云和县。写作《东岱精神》时，为云和报记者。后以“东岱精神”为原型，发表有短篇小说《一路悲歌》。

困面貌靠自力更生改！

十一年来，东岱人就是凭着这信仰，战天斗地，消灭荒山，改善生产和生产环境。他们也扛着这面信仰的大旗，阔步迈向未来。

历史篇

从可以考证的历史资料看，最早在这块土地上生息的是西坑下村先民。据周氏宗谱记载，清康熙年间乌鸦尖背后的水竹垟村，一户周姓人家，不知什么原因，迁居到西坑下。此后，刀耕火种，生息繁衍，形成村落。几朝几代后，一位俞姓的外乡人，来此烧炭，看中一块可以开垦的大畈田，于是定居于此，成了现在的大犇村(大畈田之意)自然村俞姓人的先民。几乎在同时，形成了上村、下村、麻地岗和湖里六个村落。

东岱人先民的迁移史，说明他们来到东岱是追寻生存和精神的家园，但这块十几平方公里的家园，似乎没有给他们带来幸福生活，贫困一直像梦魔一般缠绕着世世代代的东岱人。

然而，先民的选择和奋斗，却给后代留下了一份珍贵的遗产：热爱东岱这块土地！艰苦奋斗，摆脱贫困！

1936年，红军挺进师经过东岱开往景宁，播种下革命的种子，唤醒东岱人翻身得解放的革命意识。至今，在东岱的土地上，还有一个名叫“共产寮”的革命遗迹。这份光荣的革命传统。至今还体现在村支部书记周学仁为首的村双委们身上。正是这种革命精神一脉相传。才使东岱村党支部具有那么强的号召力，凝聚力和战斗力。

历史和传统，时断时续，不绝如缕，但苦难和饥饿却一直相伴着东岱人。

“大跃进”时期，东岱人与全中国一样，大炼钢铁，吃大锅饭，致使生活和生产本来就十分脆弱的东岱陷入溃崩的边缘。

然而，即使在这样的岁月里，东岱人也没有放弃过与天斗与地斗的奋斗精神。

70年代，他们兴建了一个小型发电站，使东岱先于整个安溪乡点上了电灯；他们在老支书俞岩芝的带领下，一冬一春全民造林消灭了500亩荒山。

现实是离不开历史的，今天总是传统的产儿。特别是在农村，无论表面变化多少大，稍一深入便能见出历史和传统的影子。

没有历史的参照，东岱的现实就会令人不屑；没有传统的传承，东岱人的精神就会难以想象。

治心篇

80年代初，东岱村与全国农村一样，进行了巨大的改革，耕田分到户，山林分到户，只剩下处于幼苗期的500亩山林，归村集体所有。

农村联产承包责任制，激发了东岱人的生产积极性。但随之而来的是“田地分到户，不要党支部”的自由散漫习气。

东岱人穷，穷则思变，但如何变？是自力更生，脚踏实地一步步变，还是投机取巧，歪门邪道地变，这在当时，不仅仅是一个东岱。而是全国各地所面临的大问题，田地分到户，不在党支部，自由散漫升漫，社会恶习滋生。东岱，一度陷入了历史的迷茫。

东岱具有特殊的历史地理环境，云景两县在此交界，重重叠叠的大山，一条山间小道，山上连绵起伏的毛竹和山林……，这一切构成了东岱相对独立的“世外桃源”。处身东岱确有山高皇帝远的感觉。

说不清是谁带的头，说不清是始于保年何月，只知道在1983年前后，东岱人像染上了瘟疫一样，几乎人人染上了赌瘾，几乎家家户户设赌场，男女老少齐参赌。邻近村落的赌客来了，景宁的赌徒来了，甚至青田、温州的赌徒也频频光顾。

一时间，东岱村臭名远扬：云景两县的赌博村！

人人嗜赌，随之而来的是村社混乱、家庭不睦、邻居不和、社会治安极差、盗窃成风、山林滥砍滥伐……

×××输光了赌本，输掉了手表、外衣，回家与老婆争吵，最后一记耳光打跑了老婆。

×××输了钱气不过，连夜跑上山，砍了赢家山上的木头，一口气扛到安溪卖了。第二天被赢家发觉，赢家伙同人大模大样到输家砍木头去卖。

你赢我钱，砍你树；你砍我树，我伐你竹。正面遇着大打出手，打输了再想恶计复仇。

全村一片混乱，一团乌烟瘴气。山村无人管理，管也管不了；田地无人耕种，种也白搭。

荒芜的耕田，哭泣的山林，骚乱的人们，萎靡的精神。

东岱出现了粮食危机，出现了社会危机。

当时一位白发老人哀叹道：“这样下去东岱将自生自灭。”

1984年底，国家为加强农村管理，重新设立农村党支部和村委会。

东岱人对这一举措并不怎么感兴趣。由于赌瘾的侵蚀，他们对东岱的前途已不怎么关心，对生养他们的土地已不怎么热爱。

但有人撂下一句牢骚话：“是狗是猫当支书都可以。只要把到安溪的路修好,过溪的桥筑成!”

当时,东岱到安溪的路,真正是条羊肠小道,过溪要趟水,没有一座桥,遇到陡坡,要手脚并用爬着过去。

被当选作带头人的村支书周学仁,时年42岁,他面对乱哄哄的村民,心里直打哆嗦,但他凭着一个共产党员的高度责任感,咬咬牙扛起了沉重的担子。

当时的东岱、就像一艘在风雨中乱摇的的孤舟,而满船乘客却无视风浪的凶残,只沉溺于赌和偷。

周学仁反复召集村支部、村委会、党员干部开会,研究、分析村情村风,商量研究东岱发展战略。

多少个日日夜夜,多少包劣质纸烟,多少根熬白了的头发……

最后,周学仁决定,走一条“先治心,后战天斗地”的路子。

从禁赌着手,把人心收回。从护林抓起,把村风端正。

经过几个昼夜的反复讨论,《东岱村禁赌公约》《东岱村护林公约》 出台了。在没有一个高中毕业生的情况下,这两个合起来不足500字的公约,比一名写作匠炮制一部通俗小说难多了。

公约写成后,村双委首先开展强大的宣传攻势。周学仁跑到乡里,请求乡里支持和帮助。他在乡里,把两份公约各打印上百张,分发给各家各户,又请人把公约抄写成公告,在村前屋后张贴。

同时,村双委召开“社员”大会(“社员”是个历史名词,但在东岱被沿用至今,这个被淘汰的名词,包含了一份沉重的内容,它传递的是东岱人一种集体主义的意识和自觉),在当时情况下,要把人们从赌桌上拉开,自觉走进四面透风的会场,是件何其困难的事!但村双委干部一次次地跑户头、跑田头,“死皮赖脸”地跟踪村民,硬是把村民一个个拉进了会场。

会上,周学仁话不多,直来直去,也不讲什么大道理。他质问“社员”们:“我们东岱,这样赌下去,会有个什么样的结果?这样偷伐山林,将会出现什么样的局面?”

事实上,作为东岱人哪怕他们再嗜赌,心里也在为这两个问题犯嘀咕。现在周学仁在大会上一点穿,大家都脸红了,低下了头。

“社员”们的沉默和负疚,给周学仁带来了信心。他坚定地说:“我们村的赌风不禁不行了;我们村的山林不管不行了。作为东岱人要在这块土地上吃饭,要在这块土地上讨媳妇。我们这样赌,这样偷,吃什么?哪村的媳妇愿意嫁过来?东岱人在这里生活了几百年了,不能在我们这代人中绝种啊!”

周学仁的棒喝,令全村人身上直冒冷汗。“《禁赌公约》《护林公约》大家都看到了，我们一定要坚决执行，从今天起谁若再犯一律按公约处置！”

“社员”们没有异议。

公约的制订还是比较容易的，难在执行。大家同饮一溪水，低头不见，抬头见，不是亲戚就是邻居。村双委起先感到十分困难，面子难抹，面子难黑。

周学仁理解部下们的难处，就先从外围着手。所谓外围，就是外地跑来东岱的赌客和外来盗伐东岱山林的贼。

对外来赌客，他们守在村口拦截，苦口婆心地劝说，对个别蛮不讲理的赌客，采取针锋相对的手段，果断地把他们扣押起来，送到乡政府。对外村的盗林贼，他们就组织人马，赶到盗林贼家，并于当地政府联系要求索赔。

一连几个星期，周学仁和村双委站路口，爬山头，几乎没有睡过一个安稳觉。结果村里的赌风有了明显好转，盗伐山林现象明显下降了。

外围战役成功后，他们把精力集中在村里，而由于他们在外围战时树立了威信。村民们也相当配合。赌博收敛了，盗伐山林自行灭迹了。

至此，东岱人的心转入正轨，村风村貌大为改观。

温饱篇

吃饭问题，是几查年来困扰东岱人的大问题。

小小东岱村 300 来号人，222 亩田，每年要吃国家 2 万斤返销粮。每年春季要吃两个月的野菜饭。作为共产党员，作为村里的带头人，周学仁感到羞耻。

人均 0.7 亩田，确实少！但周学仁相信土地的潜力。他要带动“社员”们向土地要粮，达到粮食自给。

周学仁跑农业局，跑县种子站，寻求科学种田的“秘方”。

他发动“社员”们引进水稻新品种，他请来乡农技员给“社员”们讲授科学种田和的知识。

吃饭问题涉及每个人的切身利益。加上周支书的热情发动，全村“社员”热情高涨，立志打个粮食翻身仗，甩掉吃“返销粮”的帽子，结束几百年吃不饱的历史。

1985 年，由于科学种田，引入新品种，加强田间管理，单季稻亩产达到 1000 斤。

1986 年，又是一个丰收年。这一年在东岱村的历史极富有纪念意义，他们结束了吃不饱的历史。彻底甩掉吃“返销粮”的帽子。结束几百年吃不饱的历史。

此后，粮食年年丰收，家家屯足粮食，一般人家的积余粮够吃一年多。

最贫困者，莫过于饭吃不饱，衣穿不暖，但饭能吃饱了，并不意味着摆了困东岱人有了吃的,“温”的问题也随之紧迫而来。

这样窄狭的天空,这样高大的山峰,这样无常的溪流,这样崎岖的山路,这样素质偏低、观念落后的村民………钱从哪里来?

周学仁深深懂得,钱不在别人的口袋里,钱不在疯狂的桌上,钱也不会轻易来自国家的手里,钱,就在东岱人的群山上,钱,就在东岱人的手上,脚上和肩上。

钱,只能靠东岱人自己干出来。

但要出钱来,没有最起码的生产环境是不行的。青蛙在井底,要它说出天空有多大,是绝对不现实的。

东岱人要赚钱,就得改变通往小溪的崎岖小路,小路要抬高,小路要拓宽,溪上起码要架上三座桥,最好是五座。

若架上桥,修了路,东岱的竹笋就能外运,东岱的山林木材就能卖出去,更现实的是,景宁的大量木材就能通过东岱出口,东岱人为此就能赚许多脚力钱。

周学仁明白,那天村支书选举会上,村民的是大有道理的。

1985 年冬,周学仁跑了有关部门,终于争取来 450 元钱,他再号召全村集资 480 元,投了 320 个义务工,终于修成了 2 座石拱桥。930 元修了 2 座石拱桥,几乎是天方夜谭,但周学仁做到了。“社员”们知道,周支书为此赔进了上百斤粮食,“社员”们知道,周支书真正把每一分钱都掰着用了。

第二年,周学仁又设法争取来 1150 元,向村民集资 1500 元,投入义务工 670 工,造起另外三座石桥,并在花岗岩上新开了 1.2 公里长的小路,第三年又在最险恶的地段修筑了 1.5 公里山路。

三年时间,周学仁带领“社员”们大大改善了通往安溪的山路。“社员”们到安溪再也不用脱鞋趟几次水了。一般年景春潮涨水,也不会困在山上出不了门了。

1988 年春天,东岱竹笋“大年”,东岱人挑一担担竹笋,踏着自己开辟出来的路,跨过自己造起来的桥,大步走向安溪、走向云和县城,挣来一沓沓人民币,换回化肥、农药、新衣和日用品。

也是 1988 年起,从东岱到安溪的 10 多华里山路,出现了一群群特殊的队伍,有男有女,有老有少,三五成群 他们肩背树木,有的背一根,有的两三根捆在一起背,重的有 200 来斤,轻的不下 100 斤,他们便是东岱的“背山客”,是东岱村特有的“山区第三产业”,这些木材,均来自景宁林场,由于东岱至安溪的路修缮,景宁临近东岱的林场,都把木材从安溪装车外运,从景宁林场到安溪,有 20 来华里,每百斤 17 元,东岱人一般一天能挣 20 多元,有一天,村长俞宗元的妻子背了 146 斤木头, 挣到了 20 多元, 副村长吴岩友全家 4 个男女劳动全出动，一天挣了近百元，东岱人利用秋收冬种的间隙，就背了 300 多方木头，利落地挣了 7.5 万元，人均增收近 250 元。

或许有人说，那什么时代了，如今农民应该经商、办企业挣钱，还干这种卖力气的苦活，不值得宣传了。然而，没有东岱人的吃苦耐劳，没有东岱人的卖脚力，大山上的木头是无法运下来的。事实上，东岱人的原始积累，就是从背山木开始的，他们用这份脚力，换来油盐钱，逐步改善生活，更是用这种原始积累，集资用于数十项的公益事业，大大改善他们的生活和生产环境。

背山客，背山客，东岱背山客！ 东岱这些“背山客”身上，渗透着一种为脱贫致富顽强不息的精神，散发着艰苦创业的光辉，在他们磨出硬茧的肩上，在他们寒冬腊月里还挂满汗珠的脸上，我们看不到一点“等、靠、要”的依赖思想！

科学种田，使东岱人有了“饱”；用肩背树，使东岱人有了“温”。东岱人，立足山坡田，苦若卖脚力，结束几百年愁吃愁穿的悲苦历史！

奋斗篇

周学仁把东岱这条曾在迷蒙混乱中挣扎的船，引入了平静的港湾。1989 年，东岱村被评为云和县“文明村”。从一个远近闻名的赌博村，转变为“文明村”。单就这一点周学仁的功劳就比山峰还要高了。他还让东岱人结束了吃不饱的历史，他开辟了山区独具一格的“山区第三产业”，使东岱人生活有了大改观。

这三件事，足以说明周学仁是东岱历史上的一座丰碑。

然而，周学仁不满足于这些。在他的意识中，东岱还刚刚起步。他的目标明了又简单——东岱，要成为一个富裕村。

目标简单，但要达到却困难重重，路途艰辛。然而，既然选定了目标，就得一步步地走，一点一滴地干。

周学仁，这位高小毕业生，60 年代就担任大队干部的村支书。凭着他丰富的基层农村工作经验和对东岱村的一腔忠贞不贰的热爱，他脑子中的发展蓝图和前进之路，总是出人意料，又令人折服。

1989 年，正当东岱人沉浸于粮食丰收的喜悦和卖脚力所赚“大”钱的兴奋之中时，周学仁却冷静地提出：“东岱，要建一所像样的小学！”他的思路简单明了又十分正确：东岱的发展是件千秋大业的事，应通盘考虑，不能单单钻在一个钱字上，而要真正有大的发展，关键在于人的素质。东岱村世世代代穷，一个很重要的原因，是东岱村没文化。因此，年轻一代的东岱人，一定要有较高的文化素质。所以要尽快修建学校，结束小学生在破庙里上课的落后局面。

在村干部会上，在“社员”大会上，东岱干部群众为周支书的高瞻远瞩而称赞,“社员”们建校热情高涨,纷纷解囊捐款,一下子集资了4500元,加上上级扶持的3000元,又投了1240义务工,当年就建起了162平方米的新校舍,全村近60个学龄儿童兴高采烈地走进了崭新的教室。

1987年,村里的小水电站由于机器老化,年久失修,水渠不畅,彻底报废了。电成了东岱人最渴望的东西,周学仁顺应民心,决心在1990年年底,让东岱人点上电灯过新年。

从安溪到东岱,需3.70公里高压电缆3根和30根水泥电线杆。总投资需要52000多元,而有关部门只能扶持7000元。这么大的缺口怎么办?自己的事自己干,自己的家园自己建!全村集资人均116元,共集资了35000元,总投入义务工1290个。

拉线的那天是腊月23,农村的习俗是恭送灶王爷的日子。但东岱人这一天,顾不上灶王爷会在上帝面前说他们什么,他们要从这天开始把光明之“神”请进来。

严冬腊月,天寒地冻,北风凛冽,山沟里分外阴冷。这天清晨行色灰蒙,鹅毛大雪漫天肆虐,全村壮劳力齐集周学仁家门前,穿蓑衣戴笠帽,黑压压一片。周学仁一挥手,带着这支天不怕地不怕的队伍奔赴3.7公里的战线。

沉重的电线杆,八个人抬着,一步一滑地移向山岗。陡峭的山坡薄薄的土层下,就是花岗石。一人掌杆,一人挥锤,一分分,一寸一寸,终于掘出了树电线杆的孔洞。

陡坡上的荆棘,拉破了衣服,划破了手脸,每一步,都有滑向深谷的危险,但电缆线硬是拉了上去。

与严寒奋斗,与大雪奋斗,与花岗岩奋斗,与峭壁深壑奋斗……足足奋斗了七天七夜,高压电线架进了深山,年三十那天,东岱村家家户户亮了电灯,而电灯亮得最迟的,是村支书周学仁家。

年三十这天,东岱人家家兴高采烈,庆贺东岱彻底结束了火篾当灯草的时代。然而,村支书周学仁家、村长俞宗元家、村支委周正斌家,却连过年的年糕也没有一块,东岱人的眼圈红了。他们不知怎样来表达对村里带头人的感激,便兵分三路,男女老少,拥入三位村干部的家中,帮他们做起了年糕。

年糕,经过高温蒸烘和石锤捶打,才那么香、那么韧!周学仁一班村干部,就是由爱心的蒸烧和责任心的石锤制作而成的“年糕”,他们身上,有带领东岱脱贫致富的韧性,有深受东岱人民尊敬和爱戴的共产党员的“香”味!

灯亮在东岱人的家里,共产党的威信在东岱人的心里。从此后,东岱人跟定周学仁为首的村支部，为全村的脱贫致富奔小康，出钱，没有二话，出力，挥袖就干，他们坚信：周支书的所思所想，为的是东岱的未来！

确实，周学仁又为东岱村设想了一个福泽子孙后代的大计划：大做“山”字文章，营造山林，消灭荒山，东岱村，要真正脱贫致富，唯一的出路是发挥山里潜在资源，做足山上文章。

“社员”们没有半点异议。

用了2年时间，东岱人营造了1000亩杉木林，1000亩厚朴混交林，形成了初具规模的药材林基地，这里，国家没有补助一分钱，全是自力更生搞起来的。

在1992年、1993年两年中，东岱还翻修了学校，装上了村广播转播室，改造了通往外村和薄刀岗2个自然村的34公里低压电线，筹建了党员活动室……

一项又一项的建设，不断改变村的面貌，但焕发出的是一种永恒不变的精神——自己家乡自己建，贫困面貌靠自力更生改！

在这种精神支撑下，东岱山窝窝有一种刻骨铭心的爱。他们不是不知道外面的精彩世界，但他更留恋生育自己，并为之付出了许多心血的故土，即使是那些在外面经商、打工的东岱人，一旦知道自己的家乡要搞建设，就利用假日回乡参加义务劳动，积极集资。

然而天有不测风云。1994年8月21日，一场百年不遇的大洪灾。残忍地吞噬了大片农田，冲毁了两座桥。毁坏了几公里长的道路，冲坍了小学，冲垮了两所民房……给小小的东岱村带来280万元的巨大损失。

洪峰无情人有情。村党支部带领村民，与山洪争抢被冲下来的木料，努力把损失降到最低限度。

洪水刚退，但山体突然滑坡，把一户农舍摧垮了，人在屋里，赶快救人，周学仁带领全村“社员”，扑向出事地点，手挖肩扛，搬运坍滑下来的泥石……幸好屋里三人，压在梁椽搭成的空隙里，无人伤亡。“社员”们把一家人救出来，送衣的送衣，送吃的送吃，并给他们安排了住宿。

天大亮，洪水也退去了。展现在东岱人面前的是一片狼藉惨景，良田毁了，桥梁断了，房屋塌了，去安溪的路彻底毁了……

周学仁为了及时把东岱受灾的情况，报告乡里，他带领村两委的五名成员，翻过乌鸦尖，跋涉在高山之巅，绕过佛儿岩，整整在从崇山峻岭里转了5个多小时，才到达安溪乡政府，他们汇报了情况后，吞咽了乡党委书记王瑞龙给他们的饼干，就立马回村，又是5个多小时的艰难跋涉，回到村里，已是暮色沉沉。

面对天灾，悲观绝望是懦夫，仰天哀叹是傻瓜，真正的强者，只有直面现实，生产自救,不屈不挠。

1994年下半年,东岱人不但没有被天灾所吓倒,反而更加坚定了与天斗与地斗的斗志和信心,在这半年时间里,他们在国家仅给1500元的补助下,修复了学校,修复了一座桥,修复了5.2公里的山路,修复了几十亩农田,修复了电灯线路……同时,总投资24800元(其中4000元是上级扶持)兴建了一座地面卫星接收站,不仅使东岱人看到了电视,还使整个安溪畲族乡看到了电视;总投资11750元(其中5000元是上级扶持),完成了4.36公里的机耕路测量任务;总投资21600元,改造了360亩竹笋二用林。东岱,与天奋斗着,与地奋斗着,立志要改变穷山水的面貌。

致富篇

东岱,经过11年的艰苦奋斗,山上有2000亩毛竹林,有1000亩用材林,有1000亩药材林,还有几千亩的抚育林和杂木林。这里还有极宜发展袋料香菇的土地、气候和杂木资源;这里,还隐藏着丰富的矿产资源……。然而这一切,都难以开发,难以实现其经济价值。

周学仁越来越清晰地认识到,制约东岱发展前景的,是一条宽敞的机耕路。村民们也清楚地认识到了这一点。

路,东岱的路。从没有路,到羊肠小道,到可以行走的山间小路……东岱人祖祖辈辈梦想着一条宽敞的大道通到村里。

但,仅仅梦想是不行的。现实的路要用一分汗水一分力地开拓出来。

周学仁已是五十有二,按组织规定,他该退位让贤了。然而,他向上级组织要求,他要把路修通后再让贤!组织上同意了。东岱人更是同意。

据测算,这条路需51万才能修通。51万!对东岱来说,是个惊人的数目。

国家难以资助一个村修机耕路,云和县还有三个乡未通公路呢。

东岱百姓还相当穷,不可能集资51万,乡里十分穷,村级集体只有一块500亩的山林场,场里的树木还不大。

怎么办?钱从哪来?

痛卖林场!

周学仁忍痛提议,没有其他办法,村两委同意了,社员们也同意了。

买林场的老板来了,讨价还价,老板出的价大大低于修路所需。

又一个老板来了,但又走了。

最后,以17万的价格拍卖了。

只有17万,离51万相差达34万。

集资！投义务工。

有了17万，1995年冬就动工修路，能修多长就多长从安溪往上修，修成一米少走一米路，修成一里就距东岱近了一里。

集资，人人250元！“二百五”，中国人都明白它的背后含义，但东岱人就是那样的“犯傻”。

义务工，先不要算，要出多少工就出多少工。

还有山上的2000亩毛竹林，加以改 造，通过验收，能得每亩15元的补贴，这是一笔可观的收入，达22500元，周学仁号召“社员”们上山改毛竹林 全部投入到机耕路建中去。

这是个大胆的建议，但“社员”们没有一个反对的，改造毛竹林，提高了竹笋的产出，又能为修路出力，何乐而不为？

于是，1995年11月份开始，东岱人掀起了修机耕路和改造毛竹林的热潮。

至今，2.5公里的机耕路已初具成型，他们力争在明年春季出笋，这2.5公里机耕路能修好。

然而，剩下的1.8公里，要在花岗岩上开，还得修一座7米长的桥，限于东岱人目前的财力和物力，难度巨大。

但东岱人横下一条心，今年修不通明年接着干；明年不通，还有后年，一年修一点，终有一天会开通。

祖祖辈辈梦以求的致富路，今天的东岱人要把它梦想成真。

行文至此，文章该煞尾了，但东岱故事正在继续着，东岱人的精神正日益散发出光芒，自己家乡自建，困难面貌靠自力更生改，山东有个“九间棚”，云和有个东岱村，把东岱村与九间棚联系起来，就能说明一个真理：贫困地区只有依自力更生艰苦奋斗，才能换来富的前程。

四、散文

因寇内迁的安溪洪氏[1]

无　为[2]

这里乱起来了，四邻八乡闹哄哄的。县城传来消息，据说是杀人劫财的来

① 此文载于云和县政协文史委编，无为著的《椤林旧事》。

② 无为，原名黄育盛，浙江云和人，1967年11月生，就职云和县政协文史委员会，著有《乡土云和》《云和抗战研究》等。

了,村人有逃往外乡避难的,有躲进了深山之中的。这儿离入海口并不遥远,据说贼人是从温州方向海上来的,这些贼人身无甲,冬夏穿花布衫,下着短裤,轻捷如飞,裸身而战,赤体提三尺长刀,舞之横行,吹螺为号,相闻即合救援,人望之股栗远避。洪良远始终未明白,这些强贼到底来自哪里?他们叫什么?

洪良远是一位青年,他早就听说了,某村被劫,可惨了。他要离开这儿,往远离入海口的方向走去。这儿位于瓯江中下游地区,为浙江承宣布政使司处州府所辖。今天是明朝万历十六年(1588年)的八月十二日,就到中秋了,一丝不舍故土的情愫油然而生,但他还是小心地捧下代表着祖宗的香炉,装进了行囊。他沿着瓯江往上游方向逆水步行,岸边的石阶古道蜿蜒绵长,秋后的河风不时带来丝丝的凉意。扁担在他的肩上横着,麻绳悬了前后的包袱,摇晃之中,不时传出"唧唧"的声响。看着西边的太阳已近山边,他知道,一日的行程即将结束,正好,一座观音大士的庙宇出现在眼前,当即步入了庙堂,在观音坐像前双手合十,念声"阿弥陀佛",同时于佛前发誓说:"麻绳扯断之处,那儿就是我的落脚之地。"

不知不觉中,三日已过,他已从下游走到了上游,来到了云和县所辖之地,他不想再走了,他选择了从溪口的支流逆行而上,穿过了云和县衙所在的盆地之后,又沿着一支小溪流上坡而行。黄昏之际,来到了一处村庄,这儿已有零星的几户居民,问后得知,这儿叫着黄处村。话音刚落,突然,肩上的扁担前头一仰,"砰"的一声,包袱早已落地,"唧唧"响了三天的麻绳真的断了,他心中一惊,莫非在观音大士前的誓言应验了。他只得在此借宿一晚,次日,天刚蒙亮,他早早地起来,在屋前屋后来回转悠了两圈。他来自瓯江下游,对水的感觉似乎比其他人都要深刻,他发现,这村虽有些格局,但无法制造水碓,不适合他居住的要求。

他辞别了黄处的村民,又重新绑起了行囊,往山后的凹门走去。翻过凹门,往下而行,一条绵长的溪流横亘在眼前,他当即认定,这条溪流肯定能制造水碓。他远远地看见一户人家,急步走到,叩门而问,得知这户居民姓叶,本为松阳卯山叶氏之后。当晚,他在叶姓人家求宿,然而,稀奇之事再次发生,夜晚的山风似乎来得更加快些,八月的凉风嗖嗖吹入窗口,使他在恍惚之间进入了梦乡,他感觉这里有一丘很大的水田,他驾驭着耕牛不断地在犁田,然而,又觉得这块水田有许多的角落,就是犁不到边。一觉醒来,一身冷汗,他又感觉有许多问题难于解释,于是,他将行囊寄存叶家,空手往处州府方向走去。

一日之后,在接近处州府之地,来到了一处叫丽阳庙的地方,慈祥的观世音菩萨庄严而坐，他在佛前点香叩拜，希望能得到心灵的启示。庙里钟声悠扬，香烟袅袅，他向慧田法师讲述了他在叶家的梦境。法师双手合十，微启双眸，略思片刻之后，捻了捻长须，说道："施主所梦之田，即为你后世的发祥之地，大部归你，但少数角落你不可扫尽，定有多个外姓，你可且去吧，庶可兴隆也！"洪良远得到了活佛的启示，他兴奋了，次日，他又加快脚步，回到了凉风习习的梦境之地，再次从叶家挑起行囊，左右环视之后，在一个左右手均有山脊合围的山塆处歇了下来。几回寒暑，历经艰辛，终于在此处搭起了山棚，建起了土房，也娶回了梅氏。看着自己亲手种下的板栗树苗壮成长，栗花飘香，他就把这儿的土名叫作"板栗树塆"。他又在蜿蜒清澈的山脚溪流之间建起了水碓，想起自己原来的家乡有一地方叫作温溪，干脆就把这条溪流也叫温溪了。不久之后，他的大儿子出生，取名叫作崇德，希望此后洪氏家族能崇尚德行，以此立足。然而，事与愿违，崇德刚学会走路，山高林密的温溪之地带给他一个巨大的灾难，一只长着斑纹的大老虎将大儿崇德叼走了。悲痛之余，他想着在观音菩萨庙堂中的启示，没有气馁，又在上一个山塆搭起了山棚，并命名此地为"厝后垄"。他带着梅氏，在厝后垄居住几年之后，二儿崇明、三儿崇星相继出生了。此后又感觉此地气势较窄，又寻访了风水地师，毅然决定，选择在山脚之处温溪岸边建房，取建屋之地名为"厝后"。随着子孙的繁衍，又感觉地盘太小，再次历经艰辛，终于在"长大"之地建起了颇具规模的土木房子。

历经四百余年之后的2016年初冬，洪良远的第十四代裔孙云和县档案局局长洪广美带我来到了温溪之地。现在的温溪，因与青田县温溪镇重名，早在1981年9月，已更名为安溪。今日的安溪凉风习习，流水潺潺，在良远公之十三世裔孙洪方尉（字东明）家，我们品着淡淡的茶香，听他款款而叙，眼前勾勒着以上的片段。

翻开安溪的《敦煌郡洪氏宗谱》，后世作了如下纪事："按安溪云者，自古命名系浮云南乡，因溪流平静，潆洄清翠，故曰安溪，大明景泰三年（1452年）分云和一都是也。良远公矢志不凡，于明万历十六年（1588年）秋卜迁于此。见此地山明水秀，垦山可食，凿泉可饮，于此家焉。克勤克俭，乐善不倦，积德累仁，有司马氏之遗风。择配梅氏育子生孙，愚耕贤读，创业垂统，于今繁昌振振，瓜瓞绵绵。岂非先公之有良明远大之谋，而安得此际之衍庆也乎！故为迁徙开基考。颍川庠生国泰拜撰，嘉庆癸亥年（1803年）。"

谱图：一世祖良远公，自明万历十六年（1588年）由栝苍芝田（即现青田）阅历关山，徙于浮云南乡温溪家焉，为始迁之祖，葬温溪土名后塘将军树，坐壬向丙。娶梅氏，葬谷垟头徐圩，坐庚向甲。生三子：崇德、崇明、崇星。纨绔子弟崇明公，生二子：起祯、起祥。三世祖起祥公，生于明崇祯辛巳十四年(1641年)六月二十一日子时，卒于清康熙辛卯年(1711年)五月二十日戌时，葬交塘，坐庚向甲。娶周氏，生于顺治己丑年(1649年)十月三十日丑时。生三子：成印、成养、成生。之后世系繁衍。

安溪鸟瞰

谱中的记录也证实了洪东明的口述来自先祖，其间有《新编洪氏族略》云："……诣于文献无征，仅得其近者先人之所口授，则曰，唯有良远公自明万历十六年(1588)秋，步越关山，由栝苍芝田徙云境之南乡温溪而家焉。大清嘉庆癸亥岁(1803年)桂月，古云潭庠生颍川氏河顺字国泰谨撰。"

洪氏一家历尽千辛万苦，得到了十方神佛的护持，终得成就，于是他们在自家香火堂神榜之中，写下了如斯的字眼。中款书：南无大慈大悲救苦救难观世音菩萨；右款书：康温马赵四大元帅所部兵将，土地香火周驮周九十位相公，北极玄天真武上帝龟蛇二将；左款书：天地水府三元三品三官大帝，陈林李氏十四十五夫人娘娘，敕封护国救民马氏夫人娘娘。

最主要的是，洪氏在安溪建起了夫人行宫。现在的文物考察资料显示：上村夫人行宫位于云和县安溪乡上村中心，脊梁上题记建于清道光十年(1830年)，坐北朝南，占地面积436平方米。二进五开间，悬山顶、小青瓦屋面。通面阔16.18米，通进深22.76米。一进面阔五间，进深6.24米，七架梁，前后七檩用四柱，明间建成一戏台，上施藻井。二进面阔五间，进深6.60米，明间七檩用四柱，抬梁式，次、稍间七檩用五柱，穿斗式。一二进之间有一阔8.90米、深8.56米的天井，天井两侧各有厢房三间。整个建筑四面夯土墙，南面中间辟大门，西面开一小门，大门门额上楷书砖刻"夫人行宫"四字。宫内梁枋、牛腿、雀替雕刻人物、花卉等图案，宫内现存清道光十年(1830年)款《行宫缘碑》一通，楷书阴刻，记载修建行宫时捐银等事。洪氏后人则说，至今，每年都要于夫人行宫举行盛大的迎神活动，以此祈祷各路夫人及十方诸佛护持村人。洪氏占据了安溪风水佳城，后人真的得到了神佛荫佑，现已繁衍十六代子孙，总人口四千余，分布各县乡村。

安溪夫人宫

安溪位于云和县城南部，地势自东南向西北倾斜，辖境山峦起伏，森林茂盛，地处云景两县边界。安溪为小盆地，土肥水秀，环境宜人。现在的安溪早已楼房林立，走进安溪，现代气息迎面而来。古代的安溪同样是美丽的，有《安溪地与记》云:“安溪地方原由东岱东北至县城二十里，东南至景界五里，其地周遮绝献，中有一溪，溪首右为上村，溪尾左为下村。村之西为对门山，山巅唯石岩，卓然乔耸，四时黛绿，佛髻宛然，名曰佛儿岩。迤左有百丈岩，峭壁如屏，仰而观，巍巍高十数丈，横而视平平，面广二三丈，登其上窥见村中一切。以左为通天岩，悬崖蹲踞，势极雄峻，中有石孔，视可通天。由西而东北，又有罗星山孑然独立。山上广约三四丈，建立文昌宫，宫左有惜字炉，此山即把握水口之山。由北而东南，更有三峰参立插入云霄，绕白萦青，尖而卓笔，称为笔架山，乾隆间知县窦絵品定为箬溪八景之一。予稍暇时披阅邑志，始而信，继而骇，及登高阜望梓里，窃叹蕞尔品藻，未加墨客骚人罕闻，戾止志，因不能备载而佳山水之湮没者多矣！十一世孙庠生洪有芳谨撰，宣统二年(1910年)仲秋月吉旦。”

要寻找古代洪家的建树，务必来到洪家的老屋。跟随洪东明来到祖屋，一栋七直、三进、二层、一天井，四周走马楼结构的老屋展现眼前。巨大的天井地铺卵石，内置兰花凳，平整的檐口石一字环四围，构件之中，马腿、梁枋等雕工精致。中堂则置精美的供桌，其雕刻工艺足见先人的用心。最显眼当属置于屋角的磨盘底座，它用整枝苦槠树干锯成，树直径一米以上，村人说，先祖乃就地取材，这枝苦槠树就长于此。我的脑海之中，立即展现了先人于一片树高林密的荒野之中垦田建房的场景。

洪家老宅

洪家老宅

洪氏是文化之家，他们将先人的艰辛编成了一首《古金炉歌》:“我祠金炉自芝田，始祖避耿击身肩。寻得甘泉并乐土，相宅温溪乐终年。相传作室栗树塆，矮矮平房两三间。红树暗藏怀殷浩(大将)，只嫌地窄未适欢。再请堪与卜基址，卜筑上村心乃喜。节俭持家积小康，厥后子孙泳麟趾。为问金炉存何方，金炉放在香火堂。经营祠宇奠先祖，夜响金炉畏卧床。吉凶祸福金钱卜，断云金炉宜送速。金炉送祠夜不响，始知宗器莫藏屋。春秋祀事俎豆边，并具金炉陈于前。肃肃雍雍奔在庙，绍庭上下拜祖先。光绪年间难民到，泣诉穷民苦莫告。阴开门闩入祠里，哀求借宿恩如膏。来朝难民群相走，谁料金炉偷在手。而今愧读陈宝句，查缉总赖有贤后。裔孙副贡生有孚谨撰，宣统二年(1910 年)仲秋。”

文首说过，洪良远始终未明白，当年的强贼到底来自哪里？时过 428 年之后的今天，让我们尝试一番，为先祖解开谜底。上述的《古金炉歌》中有“我祠金炉自芝田，始祖避耿击身肩”之句。“耿乱”一般指“三藩之乱”，即清初三个藩镇王(吴三桂、尚可喜、耿精忠)发起的反清事件。在安溪上村的夫人行宫内，也发现了贴在墙上的《村史村情介绍》，其中也说“良远公于1588 年遭耿乱”。莫非真的如此吗？

洪家供桌

然而细想之下，“耿乱”发生于清康熙十三年(1674 年)，良远公迁来时间为明万历十六年(1588 年)，这期间相距 86 年，很明显，这是村民口传造成的错误。那么，当年的青田县城乡之中，到底发生了什么大事？

让我们先看看明朝的《处州大事纪》：

嘉靖三十四年(1555 年)四月，倭寇数百人，窜扰青田县不峙、沙埠等地，兵民被杀与淹死 2000 余人；嘉靖三十五年(1556 年)青田知县李楷、县丞熊缨率众筑城御倭；嘉靖三十七年(1558 年)四月十七日，倭寇窜青田县，烧毁民房 5000 余间，杀 3000 余人，掳男女 1000 余人，围城七昼夜，县丞熊缨率军民奋战，民壮叶仁锡等偷营烧毁贼巢，倭寇东逃，五月，倭寇再犯青田县城，围攻十日，窜向丽水县，分守参议曹金率乡兵登城拒守，凡四日，倭寇退。

《明史》中的有关“倭寇”篇载：“万历二年(1574 年)倭寇又犯浙东宁、绍、台、温四郡。八年(1580 年)犯浙江韭山及福建澎湖、东涌。十年(1582 年)犯温州，又犯广东。十六年(1586 年)再犯浙江。”

《浙江通志》“防倭之役”云：“万历十六年(1588 年)戊子，倭犯浙江，其时疆吏惩嘉靖之祸，海防颇饬，贼来辄失利无所获。自后日本丰臣秀吉企图入寇，有朝鲜之役，流寇及汪直余党皆北去，浙海无寇警。十八年(1590 年)庚寅，海寇劫瑞安。”

从以上记述中可知，因青田靠近入海口，是倭寇危害的重灾区。倭寇是日本的流氓强盗队伍，东南抗倭总督胡宗宪的帐下，有个“昆山秀才”郑若曾，他精心编撰了一本明代抵御倭寇的军事百科类书籍《筹海图编》，他对倭寇上岸后的行动有着详细描写:“贼每日鸡鸣起,蟠地会食。食毕,倭酋据高坐,众皆听令。挟册展视,今日劫某处,某为长,某为队。队不过三十人。每队相去一二里,吹海螺为号,相闻即合救援。亦有二三人一队者,舞刀横行,人望之股栗远避,延颈授首。薄暮即返,各献其所劫财物,毋敢匿。倭酋较其多寡而赢缩之。每掳妇女,夜必酒色酣睡。劫掠将终,纵之以焚,烟焰烛天,人方畏其酷烈,而贼则抽去矣。”《筹海图编》里描述了倭寇的战术:“倭夷惯为蝴蝶阵,临阵以挥扇为号,一人挥扇,众皆舞刀而起,向空挥霍,我兵仓皇仰首,则从下砍来。又为长蛇阵,前耀百脚旗,以次鱼贯而行,最强为锋,最强为殿,中皆勇怯相参。”

抗倭名将戚继光在《纪效新书》里也描述,对阵时,一两个倭寇率先出阵,半裸持刀,跳跃而蹲伏,极尽挑衅之能事,诱使明军火枪、弓弩齐发,然后乘明军火力衰减,倭寇头目或吹海螺或挥扇子,倭众舞刀进攻,长驱直入。此外,倭寇擅长埋伏,战酣必四面伏起,突阵后,故令我军惊溃。倭寇的单兵能力极强:“双刀上诳而下反掠,故难格。钯枪不露竿,突忽而掷,故不测。弓长矢巨,近人则发之,故射命中。”另外,国内也有许多强盗伪装成倭寇,劫财掳掠。

从上可知,明万历年间,青田城乡受到如此的劫难,洪良远的家乡也必定在其中,他挑起祖宗的香炉,内迁云和安溪,确实在情理之中。

今日的洪家,已为一方巨族,后裔为商为仕,均独占鳌头,超群过众。不才赠一首《再写金炉歌》:

共字加水三千年,敦煌古郡自瓜绵。
万历戊子倭寇到,海口温溪不能免。
急走避难命由天,挑起行囊誓佛前。
箬水南乡安溪地,小河流水梦犁田。
搭棚建屋三两遍,终得大厦邻水沿。
垦荒拓土锄者谁?英明始祖洪良远。
高堂供桌花鸟茜,神□尚飨袅轻烟。
试问宝物来何处?洪家宗器自芝田。
未料难民起歪念,偷走金炉悄无言。
世间本有定数在,劝君勿要计前嫌。
今日欢歌把家恋,明朝流水亦缠绵。
南乡十里说故事,洪家百业谱新篇。
我今再写顺口谚,开卷莫将陋语嫌。
江北俗家无为谢,安溪必定有后贤。

午荫黎民泗洲岭[①]

无 为

少年牛犊之时,曾经着迷于电子制作。安溪一位朋友,闲聊之间,他说安溪有一险峻的山岭,名叫泗洲岭。据老辈人传说,早年间有一伙恶毒的“野和尚”、占山设寨,强掠得金银财宝无数,该财宝现依然存于山寨之中。他求我制作金属探器,用于寻觅该山中之财宝。数日之后,他果真在石之间寻得铜钱几枚。于是,数十年之间,我信了他的说法。

不惑之后,回想当年之事,忽感事有蹊跷,随即翻阅古志。同治《云和县志》云:“安溪岭,在县南十五里,一名泗洲岭,路通景宁两山丛峡、足以控御,上有午阴亭。”我更加困惑,在险峻之高山,是谁在控御?控御谁?谁于亭榭之间午阴?

仲秋的日子,在作协友人的陪同下,终于成行安溪岭。沿着石阶跬步而上,路旁黄白相间的山花争奇斗艳,潺潺的涧水一路欢歌。满山遍野的箬叶肥硕密匝,它们在清晨的山风中沙沙作响,仿佛在诉说着这里悠远的过去。云和古地名“箬溪”,我想,这里成片的箬叶,涓涓的流水,正好诠释了云和古老的地名。青翠的毛竹密匝地横亘在路的上方,阳光从竹间洒落下青绿色的光芒,格外高雅自然。

沿着“之”字形石阶往上走,古道越来越宽,古朴的韵味愈加浓郁,仿佛有一种幽深、清凉、悠远的压力扑面而来。正思忖着这股莫名的压力来自于何处,抬头望去,高耸入云的枫树虬枝乍现,墨绿的树叶遮阴蔽日,略行数步,即有一株难以合抱的树干倚路而立。同行的村里蓝书记说,早时,枫树更多,平均两丈远就有一棵大树,生产队时,被砍了许多,我们一行人无不为之惋惜。虽已深秋,爬山的辛劳终会使人微微发热,我们拣了一处光滑的石阶席地而坐,阵阵的花香沁人心脾,一股清凉之意浸透全身。深山之中各异的鸟声“啾啾”不停,时而急促,时而婉转,时而左,时而右,分不清它们到底是来自哪个方向。我明白了,这股莫名的压力来自于这些参天的大树,前人种树,后人乘凉。是谁栽下千年树,树下曾过几多人,树下红裙试比花,不知裙花谁更艳。生机盎然的世界,只因为前人种下了善良的种子。

不觉间,山顶已达。一座鹅卵石、片石砌成的巨大城堡赫然在眼前,结实的石砌墙体基本完整。阳光从墙顶投下金色的光环,狗尾草在风中摇曳,巨石垒就

① 此文载于县政协文史委员会编《山水云和》。

的高墙显得格外巍峨。整座城堡约三百平米见方，为单层结构，分骑在大路的东西两边。北面的拱形石门，一边已倒塌，半圆形的石拱散落在亭内，成为了路人歇脚的坐垫。亭内，一块刻有“竹韵”的石匾静静地躺着，定是在北面的石拱门上落下的。南面的拱门尚存，上面对应着“松声”两字。“竹韵、松声”四字苍劲有力，其意境与午阴亭所处之山巅天合地造，足见题写人之品位。

靠西的一边，有扇加了锁的木门，从门缝隙间可以看见端坐的泗州大圣菩萨，神龛边挂着朝拜者未尽的香烛。泗州大圣菩萨的两旁，分立着两位秀丽的女菩萨塑像，这种布局似乎向人们表达着一种柔情暧昧的意境。经查阅相关文献，泗州大圣乃西域僧人，世称“僧伽大师”，是观音的化身。许多有情人难成眷属，于是向菩萨祈祷，以求帮助，这位菩萨就是恋爱之神——泗州大圣，难怪乎，在寺庙之中有这种柔情的布局。也许在这山巅的大道，千百年来，确实成就了许多凄美的爱情故事。难道午阴亭仅荫佑了一方的爱情吗?

亭内，歇脚亭、厨房、茶亭、客栈、马棚、寺庙遗址一应俱全。其建筑规模之大、规格之高、工艺之特别，足具处州第一驿之气势。我们站在拱形石门之下的古道，仿佛身处一个漫漫雄关，有了“一夫当关，万夫莫开”之势。时光恍若在交错，我们一直在问，是谁在哪年哪月建造了这座城堡？他们的目的又是什么呢？

我们试图在寻找遗留的蛛丝马迹，功夫终不负有心人。亭内，有一块碑槽石，上面已经没有了石碑，只留下空空的碑槽。路口一块断了上半截的残碑立在路边，岁月的尘埃已将字迹模糊。我们用尽了所有的矿泉水，洗出部分残留的字迹，然后，全身躺在百虫出没的泥地之中，花了一个时辰，终于抄录了残遗的大概文字，隐约看见先贤志士的丰功伟绩。

从残碑的断字之间，我们隐约可以看见当年修路之艰难。该路段是云和至景宁的主要陆路交通，云和有县际古道 12 条，泗洲岭就是其中之一。《景宁县志》记载：“泗州坳、又叫泗洲岭头，位于县城东南 8.5 公里，外舍乡西北，与云和县安溪乡为界，岭上设有午阴亭，昔立泗州大圣神位，故名，为云和至景宁两县古道要冲，立有亭碑一方，为县人柳景元题撰，今存。”岭头海拔约 740 米，修筑艰难，正如“夫山径崎岖，本非康荘之比，况乎复石多倾竖，时危……旅蜀道，何怪王阳之畏险，坂阮籍之哭穷途也。”看着这样的文字，我们情不自禁地隔着时空向古人致敬。

一个普通的名字，让我们展开历史的记忆。柳景元(1884—1959 年)，字会贞，浙江省景宁族自治县沙湾村人。清光绪二十七年(1901 年)考取廪生；三十一年留学日本早稻田大学；三十四年，创办沙湾公立两等小学堂。民国七年

(1918年),当选浙江省议会议员,执教于省立十一中学,旋任景宁县教育局局长。抗战期间,应江省通志馆(位于云和大坪村)馆长余绍宋之聘,驻馆采编二年。1950年,参加景宁县首届人民代表会议,当选为常务委员会会员。1959年病逝,享年76岁。

时光再次回到1840年鸦片战争,"船坚炮利"的西方殖民主义者,用洋枪大炮开了"大清帝国"之门。面对民族危机,爱国知识分子积极寻求救国的"良方"。于是,大批学生东渡日本,景宁有李瑞阳、柳桥鸿、潘松龄、洪子生、叶仰高、夏兆梅、柳景元等人,云和有魏兰、许学彬等。这些留学生在日本、结识了孙中山、陶成章、宋教仁等民主革命先驱,大都参加了兴中会、华兴会、光复会、同盟会等反清团体,归国后成为辛亥革命的先行者,推动处州的民主革命。我想,正因为有了柳景元留日之后的进步思想,孙文所倡导的"三民主义"基本纲领才有了造福百姓的泗洲岭古道。非该绅士的急功好义,曷兄臻此。"柳景元等绅士,修筑午荫黎民的石阶古道,修缮午阴亭,其功之大,其德之深,似与天齐也。

突然想起清代诗人吴炳在安溪岭的成诗:"石岭连峰起,巉巉似斗奇。宿云不去,落叶路先知。稻尽秋田阔,樵归野径迟。山居无别况,从菊满疏篱。"正如其云,春江水暖鸭先知,枫叶飘零路初晓,真正感受古道长亭之德的,首先是这一方的乡民,他们挑着沉重的樵米山货,汗流浃背地走在宽阔的石板古道,沐浴长亭古枫的荫凉,吮吸着山花箬叶的芬芳,难道他们不感恩柳景元等先贤的遗德?

据残碑文字表述,民国八年的工程主要为筑建石板大道。"凡给工资九百一十一元,合工资一元筑路三丈六尺。"据计算,当年筑路达399.60丈。清时的量地尺,1尺为34.50厘米,1丈为3.45米,那么当年筑路达1378.62米。在这高山峻岭之中修筑如此完美的石板古道,其艰难可想而知。"竟能集足千元,轶原佑二百元。"如此,剩余的二百八十九元,可能即用于修理原有古亭长榭了。

同治《云和县志》首先于咸丰丁巳(1857年)付梓,由此推断,于咸丰年之前,这里的午阴亭即已成型。那么,之前的午阴亭又是谁建的呢?泗洲岭北的安溪是畲族乡,岭南的景宁岭南的外舍也是畲族乡,因此,这带一是畲族的聚居区。安溪的蓝氏于明万历三十六年(1608年)由福建古田县十八都小茶岭寻到浙江处州云和安溪庄。另有安溪洪氏祖先于明万历十六年(1588年)从括苍芝田迁云邑安溪。如果,这里的午阴亭最早由本地居民修建,那么,这些巍峨的石墙已历经四百余年的风雨,已四个朝代的兴衰荣辱。

云和虽地处山蕞,却是兵戎烽火之地,特别是县际的交通要隘之间,经常匪党出没。万历年之后，主要的战事有：明万历五年（1577年）阴岩坑银矿矿民起义，康熙十三年（1674年）靖南王耿精忠部将徐尚朝攻陷云和，清康熙四十年（1701年）彭子英农民起义等。特是清咸丰八年（1858年），太平天国翼王石达开部将石镇吉率军于四月二十三日进驻云和。五月七日，云和监生周鹤（又名周水应）纠集乡勇团丁，与之抗战。五月十六日，官府集残兵、聚团丁，汇集景宁生员徐登瀛合击太平军，徐登瀛率兵追至黄水碓村时，遭太平军伏击身亡，罗金旺等13人死于乱军中。此时的泗洲岭，必然成为战场的要隘。我无法判断，哪年哪月，这里有“野和尚”占山为王，欺凌百姓，但有一点能肯定，民国八年修建泗洲岭古道长亭，正是柳景元等绅士消除匪患的义举。

立于南门之外，圆形的拱门巍峨如初，“松声”两字高高地在聆听轻风奏的乐章，不知名的藤蔓努力向上伸长着，墙脚的山花格外灿烂芬芳。也许在石墙之下，依然有着丰富的“掘藏”，正像我们所要寻找的历史信息一般，永远无空尽焉。

忽然想起柳景元的话：“望后之人随时修整，勿使岭路复就倾圮，则劳永逸也乎！”我担心，终有一日，这里的石砌亭台必将全部倾圮。于是我在风中而歌曰：

何人先莅泗洲岭，哪年初建午阴亭，
十朝百代无穷尽，古道红枫薄雾冥。
亭台哪年初有佛，佛光初照哪份情，
不知箬竹谁先绿，又见佛前跪红裙。
白云几片风悠悠，泗洲岭杠头生愁，
谁见山间摘箬女，唯有秋风吹空楼。
秋虫呢喃年依旧，冬去春来新燕走，
可怜岭上白月秋，残碑旧亭伴风吼。

附录：《泗洲岭断碑残文》

□□□□□□□邑行旅往来之道，上至龙泉、庆元通道□□□□□□□员王知事宝谦，赴旧处属各县调查习艺所事□□□□□□□云景两邑分辖，因分岭前，景宁知事陈景元、前□□□□□□□咨事，咨决分境，修著约计，景境应修之路二千八百□□□□□□□百元□□□□□□□无知地方瘠苦，筹款维艰，虽勘估分明，来□□□□□□□元，以为之倡，并代募得孙谦记捐款二百元，又县属众□□□□□□□百元，复由陈知事捐俸三十元，设立印簿，记绅捐募□□□□□□□业桐，自治委员洪昌麒，自治助理员吴景壁、吴师棚等，实力□□□□□□□竟能集足千元，轶原佑二百元，非该士等急公好义，曷兄臻此□□□□□□□督工程，自己未年三月二十五日兴工，至九月二十八日竣工，计筑□□□□□□□九丈六尺，凡给工资九百一十一元，合工资一元筑路三丈六尺，路增而□□□□□□□绅任事之勤能矣！夫山径崎岖，本非康荘之比，况乎复石多倾竖，时悝口危□□□□□□□旅蜀道，何怪王阳之畏险，坂阮籍之哭穷途也，幸赖各绅士踊跃捐输集成巨□□□□□□□二条筑，化险为夷，其造福于行旅之往来者，岂浅鲜哉！ 爰勒石以纪兹事之头来□□□□□□□望后之人随时修整，勿使岭路复就倾圮，则庶几一劳永逸也乎！瓯海道尹黄庆澜撰记，景宁县知事俞荣华书丹，省议会议员柳景元篆岭，民国八年岁己未十一月教旦。

走进安溪[①]

陈水根

迎着和煦的春风，踏着明媚的阳光，我走进安溪，来到这个既熟悉又陌生的山乡。

我对安溪很熟悉。二十年前，我在县委统战部工作，安溪是挂钩扶贫的联系乡。作为民族科长，我常常穿梭往返于乡、村之间。安溪乡政府位于县城南面7.5公里，南与景宁县交界，泗洲岭就是两县通行古道，盆地里有上村、下村和下武三个行政村。

这三个村在明、清时开基，有较悠久的历史。下武建村时间最早，明弘治年间(1488—1505年)蓝姓祖先就在山寮开基，因距下村不到半华里，相距很近(古称半步为武)而故名。另据《洪氏宗谱》记载，明万历年十六年(1588年)，洪姓从括苍芝田阅历关迁安溪开基。清康熙年间(1662—1722年)，洪姓从安溪上村分居下村建村。至今，上、下二村村民仍以洪姓为主。

在我原有的印象中，安溪人并不勤劳。二十年前，安溪村民几乎都是住在破旧的土木结构房子里。过了上、下村之隔的那座桥，路面为石阶路，村里卫生差，到处是牛粪和猪屎。比较好点的建筑是乡中心小学、乡政府办公楼和信用社这三处房子。

往事历历在目。一九九四年八月二十一日，因受台风影响引起山洪暴发。台

① 原载于2015年4月15日《今日云和》第4版旅游休闲。

风来临的头一天，我还下乡在安溪乡。一夜之间，大水不但将无数的土木结构民房夷为平地，还冲走乡政府办公楼、信用社、乡中心小学，这三栋比较坚固的砖混楼房。在下武村水碓边的那个五保户，还是乡党委书记王瑞龙去背出来的。由于乡党委、政府组织救灾得力，幸好没有出现人员伤亡事故。第二天，我和市委统战部的领导来到安溪。这里满目疮痍，那场景没有经历过的人是难以置信的。沿溪两岸原有的房子已无影无踪，出现在眼前的全是溪滩石。从此，安溪下村开始了重建家园的漫长历程。

我对安溪也是陌生的。工作调动后，我就没有去过安溪。

近日，安溪畲族乡和县文联举办的"艺术家走进安溪"活动。安溪的巨大变化，简直让我不敢相信，展现在我面前的是一片新农村景象。宽敞的水泥路已从乡政府通往各村，盆地里三个村子崭新的楼房已连成一片，不管房前屋后和角落，你走到哪里，都是非常的清洁。虽然古称半步为"武"，下村和下武之间原来还是相隔有一定的距离。现在，原有的"武"不复存在了，两村新楼房已连接成一片。

明代从福建连江县安定里三斗醮洋半山迁居安溪，村建于佛儿岩东麓，已有历史 500 多年的谷垟头村。由于交通不便，10 来户畲族同胞的也已整村搬迁安置在交通方便的上村。

安溪绵延的群山，山岗上有万亩竹林摇曳多姿。满眼雪白的梨花告诉我们，全乡有雪梨基地 2600 余亩。在山脚下，山坳里养着山黄鸡、孕妇鸡、鹊山鸡、乌鸡等达 20 万羽。位于大垄口的"乐福久生态养殖场"吸引投资 500 万元，出栏优质无公害肉猪 5000 多头。我们一行人到上村村头，奶牛场里那 13 头奶牛，正在悠闲地吃着草。热情的主人让我们人人都品尝了清香的原生态牛奶。

安溪畲族乡蕴涵着浓郁的民族文化。以"畲乡风情"为主旨，打造山寮休闲养生养老农庄项目。对佛儿岩、叮当岩、一线天、泗洲岭等自然资源进深度挖掘，积极探索生态旅游发展之路。保护水资源与旅游资源共享相结合。与相邻的雾溪乡合作"游在雾溪，吃在安溪。"黄处特色村农家乐的兴起，带来的不仅仅是村容村貌的改观。

这些都还是我们眼中看到的。只要你和这里的乡村干部和群众聊聊，你就会知道。真正引起这些变化的，是来自观念的更新和思想的转变。走进安溪，我们关注着将来这里有更大的变化。

风情黄处[①]

陈兆燕[②]

黄处村不算远，出城不足10公里便可到达黄处。一路往南，山路弯弯曲曲，越往深处走，空气里湿润微凉的味儿就越浓起来，那份绿意与清幽却是更酥软地抚着你的肌肤，将早春的气息一点点地渗入你的心房，叫你不得不承认春天真的来了。

梨花醉

正溜神，一片梨园跃入眼帘。朋友告诉我们，这便是黄处的梨山了，方圆千亩，全是黄处的梨山。抬眼望去，那一树树的梨枝千姿百态，别有一番韵味。而那黑褐色的枝丫间分明已蓄足了春意，赶热闹的梨花早已攀上枝头，一簇簇，一团团，这枝唤着那枝，那枝应着这枝，早把春的意韵表达得淋漓尽致。不知是来得早了还是来得晚了，我们没有看见“忽如一夜春风来，千树万树梨花开”的盛景，更没有遇见梦里那场纷纷扬扬的梨花雨，然而从那一地的素白里，不难想象在黄处下一场梨花雨并不是件稀奇的事。如此说来，做一个黄处人是有多么幸福。村民介绍，黄处村享有“云和雪梨第一村”的美誉，远远近近，前前后后，种植雪梨千余亩。每逢春季，那些赏花的，摄影的，踏春的游人们总是络绎不绝地来到黄处，三三两两地走进梨园深处，或抬头细赏或手举相机，将那一抹抹素白与纯净锁进镜头里，刻在心头上。供来日的某个午后细细品赏，回味春日梨园的芬芳即景。

而到了秋天，那些馋梨的吃货们就更会慕名而来，或自摘自食，优哉游哉；或批发团购，抢时抢数，大有不把梨园闹个天翻地覆就不回家的架势。云和雪梨皮薄汁多，入口松脆，咬进嘴里，流在唇齿间的甘甜清润总是让那些馋着雪梨的人们回味千百遍，挂念千百回。

秋高气爽，那一个个小则拳头大，大则足球大的雪梨，也早已压弯枝头，压弯梨农的扁担，只待一担担，一车车地运往山外，载向全国，酥进馋梨人的心里。再次抬头望向梨山，那一排排的梨树，层层叠叠，梨山如金字塔般呈梯田状开垦，直抵天际，尤为壮观。车子渐渐驰离梨山，天空忽然飘起了小雨，回首间，烟雨朦胧里的梨山又显出另一番风韵来。

---

① 此文原载于《处州晚报》诗画丽水专栏。

② 陈兆燕，女，1975年生，浙江云和人，就职云和县人民医院，副主任护师，丽水市作家协会会员。

畲歌飘

未抵黄处村，一阵阵清脆欢快的对唱调儿就直灌进耳朵里。村里老人告诉我们，那是他们畲家人娶亲的调子。黄处村历史悠久，是浙江省畲族移民的发祥地之一。据记载，早在明朝万历十七年（1589 年），就有一批雷姓畲民从福建迁徙到黄处安家，从此黄处雷姓支族开始繁衍生息。明万历四十二年（1614 年）另一支畲族移民钟姓畲民也随后由福建宁德迁徙此地安居立业。

而村子里八九成的畲族人口也让小村子的畲家风俗一代代地沿袭下来。其中畲家婚嫁就如一曲诙谐幸福的欢乐颂，别有一番情趣。且不说“说亲，相亲，定亲”这段前奏曲，就单迎娶出嫁这段进行曲，已是畲味浓浓，情趣满满，足以叫人们尽情撒欢，回味念想。

婚期前日，新郎带上对歌手、亲人、媒人等组成的迎娶队伍，提小包，挑大担赶往新娘家。来到村口，得先燃一段噼里啪啦的报喜炮，暖暖村庄。这一声鞭炮响，让酝酿已久的村庄顿时欢腾起来。等待已久的迎接队伍浩浩荡荡地走出来，她们穿着畲装，春风满面，喜庆的畲歌脱口而出。村中的男女老少也从深巷小弄钻出来，欢欢喜喜地去凑这场久违的热闹。迎娶出嫁是大事，是盛事，因而这一天也就是村庄的好日子，大日子。

然而，对于新郎官来说走进村子也就开始了一段闯五关，斩六将的迎亲历险。对歌、猜谜、闯杉刺，高潮迭起而妙趣横生。新郎官一会中堂作揖，一会被姑娘们出的难题或怪招卡住，不得不被抹上锅底灰，总之不被搞得灰头污面就抱不了美人归。闯过九九八十一难关，终于来到新娘家中堂，开始以歌敬酒后节奏才变得舒缓，变得和顺。而中堂大方桌上的茶水、点心也就分外的香甜醇浓了。

吃过晚饭，独具风情的畲家唱登场。畲家人似乎生来就是歌者，而那些请来的对歌手一个个更是才思灵动，曲到词来。那一夜的畲家情歌唱，将畲寨的夜晚装点得喜庆而多情，时而欢畅时而深情，男欢女爱，情意绵绵，令所有的畲家人百唱不厌，世代相传而回味无穷。

来到黄处，新娘子早已装扮一新，头上带坠的凤冠垂着白珠，略遮了眉毛，珠帘下的小脸含蓄而羞涩。白净的脸上略施了粉黛，足以与房前屋后的桃花儿梨花儿相媲美。那身红透寨子的畲家大襟衫，镶着各色花边，畲味纯浓，朝阳下更显得格外光彩照人。

全村子的人就又赶出来，赶出来看新娘子，送新娘子上婚车。鞭炮噼里啪啦地响，畲歌就又此起彼伏地唱起来。婚车徐徐离去，出村寨的路笼罩在炮烟里，鞭炮味弥漫了半个村子，炮烟里闪烁着畲娘们送别的泪花。

石林立

黄处的美是那漫山遍野的如雪梨花,是那满山飘荡的畲歌哈调,更是那独一无二,震慑人心的东方巨石阵——佛儿岩。

一位外县朋友,曾一遍遍地赞叹,在云和生活了十多年,带父亲游了很多景点,唯有佛儿岩连去三回,每次回来父亲都是赞不绝口。

是的,春暖花开,拾级山道,登一回佛儿岩—叮当岩定是不错的选择。佛儿岩—叮当岩景区是云和县主要的风景名胜之一, 景区占地面积5平方公里,东西宽2500米,南北宽2000米,由叮当岩、佛儿岩、一线天、天窗门、仙人座、仙竹居等岩石组成。形态万千,面积庞大,有人称赞它为"东方巨石阵"。

沿山道一路前行,大片的翠竹林接踵而来。抬头仰望,一棵棵挺拔苍绿的毛竹直耸云霄,轻风细雨里,你似乎仍可以听见他们生猛疯长簌簌拔节的声音。大自然里总有一些勃勃生机的力量可以直抵你的心灵,震慑你的灵魂。

出村不到半小时就到了叮当岩景区。一块石屋大小的大黑石如一枚不规则的恐龙蛋稳稳地点在另一块巨石上。带路的村人不知从哪里找来了一根木棒,熟练地插入大石蛋底下的石缝里,轻轻地上下撬动着。惊险神奇的一幕出现在眼前,硕大的石头随着撬动的节奏轻轻地摇动着,并发出沉闷的"叮当"声,那摇动的架势叫人直担心它会不会突然从另一块石头上滚落下来。它可是一块如屋子一般大小的大石头! 然而木棒一停止,它便又纹丝不动地立在那里,稳稳当当,像是从来没有摇动过。再细听,便只剩下周围风摇翠竹的声音。

带路的村民问我们是不是也想试试? 胆大的,好奇的赶紧上前撬动杆子摇起来。胆小的看见大家摇着都没事,也禁不住好奇上前撬杆子。大家足足过了一把"摇房子"的瘾。

山路弯弯曲曲,越往上走,身边的草木就越浓越密起来。接近山顶,眼前豁然开朗,传说中的东方巨石阵瞬间呈现眼前。方圆数里的巨石林,有的单独矗立,直耸云端;有的二三石重叠,姿势险峻,却又稳稳当当;有的则由数巨石堆砌成群,举目仰望,如天窗,如天门,如天镜,真可谓神奇而壮观。山巅处的天窗就是由数巨石堆积而成,其中三石堆砌成一个高2米,宽1.50米,深2米的天然六角窗洞,抬头仰望如一面明晃晃的悬空天镜。而不远处的一线天则貌似为一块巨石开裂后不规则的裂缝,缝宽处约80厘米,两壁凹凸吻合相对应,如若有双天手将它们合拢该是天衣无缝的吧。再看那鱼和熊掌,分明就是天宫里不慎遗落的天庭之作。

据《同治县志》记载:佛儿岩在县西二十里,上有石卓然乔耸,佛髻宛然。明代徐应亨诗"雾溪山控佛儿岩"是也。民间相传，数千年前，曾有一道士见此处草木繁盛，清幽宁静，便在此地苦心修炼，若干年后道士得道成仙，天神放下石梯诏他入天门，收梯时却因动作过猛，不慎将一些石头落入凡间，于是形成了这里的"巨石阵"。

虽是传说，但在这深山密林里能见到如此大气豪迈的巨石林，叫人不得不折服于大自然的神奇与壮美。

天色向晚，踩着雨雾下山回村。临近村庄又听见了熟悉的畲家婚嫁调，村人告诉我们，黄处周边居住着大片的畲家人，迎娶出嫁，畲调上口，常唱常新呢。隐约中，听见婚礼主持人脆脆的调儿：步入洞房，传宗接代。那声音幸福明快，在山谷中久久回荡。

云景古道泗洲岭①

陈水根

秋冬之交，阳光轻柔透亮，温暖如春。立冬前一天，我们一帮朋友相约，驱车前往安溪，行走云景古道泗洲岭。

安溪村边绿柳依依碧草稀，一行人说说笑笑，从山寮村开始上山了。山道两旁古枫参天，绿树婆娑，秀竹满目，山花烂漫，野果飘香；头顶蓝天白云，浮光掠影，山峰秀丽，色彩斑斓；山涧泉水激石，泠泠作响，绿荫丛中，野鸟鸣唱，声不绝耳；满坡红叶未凋，红绿相间皆显浓情蜜意。山道失去了交通要道的作用，沿途路上杂草丛生，风光不再，一米余宽的路面，步步为阶直通山顶，许多原为条石或块石铺设的路面，因山体塌方破损严重，行走时需小心翼翼方能通过。

众人汗流浃背，感觉有点疲惫时就爬到了岭头。山坳建有一骑路亭，名曰"午阴亭"。午阴亭具有古代驿站的作用和云景县际古道特有的文化内涵，两侧各有石拱门骑路，分别上书"竹韵""松声"。"松声"拱门迎风屹立，"竹韵"旧碑，难经风雨侵蚀早已仆地。一块残存一半的石碑倒在路边，上面字迹模糊不清。亭之西与亭相连的泗洲大圣庙也是残败不堪，不见香火令人心寒。从石砌墙体和房间布局上看，原有歇脚亭、厨房、茶亭、客栈、马棚、寺庙等建筑。正在向行人无声地诉说着岁月的沧桑。

站在"松声"拱门下向南眺望，山峰秀丽，重峦叠嶂，风光无限。山坳离景宁外舍尚有 15 里路程，想象中泗洲岭作为交通要道，在当时应该是人来人

① 原载于 2015 年 10 月《今日云和》第 4 版云和湖副刊。

往，路上行人、商贾、挑夫络绎不绝。可在我儿时的记忆里，这就是一条坡陡难行的山道。

穿越时空的隧道，六十多年前，云和与景宁还没有通车。父亲时常头一天就联系好货源，天刚亮就起床，头戴箬帽，肩披垫肩，腰系汗巾，脚缠绑腿穿着草鞋，拿着扁担、抵棒，迈着矫健的步伐，走出家门去担景宁担。父亲没有回家，我会根据母亲的指点，在云和街上向南面大山的山坳中，有一棵大树的地方眺望。天黑时分，父亲拖着疲惫的身子回到家里，他刚走进家门，母亲马上会泡上一碗热茶，总是心疼地说："你少担点嘛，少担点，人就不会累成这样了。"父亲有时会说："没事，没事。"有时干脆埋头抽旱烟不做回答。

父亲每次担景宁担，总是早出晚归。挑夫他们尽管很累，总是还希望有"回头担"。从云和县城担着肥皂、棉布、冰糖、食盐、咸带鱼、海带等日用百货和副食品到景宁，又从景宁鹤溪镇担着香菇、茶叶、中药材等土特产回云和，一天时间可以拿到双倍工钱。这样一来，只有吃中饭，联系货物时肩膀有点空了。俗话说："远路没轻担"，担子刚上肩不感觉重，路途远走得时间久，人疲惫时就会感觉肩上的担子越来越重。云和到景宁六十来里山路，来回两趟都担着担子，中间还要翻越这座大山。担重担上坡特别吃力，下坡要走稳脚步也不省力，人累了腿就会颤抖，一不小心会有连人带货滚下山崖的危险。

当时，我还很小不知父辈的艰辛。长大后常常听父亲与我们说走泗洲岭，就怕担大漈罐，虽然担子不重，可需要特别小心，上山下坡路陡，过沟沟坎坎，还要特别注意防止脚步不稳，或者路滑，担子撞到路边坎上摔破，拿不到工钱，还得赔偿损失。父亲还说他也怕担食盐和铁器，同样重量的担子，会感觉越担越沉重。

一条高速公路从泗洲岭山脚通过，隧道和大桥拉近了云景两县的距离，现在行车只需要二十分钟即可到达。我们这次徒手走云景古道泗洲岭，是为了锻炼身体，冶情赏景。虽然只行走父亲担景宁担时的十分之一路程，已经感受到父亲当年脚下的路有多漫长。

石吖铛与天水窟[①]

王存义[②]

俗话说："深山岩石怪，万壑水也奇。"在云和万山丛中的安溪畲族乡，谷深

① 摘自王存义著：《浮云趣俗丛谈》，1998年8月版。

② 王存义，笔名心白，1922年出生于云和县城方志世家。历任教师、记者、地方志、杂志、文史副主编、主编。

林茂、风景幽美，峥嵘奇岩，嶙峋怪石随处可见。由于地处偏僻，交通阻梗，许多鬼斧神工的异景奇崖也被群山丛林所掩没，难与世人见面。在旅游开发声中，它才不甘寂寞，稍稍显露头角，特别是黄处村的“石叮铛”和“天水窟”已引起人们的关注和兴趣。

“石叮铛”在黄处村前荆棘丛生的荒山野岭中，奇岩由两块巨大岩石重叠组成。岩基平广，可容三十多人并立，竖岩高四米，周围十余米，矗立在基岩上，前濒悬崖绝壁，平如刀削，下临绝壑，深不可测，岌岌可危！谁也不敢走近前沿或探身窥视。远看此石，孑然独立，如山僧迎客，或似猛虎长啸，奇绝妙绝！游人站在岩基上，用一支小木棍在奇石底部轻轻一拨，这块重十万斤的岩石立即出现奇观，摇摇摆摆，来回动起来，同时发出巨大的、惊人的“咕咚！咕咚”的声音。连根基永固的基岩也被震动，似将立即滚下万丈悬崖，旁观者往往失声狂呼，惊心动魄，叹为奇观！当地群众自古以来称为“定宕石”或称“石叮铛”。

“天水窟”在“石叮铛”的西南，安溪方向的一二里处。在起伏崎岖的山道中忽见一岩突起，奇迹就在这里。爬上岩背，就可见天然一石窟、口小腹大，俨然一个特制的酒坛在岩石中。里面储满盈盈净水，澄澈见底。饮之，冰浸齿颊，清沁心脾，立感心明眼亮，精神为之振奋。举目四顾，周围空荡、了无所依；仰首面对苍穹，蓝天覆盖；俯视窟底，光滑平整，难觅丝毫出水之源。真疑“神水莫非天上来”！更奇的是此水取之不尽，久旱不竭。屹立岩巅，游目骋怀，飘飘然欲仙！询问当地老人，说：从祖祖辈辈以来都是如此，所以无以名之而权呼之为“天水窟”。俗传久饮此水能强身健体，醒脑明目。敢借此机会建议当地村、乡政府对此水进行一次全分析，以便来日旅游开发作为科学依据，为山区的致富创造一良好条件。

在安溪乡景区范围内，还有许多有名有目的胜景，如“相触岩”（相传两岩对峙，能互相触斗，以致满岩流血）、“棺材岩”（岩下周围临空，能容棺材千座）“十八洞”（深不知底，探险者往往半途而返）、“佛儿岩"（在云和城内数十里以外，亦可见群佛并立山巅），以及“百丈岩”“仙人指路”等等景点，还流传许多优美动人、令人神往的传说故事。这些丰富多彩的景区资源，无疑是一宗天然宝贵财富，有待人们开发利用。

五、渐逝事物[1]

当代社会正处于农耕时代向工业时代转换之际，生产生活方式进步，文化更迭和流失在所难免。特选取已经或者临近消失的行当、器具、生产生活方式等，予择要辑录。

(一)行 当

烧炭　多以杂木为原料，判青山，一窑炭约1500千克，“大跃进”时有过万斤炭。产品有白炭、青炭，多销往温州。

烧砖瓦　20世纪80年代前后盛行。

打石　20世纪80年代前后开采花岗岩条石、块石，主要用作房屋、路、桥、生基建材。

打小铁　担工具箱笼游走乡间，从事打铜、铸勺、补锅等家用小五金加工修理。

敲白糖　多为永康人，摇拨浪鼓揽生意，小孩用头发、羽毛、牙膏壳换取饴糖。

剃头担　走村串巷，上门服务。挑担一头为面桶(含镜、脸盆、毛巾、刀布)，下置炭火盆。另一头为抽屉凳，抽屉放推剪剃刀等工具，下置盛水小木桶。

棺材店　多临时赶制，富户作兴早备寿材存于祠堂。实行火葬后消失。

染布店　集镇、大村有染坊，从事土布、布染色及衣料、布帘印花。

代销店　属供销社系统，二十世纪六七十年代遍及山村，曾为农村商品购销主渠道。

接生婆　旧时各村都有中老年妇女热心助产接生，20世纪90年代消失。

劁猪劁鸡　摘除小猪、鸡卵果、睾丸，俗称结豮结鸡。穿街走巷，吹哨子揽活。

手工裁缝　裁缝师多为男性，携剪、尺、熨斗、针线包，上门头做手艺。

榨油　油坊私营，多附设祠堂或溪坑水房中。设备有柴灶、碾盘、石臼、油车和长木油榧，加工多种油料。饼渣(菜籽箍、茶籽箍等)属上好废料。

机械打字　20世纪90年代前，机关单位设专职打字员打印公文。电脑普及后，逐渐废除。

刻油印字　20世纪90年代前，印制公文、资料、名册、票证、试卷、曲谱等，都以铁笔、钢板刻写蜡纸底板，再放到油印机上滚筒印刷。

---

① 原载于《云和县志》(1991—2010)方志出版社出版。

(二)器 具

砻　用于稻谷脱壳。土竹木结构，类似磨，丁字推杆悬梁，勾连砻盘柄，一人旋推，一人添谷。

手磨　用于磨粉浆。属小石磨。磨盘侧柄插短木，一手旋推，一手添料。

水车　属农田灌溉提水工具。车架、转轴及龙骨车身木制，脚踏驱动。

独轮车　车架两边载货物，车辫挂肩，双手推行。适宜平原及田间小路。

捆臼　青岩打制，配木杵或石杵，用于舂米、搡麻糍、捶馃。另有水碓臼和踏碓臼。

火笼　篾壳陶胎，有提攒，另有铜火笼。盛炭火灰，供烘手取暖。

竖桶　杉木长桶，中隔栅板，供孩童站立，冬冷下置火盆取暖。

火甏　瓮形，有盖，以凝灰岩打制。置于灶前，存储柴炭。

火筒　竹筒两三节，中空。炉窟点燃柴草时用以吹风旺火。

焙笼　笼状无底，篾编稀疏。下置火，烘烤衣物、尿布。

坐车　木制童座。柜形无轮，胸前横板供放置食物、玩具。

扇类　有草扇、棕榈披扇、麦秆扇等，纸扇多见于戏剧。

大橱　昔为家具之首。漆大红，中部抽屉板及上下门精雕细刻。

碗橱　上部有门，内装隔板收纳杂物。中部为碗格，下方置樽钵。

香火桌　长约 2 米，宽约 0.50 米，高约 1.50 米。抽屉、侧面板、脚雕花，置中堂做祭辰。

八仙桌　方桌边长近 1 米，可围坐 8 人。牙板雕有纹饰，厅堂摆设。

六仙桌　比八仙桌略小。一面靠墙，围坐 6 人，另外三个面有抽屉。

梁床　漆朱贴金，月门及楣板、栏板雕饰样图案。前置踏凳板。

车木床　仿罗马柱床栅，不事雕刻，四角柱固定床帐架。

纺车　由木架、纺轮、纱锭组成，通过手旋抽丝卷纱。

绩箜　竹篾编，直径约 0.40 米，高约 0.30 米，上漆。农妇绩苎麻线专用。配车辙。竹编，

棕袜　以棕编成靴形，雪天走山路防冻。

棕鞋　以棕编成，胶鞋普及后弃用。

蓑衣　雨具。古时以龙须蓑草编成，后改为棕线，与小箬帽搭配使用。

箬帽　夹层用箬叶或油纸。大箬帽遮雨，小箬帽主遮阳。

大手巾　白粗布，长七八尺，宽二尺。上山下地时披扎，可垫肩、擦汗。

秧央　小杉木拧成，宽 0.45 米，高 0.60 米。两只为一副。用来担秧。

氨水桶 杉木箍成,上小下略大,封闭,顶部有孔和塞,两只一副盛氨水100余斤。

索钩 弓形绳扣,截取山茶木制成。结棕绳麻索,用于捆绑柴草秸秆。

担枪 毛竹、杉木两头削尖,便于穿刺狼衣、柴捆。上山担柴时,搭配柢棒、麻绳索。

柢棒 木质,齐肩长。横置空肩撬动扁担,以平衡双肩压力。还用作担支撑。

四尺牛 4尺木方或树段结绳,抬重物用。如需增加人手,则用六尺牛、八尺牛。

验坪器 玻璃量表。人民公社化时期,各生产队用于测验便肥力。

箟篓 竹编扁篓。有大有小,割草、采茶、柯鱼时挎于肩背。

田耙 水稻田耘耥农具。把圈铁制,有方形、圆形,配长竿。

垒特 用于插秧前打碎泥块。木制,装有滚轴,以牛力牵引。

稻桶 有方、圆两种,上口稍宽。用时内置桶梯,上竖桶簟。

矮兜 小水桶。桶壁一侧连直角提把,提水、浇水用。

纸雨伞 以竹篾竹竿为骨架,裱油纸或油布。

马桶 木制坐便器,有盖,多红漆。

竹刷 尺长单节竹筒,节作把,上部剖丝为帚,用于洗锅盆。

棕刷 棕丝制成,三角形,扎成毛刷,用于磨盘扫拢粉粒。

脚盆 由杉木箍成,有大有小,大脚盆用于洗浴,但不称浴盆。

面盆 又称面桶,配架,质地由杉木演变成铜铝、搪瓷、塑料。

丈杆 竹,亩制长尺,用于丈量田块、地基,按鲁班尺、一丈相当于2.8米。

杆秤 衡器。有大令小秤之分,由秤杆、秤锤、秤钩(盘)及提绳构成。

洋油盏 多以铁皮做成,壶盖连灯管。多以青油(柏籽油)、煤油作燃料。

气灯 油盘盛煤油,充气后点燃,使灯头罩发光。多用于集会或演戏。

灯罩 分底座、油瓶、玻璃灯三部分。有旋钮可以调节亮度。

烟筒 将竹节捅通作为烟杆,根部挖孔盛烟末,也有套上铜、铁作烟锅的,烟嘴有铜嘴、玉嘴。

菜蔬格 搪瓷品。常见三、四层,外串金属提手。

竹碗 利用竹节制成,因耐摔,适宜小孩食用。

饭篮 竹编,底小口大,有盖、提手,涂红漆。田送饭用。

棕袋 棕线编成。多用于上山、农作装饭。

铜罐 铜制,有柄,盖有钮,煮食用。常见,船工必备。

茶筒 截取大竹筒,节前留喝水舌簧,穿提绳。竹节凿方形出水孔,用木塞封堵。

火刀 引火工具。以弧形刃口击打火石(硅质燧石),产生火星,鼓腮点燃纸媢。

花轿 竹木制成,轿箱为宝塔顶,悬轿帷。由四人抬行,多见于富户婚嫁场合。

便轿 轿箱竹制,前垂帘,左右设布窗。用于乡绅、郎中、妇远道代步及嫁娶。

三板轿 由靠、坐、蹬三块木板和轿杠连缀而成,适合翻山越岭。另有竹椅轿,多为临时绑扎,用于应急抬送产妇或伤病员。

旧式书箱 木材质,内置隔板,用于藏书及收储笔砚、杂物。

钢笔水粉 安瓿包装。用时以温水泡开即为墨水。

蘸笔 蘸墨水书写。可只买笔尖,笔杆自做。

铁笔、钢板、油印机 蜡纸铺于钢板,以铁笔刻字。印机有平板和滚筒式两种。

摇把电话机 自20世纪80年代拨号电话机出现后,逐渐消失。

(三)生产方式及其他

刀耕火种 昔垦山种杂粮,先清理“火路”隔断,然后斫柴割草,就地晒燥,放火焚烧。待火凉,即可下种菜头、黄粟、玉米等。倚仗灰肥,可不耘而获。数年后,一般实行点桐、插杉还林。

狩猎 有合伙围猎、独猎和放野猪夹。冬闲时带猎狗,持土铳、柴刀上山,猎物多为野、雪鹿、野兔等。今倡导保护动物,枪械由公安局管控,禁止私自打猎。

斫柴 腰缚刀枷,穿草鞋,披汤布,携带柴刀、担冲、棒柢,以棕绳、藤蔓绑柴禾。

好手 指全能劳动力。会耕、耙、插,精通收种农事。

养猪 旧时为肉食、积肥所需,家家在偏屋筑栏畜养。

生产队 人民公社化时期,实行村为大队,下设若干生产队。集体劳动,统一分配。

专业组 20世纪50年代后期,各农业社组种粮、种菜、养殖以及烧炭、洗铁沙等。

工分券 20世纪50年代后期流通的代金券。用以替代动价值,凭此可在食堂用餐。

工分 人民公社化时期,对劳力按体能和劳动技能评定工分底分,作为分红依据。

正劳力 体能和劳动技能均上佳,工分评定达到8—10分者。

半劳力 泛指老弱妇孺。昔时,鲜有妇女能获取正劳力酬劳。

副业 昔村以农、林、牧、渔为主业,工匠类统称副业。

容积 10撮为1勺,10勺为1合,10合为1升,10升为1斗,10斗1石。

票证 计划经济时期,粮油、布匹、手表、自行车等紧缺商品实行凭票供应。

制衡 古时以16两为1市斤,故有“半斤八两”一说。偏远村尚存。

长度 鲁班尺俗称角尺,1鲁班尺等于0.80市尺;一米为3市尺。

灰寮 农户在田间地头盖一简易土屋,用于焐烧、存储草木灰。

氨水池 20世纪70年代,稀释氨水作氮肥,每个生产大队都砌池储存。

加工站 20世纪70年代前后,各村普遍购置碾米、磨粉机,自办粮食加工站。

水碓 溪坑拦水筑渠建碓房,以水车轮驱动石杵磨盘加工粮食。

踏碓 木碓架安装长柄石杵,前置石臼,由一两人脚踏舂捣。

浇碓 利用山坑小流量,随着木槽注满、泻空,一上一下舂捣。

木勺碓 以毛竹爿接引山泉,随着水(槽)反复注满、泻空,因杠杆原理,一上一下自动敲击竹木,借梆梆有声以驱赶野猪。

簟坪 即晒场。位于村边向阳处,各户地簟位置相对固定。今大多已改作文体广场。

番莳洞 农户多在村边山坡挖坎洞,用于番薯防冻保鲜和留种。洞口方形,以木板拼堵。也有在家中饭桌下修建地塘储藏。

水车提水 适宜水源与农田落差较大的环境。水车桶短则八尺,长则丈四、丈六,内装输水链带(俗称龙骨)。桶身一头入水,一头搭连岸上车头轮轴,由两人(少数三人)蹬踏转动上水。如遇田块地势忒高,则采用多台水车分级接力提水。20世纪50年代合作化时期,新碧泗山人曾以21台水车,将溪水过黄千岭头。1965年夏,五云中心村集中36台水车昼夜连番灌溉。

提桶戽水 适宜渠流与田块落差不大的环境。杆架悬戽斗,戽斗两侧、上下分别系有拉绳。戽水时,需两人一左一右双手抓绳,同步操控舀水、提桶、往前倾水。

唧筒汲水 截取大竹筒,上下各挖一孔为出水口和汲水口,再在一根直杆末扎上棉布为活塞。操作时，下端汲水口斜插于水源，上端出水口朝向田岸，加以固定。然后上下抽动直杆，将水吸上农田。

双　抢　种双季稻时，七月收割早稻，紧接插播晚稻。约 20 天内抢收抢种，称“双抢”。

求　雨　逢久旱旱不雨，由师公（火居道士）主持，县官或乡绅族长率众在神龛前设坛焚香，诵经祷告，列队踩街，歌舞娱神，祈求神灵布施甘霖。

凉　亭　古时驿道、乡间干道约十里一亭，供路人避雨歇憩。有骑路亭和路侧亭两种，内置石座或固定式长板凳，多由善人捐建。

凉亭施茶　此俗源自寺观施舍结善缘之法，多由老人值守。夏秋时，茶水泡于木桶或陶缸，有长柄竹筒提水喝。少数凉亭还备有草鞋、火篾方便行人。

后　记

由丽水学院承担的《浙江省民族乡(镇)志》项目之第十六卷《安溪畲族乡志》于2016年4月始编,历时6个春秋,现在终于完稿付梓。

这是安溪历史上第一部志书。本志分为九章,第一章为"环境与建置沿革",第二章为"人口",第三章为"政治与民族事务",第四章为"经济",第五章为"社会事业",第六章为"语言与口传文学",第七章为"民间文献",第八章为"习俗与信仰",第九章为"人物名录",卷末设丛录,并配地图1幅,照片60张,以求较全面地反映当地畲族和汉族两个民族的风土人情。

为了编好《浙江省民族乡(镇)志第十六卷·安溪畲族乡志》,尽可能向社会各界提供较为准确、详尽的图文资料,参与编写者如同蜜蜂一样采撷志、书、报刊、资料,如同考古一样发掘宗谱、档案,通过现场访谈、实地调研,利用各种通信工具与途径,千方百计不断搜集、积累安溪畲族乡各种资料,经过反复增删修改,反复鉴别、去伪存真,相关内容还借助乡贤的力量和智慧,帮助补充完善、把关审核。同时邀请有关方志专家、老领导、长者等审阅,历时六载终于成书。

本志先后由徐景舟、徐雅雯开始初步材料收集,龚启富、柳荣林等提供照片,在修编过程中,县委组织部、县委统战部、县国土局、县统计局、县档案局、县民政局、县文旅局、县气象局、县林业局、县电力公司、县文物办等相关部门为本志提供了翔实的历史资料。县机关王谋广、林燕、张彦良、王锡彪,下村洪为贵、洪为金等同志,以及全乡干部群众给予倾情协助、积极配合,在此表示衷心的感谢。

本志在安溪畲族乡党委、政府主持下编纂完成。乡主要领导亲自部署,分管领导具体负责,相关同志紧密配合,协助材料收集,《浙江省民族乡(镇)志》编辑部教授、专家悉心指导,并在百忙中审阅书稿,在此表示诚挚的感谢。

修志乃浩大之工程，有诸多难题。本志时间跨越上下560多年，沧桑巨变，党政领导班子更迭，干部人事调动。1958年4月，建立温溪畲族乡后，安溪行政区划几经变迁，又因1994年特大洪灾，冲毁乡政府所有档案，严重缺乏原始文件档案和资料。档案资料残缺不全，宗谱记载又有一些矛盾之处难以考证，更因时间跨度大，给修志工作带来了种种难度。加之参与修编者水平有限，后期修编时间又紧迫匆忙，遗漏之处在所难免。因而本志难免有疏漏甚至错误，诚望读者批评指正。

编　者

2022年8月